Manual Luso-Brasileiro
de Gestão Judicial

Manual Luso-Brasileiro de Gestão Judicial

2018

Antônio César Bochenek
José Mouraz Lopes
José Igreja Matos
Luis Azevedo Mendes
Nuno Coelho
Vladimir Passos de Freitas

MANUAL LUSO-BRASILEIRO DE GESTÃO JUDICIAL
© Almedina, 2018

AUTORES: Antônio César Bochenek, José Mouraz Lopes, José Igreja Matos, Nuno Coelho, Vladimir Passos de Freitas
DIAGRAMAÇÃO: Almedina
DESIGN DE CAPA: FBA
ISBN: 978-858-49-3358-7

Dados Internacionais de Catalogação na Publicação (CIP)
(Câmara Brasileira do Livro, SP, Brasil)

Manual luso-brasileiro de gestão judicial / Antônio César Bochenek ... [et al.]. -- São Paulo : Almedina, 2018.
Outros autores: José Mouraz Lopes, José Igreja Matos, Luis Azevedo Mendes, Nuno Coelho, Vladimir Passos de Freitas.

Bibliografia.
ISBN 978-858-49-3358-7

1. Direito comparado 2. Gestão dos tribunais 3. Justiça - Administração 4. Justiça - Brasil 5. Justiça - Portugal 6. Poder judiciário I. Bochenek, Antônio César. II. Lopes, José Mouraz. III. Matos, José Igreja. IV. Mendes, Luis Azevedo. V. Coelho, Nuno. VI. Freitas, Vladimir Passos de.

18-17967   CDU-347.97

Índices para catálogo sistemático:

1. Organização e gestão do sistema judicial : Direito 347.97
Maria Paula C. Riyuzo – Bibliotecária – CRB-8/7639

Este livro segue as regras do novo Acordo Ortográfico da Língua Portuguesa (1990).

Todos os direitos reservados. Nenhuma parte deste livro, protegido por copyright, pode ser reproduzida, armazenada ou transmitida de alguma forma ou por algum meio, seja eletrônico ou mecânico, inclusive fotocópia, gravação ou qualquer sistema de armazenagem de informações, sem a permissão expressa e por escrito da editora.

Julho 2018

EDITORA: Almedina Brasil
Rua José Maria Lisboa, 860, Conj.131 e 132, Jardim Paulista | 01423-001 São Paulo | Brasil
editora@almedina.com.br
www.almedina.com.br

APRESENTAÇÃO

Os sistemas judiciais vivem tempos de reforma à escala global, onde se incluem os países lusófonos e os que integram o espaço ibero-americano. De modo transversal, emulando experiências recentes em diversos continentes, os poderes públicos impõem hoje uma estratégia uniforme para a justiça assente naquilo que comumente se designa por um "choque de gestão".

Bastará observar a nova organização judiciária introduzida em Portugal, com as conturbações conhecidas, a reorganização territorial da justiça nos países do Norte da Europeu, mas também em França e Itália, de pendor centralizador, as reformas sucessivas introduzidas pelo Conselho Nacional de Justiça, no Brasil, ou, ainda, as mudanças legislativas em curso em Angola com a aprovação de uma Lei de Organização e Funcionamento dos Tribunais de Jurisdição Comum que revoluciona a estrutura do judiciário, para se concluir que a gestão judicial adquiriu uma relevância decisiva no futuro imediato da jurisdição.

Parece-nos inegável que perante a emergência descrita de uma nova centralidade assente nas regras de gestão que condicionam o sistema judicial no seu todo (e também a atividade dos tribunais), não existe no panorama científico, como no académico, uma sedimentação teórica que permita enquadrar, ainda que apenas nas suas linhas básicas, as questões nucleares desta nova realidade, com reflexos na prática judiciária.

Uma das tarefas mais nobres que cabe ao mundo editorial entronca, justamente, na capacidade de oferecer respostas aos desafios mais prementes das sociedades modernas.

A elaboração de um "Manual Luso-Brasileiro de Gestão Judicial" que lograsse atingir aqueles objetivos primaciais constituía, portanto, a nosso ver, uma necessidade inadiável e urgente. Assim se explica a feitura da presente obra. Escrita por seis juízes, quatro portugueses e dois brasileiros, após investigações e estudos realizados além mar e em três continentes (europeu, americano e africano), assente na estrutura do «Manual de Gestão Judicial», editada em Portugal em 2015, num esforço coletivo e solidário, ela assume o pioneirismo de refletir temas que constituirão o cerne da afirmação dos sistemas de justiça no futuro próximo.

O presente livro visa iniciar esse percurso de sedimentação teórica, definindo questões, explicando conceitos, problematizando estratégias, analisando controvérsias mas também definindo limites impostos à gestão pela natureza última da atividade jurisdicional e pela independência do poder judicial. Concorde-se, ou não, com a pretendida invasão do direito pela economia ou dos tribunais pelos saberes da organização e da gestão, impõe-se que todos os que trabalham nestas áreas, em especial os juristas, reflitam sobre o que está em causa, de modo sustentado, racional e fundamentado.

Nos leitores repousa, em exclusivo, a razão de ser deste livro. Por isso, fica o convite endereçado a todos aqueles que se interrogam sobre o futuro dos tribunais para que nos acompanhem nesta busca, ainda que em algumas áreas com uma dose de alguma incerteza.

SUMÁRIO

Apresentação 5

Introdução: O que é a Gestão Judicial 15
Organização judiciária 18
Administração judiciária ou administração dos tribunais 19
Gestão dos tribunais 19
Gestão processual 20
Decisão 20
Gestão judicial 21

PARTE I
GESTÃO E ADMINISTRAÇÃO DA JUSTIÇA

Capítulo 1: A Justiça nas Sociedades Contemporâneas 25
1.1. O poder judicial e a sua consagração constitucional 25
    1.1.1. O poder judicial 25
    1.1.2. Conteúdos constitucionais 26
    1.1.3. Estatuto dos juízes e do judiciário 27
    1.1.4. Governação e organização 28
1.2. O papel e a função dos tribunais. A jurisdição 29
    1.2.1. As finalidades da atividade jurisdicional 29
    1.2.2. Função jurisdicional 30
    1.2.3. A jurisdição 31
    1.2.4. O papel atual da jurisdição 32
1.3. Acesso à justiça, tutela efetiva e legitimação 34
    1.3.1. Acesso à justiça e tutela efetiva 34
    1.3.2. Estado de direito e legitimação 35

1.4. A independência judicial. Independência dos tribunais e dos juízes
e a sua *accountability* 36
    1.4.1. A independência judicial enquanto princípio 36
    1.4.2. Os vários sentidos da independência judicial...............................38
    1.4.3. Independência e *accountability*.. 40
1.5. O movimento da reforma da justiça e dos tribunais 46
    1.5.1. A centralidade dos tribunais e a sua reforma................................ 46
    1.5.2. Os vários planos da reforma da justiça 47
    1.5.3. Os princípios essenciais da administração dos tribunais 50
1.6. Garantias organizativas e procedimentais 53
    1.6.1. Garantias, direitos fundamentais e processo 53
    1.6.2. As diversas garantias..55
1.7. Eficiência, qualidade e excelência 59
1.8. Instituições e instrumentos internacionais. O diálogo judicial transnacional .. 61
Leitura fundamental 66
Outra bibliografia 69

Capítulo 2: Racionalidade e atividade jurisdicional 73
2.1. A gestão moderna – breve enquadramento histórico................................73
    2.1.1. Funções da Gestão 74
2.2. A economia e a justiça. Os números e as estatísticas.................................75
    2.2.1. Economia e Justiça – três pontos de interseção 77
    2.2.2. A abordagem estatística 80
    2.2.3 Indicadores estatísticos 80
2.3. A gestão pública empresarial 83
    2.3.1. A gestão pública (*traditional public management e new public management*) .. 84
    2.3.2. A reforma da administração pública 85
2.4. Uma resposta à visão burocrática 86
2.5. Planeamento/Planejamento estratégico 87
    2.5.1. Visão, missão e valores...88
    2.5.2. Exemplos no judiciário brasileiro: o Conselho Nacional de Justiça
    e a Justiça Federal..88
2.6. Objetivos operacionais, indicadores, metas e ações 90
2.7. A Excelência como conceito operativo – *o International Framework for
Court Excellence*.. 94
Leitura fundamental 97
Outra bibliografia 99

Capitulo 3: O Referencial Qualidade na Justiça 103
3.1. Uma Gestão definida pelos seus limites...103
3.2. Gestão da Qualidade Total – conceito e origem histórica 106
3.3. A emergência histórica do referencial da qualidade – a avaliação dos sistemas de justiça...106
    3.3.1. O Silogismo Judiciário..107
    3.3.2. O controlo da motivação 108
    3.3.3. O Controlo Procedimental 108
    3.3.4. A qualidade dos sistemas de justiça aferida pelo desempenho dos que nela trabalham 109
3.4. A qualidade na administração da justiça 110
    3.4.1. Tribunal e liderança – avaliação interna 111
    3.4.2. Qualidade versus Quantidade...113
3.5. A formalização do referencial qualidade – o caso europeu....................115
3.6. Indicadores de avaliação de desempenho dos tribunais – o pioneiro caso americano 118
3.7. Boas práticas europeias apontadas pela CEPEJ......................................119
3.8. Os estudos da União Internacional de Magistrados...............................120
3.9. A dimensão quantitativa – a contingentação processual.......................122
    3.9.1. Indicadores quantitativos de desempenho................................125
    3.9.2. Flexibilidade e consensualidade 128
3.10. Qualidade e Transparência 129
3.11. Garantias para a transparência dos sistemas judiciais..........................130
    3.11.1. Instrumentos internacionais 131
    3.11.2. Os conselhos superiores e a transparência 132
3.12. Qualidade e Independência dos Tribunais..132
    3.12.1. Gestão do Judiciário...133
    3.12.2. Recrutamento, promoção e transferência de magistrados.....135
    3.12.3. Procedimento disciplinar – o direito à informação 140
3.13. Qualidade e celeridade 140
3.14. Qualidade nos sistemas de justiça – uma proposta de síntese a partir dos casos português e brasileiro.. 141
Leitura fundamental 146
Outra bibliografia 148

Capítulo 4: Como Gerir 151
4.1. Gerir o sistema de justiça. 151
    4.1.1. A complexidade organizativa do sistema de justiça 151
    4.1.2. A governação e a organização do sistema judicial 153
    4.1.3. Governação dos tribunais e políticas públicas..........................154

4.1.3.1 A estrutura de governação 154
4.1.3.2. Os instrumentos de governação 155
4.1.3.3. Os limites materiais e estruturais da governação 156
4.1.3.4. Soluções de reforma... 159
4.1.3.5. A dimensão cultural das reformas 160
4.1.4. O território e os tribunais 161
4.1.4.1. A abrangência do tema 161
4.1.4.2. As "razões" dos territórios judiciários 162
4.1.4.3. Os critérios de reforma do mapa judiciário 164
4.1.5. A especialização e os tribunais 166
4.1.6. Os Conselhos judiciários.. 170
4.1.6.1. O Conselho Superior da Magistratura em Portugal................... 172
4.1.6.2. O Conselho Superior dos Tribunais Administrativos e Fiscais de Portugal 176
4.1.6.3. Conselho Nacional de Justiça do Brasil... 178
4.1.6.4. Conselho da Justiça Federal do Brasil 180
4.1.6.5. Conselho Superior da Justiça do Trabalho do Brasil 182
4.1.6.6. Proposta de criação do Conselho da Justiça Estadual do Brasil 182
4.1.7. O Ministério da Justiça.. 183
4.1.7.1. Ministério da Justiça de Portugal 184
4.1.7.2. Ministério da Justiça do Brasil... 187
4.1.8. O Ministério Público... 190
4.1.8.1. A Procuradoria-Geral da República e o Conselho Superior do Ministério Público em Portugal.. 190
4.1.8.2. A Procuradoria-Geral da República e o Conselho Nacional do Ministério Público do Brasil... 191
4.1.9. O orçamento da justiça... 196
4.1.9.1. O orçamento no sistema de justiça português........................... 198
4.1.9.2. O orçamento no sistema de justiça do Brasil.............................. 200
4.1.9.3. O orçamento nos tribunais superiores portugueses................ 202
4.1.9.4. O orçamento nos tribunais superiores brasileiros.................... 204
4.1.9.5. O orçamento nos conselhos superiores portugueses............... 206
4.1.9.6. O orçamento nos conselhos superiores brasileiros................... 207
4.1.9.7. O orçamento nos Tribunais de primeira instância em Portugal 208
4.1.10. A gestão judicial e as tecnologias da informação e comunicação............ 208
4.1.11. O sistema de justiça e a comunicação 211
4.2. Gerir o Tribunal 213
4.2.1. O planeamento/planejamento estratégico 213
4.2.2. A gestão do orçamento 216
4.2.3. A gestão dos recursos humanos.. 218

4.2.4. A monitorização da atividade do tribunal. 220
4.2.5. Gestão dos recursos materiais. 221
4.2.6. A distribuição de processos..223
4.2.7. O juiz presidente ou juiz diretor do foro..227
4.2.8. O administrador 229
4.2.9. A comunicação no tribunal 231
4.2.10. Gestão da agenda do tribunal e dos juízes...232
4.2.11. Gestão do espaço comum.. 234
Leitura fundamental 236
Outra bibliografia 240

Capítulo 5..243
Parte 1: O Modelo Português de Gestão nos Tribunais Judiciais........................ 243
5.1. A Lei n.º 52/2008, de 28 de agosto e os seus antecedentes............................ 243
    5.1.1. O regime da Lei n.º 62/2013, de 26 de agosto. 246
    5.1.2. Os objetivos estratégicos e processuais..248
    5.1.3. Os valores de referência processual..249
    5.1.4. O princípio da cooperação 252
    5.1.5. Os poderes de gestão do Conselho Superior da Magistratura 253
    5.1.6. Os poderes de gestão da Procuradoria-Geral da República..................257
    5.1.7. Os poderes de gestão do Governo 257
    5.1.8. Os poderes de gestão do presidente do tribunal....................................259
    5.1.9. Os poderes de gestão do administrador judiciário................................ 261
    5.1.10. Os poderes de gestão do Magistrado do Ministério Público coordenador 263
    5.1.11. O Conselho de Gestão 264
    5.1.12. O Conselho Consultivo 265
    5.1.13. A articulação entre os órgãos de gestão 266

Parte 2: O Modelo Brasileiro de Gestão nos Tribunais Judiciais.......................... 268
5.2. Gestão dos tribunais e gestão processual 268
    5.2.1. A gestão processual 268
    5.2.2. A gestão dos tribunais e das unidades judiciárias..................................274
    5.2.3. Organização judiciária... 286
    5.2.4. Os objetivos estratégicos do CNJ 288
    5.2.5. Os valores de referência processual – o IPC-Jus do CNJ 292
    5.2.6. O princípio da cooperação ou da colaboração das partes 295
    5.2.7. Os poderes de gestão do Conselho Nacional de Justiça......................297
    5.2.8. Os poderes de gestão do Conselho Nacional do Ministério Público........ 299
    5.2.9. Os poderes de gestão do Governo...301
    5.2.10. Os poderes de gestão do juiz diretor do foro..304

5.2.11. Os poderes de gestão dos servidores do judiciários 308
    5.2.11.1. Conselho da Justiça Federal – CJF 309
    5.2.11.2. Conselho Superior da Justiça do Trabalho – CSJT 311
5.2.12. O Conselho de Administração 312
5.2.13. O Conselho Consultivo 312
5.2.14. A articulação entre os órgãos de gestão 313
Leitura recomendada 315
Referências bibliográficas Brasileiras 317

PARTE II
GESTÃO PROCESSUAL/GESTÃO PARA A DECISÃO

Capítulo 6: A Gestão do Processo (*case management*) 323
6.1. Enquadramento 323
6.2. Gestão processual, transparência e legitimação 325
6.3. Os condicionamentos da organização judiciária às tarefas da gestão processual .. 326
6.4. Evolução da abordagem ao dever do juiz na gestão processual 328
6.5. Gestão dos processos e garantias procedimentais do processo equitativo (*due process of law*) 331
    6.5.1. Gestão no processo civil – os princípios organizadores 332
6.6. Gestão e orientação dos processos e as fases processuais no processo civil declarativo 334
6.7. Tópicos de ação na gestão processual – ferramentas operativas do juiz 338
    6.7.1. Imediação inicial 340
    6.7.2. A calendarização 346
    6.7.3. Conciliação 348
    6.7.4. Expeditividade ou celeridade 352
    6.7.5. Gestão dos fluxos processuais 356
6.8. A gestão do tempo. Os prazos 359
6.9. Informação e publicidade 360
6.10. Diferenciação e simplificação processual 363
    6.10.1. Reorganização do processo 365
6.11. Gestão da audiência 365
    6.11.1. Liderança 366
    6.11.2. Informalidade 366
    6.11.3. Eficácia 367
    6.11.4. Concisão 368
6.12. Limites 368
6.13. Gestão da audiência no processo civil 370

6.14. Gestão da audiência no processo penal... 370
Leitura fundamental 372
Outra bibliografia 373

Capítulo 7: A Decisão..375
7.1. Gestão da decisão como perspectiva multidisciplinar....................................375
7.2. Para que servem as decisões... 376
7.3. O direito à decisão em prazo razoável...377
7.4. O processo de elaboração 379
    7.4.1. Diferenciação das decisões.. 380
7.5. A fundamentação das decisões..381
    7.5.1. Dimensão estrutural da fundamentação 383
    7.5.2. Lógica e racionalidade 385
    7.5.3. Concisão 387
    7.5.4. Os fatos e a narrativa da ação..388
7.6. A qualidade da decisão 389
7.7. A harmonização das decisões..391
7.8. Comunicação da decisão 392
7.9. A linguagem jurídica e a decisão..393
    7.9.1. Instrumentos para uma nova abordagem à linguagem das decisões 396
Leitura fundamental 398
Outra bibliografia 399

Anexo: Instituições e Centros de Investigação, Estudo e Enquadramento
da Administração Judiciária – Atalhos Internet 401

Introdução

O que é a Gestão Judicial

Este livro, escrito a seis mãos, intitula-se "Manual Luso-Brasileiro de Gestão Judicial".

Porque se trata de um manual, exige-se uma introdução a uma determinada área do saber ou da atividade humana e social, estruturando o conhecimento respectivo e definindo conceitos básicos que possam ter uma utilidade marcante para um determinado universo de leitores potencialmente interessados.

A "gestão judicial", enquanto expressão conceitual, convoca uma diversidade de sentidos. Todos esses sentidos se articulam com a atividade judicial e com aquilo que é necessário fazer para a racionalizar e corresponder ao que dela se espera, mediante a ponderação dos princípios e das regras de organização e gestão considerados mais aptos e apropriados.

Para que os tribunais possam prosseguir a sua atividade, resolvendo os casos judiciais que lhes cabem, e para que os juízes profiram as decisões judiciais indispensáveis à administração da justiça, é necessário organizar e gerir tudo o que for necessário para essas finalidades. Parte-se, obrigatoriamente, de um sentido muito abrangente de organização e gestão porquanto, para além dos aspetos próprios da gestão da atividade dos juízes no seu âmago decisional, com a otimização do trabalho jurisdicional na condução do processo e no proferimento das suas decisões, pretende-se abarcar tudo o que tenha a ver com a governação, organização e gestão do sistema judicial nas suas diversas dimensões.

Por isso o livro encontra-se dividido em duas partes fundamentais, estando a primeira parte conexionada com a gestão e a administração da justiça, e a segunda parte ligada com a gestão processual e com a gestão para a decisão.

Na primeira parte aborda-se, sucessivamente, a justiça nas sociedades contemporâneas, a racionalidade e a atividade jurisdicional, o referencial qualidade na justiça, a gestão e a administração, e, por último, a governação e a organização do sistema judicial, incluindo aqui a administração e gestão dos tribunais.

Na segunda parte do livro, desenvolvem-se várias dimensões da gestão processual, culminando com a análise do momento decisional, na sua estruturação e dinâmica.

O conjunto temático da "Gestão Judicial" tem em conta a magnitude do tema judicial onde confluem as análises do jurídico, do político, do social e do econômico.

Convergem nesta abordagem gestionária da justiça a vertente do jurídico, nomeadamente o direito que é realizado quotidianamente nos tribunais, mas, igualmente os demais campos dos saberes sociais, científicos e técnicos que se debruçam sobre a globalidade da atividade dos tribunais, em particular na vertente da política de reforma da justiça, da organização judiciária, mas também da própria tarefa de aplicação do direito e da sua dimensão processual.

Este ponto de partida multidisciplinar favorece, desta forma, uma abordagem mais consistente do sistema judicial e da sua governação, bem como a adoção de modelos de administração e gestão dos tribunais e de técnicas e instrumentos de gestão mais compatíveis com os atuais padrões sociais e econômicos, tanto ao nível da administração pública como também como no universo social em geral.

É inegável, neste campo, a importância da conceptologia e dos instrumentos teóricos e práticos conexos com a política judiciária, com a reforma da justiça e a administração e gestão dos tribunais, sejam os indicadores normais de quantificação da atividade dos tribunais, do seu desempenho eficiente e qualificado, sejam as formas de diagnóstico e monitorização do seu trabalho e das mudanças inerentes à reforma.

Todos estes conceitos e definições encontram-se consagrados na disciplina da administração dos tribunais (*court administration*) que, desde a década de setenta, veio sendo desenvolvida nos Estados Unidos e divulgada depois universalmente.

Deve sublinhar-se que os vários níveis de abordagem aqui assumidos, têm como pressuposto o trabalho jurisdicional, isto é, têm sempre em conta, enquanto preocupação teleológica, o momento da decisão jurisdicional e as várias formas como ela pode ser analisada, segundo o prisma das imposições da qualidade, da eficiência e do Estado de direito democrático.

Ao falarmos de administração judiciária ou da administração dos tribunais teremos de falar igualmente de uma realidade onde sobressai igualmente a dimensão processual, a gestão dos respectivos contingentes e fluxos processuais e a gestão processual dos casos ou tipos de casos pendentes em tribunal.

Esta "administração dos tribunais" é hoje uma disciplina incontornável para a sua vida e para o desenvolvimento da atividade judicial, que ganhou consagração e foros de autonomia ao nível da investigação, da formação e da atividade profissional especializada, com vasta literatura e iniciativas institucionais a atestar o seu atual estado de maturidade.

De igual modo deve sublinhar-se a aposta na competência dos profissionais da justiça, nomeadamente dos juízes, no que respeita às matérias que extravasam o universo jurídico como são os domínios financeiros, econômicos, tecnológicos e, naturalmente, as matérias organizacionais, de gestão e de administração da jurisdição.

A perspectiva sistêmica, organizativa e de gestão será sempre a mais consentânea para aferir o conceito de jurisdição e a sua consideração pragmática. A decisão judicial é aqui encarada na sua integração sistemática e organizativa e também no seu relacionamento com um decisor (o juiz) que, colocado nesse sistema e dependente das suas condições organizativas, se depara com as exigências próprias dos referidos valores da qualidade, da eficiência e da democracia.

Em síntese, damos conta do caráter pluridimensional em que nos encontramos quando falamos da justiça e dos tribunais. Desta forma destacam-se vários planos de grandeza que se vêm tornando clássicos na análise do sistema judicial: (i) plano macro, respeitante ao sistema judicial na sua organização macro ou institucional; (ii) plano médio, que cuidará da organização e administração dos tribunais; o (iii) plano micro, relativo ao núcleo decisional, isto é, ao núcleo atomístico da tarefa jurisdicional.

O horizonte temático insere-se, pois, na mencionada visão de sistema, e percorre os seguintes níveis de magnitude (do *macro* até ao *micro*, passando pelo *meso*):

- Os tribunais, a sociedade e o Estado. A organização político-constitucional e a administração judiciária.
- As políticas públicas da justiça, a reforma da justiça e a economia da justiça
- O papel e a função dos tribunais e a sua administração
- Administração e gestão dos tribunais
- Gestão processual e gestão decisional

O sistema judicial é, portanto, pluridimensional com múltiplos fatores organizativos que se inserem na preparação, programação e execução da tarefa de realização do direito e que com ela se articulam

Confluem neste mesmo horizonte várias disciplinas e visões multiformes que têm abordado o sistema judicial com as suas análises e compreensões, nomeadamente da teoria e da filosofia do direito, do direito processual, da teoria política e constitucional, da sociologia do direito, da análise econômica e da ciência política e administrativa.

Segue-se a este delineamento teórico, a indispensável abordagem conceptual para fazer o enquadramento necessário à dimensão da organização e gestão judiciárias, no cruzamento com a administração e gestão dos tribunais e com a gestão processual.

A administração judiciária, a organização e a gestão dos tribunais passaram a fazer parte integrante e essencial das reflexões sobre o sistema judicial no seu todo e também sobre o estatuto profissional das magistraturas.

A questão judiciária e a administração dos tribunais é um dos domínios por excelência da interdisciplinaridade e das abordagens sociopolíticas de decifração institucional, de clarificação da estrutura de realização do Estado de direito e de acentuação permanente da separação e da interdependência dos poderes soberanos.

Uma matéria dogmática com esta amplitude impõe que se identifiquem alguns conceitos operativos.

Organização judiciária

Envolve, no seu todo, as dimensões de políticas públicas da administração da justiça e da administração judiciária, as leis orgânicas, o mapa dos tribunais, as reformas processuais, a seleção e formação de magistrados (juízes, magistrados do Ministério Público, funcionários), a administração e gestão dos tribunais, a gestão processual e a organização dos serviços. Todas estas dimensões devem ser vistas como conjunto de elementos, fatores e decisões, tanto de origem normativa como de cariz político, social e econômico, relativos à composição, estrutura e funcionamento do sistema judicial numa determinada comunidade política.

Administração judiciária ou administração dos tribunais

Enquanto disciplina, trata do estudo e da análise da vertente de gestão e administração do poder judicial, isto é, do estudo da organização político-administrativa do sistema judicial, no seio da ciência política da administração pública ou *public management*.

Enquanto atividade e disciplina, veio a ser desenvolvida nestas últimas quatro décadas em torno dos conceitos de administração dos tribunais, da sua organização e gestão, e também da dimensão processual, da gestão dos respectivos contingentes e fluxos processuais e da gestão dos casos ou tipos de casos pendentes em tribunal.

É válida e útil, nesta matéria, a precisão distintiva entre os aspetos materiais, funcionais e orgânicos de expressões ou definições como *"administração da justiça"*, *"administração judicial"*, *"administração da jurisdição"*, *"tribunais"*, *"organização judiciária"* e *"poder judicial"*, podendo eles referir-se (1) à função ou atividade estatal relativa ao poder de declarar o direito, de aplicar uma norma ao caso concreto ou para resolver com caráter definitivo uma questão litigiosa ou um conflito intersubjetivo (à heterocomposição de conflitos intersubjetivos mediante a aplicação do direito) – o que se fala quando nos referimos à aplicação do direito ou à tarefa de aplicação da justiça; (2) ao complexo orgânico a que se atribui essa mesma função; (3) à estrutura administrativa que serve de suporte ao conjunto dos órgãos judiciais com vista ao desenvolvimento eficaz (ou com efetividade) da função jurisdicional.

Gestão dos tribunais

No domínio dos tribunais a gestão (*court management*) compreende o alcance global das tarefas organizacionais e das atividades configuradas para desenvolver a quantidade e a qualidade na provisão dos serviços judiciários. Envolve diversas dimensões e aspetos particulares que passam necessariamente pela gestão de organizações vocacionadas para aqueles que são os objetivos essenciais da jurisdição, mas que têm por pressuposto um inerente conjunto de funções, de atividades e de realidades físicas (v.g. os equipamentos judiciários) e financeiras. A gestão dos processos e dos próprios recursos humanos (sobretudo na colocação e movimentação de juízes) também exigem uma série de considerações específicas que a natureza garantística e procedimental da justiça (e do direito) sempre convoca.

Gestão processual

Num sentido genérico a gestão processual (*case management* e *caseflow management*) pode ser vista – ou deve ser vista – como uma parcela (parte integrante) da gestão dos tribunais (*court management*). Mas a distinção dessas definições (e das realidades) é importante não só porque ambos os conceitos podem congregar diferentes problemas e soluções, mas também porque disponibilizam diversos graus de relevância nas diferentes tradições jurídicas (*civil law* e *common law*).

A gestão processual pode ser definida como a intervenção conscienciosa dos atores jurisdicionais no tratamento dos casos ou processos, através da utilização de variadas técnicas com o propósito de dispor as tarefas processuais de um modo mais célere, equitativo e menos dispendioso.

Decisão

A decisão judiciária é sempre um ato individualizado, mais ou menos complexo, o qual assenta na vontade do julgador (ou julgadores), pretendendo a obtenção de determinadas finalidades ou objetivos, mediante a aposta numa opção materialmente obtida num cenário com outras alternativas possíveis (aplicação ou realização do direito com base em interpretação das regras jurídicas). O exercício da tomada de decisão jurídica funda-se sempre numa argumentação de cariz racional (metodologia do direito) e numa análise crítica da experiência do julgador, tanto na valoração da prova como na fundamentação das decisões em que se desdobra o processo decisional que culminará numa decisão final. E com especial incidência na elaboração e redação destas decisões, o que inclui o tratamento da matéria de fato, dos procedimentos de recolha e produção de prova e da estruturação lógica e jurídica dessas decisões.

Nesse sentido global, inclui as várias decisões judiciais que vão sendo proferidas no decurso do processo (despachos) e as diversas decisões finais (julgamento, sentença e acórdão).

Mas no domínio do judiciário encontramos vários tipos de decisão para além da decisão jurisdicional que não deixa de ser o vetor último do sistema. Assim, no plano mais vasto do ordenamento e da política do sistema judicial no seu todo podemos encontrar a decisão político-legislativa enquadrada pelos órgãos constitucionais legiferantes, tanto os Parlamentos como os Governos. Depois, no que respeita à pura administração e gestão do sistema judicial temos áreas decisionais objeto de uma partilha de competências, por parte das administrações judiciárias de cariz executivo e também dos conselhos judiciários, que produzem atos administrativos e de gestão de cariz diverso. Num plano ainda mais reduzido, verifica-se que a administração e gestão dos tribunais se encontra entregue a determinados órgãos de cariz mais ou menos executivo, que terão também de definir um plano de gestão e administração e produzir as decisões coincidentes, tanto da égide dos presidentes dos tribunais, como dos vários juízes nas suas unidades jurisdicionais, ou ainda, por fim, dos funcionários judiciais com cargos de chefia e administração das suas unidades judiciais. Tudo isso com vista à boa persecução da tarefa jurisdicional que no seu âmago também se projeta em decisões jurisdicionais que visam aplicar ou realizar o direito aos casos concretos trazidos a tribunal.

Gestão judicial

Por gestão judicial pretende-se abarcar todas as realidades conceituais até agora definidas, abarcando um domínio vasto mas teleologicamente marcado por aquela que é a essência do trabalho dos tribunais e dos juízes, a decisão judicial. E esta atividade jurisdicional é realizada num sistema judicial marcadamente complexo e multidimensional que é preciso articular, compreender e gerir de forma adequada, qualificada e também eficiente. Assim, para além dos aspectos próprios da gestão da atividade dos juízes no seu âmago decisional, com a otimização do trabalho jurisdicional na condução do processo e no proferimento das decisões, pretende-se abarcar tudo o que tenha a ver com a governação, organização e gestão do sistema judicial nas suas diversas dimensões.

A obra que se apresenta atravessa territórios dogmáticos pouco desbravados e consolidados, mas que são de importância quase vital para todos aqueles que trabalham nos tribunais ou com os tribunais, sejam ou não atores do sistema ou intervenientes processuais.

O livro pretende ser útil para outros auditórios, na medida em que procede a uma abordagem que pretendeu conciliar o trabalho jurisdicional, com as suas marcas essenciais de independência, autonomia e imparcialidade, e os imperativos da organização e gestão do sistema judicial ou seja um assunto com destinatários mais amplos como é a governação e organização dos tribunais.

Parte I

Gestão e Administração da Justiça

Capítulo 1

A Justiça nas Sociedades Contemporâneas

1.1. O poder judicial e a sua consagração constitucional

1.1.1. O poder judicial

Os juízes exercem a jurisdição e efetivam o poder judicial através dessa atividade jurisdicional.

Os tribunais resultam da necessidade de conceder apenas aos poderes públicos ou à autoridade do Estado, tendencialmente, o monopólio da solução dos conflitos com a correspectiva proibição da autodefesa e como derivado das exigências de paz e segurança jurídicas. Trata-se de uma regra essencial à estrutura dos Estados de direito democráticos e que está inerente à instituição das respectivas comunidades políticas.

Por esta via a jurisdição será sempre uma manifestação imediata da soberania dos órgãos do Estado aos quais compete essa função de realização do direito – os tribunais – e enquanto atividade pela qual se exerce e administra a justiça.

A justiça, nesse entendimento, enquanto conjunto dos tribunais e enquanto poder, organiza-se sempre de uma certa forma, que pode variar na história e no seu contexto local, concedendo sempre uma estrutura ao saber que aplica ou realiza o direito. Um poder organizado e estruturado que interpreta e decifra fatos e normas jurídicas no sentido de um determinado contexto de vida, numa decisão apta a resolver o problema que subjaz a um caso concreto.

A democracia pressupõe o princípio da separação e interdependência de poderes.

No caso português, o Presidente da República, a Assembleia da República, o Governo e os Tribunais são órgãos de soberania separados e interdependentes que devem, todos eles e entre si, respeitar e efetivar esta separação e interdependência. É assim em Portugal e na grande parte das democracias mundiais em que a separação dos poderes (legislativo, executivo e judicial) marca a forma como o poder, a função e o papel atribuído aos tribunais e aos juízes é definido pelas diversas Constituições democráticas, apesar da articulação das instituições políticas e da sua atividade variar no seu desenho institucional e no seu regime constitucional.

No caso brasileiro, o Presidente da República (governo federal, por meio de ministérios, autarquias e fundações públicas), o Congresso Nacional (Senado Federal e Câmara dos Deputados), e os Tribunais são órgãos de soberania separados, interdependentes e harmônicos (artigo 2º, da Constituição Federal), que devem, todos eles e entre si, respeitar e efetivar esta separação e interdependência. Registre-se, contudo, que sendo o Brasil uma República Federativa, há também nos seus vinte e seis estados e no Distrito Federal, órgãos do Poder Executivo, Legislativo e Judiciário.

Na grande parte das democracias contemporâneas mundiais em que a separação dos poderes (legislativo, executivo e judicial) marca a forma como o poder, a função e o papel atribuído aos tribunais e aos juízes é definido pelas diversas Constituições democráticas, apesar da articulação das instituições políticas e da sua atividade variar no seu desenho institucional e no seu regime constitucional.

Um poder judicial que, atualmente, tende a convergir ao nível do seu modelo de estruturação institucional nos vários sistemas comparados, sobretudo depois das sucessivas vagas de democratização e de reformas políticas em muitos Estados dos vários continentes que generalizaram um (novo) constitucionalismo, mais preocupado com a função dos tribunais e o papel do direito na defesa dos direitos humanos e da cidadania.

1.1.2. Conteúdos constitucionais

A defesa dos direitos fundamentais e o respeito pelos princípios do Estado de Direito democrático é uma tarefa fundamental de qualquer Estado. Essa tarefa liga-se diretamente com o núcleo fundamental da função jurisdicional.

A função jurisdicional e, também, a imparcialidade, a autonomia e a isenção que se pretendem com a atividade dos juízes e dos tribunais, é assegurada pelo princípio da independência que é definida na Constituição pela sua definição objetiva – "independência dos tribunais".

No caso brasileiro os tribunais são assumidos como órgãos de soberania que funcionam numa regra essencial de separação e interdependência de poderes, participando os juízes desta noção pois se assumem, também, como titulares de um órgão de soberania (art.º 92.º da CFB).

Ligando a qualidade dos órgãos e dos seus titulares à função, podemos dizer que os tribunais, no Brasil, são órgãos de soberania com competência para administrar a justiça em nome do povo (art.ºs 96 e 99, da CFB).

A dimensão do estatuto da magistratura também convive com a definição básica constitucional de um corpo de juízes assimilado ao núcleo dos juízes dos tribunais judiciais (entendidos como juízes federais, trabalhistas, militares e estaduais), associando-se, no mais, com a existência de outras ordens de tribunais (assim, desde logo, o art.ºs 98, 73 e 5º, inciso XXXVIII, da CFB) que também possuem juízes em exercício da função jurisdicional mas com estatutos aparentemente diferenciados (juizados especiais, juizados de paz, Tribunal do Júri, Tribunal de Contas). Anote-se que não existe uma Justiça Administrativa autônoma no Brasil, ao contrário de Portugal e da França.

A independência dos tribunais assegurada pelas normas constitucionais expande-se, na sua afirmação, aos juízes enquanto titulares da função jurisdicional e tem afirmação em várias dimensões do seu estatuto que pretende garantir a sua atividade segundo estritos critérios de independência e imparcialidade.

1.1.3. Estatuto dos juízes e do judiciário

A independência de que cada juiz beneficia na resolução do caso concreto depende, efetivamente, da independência de tipo estrutural ou organizativa, enquanto conjunto de salvaguardas formais e condições estruturais aptas a proteger os juízes e todo o judiciário de qualquer tipo de intervenção ou controlo (internos ou externos).

Neste plano, os juízes, que atuam no seu papel de garantes do direito e do Estado democrático e social, não poderão estar desprovidos de garantias no seu estatuto.

O poder judicial pode ser objeto de uma definição em torno do seu conteúdo, do seu papel, da sua função ou da sua composição orgânica, que irá dar sentido à sua própria afirmação, tanto na lei constitucional como na realidade política e social, nos seus diversos planos.

Esta afirmação do poder judicial realiza-se sobretudo pela efetivação da garantia que é dada ao cidadão e à sociedade em geral de uma tutela jurisdicional que se encontra dependente, por seu lado, da concretização de princípios que estruturam o poder judicial e a atividade dos juízes, entre os quais se encontra a independência e a imparcialidade.

O poder judicial não se afirma no seio do Estado de Direito sem o desenvolvimento destas questões constitucionais, mas a verdade é que ele se também se decifra nas questões institucionais, estatutárias e organizativas. E esse também é um problema político e constitucional, devendo tudo fazer parte daquilo que se tem entendido por "Constituição judiciária".

A justiça é sustentada por tribunais, conselhos e outras instituições da justiça. O poder judicial é realizado pelo conjunto de juízes, que, para além da sua individualidade, carecem de um estatuto que lhes concede direitos e os sujeita a deveres. A fórmula constitucional para a definição desse estatuto marca as opções desta profissão que tem direitos, deveres, prerrogativas e responsabilidades. No centro de tudo encontra-se uma relação de dependência e de emprego que não pode gerar dúvidas e menorizações.

Na busca das finalidades acima descritas, os tribunais e a atividade jurisdicional têm de ser estruturados e organizados enquanto centros de poder, tanto no desenvolvimento da atividade essencial de aplicação do direito e da realização da justiça como no incremento das outras atividades acessórias e paralelas que necessariamente têm de ser prosseguidas para permitir a administração da justiça.

1.1.4. Governação e organização

O poder judicial tem que ser governado e organizado, numa defesa da autonomia institucional (independência) que é a essência da sua função, mas também na consciência de uma interdependência política e constitucional que é vital à organização da comunidade política e social.

Neste plano faz todo o sentido refletir sobre a racionalidade econômica da atividade dos tribunais e a otimização da sua organização. A administração da justiça não se faz sem uma boa administração dos tribunais. Valem aqui as definições primaciais da organização judiciária, da administração judiciária (administração dos tribunais), da gestão dos tribunais e da gestão processual.

As opções políticas e constitucionais em torno da definição e da afirmação do poder judicial assentam em pressupostos sociais de legitimação e de confiança institucionais. O enquadramento deste último problema não se faz sem o reconhecimento de um desempenho reconhecido e estimado das funções do poder judicial, classificadas correntemente como políticas, instrumentais ou simbólicas. Aqui os padrões de qualidade que conferem legitimação à atividade dos tribunais passam muito pela efetivação dos direitos fundamentais/direitos humanos segundo procedimentos justos, equitativos e céleres (em prazo razoável).

Estas questões de legitimação, de capacidade e de independência, serão desenvolvidas nos pontos seguintes.

1.2. O papel e a função dos tribunais. A jurisdição

1.2.1. As finalidades da atividade jurisdicional

Os tribunais desempenham um papel e uma função que se articula com os diversos planos que foram até agora evidenciados.

As finalidades primárias da atividade jurisdicional prendem-se, de uma parte com a realização da justiça, através da resolução de conflitos e com a procura da verdade (material ou meramente processual), com a proteção dos direitos e liberdades fundamentais e, com o restabelecimento da paz jurídica comunitária posta em causa pelo ilícito ou ato prejudicial praticado e a consequente reafirmação da validade da norma violada. Tudo isto através de uma atividade essencial que passa por "dizer o direito" (sentido mais literal da *jurisdictio*), isto é, aplicar, realizar ou criar o direito, conforme a latitude que se pretender dar a esta atividade dos tribunais que passa por interpretar e aplicar as normas jurídicas aos fatos julgados como provados, através dos meios próprios e da tutela que têm os procedimentos e as decisões dos tribunais.

Numa tentativa de compilação das funções dos tribunais, teremos que considerar, sobretudo, as seguintes: (i) resolução dos litígios; (ii) aplicação ou realização do direito (que poderão passar mesmo pela criação do direito, para alguns entendimentos teóricos); (iii) controlo social (manutenção da ordem social);(iv) legitimação da decisão por via de processo justo e equitativo; (v) administração da justiça e outras tarefas administrativas (certificação e validação de atos); (vi) tarefas executivas ou de governação; (vii) funções de garantia e efetividade de direitos e interesses individuais e coletivos (de cada cidadão e dos cidadãos no seu conjunto), e (viii) mobilização e desenvolvimento social e econômico.

Por seu turno, a jurisdição pode ser entendida essencialmente como a atividade exercida por juízes e destinada à revelação e aplicação do direito num caso concreto. Esta atividade de definir o direito, exercido pelos órgãos jurisdicionais, tem o seu critério definidor centrado na utilização que dele faz a própria jurisprudência, não somente na resolução dos litígios à luz do direito, mas também, por essa via, ao decidir em última ratio, de forma implícita ou explícita, se uma regra ou um princípio, de qualificação incerta, é ou não direito.

Nos elementos da jurisdição entendem-se, para além do dizer o direito (*jurisdictio*), a obrigatoriedade de o dizer e também a forma e a autoridade com que ele se afirma (*imperium*), que pode ou não passar pela sua executoriedade e pela execução das decisões jurisdicionais.

As finalidades atrás aludidas são prosseguidas em vários planos e matérias: (i) no relacionamento entre os poderes políticos soberanos e no relacionamento entre as várias comunidades políticas nacionais (justiça internacional, justiça constitucional e justiça financeira ou da contabilidade pública); (ii) no relacionamento entre o Estado (e por vezes entre as várias entidades públicas a ele pertencentes) e os particulares (justiça administrativa e fiscal); (iii) no relacionamento dos cidadãos entre si e no respeito pelos valores comunitários (justiça criminal); e (iv) no relacionamento entre os particulares (justiça civil em sentido amplo, compondo os tribunais cíveis, tribunais de comércio, tribunais de trabalho, etc.).

1.2.2. Função jurisdicional

O núcleo fundamental da função jurisdicional identifica-se no assegurar da defesa dos direitos e interesses legalmente protegidos dos cidadãos, na repressão da violação da legalidade e no dirimir os conflitos de interesses públicos e privados.

A definição do poder judicial e a fórmula da sua organização não deve estar desligada do sentido social que se queira conceder à jurisdição, enquanto poder dado aos tribunais para aplicar o direito e administrar a justiça.

Alexis de Tocqueville (*Da democracia na América*, 1835) fez a apologia da intervenção política e cívica dos tribunais nos Estados Unidos por ele visitados, dizendo que o grande objetivo da justiça era o de substituir o uso da violência pela ideia de justiça e colocar intermediários entre o governo e o emprego da força material: *"é uma coisa surpreendente o poder de que goza, de modo geral, a intervenção dos tribunais junto à opinião dos homens. Este poder é tão grande que ainda se encontra ligado à forma judicial quando a substância já nem existe; ele dá corpo ao que ainda está relegado para a sombra. A força moral de que dispõem os tribunais torna o uso da força material infinitamente mais raro, substituindo-a na maioria dos casos; e, finalmente, quando é preciso utilizá-la, ela duplica o seu poder juntando-se-lhe".*

Este papel histórico dos tribunais retrata bem a diferenciação das várias funções que correntemente lhes são atribuídas e que podem ser abordadas segundo determinadas perspectivas: instrumentais, políticas e simbólicas (Boaventura Sousa Santos, *Sociología jurídica crítica*, pp. 108-114).

Mais do que funções de cariz instrumental, político ou simbólico, teremos, na verdade, um conjunto de funções desenvolvidas pelos tribunais que podem ser abordadas nesse triplo sentido.

No sentido instrumental, as funções são perspectivadas no ambiente atual da sociedade complexa e diferenciada em que vivemos, no pressuposto de que foram especificamente atribuídas a uma determinada área de atuação social – a área da justiça ou dos tribunais – e estarão cumpridas quando essa área de atuação se demonstra eficaz dentro dos seus próprios limites funcionais.

Por seu turno, no sentido político, estas funções integram-se nos diversos campos setoriais de atuação social, contribuindo para a manutenção e desenvolvimento do sistema político e social no seu todo.

Finalmente, no sentido simbólico, passam a ser integradas pelas representações sociais com que os diferentes campos de atuação social são reconhecidos, contribuindo para a manutenção, modificação ou destruição do sistema social no seu conjunto.

1.2.3. A jurisdição

A atividade jurisdicional não pode caracterizar-se tão só e apenas por via do recurso a critérios materiais e substantivos ou mesmo por via do seu modo ou forma de exercício. Estará dependente, também, da sua associação orgânica ao poder jurisdicional (sendo subjetiva e organicamente atribuída a titulares que têm as características de juízes) e à inerente estruturação e complexificação das condições práticas e materiais da sua existência e exercício, incluindo as regras e os princípios procedimentais ou processuais.

Esta perspectiva é consentânea com o modelo de julgador subjacente ao padrão constitucional, ideológico e cultural que é exigível ao decisor jurisdicional. Num percurso evolutivo que passou, sucessivamente, pelos vários modelos de aplicação do direito, chegando ao modelo atual de realização jurisdicional do direito mais integrada nas suas componentes institucionais e mais desperta para as implicações sistemáticas e estruturais da administração da justiça.

Quando os juízes administram justiça, fazem-no, para além da decisão-julgamento firmada no direito aplicável, também segundo os pressupostos de funcionamento do próprio sistema judicial e com a consciência das suas possibilidades.

Os modelos jurisdicionais e o perfil do juiz que atua na sua função não deixam de se adaptar ao dinamismo social e à forma como o seu papel e a atividade jurídica se conjuga com o plano ético-político. Isto é, de uma atuação profissional que se considere correta, que responda às necessidades sociais que estão associadas à administração da justiça e à realização do direito e que se integre numa estrutura mais vasta de regulação e de governação da sociedade.

Espera-se que a atuação dos juízes, por essa via, siga a assunção de um papel social, que lhes concede autoridade e legitimação perante o mundo exterior, ao seu núcleo jurisdicional. Nomeadamente tornando as suas decisões, pela sua fundamentação, justificação e desempenho demonstrado (qualidade e quantidade), não só escrutináveis (*accountability*) como merecedoras da adesão desse auditório universal.

1.2.4. O papel atual da jurisdição

A justiça e o direito aplicado pelos tribunais passaram a ter um indelével papel de governação e regulação nas democracias atuais, num cenário de várias tensões onde se realça uma fragilização e menorização do Estado na sua concepção clássica. Evidencia-se, por via disso, um maior pluralismo das fontes do direito e a emergência do judiciário na realização do direito, tudo em detrimento da importância do legislativo e das leis.

Os tribunais e os seus atores, mormente os juízes, passaram a ser protagonistas do reforço do estatuto político da justiça tanto ao nível nacional como internacional e mesmo supranacional. Esta circunstância coexiste com fenômenos como o reforço das influências entre modelos judiciários e uma tendência crescente de recurso à justiça por parte do cidadão. Os tribunais surgem como um espaço institucional que, acrescendo aos demais, atendem aos novos modos de expressão do espaço público e de utilização dos instrumentos jurídicos como é o caso das minorias, dos vários grupos sociais, da crítica social, das causas fraturantes, dos usos alternativos do direito ou mesmo da utilizações emancipatórias do direito.

Um poder judicial que se afirma na sua dupla e ambivalente função de terceiro árbitro dos outros atores (moderador e contrapoder), mas também, crescentemente, de ator no jogo de governação e regulação políticas, participante com os outros poderes no debate e na discussão sobre o direito e a sua realização.

Esse novo papel dos tribunais reflete-se no atual modelo de julgador que subjaz ao padrão constitucional, ideológico e cultural que é exigível ao decisor jurisdicional, como atrás se salientou.

Numa síntese, pode-se dizer que os tribunais prosseguem as seguintes funções e objetivos políticos, institucionais e sociais:

- assumem um papel central enquanto instituições sociais e políticas;
- prosseguem as finalidades e os objetivos constitucionalmente consagrados;
- colocam-se como fiscalizadores e sancionadores da ação do Estado;
- enquadram-se como o "centro de gravidade" na arquitetura de separação de poderes do Estado de direito;
- promovem a integridade histórica e cultural da comunidade política onde se inserem; e
- garantem o funcionamento dos mecanismos econômicos por via da ação institucional e das regras do mercado.

Para o devido enquadramento desses objetivos teremos que ter sempre em devida conta os seguintes pressupostos, valores ou ideias-vetor:

- o patrimônio simbólico e cultural dos tribunais,
- o valor da independência e da autonomia dos tribunais,

- o papel central dos tribunais enquanto instituições sociais,
- as finalidades e os objetivos constitucionalmente prosseguidos pelos tribunais,
- a sua legitimação normativo-constitucional e
- a exigência de efetividade da tutela judicial.

1.3. Acesso à justiça, tutela efetiva e legitimação

1.3.1. Acesso à justiça e tutela efetiva

A atividade dos tribunais e dos juízes não pode deixar de ser marcada por razões substanciais ligadas à sua finalidade essencial: acesso à justiça do cidadão, com procedimentos justos, equitativos e transparentes.

Este é um pressuposto essencial tanto da organização dos tribunais como também do estatuto dos juízes, na sua construção mais atual, muito devedora de especiais exigências de legitimação e de escrutínio do cidadão.

Para além da acessibilidade, o cidadão pretende um maior grau de clareza e de abertura do sistema judicial.

Tornou-se consensual a ideia que um sistema judicial deve garantir, no seu desempenho regular, o respeito e a defesa dos direitos dos cidadãos e a consolidação e a estabilidade das democracias políticas.

Nessa dimensão o direito de acesso ao direito e à tutela jurisdicional efetiva adquire a força de um verdadeiro princípio estruturante do Estado de direito democrático, o que não deixa de ter consequências [1] na definição da garantia jurídico-constitucional de um genuíno direito fundamental, aqui delineado no seu núcleo essencial – art.º 20.º, n.º s 1 e 5, da Constituição da República Portuguesa – doravante CRP – e art.º 5.º, LXXVIII, da Constituição Federal Brasileira – doravante CFB).

---

[1] Para saber mais a respeito do histórico do tema do acesso ao direitos e à justiça, bem como do estágio atual, principalmente na experiência brasileira dos juizados especiais: Bochenek, Antônio César. 2011. *A interação entre tribunais e democracia por meio do acesso aos direitos e à justiça. Análise de experiências dos juizados especiais federais cíveis brasileiros.* Tese de doutorado apresentada à Universidade de Coimbra em Portugal. Orientador Boaventura de Sousa Santos, disponível em https://estudogeral.sib.uc.pt/bitstream/10316/21359/3/Intera%C3%A7%C3%A3o%20 entre%20tribunais%20e%20democracia%20por%20meio.pdf.

Algumas emanações da garantia de acesso à justiça são expressamente previstas na Constituição formal, mas outras existem, por serem imanentes à noção de processo equitativo e justo, que acabam por estar implicitamente previstas na lei fundamental (Constituição material).

1.3.2. Estado de direito e legitimação

A democracia não pode ser concebida sem a definição material das garantias procedimentais e processuais consagradas no tecido normativo constitucional e que ninguém ousaria perder: (i) um juiz fundado na lei, imparcial e independente; (ii) o direito de audiência; (iii) a igualdade processual das partes; (iv) a fundamentação dos atos judiciais; (v) a proibição dos tribunais de exceção; (vi) o *non bis in idem*; (vii) a autoridade da decisão judicial e a segurança do caso julgado; (viii) o contraditório; (ix) a garantia de escolha de defensor; (x) o patrocínio judiciário, entre outros princípios ligados com a concepção do processo enquanto garantia e conformação da administração da justiça.

O direito de acesso à justiça não pode deixar de ser interpretado e integrado com o art.º 10.º da Declaração Universal dos Direitos do Homem, o art.º 14.º/, § 1.º, do Pacto Internacional sobre os Direitos Civis e Políticos e o art.º 6.º/1 da Convenção Europeia dos Direitos do Homem, em que aquele acesso à justiça implica também o direito de defesa, o princípio do contraditório, a igualdade de armas e a concessão da justiça em prazo razoável.

"Qualquer pessoa tem direito a que a sua causa seja examinada equitativa e publicamente, num prazo razoável por um tribunal independente e imparcial, estabelecido pela lei, o qual decidirá, quer sobre a determinação dos seus direitos e obrigações de caráter civil, quer sobre o fundamento de qualquer acusação em matéria penal dirigida contra ela (...)" – cf. art.º 6.º, n.º 1, da Convenção Europeia dos Direitos do Homem.

"Toda a pessoa tem direito a que a sua causa seja julgada de forma equitativa, publicamente e num prazo razoável, por um tribunal independente e imparcial, previamente estabelecido por lei. (...)" – cf. art.º 47.º, § 2.º, da Carta dos Direitos Fundamentais da União Europeia.

"A todos é assegurado o acesso ao direito e aos tribunais para defesa dos seus direitos e interesses legalmente protegidos, não podendo a justiça ser denegada por insuficiência de meios económicos. (...) Todos têm direito a que uma causa em que intervenham seja objeto de decisão em prazo razoável mediante processo equitativo (...) Para defesa dos direitos, liberdades e garantias pessoais, a lei assegura aos cidadãos procedimentos judiciais caracterizados

pela celeridade e prioridade, de modo a obter tutela efetiva e em tempo útil contra ameaças ou violações desses direitos" – cf. art.º 20.º, n.ºs 1, 4 e 5, da CRP. *"A todos, no âmbito judicial e administrativo, são assegurados a razoável duração do processo e os meios que garantam a celeridade de sua tramitação".* cf. art. 5º, LXXVIII, da CFB.

Este quadro normativo sedimentado permitiu que, após décadas de reformas legais, políticas e económicas, com maior repercussão nos países em transição democrática mas também com incidência em países de maior desenvolvimento económico, ocorresse um crescente consenso sobre o papel do Estado de Direito para criar um ambiente propício à sustentabilidade democrática, ao desenvolvimento *sócio-económico* e ao combate contra a corrupção.

Do mesmo modo, existe um assentimento quase unívoco sobre a ideia de que só com um judiciário independente, responsável e mais transparente, a par de uma imprensa independente e de uma sociedade civil informada e participante, se conseguirá realizar os pressupostos de um verdadeiro Estado de direito.

Numa sociedade democrática, aberta e plural, a salvaguarda da democraticidade da função jurisdicional opera-se através do controlo da opinião pública – máxime operadores da justiça, partes e comunicação social – sobre as decisões judiciais, que são públicas, valorizando-se a acessibilidade generalizada ao seu conteúdo e sentido. Tal crítica dos cidadãos em nada afeta a independência e a isenção dos juízes, antes as reforça, já que passarão a beneficiar, na adesão à lei e ao direito, da confiança de uma opinião pública bem formada, com o reforço ético daí resultante.

1.4. A independência judicial. Independência dos tribunais e dos juízes e a sua *accountability*

1.4.1. A independência judicial enquanto princípio

A independência judicial é um princípio essencial da organização política dos Estados e das relações internacionais, universalmente aceite, que para além de regular o estatuto de cada um dos juízes, individualmente considerado, não deixa também de estruturar a governação e a organização dos tribunais no seu todo. A independência é o valor central da justiça e dos tribunais.

A sua consagração assenta numa diversidade de razões filosóficas, políticas e econômicas essenciais, mas que podem ser reconduzidas à ideia central da indispensabilidade social de um terceiro imparcial que possa dirimir um conflito ou um litígio jurídico entre diversas partes, qualquer que seja a sua natureza, com o mínimo de aceitabilidade e de respeitabilidade, para a pretendida paz social.

A imparcialidade na resolução dos litígios é uma componente indispensável do Estado de direito. Só através dela se gerará a confiança do cidadão sobre a certeza que os seus direitos serão protegidos nas situações em que eles podem vir a ser questionados. Esse também é um pressuposto para a consistência e a integridade da própria atividade social e econômica. A independência judicial existe como uma garantia do cidadão e da sociedade e não pode ser encarada como um interesse profissional ou corporativo dos juízes.

Por via da independência judicial os juízes não podem ser influenciados ou afetados, por qualquer forma, pelas diferenças de poder ou influência das partes em litígio. Daí que seja muito importante, neste ponto, a proteção do cidadão relativamente aos poderes públicos (do próprio Estado ou de organizações públicas), políticos ou econômicos de diversa índole. O juiz deve ser não só incorruptível como estar imune a pressões estranhas ao direito e às boas regras de administração da justiça, mesmo que a sua decisão possa vir a colidir com os sentimentos maioritários expressos pela opinião pública ou pela comunicação social.

A independência é um conceito de relação, pois ela pressupõe uma base de pertença e de relacionamento, isto é, de interdependência. É nesta última que se fortalece e desponta a autonomia daquele que se pretende independente. Só se pode ser independente quando se partilha um espaço ou um domínio comum, implicando essa consciência um respeito mútuo das diversas autonomias e dos diversos espaços recíprocos de atuação. Por outro lado, para além de interdependência num espaço comum, a independência, como espaço de liberdade e de autonomia, pressupõe também alguma responsabilidade (mais ou menos marcada) da entidade ou da instituição que se assume como independente. Veremos mais à frente como se pode adequar esse conceito de responsabilidade ou de prestação de contas (*accountability*) ao poder judicial e à atividade jurisdicional em face do princípio ou garantia constitucional da irresponsabilidade.

Numa abordagem clássica, a independência judicial:

- pode ser entendida como a autonomia do poder judicial face a pressões de outros poderes estatais, sociais e políticos (*independência externa*),
- pode ser aferida aos mecanismos de garantia da autonomia dos juízes dentro da sua organização institucional, burocrática ou corporativa (*independência interna*),
- ou mesmo relacionada com a ideia de "distanciamento das partes" ou de isenção relativamente aos litigantes num conflito jurisdicional (aferida à definição de *imparcialidade*);
- e até, por fim, ao menor ou maior distanciamento que terão as decisões judiciais face ao conjunto de crenças, valores e orientações assumidos pelos próprios juízes e restantes sujeitos processuais (*independência ideológica*).

A independência dos tribunais e dos juízes tem uma afirmação constitucional que deve ser evidenciada.

Os tribunais brasileiros e portugueses são os órgãos de soberania com competência para administrar a justiça em nome do povo (art.º 99, da CFB e art.º 202 n.º 1º da CRP) e devem ser independentes e apenas sujeitos à lei (art.º 2º da CFB e art.º 203º da CRP). Ainda, há a previsão da autonomia administrativa e financeira dos tribunais (art.º 99, da CFB). Um bom exemplo desta autonomia está no fato de que, no Brasil, ao contrário dos países da América hispânica, cada um dos oitenta e seis tribunais de apelação realiza os concursos de admissão de seus juízes e funcionários.

A independência dos tribunais assegurada pelas normas constitucionais expande-se, na sua afirmação, aos juízes enquanto titulares da função jurisdicional e tem concretização em várias dimensões do seu estatuto que pretende garantir a sua atividade segundo estritos critérios de independência e imparcialidade.

1.4.2. Os vários sentidos da independência judicial

Garantia essencial da independência dos tribunais é a independência dos juízes, que por isso está necessariamente abrangida pela proteção constitucional daquela (*independência objetiva*). O princípio da independência dos juízes exige não apenas a sua inamovibilidade e vitaliciedade (art.º 95.º da CFB e art.º 216º da CRP), mas também a sua liberdade perante quaisquer ordens ou instruções das demais autoridades, além de um regime adequado de designação, com garantias de isenção e imparcialidade que evitem o preenchimento dos quadros da magistratura de acordo com os interesses dos demais poderes do Estado, sobretudo do Governo e da Administração (cfr. art.º 93 da CFB e Estatuto da Magistratura). O direito do juiz à independência convoca várias dimensões densificadoras da liberdade à independência no julgar: (i) liberdade contra injunções ou instruções de quaisquer autoridades; (ii) liberdade de decisão perante coações ou pressões destinadas a influenciar a atividade jurisdicional; (iii) liberdade de ação perante condicionamentos ou incidentes sob a atuação processual; (iii) liberdade de responsabilidade, pois só ao juiz cabe realizar o direito e obter a solução justa do caso submetido à sua apreciação.

Depois, a independência de ação de que cada juiz beneficia na resolução do caso concreto depende, na verdade, da independência de tipo estrutural ou organizativa, enquanto conjunto de salvaguardas formais e condições estruturais aptas a proteger os juízes e todo o judiciário de qualquer tipo de intervenção ou controlo (internos ou externos). Veremos nos pontos seguintes o desenvolvimento desta matéria com mais detalhe.

A independência dos juízes é também uma garantia essencial da independência dos tribunais, sendo que esta garantia constitucional (da independência dos tribunais) não deixa também de albergar a primeira (independência dos juízes).

Mas a independência judicial tem de ser demonstrada na prática através da atividade jurisdicional, não dependendo apenas da consagração das suas garantias formais. Pois a existência destas apesar de ser importante (e indispensável), pode ser questionada pelo próprio comportamento dos juízes. Assim, a consagração objetiva deste princípio da independência judicial numa determinada sociedade, através das garantias constitucionais e legais (formais) que se impõem (*independência objetiva*), deve ser acompanhada por um índice otimizado de confiança sobre a justiça, tanto nas perceções sociais sobre esta como nas representações dos juízes (e das instituições judiciárias) sobre eles próprios (*independência subjetiva*).

1.4.3. Independência e *accountability*

A independência como padrão organizativo, regulativo e deontológico terá pois de ser encarado, antes de mais, como um merecimento, pois a independência judicial necessita de ser conquistada, não sendo uma coisa imanente ou automática. Os juízes e os tribunais terão o respeito e a legitimação dos cidadãos de acordo com a excelência do seu desempenho, resultado de decisões imparciais, bem fundamentadas e proferidas em prazo razoável.

Daí que a independência judicial se possa considerar, atualmente, como uma noção multidimensional e de cariz dinâmico, sendo também, como salientámos atrás, um conceito em relação com o valor da responsabilidade (enquanto *accountability*, ponto de encontro ou cruzamento das noções de transparência, de prestação de contas e da assunção ética da responsabilidade). Nesse sentido, pode-se dizer que a independência judicial só se pode entender como uma independência responsabilizante do ponto vista ético-social, fazendo-a ganhar operatividade e pragmatismo.

Como se referiu espera-se que a atividade dos juízes consiga responder ao seu efetivo papel social, concedendo-lhes autoridade e legitimação perante o mundo exterior ao seu núcleo jurisdicional. Tornando as decisões dos juízes, pela sua fundamentação, justificação e desempenho (qualidade e quantidade), não só escrutináveis (*accountability*) como merecedoras da adesão do auditório universal da cidadania e da democracia.

Esta independência e *accountability* são valores que determinam o grau de autonomia e partilha que o judiciário possui no domínio da sua governação e administração (nos seus vários níveis de magnitude, isto é, *macro, meso* e *micro*) e que se encontram intimamente conexionados com a ética e a deontologia de todos e cada um dos juízes (afirmação de um estatuto social, político e profissional do judiciário para além da sua mera funcionalidade).

Com recurso à duplicidade de perspectivas, tanto objetiva e subjetiva, com que podem ser analisadas a independência e *accountability*, podemos desenhar os seguintes quadros de indicadores ou referências de avaliação desses parâmetros no judiciário (juízes e tribunais):

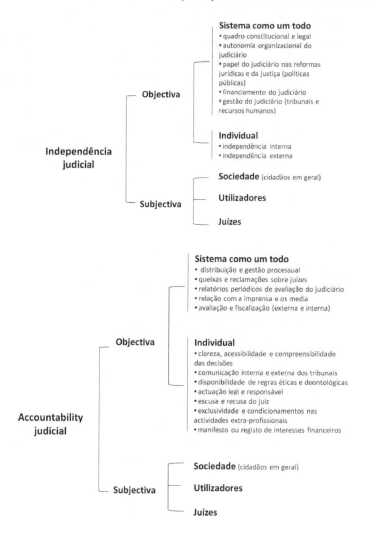

(Partimos da base de arrumação metodológica da Rede Europeia dos Conselhos de Justiça, na referência ENJC Report, 2014).

Estes quadros podem, depois, ser desenvolvidos num esquema de tópicos ou assuntos tal como o que apresentamos de seguida. O que não deixa de refletir a magnitude e a complexidade com que a independência judicial pode ser encarada, na sua relação com a *accountability*. Um esquema material de assuntos que coloca em evidência os inúmeros indicadores que podemos utilizar para aferir da consistência e da fiabilidade do sistema judicial (e do Estado de direito) numa determinada comunidade política.

Independência
– Independência judicial objetiva
A. DO PONTO DE VISTA DO SISTEMA (COMO UM TODO)
1. quadro constitucional e legal (bases e fundamentos legais da independência judicial)
- *garantias formais (e constitucionais) da independência do judiciário (normas de especial proteção; estatuto normativo reforçado; maiorias qualificadas)*
- *garantias formais (e constitucionais) de que os juízes apenas se regem pela lei (e pelo direito)*
- *participação formal dos juízes no desenvolvimento das reformas jurídicas e da justiça*
- *cláusulas formais de determinação e proteção da remuneração dos juízes*
- *cláusulas formais de atualização remuneratória dos juízes*

2. autonomia organizacional do judiciário (estrutura de governação do judiciário, separação de poderes e Conselhos Judiciários)
- *posição formal (constitucional) do(s) Conselho(s) Judiciário(s)*
- *posição do(s) Conselho Judiciário(s) face ao sistema judicial (integração e participação)*
- *composição e poderes do(s) Conselho(s) Judiciário(s) (padrões dos instrumentos internacionais, designadamente europeus)*
- *atribuições e responsabilidades do(s) Conselho(s) Judiciário(s)*

3. participação do judiciário nas reformas jurídicas e da justiça (programação e execução das políticas públicas)

4. financiamento do judiciário (orçamento e finanças)
- *quadro institucional e processo legislativo*
- *sistema legal de financiamento (critérios)*
- *mecanismos de resolução de conflitos e contencioso*
- *critérios de suficiência e de racionalidade econômica*

5. gestão do judiciário (tribunais e recursos humanos)
- *gestão global dos tribunais*
- *gestão do corpo de juízes e dos demais servidores da justiça*
- *gestão dos sistemas de informação e comunicação*
- *gestão dos equipamentos judiciários*
- *gestão da segurança dos espaços judiciários*
- *gestão da comunicação e das relações públicas*

B. DO PONTO DE VISTA INDIVIDUAL (DE CADA JUIZ)
1. independência externa
1.a. decisões de recursos humanos sobre juízes e presidentes de tribunais (nomeação, avaliação, disciplina, promoção, movimentação, colocação, acumulação, comissões de serviço, licenças de serviço, aposentação, jubilação)
- conformidade das regras e das práticas de nomeação e colocação de juízes e presidentes de tribunal com as diretrizes e as boas práticas internacionais
- articulação com as regras da predeterminação legal do juiz (juiz natural)

- grau de responsabilidade do próprio judiciário sobre a avaliação, promoção, disciplina e formação dos juízes
- conformidade das regras e das práticas de avaliação e promoção dos juízes com as diretrizes e as boas práticas internacionais

1.b. inamovibilidade
- garantia formal da inamovibilidade dos juízes (suas decorrências constitucionais e legais)
- articulação com as regras da predeterminação legal do juiz (juiz natural)
- análise das práticas disciplinares e outras de afastamento ou transferência de juízes sem o seu consentimento

1.c. distribuição e gestão de processos (objetividade, transparência e predeterminação legal)

1.d. irresponsabilidade ou imunidade no desempenho da função judicial
- garantias formais
- articulação com os mecanismos de responsabilidade disciplinar, criminal e civil (incluindo o direito de regresso)

1.e. consagração de procedimentos de proteção para ameaças ou violação da independência judicial
- garantia formal de proteção dos juízes ou das instituições judiciárias face a pressões ou influências impróprias de entidades ou pessoas
- adequação dessas garantias de proteção da independência do juiz
- garantias formais ou processuais de proteção da independência judicial do juiz do processo

1.f. consagração de condições de desempenho e mérito (efetivação de condições de formação, de organização e de gestão aos juízes)

2. independência interna
- *garantia formal, constitucional e legal*
- *grau de influência do(s) Conselho(s) Judiciário(s) e da gestão dos tribunais (v.g. presidentes dos tribunais) no processamento e decisão dos casos individuais*
- *grau de obrigatoriedade ou de imperatividade das diretrizes de distribuição e gestão processuais ou mesmo da qualidade decisional (uniformidade, consistência, estrutura, celeridade e eficiência)*
- *apuramento do que é o núcleo de independência e autonomia jurisdicional no processamento e decisão dos casos individuais (o "ato jurisdicional", apenas condicionado à Constituição, à lei e ao direito)*
- *distinção entre gestão processual autônoma e heterônoma*
- *influência ou ascendente dos juízes presidentes, inspetores (disciplinares ou avaliadores), juízes séniores, mais bem classificados ou de tribunais superiores*
- *consagração de condições de desempenho e mérito (efetivação de condições de formação, de organização e de gestão aos juízes)*

– Independência judicial subjetiva
A. PERCEBIDA PELOS CIDADÃOS EM GERAL
1. medidas comparativas obtidas a vários níveis (v.g. Eurobarómetro, *Global Competitiveness Report* e *World Rule of Law Index*)
2. confiança do cidadão na justiça (v.g. *Confidence in Social Institutions* [OCDE])
3. existência e percepção da corrupção judicial
B. PERCEBIDA PELOS UTILIZADORES DOS TRIBUNAIS
1. inquéritos de satisfação pelos utilizadores
2. avaliação das percepções sobre a independência judicial pelos vários intervenientes nos processos ou pelos utilizadores do tribunal
C. PERCEBIDA PELOS JUÍZES
1. inquéritos de opiniões realizados a juízes
2. percepção dos juízes acerca da sua própria independência

ACCOUNTABILITY
– *Accountability* **judicial objetiva**
A. DO PONTO DE VISTA DO SISTEMA (COMO UM TODO)
1. distribuição e gestão processuais
- *existência de mecanismos transparentes e equitativos de distribuição processual*
- *garantias de supervisão e de competência, com diretrizes de distribuição e gestão processuais ou mesmo da qualidade decisional (uniformidade, consistência, estrutura, celeridade e eficiência)*
- *conformidade com as diretrizes e boas práticas internacionais (critérios objetivos e pré-estabelecidos com vista a salvaguardar o direito a um juiz independente e imparcial e a boa administração da justiça)*

2. procedimentos de queixa ou de reclamação sobre a atuação do juiz ou do tribunal no processo ou para com as partes (para além do recurso das decisões)
- *existência de procedimentos para a formalização dessas queixas*
- *participação externa nesse procedimento de queixa (de representantes da sociedade civil)*
- *âmbito das queixas (comportamento do juiz ou do tribunal, morosidade processual e erros administrativos)*
- *existência da faculdade de recurso ou reclamação da decisão que aprecia a queixa*
- *estatística do número de queixas e reclamações*

3. relatórios periódicos sobre a atividade e o desempenho dos tribunais e das demais instituições judiciárias
- *disponibilidade de relatórios periódicos (v.g. anuais) sobre o funcionamento do judiciário*
- *âmbito dos relatórios (latitude do seu objeto, com referência à produtividade, duração dos processos, casos disciplinares, queixas e reclamações e processos de escusa ou recusa de processos)*

- *benchmarking entre tribunais (ao nível do desempenho)*
4. relação com a imprensa e os media
- *explicação das decisões judiciais para os media*
- *disponibilidade de diretrizes de regulação da relação entre os media e os tribunais*
- *comunicados ou notas de imprensa sobre casos judiciais*
5. avaliação e fiscalização externas e internas
- *utilização da avaliação com regularidade para aferir do desempenho dos tribunais*
- *tipos de avaliação (inspeção, auditoria, sindicância ou outra)*
- *competência institucional (dentro do judiciário [Conselhos Judiciários] ou fora [legislativo ou executivo ou mesmo internacional])*

B. DO PONTO DE VISTA INDIVIDUAL (DE CADA JUIZ)
1. disponibilidade de regras éticas ou deontológicas num código
2. em especial o dever de atuação leal, diligente e responsável
3. clareza, acessibilidade e compreensibilidade da atividade judicial
- *dever dos juízes de esclarecer e informar com clareza o sentido dos procedimentos e das decisões tomadas*
- *formação e capacitação dos juízes na condução das audiências e procedimentos, de forma correta e compreensível*
- *explicação, em modo compreensível, dos procedimentos e das decisões*
4. comunicação interna e externa dos tribunais
5. escusa e recusa de juiz (afastamento de processos)
- *afastamento voluntário (escusa)*
- *sancionamento da violação do dever de afastamento*
- *processamento para a suspeição ou a recusa de juiz*
- *decisão sobre a escusa, suspeição ou recusa de juiz e seu recurso*
6. exclusividade e condicionamentos de atividades extraprofissionais dos juízes
grau de exclusividade e autorização para desempenhar outras funções ou responsabilidades remuneradas ou não remuneradas
- *quais as funções ou atividades permitidas (v.g. ensino e investigação, políticas, advocacia, gestão de empresas, instituições, associações ou sociedades, clubes desportivos, tribunais arbitrais, comissões de disciplina, etc.)*
- *registro público de funções ou atividades externas*
- *manifesto ou registro de interesses financeiros*

– **Accountability judicial subjetiva**
– análise e avaliação dos sentimentos públicos sobre o funcionamento do sistema judicial e da atuação dos juízes (confiança, transparência e legitimação): pela sociedade, pelos utilizadores dos tribunais e pelos juízes

Com esta enumeração de assuntos, ficam, do mesmo modo, evidenciadas as virtualidades do debate sobre a independência dos tribunais e dos juízes no seu contraponto com a responsabilidade (*accountability*) do sistema judicial e dos seus atores. Destaca-se, nessa relação, uma última distinção entre o conceito de "independência-valor" (inquestionável de *per si*) e de "independência-garantia" (que se encontra, no seu conteúdo operativo, funcionalizada a outros valores), e o reavivar do tema da separação e da interdependência entre os poderes e destes com a cidadania.

1.5. O movimento da reforma da justiça e dos tribunais

1.5.1. A centralidade dos tribunais e a sua reforma

Os tribunais têm vindo a assumir uma crescente importância nas atuais sociedades democráticas, cultoras que são do pluralismo e da efetividade dos direitos. A essa importância, reveladora da centralidade e visibilidade dos tribunais, tanto política como mediática, corresponde um papel cada vez mais convocado pela cidadania e pelo próprio jogo interdependente dos órgãos políticos de poder.

Esta crescente importância dos tribunais também os colocou, no conjunto dos sistemas de justiça, no centro das preocupações coletivas.

Nessa certeza, a atividade judiciária desenrola-se num cenário crítico acerca da respectiva realidade institucional, designadamente a propósito da confiança na sua eficácia e na função social prosseguida. Tem-se como demonstrada a urgência na alteração dos parâmetros de qualidade e de desempenho dos tribunais e dos outros meios de resolução dos litígios ou de pacificação social.

Por via disso, tem-se assistido nas últimas décadas, a um crescente movimento reformista na justiça, não só na escala europeia mas também mundial, que se preocupa em melhorar o sistema judicial, tornando-o mais célere, desburocratizado, transparente e eficiente, na procura de uma melhor justiça e, por essa via, da garantia de uma verdadeira cidadania.

A reforma da justiça, enquanto movimento mais vasto e global no qual a reorganização judiciária se insere, tem implicações em vários domínios e pode ser abordada em várias dimensões.

Os tribunais exercem um poder que na sua concepção política é alvo de alguma diversidade, controvérsia e desacordo, dada a sua cambiante complexa e envolvente, desde logo na arquitetura político-constitucional do

Estado, que os apontamentos da filosofia do Estado e da separação de poderes deixaram sempre bem nítidos. Complexidade que o novo entendimento da cooperação e interdependência política entre os poderes do Estado e a ideia de governação política multifacetada, numa sociedade em que se manifesta uma fragmentação e dispersão das fontes de poder, não deixa de confirmar.

Percebe-se, por aqui, a vantagem de discernir qual o grau de acompanhamento que os atores do sistema judicial têm relativamente às mutações na sociedade, pelo seu caráter difuso, pouco claro ou complexo.

Os contextos da reforma da justiça são marcados, em primeiro lugar por um processo de autonomização crescente do indivíduo face às instituições e de percepção da crise que lhe está inerente. Depois, em segundo posto, a reforma é marcada por um processo de transformação na regulação política, normativa e de composição dos litígios, e, por último, por um processo de relativização da dimensão do espaço e do território (atenuação dos limites das fronteiras e sua desadaptação face à dualidade local / global).

Por outro lado, sobressai a constatação que não mais é discutível a maturidade que os tribunais e a justiça adquiriram – um "poder político de 1.ª grandeza" –, mesmo no seio dos países da *civil law* (Europa-continental). Uma maturidade e uma centralidade assumidas no debate político e no domínio das causas públicas e coletivas.

No cruzamento das preocupações deste tema subjaz a dúvida sobre se se podem compatibilizar as mencionadas finalidades a erigir, quando se estabelecem os programas de reforma da justiça e a sua execução prática. Por um lado, as finalidades próprias de uma racionalidade gestionária, marcada pela análise custos / benefícios; por outro, os objetivos essenciais de prossecução de uma justiça preocupada com a cidadania, com os utentes e com os operadores econômicos.

1.5.2. Os vários planos da reforma da justiça

A reforma do sistema judicial – com mutações a nível da organização judiciária – pode ser vista, pelo critério do seu alcance ou grandeza, também pelos já mencionados planos macro (de grandeza político social), num plano médio (de administração e gestão dos tribunais) ou no plano micro de cada uma das jurisdições.

Ao desenho do ambiente político, cultural, econômico e social que envolve a atividade do sistema judicial sucede a definição de um modelo de governo dos tribunais e das profissões judiciais, com o delineamento dos estatutos (deontológicos ou profissionais) das magistraturas e dos funcionários judiciais. Nesta ultima dimensão, estão em causa quer os incentivos, benefícios ou prerrogativas profissionais, como os constrangimentos de cariz institucional que visam a responsabilização e a disciplina do judiciário (formação, recrutamento, disciplina, carreira profissional, ética profissional, remuneração, condicionamentos profissionais e sociais).

No plano macro, quanto à governação e organização da justiça, evidenciam-se vários tipos de modelos que podemos identificar como executivo, misto e judicial, segundo a gradação da autonomia administrativa dos tribunais face ao poder executivo. Podem identificar-se, assim os (i) modelo executivo, (ii) modelo da comissão independente, (iii) modelo de "partenariato" ou cogestão, (iv) modelo executivo tutelar, (v) modelo de autonomia limitada, (vi) modelo de autonomia limitada com comissão e (vii) modelo judicial) [classificação assumida pelo Conselho Judicial do Canadá (na referência Canadian Judicial Council / Conseil Canadien de la Magistrature, 2006) e pelo Observatório Permanente da Justiça Portuguesa (na referência Observatório Permanente da Justiça Portuguesa, 2006)].

Numa outra classificação mais corrente, identificam-se os modelos executivo, judicial ou misto (de acordo com a figura que se segue).

Modelos de administração e governo do sistema judicial na experiência comparada (critério do grau de autonomia e independência que é concedido ao judicial face aos outros poderes constitucionais, mormente ao executivo, para gerir e organizar aqueles assuntos de gestão e administração que contendam ou tenham a ver com a prossecução da tarefa essencial de administração da justiça)	
modelo executivo	a administração do sistema judicial encontra-se centrada no executivo (caso duvidoso de Inglaterra e Gales)
modelo misto	ocorre partilha de competências, na administração do sistema judicial, entre o executivo e o judicial (casos de França, Itália, Portugal, Espanha, Grécia, Bélgica, Holanda, Polónia, Dinamarca, Irlanda e Suécia)
modelo judicial	a administração do sistema judicial é controlada pelas próprias instituições judiciárias (casos dos tribunais federais norte-americanos, da Colômbia e do México

De acordo com os critérios acima utilizados, o modelo judicial de administração da justiça é o utilizado na experiência brasileira, pois os tribunais são dotados de autonomia administrativa e financeira consoante o disposto no art.º 99.º da CFB.

No plano intermédio (médio) da atividade dos tribunais, encontramos a divisão setorial da administração e gestão dos tribunais, com os seus núcleos intermédios de cariz organizativo e administrativo, numa rede partilhada de atribuições e competências, com vários responsáveis setoriais (v.g. vogais dos conselhos judiciários, presidentes dos tribunais das Relações, juízes presidentes das várias circunscrições territoriais, magistrados coordenadores do Ministério Público e administradores dos tribunais).

No plano micro, ao nível atomístico da organização dos tribunais passam a estar presentes as regras e as dinâmicas próprias do estatuto e da organização dos vários corpos profissionais, com os seus relacionamentos de cariz institucional e informal e a suas redes de funcionamento (liderança, hierarquia, colaboração, solidariedade, etc.).

Em todas estas dimensões cruzam-se várias lógicas e plúrimas competências, nomeadamente produção legislativa, gestão e disciplina dos vários atores judiciários, gestão e racionalidade dos métodos de organização e de trabalho, gestão e administração das estruturas administrativas e logísticas, esquemas financeiros de investimento e esquemas de despesas e de receitas. Por isso há que saber coordenar e integrar esses vários pólos de decisão, evitando problemas de compatibilização entre os vários centros de decisão que aqui são convocados.

Na realidade portuguesa, temos a Assembleia da República, os tribunais superiores e de 1ª instância, os conselhos superiores (Conselho Superior da Magistratura; Conselho Superior dos Tribunais Administrativos e Fiscais e Conselho Superior do Ministério Público), a Procuradoria Geral da República, o Governo (Ministério da Justiça) e o COJ (Conselho dos Oficiais de Justiça).

No Brasil, os principais órgãos de decisão administrativa estão sob a responsabilidade dos próprios tribunais (autonomia dos tribunais), do Conselho Nacional de Justiça, do Conselho da Justiça Federal e do Conselho Superior da Justiça do Trabalho. Também participam da administração da judiciário, direta ou indiretamente, o Conselho Nacional do Ministério Público, a Procuradoria Geral da República, a Ordem dos Advogados do Brasil, os Governos Federal e Estaduais (Ministério da Justiça e Secretarias de Estado). Ainda no âmbito federal, para o debate e a aprovação de leis de interesse dos tribunais federais, é necessária a tramitação nas duas casas legislativas, Senado e Câmara dos Deputados. Todos estes órgãos participam do processo de tomada de deliberações relevantes para a administração da justiça brasileira.

Gráfico da interseção do legislativo, da governação e do judicial

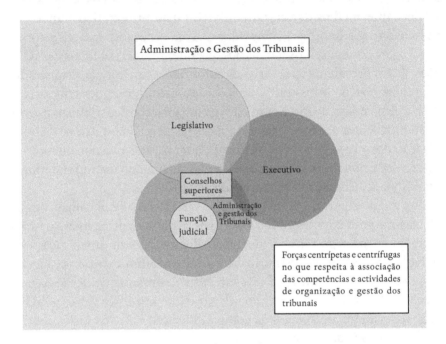

1.5.3. Os princípios essenciais da administração dos tribunais

Nesta articulação de sistema, faz todo o sentido enquadrar um horizonte temático do sistema judicial e dos tribunais, em que se compreende a organização e gestão dos tribunais e a gestão processual no seio da atividade judicial.

Como princípios fundamentais que suportam a administração judiciária, identificam-se o (i) o pleno respeito da independência e da autonomia do poder judicial (*independência*), (ii) a responsabilização pelo desempenho qualificado e eficiente do serviço público de justiça por parte do sistema judicial (*accountability*) e (iii) eficiência do sistema judicial.

A questão da deontologia judiciária e dos códigos de ética dos juízes (a par das outras profissões forenses) passou igualmente a estar na "ordem do dia", tanto das preocupações internacionais como das agendas nacionais, nomeadamente através da codificação das regras de deontologia profissional e a proliferação de códigos de ética e de conduta para as magistraturas.

O que é bem relevante nos vários documentos internacionais e nacionais produzidos neste âmbito, de que são exemplos [entre outros mencionados na referência Centro de Estudos Judiciários, 2014]:

- "Princípios de Bangalore" sobre deontologia judiciária adotado pelo comitê judicial para o reforço da integridade judicial das Nações Unidas
- Conclusões sobre os princípios de deontologia judiciária e a sua realização, retiradas pela 1ª comissão da UIM
- Código de conduta dos juízes federais norte-americanos (*Judicial Conference of United States*)
- Código de conduta dos juízes canadianos (princípios de deontologia judiciária do Conselho Canadiano de Magistratura)
- Código de conduta dos juízes australianos (guia para a conduta judicial do *The Council of Chief Justices of Australia and New Zealand*)
- Propostas de adoção de princípios deontológicos e éticos para a magistratura francesa (disponível em relatório final pela comissão "Cabannes" sobre a ética da magistratura)
- Proposta de Código ético dos magistrados italianos aprovado em 7/5/1994 pelo Comitê Diretivo Central da "Associazione Nazionali Magistrati"
- Estatuto do Juiz Ibero americano, aprovado pelo VI Cumbre Iberoamericano de Presidentes dos Supremos Tribunais; e
- "Compromisso Ético dos Juízes Portugueses" (Princípios para a Qualidade e Responsabilidade).
- "Código de Ética da Magistratura" (debatido e aprovado pelo Conselho Nacional de Justiça do Brasil).

Identificam-se outras dimensões eixos que devem compatibilizar-se com os princípios referidos.

Assim e desde logo a eficácia da justiça e a qualidade do seu exercício passam por uma administração judiciária coerente, isto é, por uma clara partilha de competências e por um diálogo entre as diversas instituições envolvidas. Em segundo lugar supõem, também, uma conciliação entre os princípios da independência e da imparcialidade e as responsabilidades dos magistrados, sobretudo no que respeita à gestão dos tribunais e à articulação das competências com os demais atores da justiça. Num terceiro tópico necessita-se de critérios de avaliação unitários ou comuns, que não se sustentem unicamente sobre indicadores quantitativos. Finalmente emerge, de forma acrescida, uma atitude atenta aos utilizadores do sistema judicial e à perspectiva dos cidadãos, para avaliar e reforçar a confiança na justiça.

Todas estas proposições, por último, têm sido congregadas à luz dos princípios consagrados nos instrumentos internacionais dos direitos humanos, de que é exemplo a Convenção Europeia dos Direitos do Homem, em particular no seu Art.º 6.º.

Saliente-se que o programa de desenvolvimento social e econômico fundado no papel do direito e no reforço e fortalecimento dos aparelhos judiciários – isto é na garantia da existência de tribunais independentes e autônomos – é um movimento global que se tem intensificado nestas últimas décadas com o derrubar dos regimes totalitários, como atestam os projetos de investimentos das instituições de ajuda internacional ao desenvolvimento ou o trabalho desenvolvido por instituições ou centros internacionais de investigação estudo e enquadramento da administração judiciária.

Certo é que depois de uma construção lenta dos pressupostos da administração dos tribunais envolvida pelo referido movimento de reforma da justiça, assiste-se agora a um ciclo mais rápido de mudanças que pretendem responder às exigências derivadas do novo lugar da justiça e dos juízes na sociedade.

Nessa medida, os métodos tradicionais de gestão baseados na tradição burocrática, legalista e processual, têm sido vistos como ultrapassados no confronto com o volume e a complexidade da atual litigância judicial, pouco satisfatórios para as necessidades de rapidez e de qualidade da sociedade atual. E aqui os novos cânones da gestão pública não deixam de manifestar a sua influência com a importação de procedimentos e estilos da gestão empresarial, designadamente a autonomia de gestão e responsabilidade dos serviços, a gestão por objetivos, o enfoque sobre os resultados e a eficiência, a avaliação de serviços e do pessoal ou a remuneração de acordo com o desempenho (*new public management*), ou, em alternativa, na adaptação desses critérios da gestão empresarial a uma nova concepção da administração segundos padrões organizativos modernos e profissionais (nova administração pública ou *traditional public management*).

1.6. Garantias organizativas e procedimentais

1.6.1. Garantias, direitos fundamentais e processo

As normas constitucionais para além de estruturarem a ordem processual consagram, do mesmo modo, o direito fundamental a um tribunal independente, imparcial e fundado na lei, e a inerente garantia fundamental do acesso à justiça. Na verdade, existem direitos processuais fundamentais e também os assim designados "direitos fundamentais procedimentalmente dependentes", tais como o direito à decisão num prazo razoável, a garantia de um processo justo e equitativo e, ainda, da garantia da efetividade da prestação jurisdicional, num quadro da garantia de acesso à justiça e das suas emanações próprias.

O direito de acesso ao direito e à tutela jurisdicional é um verdadeiro princípio estruturante do Estado de direito democrático, o que não deixa de ter consequências na definição da garantia jurídico-constitucional de um genuíno direito fundamental, aqui delineado no seu núcleo essencial de garantia institucional da via judiciária a cargo do Estado, assim como da eficácia dessa proteção jurisdicional (exigência constitucional de tutela jurisdicional efetiva – na experiência brasileira, no art.º 5º, LXXVIII, da CFB).

Algumas emanações da garantia de acesso à justiça são expressamente previstas na Constituição formal, mas outras existem, por serem imanentes à noção de processo equitativo e justo, que acabam por estar implicitamente previstas na lei fundamental.

Na experiência de Portugal, o art.º 205.º, nº 1, da CRP, impõe aos juízes o dever de fundamentar as suas decisões e o seu n.º 2 do art.º 202.º refere, entre as finalidades da administração da justiça, a de assegurar a defesa dos direitos e interesses legalmente protegidos dos cidadãos, o que manifesta uma preocupação constitucional com o conteúdo da decisão que é de aproximar do preceito que, na Constituição espanhola e em situação considerada ímpar entre as Constituições europeias, expressamente garante, como direito fundamental, a proteção jurisdicional efetiva dos direitos dos cidadãos.

No Brasil, o art.º 93, IX, da CFB, prevê que "todos os julgamentos dos órgãos do Poder Judiciário serão públicos, e fundamentadas todas as decisões, sob pena de nulidade, podendo a lei limitar a presença, em determinados atos, às próprias partes e a seus advogados, ou somente a estes, em casos nos quais a preservação do direito à intimidade do interessado no sigilo não prejudique o interesse público à informação".

Se os objetivos de eficácia e celeridade do processo, transmitidos pelas políticas públicas desenvolvidas pelas mais recentes reformas judiciárias, não deixaram de ser recepcionados e enquadrados pelo direito processual, a verdade é que aquelas garantias processuais e a tutela dos direitos processuais fundamentais são, indiscutivelmente, um limite de ordem constitucional, tanto à concepção como também à prática e à execução das medidas de reforma judiciária e processual, incluindo as de cunho estatutário.

A este propósito não podem deixar de ser equacionadas as exigências valorativas de desempenho qualificado do sistema judicial, que têm sido amplamente enfatizadas pelos variados instrumentos internacionais e pelas declarações internacionais de referência, com independência, com equidade, com celeridade [tempo razoável], com eficácia e com qualidade (e mesmo excelência), nas suas conexões inevitáveis com a temática processual.

Denota-se, na verdade, a emergência de uma nova visão sobre a questão processual, enquanto objeto da organização e gestão do sistema judicial, aqui mais marcadamente da organização e gestão dos núcleos jurisdicionais correspondentes ao tribunal ou à secção judicial onde cada um dos juízes exerce funções, nas suas múltiplas ligações: com as partes processuais, com o grupo de trabalho da secção judicial, com os seus colegas de tribunal, com os vários tribunais num funcionamento em rede até às relações com o sistema no seu todo.

Esta nova visão tem demonstrado a necessidade de aprofundar as práticas e as estratégias dos vários atores do processo sobre a utilização das várias dimensões processuais: espaço, quantidades e sobretudo do tempo judiciário estimado e utilizado pelos diversos atores processuais. Sendo o interesse direcionado para os métodos de trabalho dos juízes, no que respeita ao decurso e ao tratamento dos processos, mas sem esquecer que a prática ensina que os poderes e prerrogativas jurisdicionais dependem também da utilização que deles se faz e da forma como os diversos atores judiciários interagem a propósito da litigância, dos processos e nos vários atos, diligências e audiências que decorrem em cada processo. Processos que suscitam sempre uma unidade dinâmica organizada e encadeada de formas, tempos, ritos, fórmulas, competências, poderes, prerrogativas, direitos, articulados, requerimentos, inquirições, declarações, esclarecimentos, intervenções, alegações e decisões, elementos esses que são atuados pelos respectivos sujeitos no espaço judiciário, com as influências e as interações próprias do ambiente social, político e económico envolvente.

Implica, ainda, uma atenção mais cuidada sobre os custos sociais e económicos ligados à duração dos processos, com a apreciação dos fatores conducentes aos atrasos processuais e à melhor forma de os resolver.

Trata-se de uma visão organizativa da tarefa jurisdicional, em que o processo é visto como um verdadeiro instrumento das finalidades da função jurisdicional e integrado numa visão sistémica da realização da justiça, como é defendido pelas mais recentes gerações de processualistas. Na valorização de um modelo de maior flexibilidade e amplitude na gestão processual, de maior dinamismo e intervenção do juiz, com um acréscimo de instrumentos processuais à disposição, sobretudo nas situações de litigância de massa ou de litigância complexa, a contrastar com o modelo estático de ação individual que fez tradição no mundo do direito.

1.6.2. As diversas garantias

Vamos encontrar a consagração destas garantias procedimentais e organizacionais em vários países, no desenvolvimento de princípios fundados em instrumentos internacionais que não deixamos de salientar de antemão, segundo as fórmulas de um direito ao juiz pré-determinado legalmente, do "juiz natural" ou da regra do *ius de non evocando*. O que remete para soluções diferenciadas conforme o sistema constitucional em causa e a abertura da organização dos tribunais a mecanismos de gestão de tribunal e gestão processual caracterizados no âmbito deste manual.

Este princípio do juiz natural, que avoca um dado processo ao julgador em função de critérios e regras objetivas de competência jurisdicional, garantindo a independência e a imparcialidade do órgão julgador, mantém-se como vetor primacial na alocação de processos. No Brasil, o princípio do juiz natural é adotado com rigor e, muito embora seja essencial, não se pode negar que por vezes surgem problemas, pois juízes removem-se pelo critério da antiguidade para varas especializadas (e.g., de execuções penais), com as quais não têm qualquer afinidade, e depois não alcançam o desempenho desejado.

Porém, em particular nos países anglo-saxônicos, com o denominado "ticketing" assente na qualificação profissional, assiste-se hoje a uma tendência crescente para transferir processos de um juiz para outro em função de uma especial competência desse juiz ou, por vezes, por estritas razões de racionalidade operativa.

Em qualquer caso, para evitar uma violação do princípio da independência dos tribunais, sempre será decisivo aferir da legitimidade de quem detém o poder para definir essa distribuição de processos e quão independente se apresenta esse órgão, ainda que uninominal. Tratamos anteriormente, num esquema de síntese, das várias vertentes em que a independência judicial e a *accountability* se têm de compatibilizar e também dos padrões que têm sido definidos pela prática e pela experiência dos vários Conselhos Judiciários.

Tanto no caso brasileiro como no português, o sistema jurídico-constitucional não deixa de consagrar tais garantias procedimentais e organizativas. Assim, a divisão judiciária, as categorias dos tribunais e a sua competência estão pré-determinadas legal e constitucionalmente, estando excluída a possibilidade de consagração de tribunais excepcionais ou exclusivos para determinados casos ou categorias de crimes e proibido o desaforamento de qualquer causa a não ser nos casos especialmente previstos na lei. A escolha do tribunal competente deve resultar de critérios objetivos predeterminados e não de critérios subjetivos ou elementos de referência posteriormente erigidos que possam ser entendidos como visando determinados casos concretos ou mesmo grupos de casos concretos.

Depois, a distribuição dos processos pelos tribunais faz-se segundo as regras legais de competência e, dentro de cada tribunal, que consagre mais de que uma unidade jurisdicional, realiza-se por via de um ato processual consagrado por lei – também designado de distribuição –, que garante a aleatoriedade na determinação do juiz do processo e/ou da unidade jurisdicional em que o mesmo processo irá correr, bem como a repartição igualitária do serviço a cargo de cada um desses juízes e unidades jurisdicionais.[2]

Por outro lado, no caso português a nomeação, colocação, transferência e promoção dos juízes e o exercício da ação disciplinar competem ao Conselho Superior da Magistratura ou ao Conselho Superior dos Tribunais Administrativos e Fiscais, sendo a lei que define as regras e determina a

---

[2] A respeito da competência no direito brasileiro: Bochenek, Antônio César; Dalazoana, Vinicius. 2017, *Competência Cível da Justiça Federal e dos Juizados Especiais Federais*. Curitiba: Juruá. 4ª ed.

competência para essa colocação, transferência e promoção, bem como para a ação disciplinar, tudo com salvaguarda dos princípios constitucionais, designadamente da regra essencial da inamovibilidade dos juízes. Prevê ainda, a lei, os mecanismos de substituição, e também as medidas excepcionais de acumulação de funções, de colocação de juízes auxiliares ou de juízes que, por via de movimento judicial, se encontrem colocados num quadro complementar ("bolsa de juízes") para destacamento em tribunais fora das circunstâncias adequadas à substituição ou acumulação de funções.

No caso brasileiro, os tribunais gozam de autonomia para administrar e gerir a sua organização, observadas as regras do Estatuto da Magistratura e da Constituição Federal (art.º 96, da CFB). Desta forma compete privativamente aos tribunais: a) eleger seus órgãos diretivos e elaborar seus regimentos internos, com observância das normas de processo e das garantias processuais das partes, dispondo sobre a competência e o funcionamento dos respectivos órgãos jurisdicionais e administrativos; b) organizar suas secretarias e serviços auxiliares e os dos juízos que lhes forem vinculados, velando pelo exercício da atividade correicional respectiva; c) prover, na forma prevista nesta Constituição, os cargos de juiz de carreira da respectiva jurisdição; d) propor a criação de novas varas judiciárias; e) prover, por concurso público de provas, ou de provas e títulos, obedecido o disposto no art. 169, parágrafo único, os cargos necessários à administração da Justiça, exceto os de confiança assim definidos em lei; f) conceder licença, férias e outros afastamentos a seus membros e aos juízes e servidores que lhes forem imediatamente vinculados. Ainda, compete ao Supremo Tribunal Federal, aos Tribunais Superiores e aos Tribunais de Justiça propor ao Poder Legislativo respectivo: a) a alteração do número de membros dos tribunais inferiores; b) a criação e a extinção de cargos e a remuneração dos seus serviços auxiliares e dos juízos que lhes forem vinculados, bem como a fixação do subsídio de seus membros e dos juízes, inclusive dos tribunais inferiores, onde houver; c) a criação ou extinção dos tribunais inferiores; d) a alteração da organização e da divisão judiciárias.

A racionalização da oferta judiciária e o desempenho eficiente do sistema judicial exigem que sejam tomadas medidas de regulação do sistema judicial com as finalidades indicadas, mas essas exigências devem ser consentâneas com os princípios e as regras que estruturam e garantem o exercício da função jurisdicional e a organização de um poder judicial independente e imparcial.

Se é certo que a entrada dos processos no sistema judicial e a sua subsequente distribuição interna, que vai gerar determinados fluxos processuais, pela sua importância, não pode deixar de ser racionalizada e gerida segundo padrões de racionalidade e de econometria, não é menos certo que essa distribuição processual, pela mesma importância que tem, desde logo para a confiança pública e social na imparcialidade e isenção dos tribunais, não poderá deixar de integrar as aludidas garantias procedimentais e organizativas.

Também a gestão dos tribunais e dos processos deverá estar condizente, na linha do já afirmado, com a consagração jusfundamental dos direitos ligados à garantia de acesso à justiça e à estruturação da ordem processual pelas normas constitucionais, tudo isto na temática dos direitos processuais fundamentais, tais como o direito à decisão num prazo razoável, a garantia de um processo justo e equitativo e, ainda, a garantia da efetividade da prestação jurisdicional, num quadro da garantia de acesso à justiça e das suas emanações próprias.

Como tivemos ocasião de concluir, acerca da dimensão processual da atividade judiciária, também aqui se salienta que os objetivos de eficácia e celeridade do processo transmitidos pelas políticas públicas de reforma judiciária, embora recepcionados pelo direito processual, terão de ser limitados e enquadrados por aquelas garantias e direitos processuais fundamentais, os quais se assumem, indiscutivelmente, como um limite de ordem constitucional tanto à concepção, como também à prática e à execução de tais medidas de reforma judiciária e processual.

Neste contexto, por exemplo, a redução de tribunais coletivos, com a aposta sistemática em tribunais singulares, ainda que com recurso à gravação áudio ou vídeo da prova testemunhal, pode implicar ganhos temporais e financeiros mas comporta igualmente riscos decorrente da perda de qualidade no processo decisório. Neste sentido, a componente gestionária que procura, sem mais, rentabilizar a produtividade dos juízes, disseminando os tribunais singulares, tem como contrapeso a perda irreversível das garantias devidas aos cidadãos, em particular nos casos socialmente mais gravosos, cíveis, criminais ou outros, em termos de um tribunal reforçadamente qualificado.

De qualquer modo, estas garantias de independência também pressupõem que os sistemas judiciários venham a assumir a responsabilidade pela qualidade e eficácia do serviço público que lhes incumbe. Ou melhor, este desafio coincide com a consciência de que ao discurso formal e à retórica sobre a independência e a autonomia do poder judicial deve corresponder a criação e o exercício efetivo das suas condições estruturais, organizativas, financeiras e culturais, vitais que são todos estes condicionalismos para um desempenho qualificado da atividade jurisdicional. Postula também, esse repto, uma disponível atenção para os critérios que o Estado de direito e o sistema judicial devem cumprir para satisfazer as exigências da democracia.

Terão assim de ser devidamente refletidas e consagradas aquelas garantias conexionadas com a capacitação estrutural ou organizativa de exercício das funções, pelas quais deverão ser proporcionadas aos juízes as condições de formação, de organização e de gestão que lhes permitam desempenhar a sua atividade com qualidade e eficiência compatíveis com o adequado funcionamento da administração da justiça.

A independência que cada um dos juízes beneficia na resolução do caso concreto não pode deixar de pressupor uma independência de tipo estrutural ou organizativa, enquanto conjunto de salvaguardas formais e condições estruturais aptas a proteger os juízes e todo o judiciário de qualquer tipo de intervenção ou controlo (internos ou externos) considerados excessivos ou ilegítimos.

1.7. Eficiência, qualidade e excelência

O Estado de Direito e a justiça que o assegura, do ponto de vista funcional, também respondem perante as exigências do sistema social e econômico.

A economia, com a sua visão organizativa da sociedade e das instituições sociais, determina cada vez mais a estruturação e o modo de funcionamento das organizações que coexistem na justiça, reclamando um maior grau de eficácia, eficiência, produtividade e racionalidade (empírica e utilitária) na sua atividade, na sua gestão e no planejamento das suas estratégias. Mais do que eficiência e eficácia ou tão só qualidade, fala-se agora de excelência, noção que pretende compatibilizar os níveis de desempenho e de qualidade dessas mesmas organizações.

Por excelência nos tribunais deve ser entendida a justiça eficaz com desempenho eficiente e de qualidade.

As questões relativas à organização do sistema judiciário, à qualidade do seu funcionamento e à sua eficácia ou ineficácia, têm vindo a ganhar cada vez maior centralidade no debate sobre as políticas públicas do Estado e sobre a cidadania, mais precisamente no confronto das exigências do cidadão com a realidade judiciária.

Esse debate tem sido marcado pela desconcentração do domínio puro das relações entre o sistema judiciário e o sistema político, e pela sua confluência para aspetos conexionados com a economia da administração da justiça, com os problemas político-administrativos suscitados pela gestão e administração do sistema judicial, com o fenômeno da internacionalização ou globalização e com a assunção da responsabilidade por parte das instituições judiciárias – e também dos seus membros – sobre os desígnios da cidadania.

Tornou-se consensual a ideia, que um sistema judicial deve garantir, no seu desempenho regular, o respeito e a defesa dos direitos dos cidadãos, a consolidação e a estabilidade das democracias políticas, mas também o próprio desenvolvimento econômico.

O discurso sobre a reforma da justiça costuma pautar-se pela tônica da alteração das estruturas formais, pela revisão dos corpos normativos e pelo apelo a acrescidos recursos materiais: modificações processuais e nas competências, reformas estatutárias, falta de meios, penúria de equipamentos e escasso número de magistrados e funcionários.

Admitindo que as reformas legais, as melhorias processuais e o apetrechamento material se perfilam como indispensáveis para a mudança, temos por certo que não serão, por si só, suficientes, sem a inquietude e a abertura a horizontes dos seus atores. E sem que essa nova atitude não venha acompanhada por uma mudança qualitativa, tanto na cultura judicial como na estratégia global que envolve a governação e a organização dos sistemas da justiça.

Multiplicam-se à escala global as iniciativas de reforma da justiça, moldando os mecanismos de governação e administração dos sistemas de justiça aos parâmetros mais exigentes de independência, de desempenho, isto é de eficiência e eficácia, mas também de qualidade do poder judicial e, do mesmo modo, à diversificação e otimização da resposta dos meios de composição e resolução alternativas dos litígios.

É ao nível da estratégia do governo da justiça e das políticas da sua reforma que se demonstram as maiores dificuldades, isto é, na implementação de alterações estruturais e de maior impacto nos sistemas envolvidos. O que tem consequências na abordagem ao ambiente da atividade do sistema judicial e dos demais sistemas de resolução de litígios, mas também na conformação da administração e gestão dos tribunais e, por último, na gestão e organização da própria realização jurisdicional.

Veja-se, a título de exemplo, a influência da tecnologia na sociedade. Novas formas de relações sociais, totalmente fora do sistema tradicional, exigem do Poder Judiciário posicionamento nem sempre fácil. É o caso dos veículo que se dispõe a fazer o transporte de passageiro por meio de sistema alheio à regulação estatal, como é o caso do Uber. Ou o surgimento de novos meios de pagamento, como a moeda chamada de Bitcoin, que fica totalmente fora das regras de transmissão de bens, inclusive sem recolhimento de tributos. Situações como estas surgirão amiúde com o tempo e precisam ser enfrentadas com um difícil equilíbrio entre a evolução normal da sociedade e a proteção de direitos reconhecidos ao longo de séculos.

Nesse quadro, o desempenho e a qualidade da atividade dos tribunais (portanto a sua excelência) têm de ser aferidos aos valores que ditam a gestão judicial na sua globalidade. Por sua via, tanto essas finalidades como os valores subjacentes terão de influenciar as diversas áreas em que se podem destacar a atividade e o desempenho dos tribunais, numa dinâmica que envolve diretrizes, sistemas, operadores e resultados.

1.8. Instituições e instrumentos internacionais. O diálogo judicial transnacional

Todos os pontos analisados, em torno da justiça nas sociedades contemporâneas, fazem parte de preocupações globais sobre o funcionamento da justiça e a necessidade de reforma. Trata-se de um debate também feito à escala global com algumas instituições internacionais a marcar esse entorno com a produção de inúmeros instrumentos de referência.

Na dianteira, terão de ser indicados os instrumentos de proclamação do Estado de direito com aquilo que ele tem de mais valioso enquanto instrumento da sua realização e efetividade: a existência de tribunais e de juízes que possam exercer o seu poder jurisdicional de forma independente, imparcial e qualificada, para garantir os direitos dos cidadãos.

Só assim se respeitam os princípios consagrados na Declaração Universal dos Direitos do Homem e na Convenção Europeia dos Direitos Humanos, na expressão de um movimento internacional que levou à consagração de princípios que visam garantir, a essa mesma escala, o estatuto dos juízes, na perspectiva da defesa universal de um poder judicial independente e efetivador da justiça e dos direitos humanos.

Assinalam-se os Princípios Universais sobre a Independência do Judiciário, adotados pela Assembleia Geral das Nações Unidas em 1985 (Resoluções n.ºs 40/32 de 29/11/1985 e 40/146 de 13/12/1985), os Procedimentos para uma Efetiva Implementação dos Princípios Básicos da Independência do Judiciário, adotados pelo Conselho Econômico Social das Nações Unidas (Resolução n.º 44/162 de 15/12/1989), as Recomendações R (94) 12 e R (2010) 12 do Comitê de Ministros do Conselho da Europa para os Estados membros, sobre "A independência, a eficiência e o papel dos juízes"; os diversos Pareceres ao Comitê de Ministros do Conselho da Europa do Conselho Consultivo dos Juízes Europeus (desde logo no seu Parecer n.º 1 (2001) sobre as normas relativas à independência e à inamovibilidade dos juízes e a "Magna Carta dos Juízes Europeus", aprovada em 17 de novembro de 2010); e o Estatuto do juiz ibero-americano aprovado em maio de 2001 pelos presidentes dos Supremos Tribunais de países ibero-americanos, no VI Cumbre Ibero-Americano.

No desenvolvimento das relações internacionais entre juízes e numa progressiva cultura jurídica e judiciária internacional, são inúmeros os documentos produzidos, de âmbito mundial e regional, que sufragam estes princípios e regras e que desenvolvem um indispensável quadro normativo e de doutrina sobre a independência dos tribunais e também sobre a matéria profissional dos juízes e das condições indispensáveis à sua função.

Assim, em 22/10/1982 a Associação Internacional de Advogados (IBA – International Bar Association) veio a adotar um documento de referência sobre os "Princípios mínimos de independência judicial". Posteriormente, no dia 16/1/1993, em Palermo, os magistrados associados no seio da Medel (Magistrados Europeus para a Democracia e as Liberdades), por seu turno, adotaram um documento intitulado "Elementos de um Estatuto Europeu da Magistratura", visando a adoção pelo Conselho da Europa e dos seus países membros de um protocolo adicional à Convenção Europeia dos Direitos Humanos. Também assim, a Carta Europeia sobre o Estatuto dos Juízes, adotada por duas associações europeias de juízes em Estrasburgo, no dia 8/7/1998, e que contém uma proposta de recomendação para o Conselho da Europa. No seio da União Internacional de Magistrados veio a ser discutido e aprovado o Estatuto Universal do Juiz, no seu Conselho Geral de 17/11/1999, em Taipé.

Também no seio da Medel, foi aprovado recentemente um memorando dirigido às Instituições Europeias sobre a independência do poder judicial, que enuncia a necessidade urgente de definir regras comuns e normas mínimas no que respeita à garantia do estatuto dos juízes, salvaguardando a separação de poderes e a independência do poder judicial em todos os Estados-Membros.

As questões da deontologia judiciária também marcam a atividade internacional de reflexão sobre o estatuto dos juízes, sendo suas marcas os Princípios de Bangalore sobre a Conduta Judicial (adotado num encontro de Juízes Presidentes em Haia, no dia 26/11/2002) a que se seguiram instrumentos do mesmo cariz, à escala internacional, regional e local, tal como já mencionado atrás.

Ao nível do Conselho da Europa serve de referência o trabalho de acompanhamento dos sistemas judiciais realizado pela Comissão Europeia para a Eficácia da Justiça (CEPEJ), criada pelo comitê dos ministros do Conselho da Europa, que tem produzido documentos de referência na análise dos sistemas judiciais compreendidos na grande Europa e também em domínios específicos da administração judiciária, da organização e gestão dos tribunais e da gestão processual.

A Europa onde Portugal se integra é também uma realidade de integração jurisdicional e de garantia de direitos, em que a pretendida unificação econômica e financeira está necessariamente subordinada aos princípios do Estado de direito. A esse nível salienta-se o trabalho desenvolvido pelos grupos europeus de investigação da administração judiciária "Gérer et rendre la Justice" e "Study Group on Management and Delivery of Justice (EGPA)", pela Comissão Europeia para a Eficiência da Justiça (CEPEJ) e pela própria União Europeia (programas da Comissão Europeia, com intervenção dos centros de investigação *Mission de Recherche Droit et Justice*, *Instituto di ricerca sui sistemi giudiziari* e *Institute of Constitucional and Administrative Law of Utrecht University*, que têm promovido o desenvolvimento dessa vertente específica da administração pública, construindo e enquadrando o conhecimento existente neste campo. Mais recentemente, a União Europeia, na área da justiça, lançou uma ferramenta informativa de caráter quantitativo – *EU Justice Scoreboard* – que visa promover a qualidade, a independência e a eficiência dos sistemas da justiça na União, com maior incidência na litigância civil, comercial e administrativa.

Também ao nível da União Europeia torna-se hoje claro que a jurisdição europeia tem vindo a construir um estatuto comum dos juízes europeus ainda que sustentado num quadro judiciário diversificado. O princípio da confiança subjacente ao reconhecimento mútuo das decisões judiciais de todos os países da União assim o exige. A ordem jurídica europeia suscita o estabelecimento de regras comuns de garantia e de efetivação de um poder judicial independente que é também um direito do cidadão europeu e que deve ser aferido pelos padrões mais elevados que são disponibilizados nos vários sistemas nacionais. O direito comunitário criou uma jurisdição europeia em que os juízes nacionais são também juízes comunitários. Essa jurisdição europeia reclama um estatuto comum dos juízes e do judiciário que garanta uma efetiva independência do poder judicial.

É também reconhecida a existência de decisões judiciais, ao nível internacional, que têm marcado o debate e o alcance jurídico de vários princípios do estatuto dos juízes.

A análise das soluções institucionais para a jurisdição internacional e supranacional (v.g. o Tribunal Europeu dos Direitos do Homem e os Tribunais da União Europeia) são de grandes consequências teóricas e práticas. A confirmar a importância crescente do diálogo judicial transnacional, não só por via do avanço jurisprudencial mas também pela consolidação das garantias fundamentais atinentes ao judiciário.

O programa de desenvolvimento social e econômico fundado no papel do direito e no reforço e fortalecimento dos aparelhos judiciários – isto é, na garantia da existência de tribunais independentes e autônomos – é um movimento global. Ao nível internacional destacam-se o Banco Mundial (*World Bank – Law and Justice / Legal and Judicial Reform*), o CEJA – *Centro de Estudios de Justicia de las Américas*, o *CJS – Centre for Judicial Studies* (Ásia--Pacífico), a USAID – *Democracy and Governance (Rule of Law)*, o CEELI – *Central European and Eurasian Law Iniciative (American Bar Association)*, o *Judicial Training Center Network (CEELI / American Bar Association)*, o *Iris Center – Judicial Strengthening*, a *Open Society Justice Iniciative*, o *Vera – Institute of Justice*, o *Inter-American Development Bank (Rule of Law)* e o Alto Comissariado para os Direitos Humanos – *ONU – Issue Administration of Justice*.

A atividade das instituições judiciárias, das associações judiciais e até dos juízes individualmente considerados têm procurado acompanhar e refletir este fenômeno. Nessa decorrência, a atualidade veio-nos trazer uma intensificação das relações internacionais e do diálogo global entre os juízes.

Um diálogo entre os juízes à escala internacional que se traduz no fortalecimento dos valores do Estado democrático de direito, no incremento do papel da jurisprudência na criação e na afirmação do direito e na defesa de um modelo de exercício da função jurisdicional orientado pela justiça, pelos direitos humanos e fundamentais, pelas liberdades pessoais, pela cidadania, pela igualdade, pelo pluralismo, pela solidariedade e pela qualidade nos serviços de justiça.

Claros exemplos do fenômeno mencionado são as relações internacionais das instituições judiciárias e das associações de juízes que se têm desdobrado no relacionamento bilateral (v.g. com instituições jurídicas e judiciárias de diversos países), pelas várias instituições internacionais que representam os juízes nos seus vários espaços – europeu (v.g. AEJ – Associação Europeia de Juízes, MEDEL – Magistrados Europeus para a Democracia e as Liberdades), ibero-americano (v.g. FLAM – Federação Latino-americana de Magistrados; IBA - Grupo Ibero-americano da UIM – União Internacional dos Magistrados) e mundial (UIM – União Internacional dos Magistrados), sendo que também no universo da lusofonia existe uma estrutura associativa – a UIJLP – União Internacional dos Juízes de Língua Portuguesa – que dá corpo a uma antiga aspiração dos juízes dos países e territórios espalhados pelos vários continentes onde se fala o português.

Mas essas relações também se têm baseado – e muito – na troca de saberes e de experiências profissionais, em fóruns e redes tanto formais como informais de informação, divulgação e debate. As próprias instituições judiciárias (e os tribunais) desempenham aqui um papel fundamental.

Esta globalização do direito pela via jurisprudencial e pelo debate entre os juízes à escala internacional é bastante evidente na reciprocidade de influência nos vários níveis de decisão judicial, tanto à escala nacional como transnacional, podendo falar-se numa verdadeira fertilização judiciária, fenômeno que é potenciado pela proliferação das jurisdições internacionais e pelo crescimento do *soft law* resultante dos princípios, dos valores e dos argumentos cultivados e divulgados pelos juízes (muito vincado, por exemplo, no campo dos direitos humanos e da ética judiciária).

Este diálogo internacional no domínio judiciário alargou-se ao campo da formação dos juízes, tanto no campo do seu recrutamento, bem como no da sua capacitação e qualificação ao longo da sua vida profissional.

Leitura fundamental

Abreu, João Paulo Pirôpo de, 2014. *Autonomia Financeira do Poder Judiciário: limites traçados pelo princípio da independência e harmonia dos poderes.* Salvador: Editora Dois de Julho.

Acuña, Israel Rivas. 2007, "Los Conceptos, Teorías y Modelos de la Administración Judicial en el Estado Constitucional", *in Reforma Judicial. Revista Mexicana de Justicia*, Número 9, Enero-Junio 2007, pp. 95-113, disponível em http://www.juridicas.unam.mx/publica/librev/rev/refjud/cont/9/rjf/rjf5.pdf.

Arnaud, André-Jean; e Dulce, María José Fariñas. 2006, Sistemas Jurídicos: Elementos para un Análisis Sociológico, Madrid : Universidad Carlos III de Madrid / Boletín Oficial del Estado (sobretudo Capítulo 3, secção 4ª, pp. 325-358)

Baar, Carl. 1999, "The development and reform of court organization and administration", in *Public Administration and Development*, Volume 19, Issue 4, pp. 339-351.

Barendrecht, J. Maurice. 2012, "Courts, competition and innovation", *in The Romanian Judges' Forum Review*, 2012, vol. 7, nr.4, pp. 44-48, disponível em https://pure.uvt.nl/portal/files/1509991/Barendrecht_Courts_competition_and_innovation_1_.pdf.

Bochenek, Antônio César. 2011. *A interação entre tribunais e democracia por meio do acesso aos direitos e à justiça. Análise de experiências dos juizados especiais federais cíveis brasileiros.* Tese de doutorado apresentada à Universidade de Coimbra em Portugal. Orientador Boaventura de Sousa Santos, disponível em https://estudogeral.sib.uc.pt/bitstream/10316/21359/3/Intera%C3%A7%C3%A3o%20entre%20tribunais%20e%20democracia%20por%20meio.pdf.

Bochenek, Antônio César; Dalazoana, Vinicius. 2017, *Competência Cível da Justiça Federal e dos Juizados Especiais Federais.* Curitiba: Juruá. 4ª ed.

BRASIL. Conselho Nacional de Justiça. Código de Ética da Magistratura, disponível em http://www.cnj.jus.br/publicacoes/codigo-de-etica-da-magistratura.

Cadiet, Loïc. 2010, « La justice face aux défis du nombre et de la complexité », in Les cahiers de la justice, 2010/1, Revue trimestrielle de l'École nationale de la magistrature, Dossier 11, Trois défis pour la justice du XXI.e siècle, pp. 13-33.

Cadiet, Loïc ; Normand, Jacques ; e Mekki, Soraya Amrani. 2010, Théorie général du procès, Paris : Presses Universitaires de France (sobretudo capítulo de Introdução pp. 1-35)

Canadian Judicial Council / Conseil Canadien de la Magistrature. 2006, *Modèles d'Administration des Tribunaux Judiciaires*, Septembre 2006, Ottawa : Conseil canadien de la magistrature, disponível em http://www.cjc-ccm.gc.ca/cmslib/general/news_pub_other_Alternative_fr.pdf.

Canotilho, Gomes. 2003, *Direito Constitucional e Teoria da Constituição*, 7.ª edição Coimbra: Almedina.

Centro de Estudos Judiciários. 2014, *Ética e Deontologia Judiciária – Fontes Nacionais, Internacionais e Códigos de Conduta*, Caderno Especial, Tomo I, Lisboa: Centro de Estudos Judiciários, ebook disponível em http://www.cej.mj.pt/cej/recursos/ebooks/outros/Tomo_I_Etica_Deontologia_Judiciaria.pdf.

CEPEJ. 2006, *Compendium de bonnes pratiques pour la gestion du temps dans les procédures judiciaires*, adopté par la CEPEJ lors de sa 8ème réunion plénière 6-8 décembre 2006, disponível em https://wcd.coe.int/com.instranet.InstraServlet?Command=com.ins-

tranet.CmdBlobGet&DocId=1047804&SecMode=1&Admin=0&Usage=4&InstranetImage=134865.
---//--- 2008, « CEPEJ Guidelines on Judicial Statistics », adotada pela 12.ª Reunião Plenária, Comission européenne pour l'efficacité de la Justice (CEPEJ), Estrasburgo: Council of Europe, disponível em https://wcd.coe.int/ViewDoc.jsp?id=1389931&Site=COE.
---//--- 2013, *Saturn Guidelines for Judicial Time Management – Comments and Implementation Examples*, Marco Fabri e Nadia Carboni (coords.), Comission européenne pour l'efficacité de la Justice (CEPEJ), Estrasburgo: Council of Europe, disponível em http://www.coe.int/t/dghl/cooperation/cepej/ReseauTrib/4_2013_Saturn_15_Guidelines_Plus_IRSIG_draft_121112.pdf.
---//--- 2013a, *Lignes directrices relatives à la création de cartes judiciaires visant à faciliter l'accès à la justice dans un système judiciaire de qualité*, Groupe de Travail sur la Qualité de la Justice, Comission européenne pour l'efficacité de la Justice (CEPEJ), Estrasburgo: Council of Europe, disponível em https://wcd.coe.int/ViewDoc.jsp?Ref=CEPEJ(2013)7&Language=lanFrench&Ver=original&BackColorInternet=DBDCF2&BackColorIntranet=FDC864&BackColorLogged=FDC864.
---//--- 2014, Systèmes judiciaries européens (données 2012) : efficacité et qualité de la justice, Comission européenne pour l'efficacité de la Justice (CEPEJ), Estrasburgo: Council of Europe.
Coelho, Nuno 2007, "A organização do sistema judiciário e a administração judiciária: os tópicos atuais do debate da reforma da justiça", in *Novas Exigências do Processo Civil – Organização, Celeridade e Eficácia*, Associação Jurídica do Porto, Coimbra: Coimbra Editora, pp. 19-73.
---//--- 2007ª, "A economia, a organização do sistema judicial e a administração judiciária. Uma proposta de abordagem sistémica e organizativa", in *Funcionamento do Sistema Judicial e Desenvolvimento Económico*, Conselho Superior de Magistratura, IV Encontro Anual – 2006, Coimbra: Coimbra Editora, pp. 77-148.
---//--- 2012, "O Estado de Direito face ao Caos e ao Sistema. Para uma independência e uma autonomia responsabilizantes dos tribunais portugueses", in *Julgar*, Número Especial (A Mobilização do Direito no Tempo das Crises, Nono Congresso dos Juízes Portugueses), 2012, pp. 205-236.
Consortium for Court Excellence. 2009, *International Framework for Court Excellence*, Williamsburg: National Center for State Courts, disponível em http://www.courtexcellence.com/index.html.
ENCJ – European Network of Councils for the Judiciary. 2014, *Independence and Accountability of the Judiciary*, ENCJ Report 2013-2014, Bruxelas: European Union.
---//--- 2014a, *Minimum Judicial Standards IV – Allocation of Cases*, ENCJ Report 2013-2014, Bruxelas: European Union.
Fabri, Marco. 2000, "Selected Issues of Judicial Administration in a Comparative Perspective", in Fabri, Marco; e Langbroek, Philip M.. (eds.) 2000, *The Challenge of Change for European Judicial Systems: Developing a Public Administration Perspective*, International Institute of Administrative Sciences Monographs, Amsterdam: IOS Press, pp. 187-200.
---//--- 2006, *Amministrare la giustizia. Governance, organizzazione, sistemi informative*, Bologna: Clueb.

Fix-Fierro, Héctor. 2003, *Courts, Justice & Efficiency – A Socio-Legal Study of Economic Rationality in Adjudication*, Oxford and Portland, Oregon: Hart Publishing

Freitas, Vladimir Passos de, 2003. *Justiça Federal: histórico e evolução no Brasil*. Curitiba: Juruá.

_____ 2006. *Eficiência em pauta. Considerações sobre a administração da justiça*. Revista Consultor Jurídico, disponível em http://conjur.estadao.com.br/static/text/49944?display. Acesso em 05.10.07.

Freitas, Vladimir P. de. Freitas, Dario A. P. de, 2006. *Direito e Administração da Justiça*. Curitiba: Juruá Editora.

Frydman, Benoît. 2007, « L'évolution des critères et des modes de contrôle de la qualité des décisions de justice », in *Serie des Working Papers du Centre Perelman de philosophie du droit* nº 2007/4, disponível em http://www.philodroit.be/IMG/pdf/WP-2007-4-BFrydman.pdf, também em *La qualité des décisions de justice*, CEPEJ Studies N.º 4, Actes du colloque de Poitiers, 8-9 mars 2007, pp. 18-29.

Kornhauser, Lewis A.. 1999, "Judicial Organization and Administration", in Boudewijn Bouckaert e Gerrit De Geest (eds.) *Encyclopedia of Law & Economics*, University of Ghent / Edward Elgar Publishing Limited / FindLaw, 7100, pp. 27-44, disponível em http://encyclo.findlaw.com/7100book.pdf.

Pastor, Santos Pastor. 2003, "Los nuevos sistemas de organización y gestión de la justicia: ¿Mito o realidad?", *Tercera Conferencia sobre Justicia y Desarrollo en América Latina y el Caribe: Principales tendencias de la última década y hacia donde vamos*, Quito: Banco Interamericano para el Desarrollo, pp. 9-10, disponível em http://www.iadb.org/sds/doc/SGC-Panel-III-ES.pdf.

Piske, Oriana, 2010. *A função social da magistratura na contemporaneidade*. Revista Centro de Estudos Judiciários – CEJ, 49. 42-50.

Posner, Richard A.. 1999, *The Federal Courts – Challenge and Reform*, Cambridge, Massachusetts/ London, England: Harvard University Press.

Rolb Filho, Ilton Norberto, 2013. *Conselho Nacional de Justiça. Estado Democrático de Direito e Accountability*. São Paulo: Saraiva.

Santos, Boaventura de Sousa. 2009, *Sociología jurídica crítica – Para un nuevo sentido común en el derecho*, Madrid, Bogotá: Editoria Trotta / ILSA

Shetreet, Shimon. 2011, "Judicial independence and accountability: core values in liberal democracies", in H. P. Lee (ed.) *Judiciaries in Comparative Perspetive*, Cambridge, New York (et. All): Cambridge University Press, pp. 3-23.

World Bank / Law and Justice Institutions, *Judicial Integrity: Relevant International Charters, Conventions, Covenants, Principles, Recommendations, Treaties and Other Instruments*, Law and Justice Institutions, Legal Framework for the Justice Setor, World Bank, disponível em http://siteresources.worldbank.org/INTLAWJUSTINST/Resources/JudicialIntegrity.pdf.

Outra bibliografia

Ackermann, Werner, e Bastard, Benoit. 1988, «Efficacité et gestion dans l'institution judiciaire, in *Revue Interdisciplinaire d'Etudes Juridiques*, nº 20 1988, pp. 19-48.
---//--- 1993, *Innovation et gestion dans l'institution judiciaire*, Paris: Librairie Générale de Droit et de Jurisprudence.
Allard, Julie, e Garapon, Antoine. 2005, Les juges dans la mondialisation – La nouvelle révolution du droit, Éditions du Seuil : Paris, 2005, pp. 11-33.
Bastos, Fernando Loureiro Bastos, "Uma visão panorâmica sobre as reflexões entre os poderes judicial e executivo nos Estados Africanos de Língua Oficial Portuguesa", *in Revista do Ministério Público*, n.º 140, Out./Dez. 2014, pp. 177-218.
Bell, John. 2006, *Judiciaries within Europe – A Comparative Review*, Cawbridge/New York/Melbourn/Madrid/Cape Town/Singapore/São Paulo: Cambridge University Press.
Berizonce, Roberto O. (coord.), 1999. *El juez y la magistratura (tendencias en los albores del siglo XXI)*. Buenos Aires: Rubinzal – Culzoni Editores.
Canotilho, Gomes. 1990, "Tópicos de um Curso de Mestrado sobre Direitos Fundamentais – Procedimento, Processo e Organização", *in Boletim da Faculdade de Direito da Universidade de Coimbra*, Volume LXVI, 1990, Coimbra: Coimbra Editora, pp. 151-201.
CEPEJ. 2003, *European Judicial Systems 2002*, Facts and figures on the basis of a survey conducted in 40 Council of Europe Member States, disponível em http://www.coe.int/T/E/Legal Affairs/Legal cooperation/Operation of justice/Efficiency of justice/Documents/3Docs. adopted.asp
---//--- 2003a, *Territorial Jurisdiction*, Report prepared at the request of the Delegation of the Netherlands in the CEPEJ, as provided by Article 2.1d of the Statute of the CEPEJ, disponível em http://www.coe.int/T/E/Legal_Affairs/Legal_cooperation/Operation_of_justice/Efficiency_of_justice/Documents/18%202003%20E%20%20D3%20Territorial%20Jurisdiction%205.pdf.
---//--- 2004, *First General Activity Report of the European Commission for the Efficiency of Justice (CEPEJ)*, adopted at its 3rd plenary meeting (Strasbourg, 9-11 June 2004), disponível em http://www.coe.int/T/E/Legal Affairs/Legal cooperation/Operation of justice/Efficiency of justice/Documents/3Docs. adopted.asp
---//--- 2004a, *Un nouvel objectif pour les systèmes judiciaires: le traitement de chaque affaire dans un délai optimal et prévisible*, Programme-Cadre adopté par la CEPEJ lors de sa 3e réunion plénière (9–11 juin 2004), disponível em https://wcd.coe.int/ViewDoc.jsp?Ref=CEPEJ(2004)19&Setor=secDGHL&Language=lanFrench&Ver=rev2&BackColorInternet=eff2fa&BackColorIntranet=eff2fa&BackColorLogged=c1cbe6.
---//--- 2006, *European Judicial Systems 2006 (2004 data)*, European Commission for the Efficiency of Justice, Belgium: Council of Europe.
---//--- 2006a, *Analyse des delais judiciaries dans les Etats Membres du Conseil de l'Europe a partir de la jurisprudence de la Cour Europeenne des Droits de l'Homme*, adopté par la CEPEJ lors de sa 8ème réunion plénière 6-8 décembre 2006, disponível em https://wcd.coe.int/com.instranet.InstraServlet?Command=com.instranet.CmdBlobGet&DocId=1047924&-SecMode=1&Admin=0&Usage=4&InstranetImage=138795.

---//--- 2007, *Monitoring and Evaluation of Court System: A Comparative Study*, report prepared by the research team Gar Yein Ng, Marco Velicogna and Cristina Dallara and discussed by the CEPEJ-GT-EVAL at their 8th meeting, disponível em http://www.coe.int/t/dghl/cooperation/cepej/series/Etudes6Suivi_en.pdf.

---//--- 2008, *Systèmes judiciaries européens (données 2006) – Efficacité et qualité de la justice*, Comission européenne pour l'efficacité de la Justice (CEPEJ), Estrasburgo: Council of Europe.

---//--- 2010, *Systèmes judiciaries européens (données 2008) – Efficacité et qualité de la justice*, Comission européenne pour l'efficacité de la Justice (CEPEJ), Estrasburgo: Council of Europe.

---//--- 2012, *Systèmes judiciaries européens (données 2010) – Efficacité et qualité de la justice*, Comission européenne pour l'efficacité de la Justice (CEPEJ), Estrasburgo: Council of Europe.

Coelho, Nuno. 2009, "A organização dos tribunais, os juízes e o direito", *in* António Pedro Barbas Homem, Eduardo Vera-Cruz Pinto, Paula Costa e Silva, Susana Videira e Pedro Freitas (coords.) *O Perfil do Juiz na Tradição Ocidental*, Coimbra: Almedina, pp. 347-401.

Commaille, Jacques. 2007, « La justice entre détraditionnalisation, néolibéralisation et démocratisation: vers une théorie de sociologie politique de la justice », in Jacques Commaille e Martine Kaluszynski (dir.) 2007, La fonction politique de la justice, Grenoble: La Découverte/PACTE, pp. 295-321.

Costa, Flávio Dino de Castro, 2004. *A função realizadora do poder judiciário e as políticas públicas no Brasil*. Direito Federal – Revista da AJUFE, 78, 73-106.

_____ 2006. *O Conselho Nacional de Justiça: competências e aspectos processuais*. In Freitas, Vladimir Passos de; Freitas, Dario Almeida Passos de (Orgs.). Direito e administração da justiça (pp. 77-95). Curitiba: Editora Juruá

Cunha, Luciana Gross, 2007. *Juizado Especial: criação, instalação, funcionamento e a democratização do acesso à justiça*. São Paulo: Saraiva.

Duarte, Ronnie Preuss. 2007, *Garantia de Acesso à Justiça – Os Direitos Processuais Fundamentais*, Coimbra: Coimbra Editora.

Frydman, Benoît. 2005, *Les Sens des Lois*, Bruxelles – Paris: Bruylant – L.G.D.J., pp. 659-661.

Garapon, Antoine, e Julie Allard. 2005, *Les juges dans la mondialisation – La nouvelle révolution du droit*, Paris: Éditions du Seuil et La République des Idées.

Garoupa, Nuno. 2011, *O Governo da Justiça*, Lisboa: Fundação Francisco Manuel dos Santos.

Guarnieri, Carlo; e Pederzoli, Patrizia. 1996, *La puissance de juger*, Paris: Éditions Michalon.

Heydebrand, Wolf; e Seron, Carroll. 1990, *Rationalizing Justice – The Political Economy of Federal District Courts*, New York: State University of New York Press.

Kirsch, Philippe. 2010, "Vers une mise en dialogue des modèles de justice", *in Les cahiers de la justice*, #2010/1, Trois défis pour la justice du XXIe siècle, pp. 77-84.

Lee, H. P.. 2011, *Judiciaries in Comparative Perspective*, Cambridge, New York, Melbourne, Madrid, Cape Town, Singapore, São Paulo, Delhi, Tokyo, Mexico City: Cambridge University Press.

Ng, Gar Yein. 2007, *Quality of Judicial Organisation and Checks and Balances*, Antwerp: Intersentia.

Observatório Permanente da Justiça Portuguesa. 2001, *A Administração e Gestão da Justiça – Análise comparada das tendências de reforma*, direção científica de Boaventura Sousa Santos e coordenação de Conceição Gomes, Coimbra: Centro de Estudos Sociais, Faculdade de Economia da Universidade de Coimbra, disponível em http://opj.ces.uc.pt/pdf/5.pdf.

---//--- 2002, *Os tribunais e o território: um contributo para o debate sobre a reforma da organização judiciária em Portugal*, direção científica de Boaventura Sousa Santos e coordenação de João Pedroso e Conceição Gomes, Coimbra: Centro de Estudos Sociais, Faculdade de Economia da Universidade de Coimbra, disponível em http://opj.ces.uc.pt/pdf/11.pdf.

---//--- 2006, *Como gerir tribunais? Análise comparada de modelos de organização e gestão da justiça*, direção científica de Boaventura Sousa Santos e coordenação de Conceição Gomes, Coimbra: Centro de Estudos Sociais, Faculdade de Economia da Universidade de Coimbra, disponibilizado em http://opj.ces.uc.pt/pdf/Como_gerir_os_tribunais.pdf.

---//--- 2008, *Para um Novo Judiciário: qualidade e eficiência na gestão dos processos cíveis*, direção científica de Boaventura Sousa Santos e coordenação de Conceição Gomes, Coimbra: Centro de Estudos Sociais, Faculdade de Economia da Universidade de Coimbra, disponibilizado em http://opj.ces.uc.pt/pdf/para_um_novo_judiciario.pdf.

Santos, Boaventura de Sousa. 2002, "Direito e democracia: A reforma global da justiça", em José Manuel Pureza e António Casimiro Ferreira (orgs.) *A teia global – Movimentos sociais e instituições*, vol. 4 da coleção Boaventura de Sousa Santos *A sociedade portuguesa perante os desafios da globalização*, Santa Maria da Feira: Edições Afrontamento, pp. 125-176.

Sadek, Maria Tereza, 2005. *Efetividade de direitos e acesso à justiça*. In: Renault, Sérgio Rabello Tamm; Bottini, Pierpaolo (Orgs.) Reforma do Judiciário. São Paulo: Saraiva.

Santos, Boaventura de Sousa; Leitão Marques, Maria Manuel; Pedroso, João; e Ferreira, Pedro Lopes. 1996, *Os Tribunais nas Sociedades Contemporâneas – O caso português*, Centro de Estudos Sociais, Centro de Estudos Judiciários, Porto: Edições Afrontamento.

Shapiro, Martin. 1981, *Courts: A Comparative and Political Analysis*, Chicago and London: The University of Chicago Press.

Shetreet, Shimon. 1985, "Judicial Independence: New conceptual Dimensions and Contemporary Challenges", *in* Shimon Shetreet and Jules Deschênes (eds.) *Judicial Independence: The Contemporary Debate*, Dordrecht – Boston – Lancaster: Martinus Nijhoff Publishers, pp. 590-658.

Schuch, Luiz Felipe Siegert, 2006. *Acesso à justiça e autonomia financeira do Poder Judiciário*. Curitiba: Juruá.

Silva, Luiz Marlo de Barros. 2006. *O Acesso Ilimitado à Justiça através do Estágio nas Faculdades de Direito*. Rio de Janeiro: Renovar.

Terhechte, Jörg Philipp. 2009, "Judicial Ethics for a Global Judiciary – How Judicial Networks Create their own Codes of Conduct", *in German Law Journal*, Volume 10, N.º 4, 2009, pp. 501-514

Voermans, Win; e Albers, Pim. 2003, *Councils for the Judiciary in EU Countries*, Strasbourg: European Commission for the Efficiency of Justice, disponível em http://www.coe.int/t/dg1/legalcooperation/cepej/textes/CouncilOfJusticeEurope_en.pdf

World Bank / Justice Knowledge & Research, disponível em http://web.worldbank.org/WBSITE/EXTERNAL/TOPICS/EXTLAWJUSTINST/0,,contentMDK:23098815~menuPK:8498229~pagePK:210058~piPK:210062~theSitePK:1974062,00.html.

Capítulo 2

Racionalidade e atividade jurisdicional

2.1. A gestão moderna – breve enquadramento histórico

É hoje incontornável o relevo do estudo das ciências de gestão para a estruturação racional da realidade judiciária que se afirma um pouco por toda a Europa e América Latina.

Em termos racionais, essa importância decorre, desde logo, das exigências transdisciplinares que avassalam as ciências sociais, particularmente o direito, repensando-o, independentemente da aproximação, mais ou menos crítica, que se faça à introdução de conceitos como os que decorrem do *new public management*.

Certo será, porém, que mesmo no domínio do judiciário não é pensável planear o futuro sem levar em linha de conta a centralidade dos mecanismos de gestão. No limite, trata-se de prosseguir uma racionalidade de meios, humanos, tecnológicos, materiais ou financeiros, que honre os valores fundamentais prosseguidos pelos tribunais, num quadro de tutela judicial efetiva e com a salvaguarda, prévia e decisiva, de um acesso pleno à justiça, em condições de igualdade e equidade.

Mas, para entender este fenômeno de afirmação do "management" no contexto tribunais, importa ater-nos sobre as raízes históricas da gestão moderna, perscrutando o percurso por ela desencadeado. Assim, representa um lugar-comum referir que, nesta área, irrompe como fundamental o pensamento de Peter Drucker, tendo sido a partir de uma das suas obras de referência, *The Pratice of Management* (1954), que a gestão se consolidou definitivamente como disciplina com foros de autonomia.

Ao desenvolver a denominada "gestão por objetivos", Drucker encetou uma filosofia de gestão que se estrutura a partir do estabelecimento de objetivos acordados entre todos os gestores, os quais servem depois de base para os esforços de motivação, avaliação e controlo, sempre num quadro de autonomia e inovação, "que pressupõe uma aprendizagem contínua mas também um ensino contínuo por parte do trabalhador do conhecimento".

Enfatiza-se, e é propositado este sublinhado, a importância da qualidade e não tanto de dimensões quantitativas, em especial nas áreas que impliquem com a criatividade e a inovação, o que acarreta, para Drucker, desmistificando um conjunto de ideias feitas nesta matéria, que a exigência de qualidade seja entendida como bem essencial e nunca como mero custo.[3]

2.1.1. Funções da Gestão

Em termos esquemáticos e academicamente consensuais, as funções da gestão desdobram-se em quatro vertentes gerais:

- *planeamento/planejamento*, que pode ser definido como o processo de determinar antecipadamente o que deve ser feito e como deve ser feito;
- *organização*, que procura estabelecer relações formais entre as pessoas, e entre estas e os recursos, para atingir objetivos;
- *direção*, entendida como o processo de influenciar positivamente o comportamento dos outros, o que envolve motivação e liderança de comunicação;
- *controlo*, visto como o processo de comparação do atual desempenho da organização com *standards* previamente estabelecidos, apontando as ações corretivas. Trata-se, sobretudo, aqui, de uma tarefa de monitorização das atividades desenvolvidas, do que foi feito.

A moderna gestão pública pressupõe ainda como ponto de partida a ponderação de vários elementos que concernem:

---

[3] Para uma análise à sua obra, desdobrada em três partes: a gestão nas organizações; a gestão e o indivíduo e, finalmente, a gestão e a sociedade, veja-se a referência de Peter F. Drucker.

- à "gestão das políticas", onde se inclui a identificação das necessidades, a análise das opções, a seleção dos programas e a alocação dos recursos;
- à "gestão de recursos", não apenas a gestão financeira e material, mas também a de recursos humanos;

e, com relevo crescente,

- à própria "gestão de programas", onde se destacam a implementação das politicas e das operações da rotina, com ênfase nas tecnologias, em particular as que decorrem das redes informáticas, com um relevância decisiva no planeamento judiciário e na eficácia dos procedimentos.

2.2. A economia e a justiça. Os números e as estatísticas

À partida, muitos poderão interrogar-se sobre o que têm a ver a organização do sistema judicial ou a administração judiciária com a vida econômica ou o mundo das empresas. Certo é, porém, que hoje estas realidades se cruzam mantendo uma relação próxima, cabendo colocar esse cruzamento temático no debate mais vasto sobre a administração pública e a reforma do Estado no seu todo.

Na verdade, a complexidade que envolve hoje a discussão à volta da justiça e da sua organização remete necessariamente para o modo de estar do jurídico face às outras disciplinas e saberes, ao papel do jurista relativamente à sociedade no seu todo e à forma, por vezes, instrumental com que tem sido assumida a função do direito (e do sistema judicial) face aos desígnios políticos e econômicos do Estado e da comunidade.

A economia suscita ponderações de cariz racional no que respeita à utilização dos recursos disponíveis, num cálculo de custos e benefícios, o que implica uma percepção da capacidade de quem produz e da organização que lhe está inerente. Uma preocupação especialmente desperta para com a escassez dos recursos e a necessidade de otimizar a sua utilização, com apelo a uma determinada eficiência de cariz pragmático que desvaloriza fatores tidos, no direito, como decisivos. Uma visão de cariz econômico, numa sociedade afetada por permanentes situações de crise, surge, pois, como inevitável ao ponderar o funcionamento do sistema judicial e não pode deixar de ser tida em conta nas suas múltiplas dimensões, e, mais precisamente, na influência que exerce sobre a análise organizativa da justiça.

Nunca como nos tempos atuais, a economia, por um lado, e o direito e a justiça, por outro, se interpenetraram a um nível tão elevado. Richard A. Posner, juiz federal norte-americano e estudioso da matéria, lembra que face às transformações pelas quais passa o seu país, os juízes "devem adaptar as leis a um novo ambiente social e político".

Sucede que essa proximidade decorre muito por forçada expansão da análise econômica relativamente a setores que não eram tradicionalmente os seus, a que não está, seguramente, alheio o fenômeno de florescimento e consagração da *law and economics* (da escola da análise econômica do direito). Esta generalização da perceptiva econômica, portanto para além do tradicional território proposto por *John Stuart Mill*, tem sido entendida por alguns como o advento de um "imperialismo econômico" que pode trazer consigo uma redução do direito ao econômico ou pelo menos a sua instrumentalização; voltaremos adiante a esta questão.

Porém, outras realidades justificam esta intromissão e são consequência de um novo ambiente social e econômico que exige dos tribunais um nível acrescido de desempenho, com particular ênfase na celeridade, impondo um tratamento diferenciado adequado ao novo tipo de demanda jurisdicional – v.g. litigância de massa e litigância complexa – que tem desafiado, nestas últimas décadas, as estruturas judiciais e para as quais os métodos processuais vigentes, pensados para a litigância tradicional, deixaram de constituir uma resposta.

Um outro vetor condiciona ainda o sistema judicial, nomeadamente o que decorre do fenômeno informativo e comunicacional, que adquiriu rapidamente um caráter transversal e global, muito por via da sua própria natureza e da expansão tecnológica vertiginosa que lhe anda associada. Porque o mundo mudou em resultado do impacto criado pelos meios tecnológicos da informação e da comunicação, também o direito e a vida que o caracteriza não pôde deixar de estar implicado nessa realidade em transformação.

Este novo clima social, imposto por um mundo assente em vetores econômicos, ou como comumente se diz depreciativamente "economicistas", desafia temerariamente não só o pensamento jurídico, como também a prática do direito e a atividade dos seus aplicadores, sem prejuízo dos fenômenos de resistência e conservação, procurando obstar a estes novos contextos de aceleração, de mutabilidade e de incerteza da atual sociedade.

Ao mesmo tempo, como vimos, as novas ferramentas eletrônicas disponibilizadas, no contexto do sistema judicial, impõem novos comportamentos e condicionam as próprias teorias organizacionais dos procedimentos, afrontando as noções de razoabilidade, justificação e discricionariedade das decisões jurisdicionais.

2.2.1. Economia e Justiça – três pontos de interseção

Enunciado este contexto, é possível relacionar a economia e a justiça a três níveis, necessariamente interdependentes, mas isoláveis em termos analíticos.

Em primeiro lugar a economia como fator condicionante do sistema jurídico.

A economia surge como um fator de exigência acrescida relativamente ao sistema judicial, questionando este na realização da função social--econômica do direito. Neste sentido, o sistema jurídico é visto como componente fundamental para a vida das pessoas mas também para o desempenho econômico.

A lógica das economias de mercado exige aos sistemas jurídicos que permitam a criação de valor, quer protegendo a propriedade, quer estimulando os contratos, conferindo-lhes eficácia; paralelamente, é essencial à economia que o direito regule e harmonize diferentes realidades que condicionam os negócios, desde o meio ambiente até à fiscalidade, desde o mercado de trabalho aos investimentos. Os tribunais, por sua vez, assumem o protagonismo de assegurar que estas normas, dinamizadoras do ambiente econômico, não sejam afinal letra morta de modo a garantir que todos respeitem as regras do mercado, garantindo direitos e assegurando liberdades.

Quando a justiça é lenta, de elevado custo ou ineficaz, o cidadão é penalizado nos seus direitos e liberdades; mas, além disso, tornam-se mais fáceis os fenômenos da corrupção e do clientelismo, regride-se na confiança dos agentes no mercado. Haverá, seguramente, menor concorrência, menores investimentos, menos contratos.

À luz destas análises de pendor econômico, insiste-se em articular a repercussão da lentidão dos tribunais no crescimento econômico, ao comprometer a confiança dos agentes econômicos e a competitividade da economia.

Daí que se perceba que as exigências sociais e econômicas atuais sobre o desempenho dos aparelhos da justiça passaram a ser inconfundivelmente diferenciadas a partir do ponto em que a justiça, a par das outras instituições públicas, passou ela própria a ser vista como um mecanismo de desenvolvimento econômico, transição que é marcada pelo chamado "consenso de Washington", em que as propostas do Banco Mundial e do Fundo Monetário Internacional alinharam os seus projetos de investimento para as reformas dos sistemas judiciais à escala global, segundo o lema da defesa do primado do direito e da independência e autonomia dos tribunais como instrumentos da economia.

O melhoramento do sistema judicial, sobretudo no que respeita à sua eficiência e eficácia, passou a ser visto como parte de um processo mais amplo de modernização do Estado e de desenvolvimento econômico-social.

É neste contexto que a realidade judiciária tem merecido cada vez maior atenção das ciências sociais, que têm procurado, a este nível, definir metodologias de análise e introduzir padrões de avaliação dos resultados da atividade dos tribunais (indicadores de performance e de qualidade), dando mesmo corpo a um novo tipo de pesquisa que emerge do cruzamento entre o direito e a economia, o qual tem sido designado por "economia da justiça". Neste domínio a metodologia econômica, os dados econométricos e a utilização de argumentos de natureza econômica é recorrente, também na avaliação das reformas da justiça portuguesa.

Em segundo lugar a economia como fator condicionante da argumentação jurídica.

A economia, os argumentos de cariz econômico e as suas preocupações influenciam, num crescendo determinante, a própria argumentação jurídica que passou a integrar também, cada vez mais, esses tópicos de cariz pragmático e consequencial, voltados, justamente, para as consequências da aplicação do direito e para a escolha, numa lógica de custos e benefícios, de uma via interpretativa entre outras possíveis. Assim, a atividade do juiz deve ter sempre presente, entre outras preocupações, as razões de cariz econômico que se encontram subjacentes à norma a aplicar, tal como se pode retirar da correspondente regra legal ou como resultará do próprio desenvolvimento jurisprudencial. E essa preocupação tem de estender-se às eventuais especificidades do caso concreto que se encontra submetido a julgamento, tanto na vertente da elucidação da matéria de fato, como no que respeita à conformação jurídica dessa situação de fato apurada.

Isto sem olvidar que, ao lado das distinções tradicionais da teoria interpretativa, vêm-se acentuando os esquemas de interpretação teleológica – "maxime", os tipos de interpretação corretiva, redução teleológica e extensão teleológica –, onde ganham novo sentido os elementos normativos extratextuais e transpositivos da interpretação jurídica (fatores ontológicos, sociais e normativos em sentido estrito) e a argumentação tópica e sistemática; neste esquema entra decisivamente a ponderação do econômico.

Em terceiro lugar a economia como fator condicionante dos sistemas judiciais

A economia e a sua visão organizativa da sociedade determinam a própria estruturação e modo de funcionamento das organizações que coexistem na justiça, exigindo maior grau de eficácia, eficiência, produtividade na gestão e no planeamento/planejamento das suas estratégias. Esta última dimensão, quanto a nós, faz entroncar as outras dimensões anteriores e possibilita também avançar no plano da articulação organizativa e gestionária.

Em síntese, a racionalidade econômica (ou a eficiência) penetrou o sistema jurídico e judicial em todas as dimensões, desde o nível da sociedade como um todo ao do processo judicial quotidiano, desde o papel institucional desempenhado pela aplicação da justiça na sociedade ao contexto organizacional das decisões judiciais. A eficiência transformou-se uma parte inseparável da estrutura de expectativas endereçadas ao sistema jurídico (e também ao sistema judicial).

No fundo de uma justiça que seja capaz, através dos atores e do sistema que lhe dão vida, de assumir as suas tarefas, as suas funções e os seus poderes, exercendo-os num apelo continuado à consciência ético-jurídica da sociedade, através de decisões fundamentadas, justificadas e proferidas em tempo razoável, com uma legitimação política e social robustecida, com o grau de confiança, de aceitação e de prestígio perante os seus destinatários que lhe deve estar inerente e segundo os padrões atuais de exigência social e econômica.

2.2.2. A abordagem estatística

A abordagem econométrica da atividade dos tribunais não deixa de atribuir uma relevância essencial à avaliação quantitativa e tudo o que ela envolve, como o trabalho estatístico, desde à recolha ao tratamento e análise dos dados empíricos.

É irrecusável a papel fundamental que tem o tratamento empírico das estatísticas, a abordagem estatística e os vários índices de produtividade, de avaliação de resultados, de estipulação de objetivos, de racionalização de meios e recursos disponíveis, de objetivação de padrões de qualidade, de diagnóstico de disfunções, fragilidades ou bloqueios, etc.

As boas reformas judiciárias ou uma boa gestão judiciária exigem a presença constante de fiável acervo de dados, disponíveis e suficientemente trabalhados, com os referenciais que são exigíveis para cada uma das quantificações necessárias (aos diversos níveis macro e micro).

Trata-se de uma matéria de particular sensibilidade e em que se fazem sentir:

- os problemas inerentes a um indispensável cruzamento interdisciplinar, também do campo das apreciações externas às práticas do direito e da justiça, análises externas que não deixam de conter os seus particularismos e idiossincrasias; e
- as dificuldades metodológicas e as exigências materiais e financeiras da recolha de dados e do tratamento da informação.

2.2.3 Indicadores estatísticos

A título exemplificativo, explica-se nos quadros seguintes quais os indicadores estatísticos mais divulgados nas operações de comparação de sistemas, assim como as metodologias usadas para a avaliação do volume do trabalho jurisdicional.

Descrição empírica da actividade dos tribunais e do sistema judicial (indicadores estatísticos mais divulgados nas operações de *bench marking*)	
A. Aspectos globais do sistema judicial (visam determinar um número de características importantes desse sistema judiciário como um todo ou da sua importância relativa na macro-economia)	1. despesa pública do sistema judicial (tribunais e apoio judiciário) por habitante
	2. percentagem da despesa pública do sistema judicial nas despesas inscritas no Orçamento do Estado
	3. percentagem da despesa pública do sistema judicial no valor do PIB (produto interno bruto)
	4. percentagem da despesa pública do sistema judicial no valor das receitas fiscais
	5. número de juízes ou de agentes do Ministério Público ou de funcionários judiciais ou de advogados *per capita* (por 100.000, 10.000 ou 1.000 habitantes)
	6. número de processos trazidos a tribunal *per capita* (por 100.000, 10.000 ou 1.000 habitantes)
	7. número médio de habitantes serviços por tribunais, especializados ou de competência genérica
	8. número de tribunais, especializados ou de competência genérica, por 100.000, 10.000 ou 1.000 habitantes
	9. salários dos juízes como rácio dos salários médios e ilíquidos mensais
	10. rácio do montante despendido em apoio judiciário por processo pendente
	11. indicador das custas judiciais (*legal cost index*), que atende ao valor das custas médias obtidas pela divisão do total das custas pelo total dos processos e ao respectivo desvio padrão
	12. valor do honorário médio dos advogados – divisão do total pago por honorários pelo total dos processos
(Continua)	

Descrição empírica da actividade dos tribunais e do sistema judicial (indicadores estatísticos mais divulgados nas operações de *bench marking*)	
(Continuação)	
B. Desempenho do sistema judicial (visam estabelecer uma relação entre os recursos e os serviços prestados)	1. número de processos entrados, pendentes ou findos, com caracterização (descrição) por tipologia de acções (não apenas nas suas espécies principais), de intervenientes processuais ou de valores, e pela sua distribuição na organização judiciária, com apresentação agregada e desagregada
	2. número de processos pendentes ou findos por juiz ou pelo total do corpo de pessoal dos tribunais (juízes, ministério público e oficiais de justiça)
	3. número de processos findos por euro despendido
	4. taxa de congestionamento (*congestion rate*) – número de processos pendentes no início do ano sobre o número de processos apreciados (findos) durante esse mesmo período
	5. taxa de descongestionamento (*clearence rate*) – número de processos findos num determinado ano sobre os processos entrados nesse mesmo período
	6. taxa de acumulação de pendências (*backlog rate*) – número de processos findos num determinado ano sobre o número de processos entrados mais os pendentes nesse mesmo período
	7. produtividade laboral *bruta* da justiça - número de processos findos num determinado ano ou de processos entrados e pendentes para o mesmo período, divididos pelo número de pessoal judiciário
	8. produtividade judicial *bruta* - número de processos findos num determinado ano ou de processos entrados e pendentes para o mesmo período, divididos pelo número de pessoal judiciário
	9. média de duração dos processos findos, nas suas várias etapas e segundo os vários objectos das causas
	10. outras medidas, com cariz crescentemente sofisticado, de produtividade ou de *workload*, desde a versão mais básica de tipo de processo, ao *weighted caseload*, ou mesmo a um indicador sociodemográfico que permitisse ajustar o *workload* à realidade da procura
(Continua)	

Descrição empírica da actividade dos tribunais e do sistema judicial		
(indicadores estatísticos mais divulgados nas operações de *bench marking*)		
		(Continuação)
c. Qualidade do sistema judicial (indicadores que reflectem as diferenças entre as exigências e a qualidade dos vários sistemas judiciários)	1. percentagem de juízes no total do corpo de pessoal dos tribunais	
	2. taxa de recursos – percentagem de recursos nos processos findos nas várias instâncias inferiores	
	3. média anual da percentagem de juízes que frequentam a formação contínua	
	4. média de custos com o corpo de pessoal dos tribunais por empregado	

Metodologias de avaliação do volume de trabalho jurisdicional – "contingentação processual", "cargas de trabalho", "*workload standards*"	
weighted caseload	possibilita-se converter a carga processual (*caseload*) em carga de trabalho (*caseload*) mediante uma determinada calibragem ou ponderação do peso específico (*case weight*) de cada tipo processual, chegando-se por aí à avaliação do "tempo judicial" necessário para resolver esse processo tipo, identificando diferentes "tempos judiciais" médios que são conjugados com outros factores como o número de horas ou dias de trabalho por mês ou ano, o movimento processual e as características do processo
técnica de avaliação *delphi*	privilegia a auscultação da opinião dos próprios actores judiciários sobre o tempo necessário para a realização de actos e diligências processuais, possibilitando um sério compromisso dos juízes, dos magistrados e do suporte burocrático dos tribunais, ao mesmo tempo que alivia a sobrecarga e os custos volumosos que envolvem a constante e especificada recolha dos dados
normative method	possibilita-se a análise comparativa entre tribunais com competências semelhantes, tanto do ponto de vista da sua competência material como territorial, incluindo nesta última a estrutura demográfica
método *misto* ou *ecléctico*	parte da conjugação das diversas metodologias, numa articulação mais ou menos complexa, aproximando os indicadores utilizados aos factores endógenos e exógenos, estruturais ou não, ao funcionamento dos tribunais e ao desempenho dos seus profissionais (v.g. condições materiais, relações e dinâmicas profissionais, procedimentos informais estabelecidos, organização interna do trabalho, o tempo de experiência e formação complementar)

Fontes: Flango, Victor E., e Ostrom, Brian J. 1996, *Assessing the need for judges and court support staff*, Williamsburg: National Center for State Courts; Fabri, Marco, "Selected Issues of Judicial Administration in a Comparative Perspective", in *The Challenge of Change for Judicial Systems*, M. Fabri e Ph.M.Lanbroek (eds.), Amsterdam/Berlin...: IOS Press; e Observatório Permanente da Justiça Portuguesa. 2005ª, *Os Actos e os Tempos dos Juízes: Contributos para a construção de indicadores da distribuição processual nos juízes cíveis*, direcção científica de Boaventura Sousa Santos e coordenação de Conceição Gomes, Coimbra: Centro de Estudos Sociais, Faculdade de Economia da Universidade de Coimbra, agora (1/2006) disponibilizado em http://www.conselhosuperiordamagistratura.pt/index.php?idm=nu=noticias&ig=1.

No Brasil as estatísticas judiciárias são incipientes. Regra geral limitam-se aos números de distribuição, julgamentos e extinção de processos. Pouco ajudam na fixação de novas metas para a agilização e aperfeiçoamento da Justiça.

2.3. A gestão pública empresarial

Não é possível abordar as funções da gestão e em particular a temática do planeamento/planejamento estratégico sem ressalvar, a montante de qualquer discussão, as diferenças estruturais entre uma gestão pública e uma gestão empresarial, atinente com o domínio privado.

Desde logo, as diferenças normativo-legais já que as organizações públicas estão sujeitas de modo estrito à lei e têm que prestar contas perante a comunidade em que se integram, ainda que possam impor as suas decisões de forma coativa. Mas também as econômicas pois as organizações públicas movem-se não no mercado econômico mas no mercado político, entendido este em sentido amplo.

Mas, sobretudo, o que distingue a gestão da "res" publica será a especificidade das finalidades prosseguidas: os objetivos na gestão pública, ainda que visem essencialmente a satisfação do interesse público, são difusos, em muitos casos apresentam-se como contraditórios e sujeitos à pressão de grupos externos e outras organizações públicas. Ao invés, na gestão privada, visa-se, essencialmente, o lucro, desiderato de uma evidente clareza e facilmente mensurável por aqueles que escrutinam a eficiência da organização – em particular os sócios e/ou os acionistas; ora, nos sistemas de justiça, o conceito de lucro, obviamente, inexiste sendo substituído pela gestão racional dos recursos, tidos como finitos e limitados.

Como sistematiza Philip Langbroek, na gestão pública o utente do serviço assume, de modo intrinsecamente unitário, as vestes de cliente mas também de consumidor e, finalmente, de cidadão, aqui com um amplo poder participativo, o que implica para quem gere o sistema, ainda que num pequeno módulo regional, um acrescido grau de exigência, o que converte esta gestão na mais complexa de todas.

Precisamente, nos tribunais, como em qualquer empresa, um prestador de serviços de justiça tende a ser visto como uma entidade transformadora de recursos na medida em que emprega os recursos físicos, humanos e tecnológicos de que dispõe (ou que obtém) para produzir serviços que são prestados à população, de modo gratuito ou contra um dado pagamento.

Como se percebe, estamos aqui perante uma questão central na qual devemos insistir: à semelhança de outras instituições públicas, como os hospitais, por exemplo, mas, diríamos, até com uma singularidade absoluta, os tribunais estão ao serviço de finalidades que entroncam na afirmação de um dado modelo civilizacional, sedimentado por séculos de evolução e ensinamentos históricos; a transcendência do que está subjacente à realização do ideário da justiça está muito para além de um estrita lógica empresarial.

Os tribunais materializam o repúdio da barbárie (inerente à justiça feita pelas próprias mãos), arbitrando conflitos com imparcialidade e assegurando o contraditório; constituem um pressuposto fundamental para a defesa da dignidade humana, através da prossecução do Estado de direito e da defesa dos direitos humanos.

Funcionam ainda como o instrumento, por excelência, para a defesa da cidadania, afirmando direitos e impondo deveres, no respeito pela igualdade de todos e tendo como referência a lei e o direito, ditos de modo imparcial, independente e em tempo útil.

Ora, este código genético do judiciário tem uma relevância decisiva na definição e operacionalização dos mecanismos de gestão dos tribunais, impondo limites e definindo uma geografia constitutiva.

Adiante procuraremos explicar como funciona esta restrição constitutiva da própria matriz que caracteriza a gestão no âmbito único dos tribunais.

2.3.1. A gestão pública (*traditional public management* e *new public management*)

Num breve enquadramento histórico, é consabido que as questões gestionárias na área dos tribunais chegaram à Europa, em particular aquela que é tributária da denominada "civil law", em que se incluem os países do sul da Europa, mas em particular Portugal e Brasil a partir da década de 1990, perante um cenário caracterizado pela contração dos recursos e aumento da morosidade processual com a defesa de uma política de mudança quanto às práticas judiciárias. A eclosão destas novas abordagens dentro do fenômeno judiciário ocorre, portanto, num contexto de crise – com um problema agravado de escassez de recursos, associado a uma política de permanente austeridade – e, muitas vezes, procurando contrariar rotinas padronizadas dentro do sistema, muitas delas efetivamente ineficazes.

Por sua vez, o modelo de *new public management* (associado ao conceito de gestão de qualidade total) parte de um modelo europeu de excelência de gestão pela qualidade consagrado pela Fundação Europeia para a Qualidade da Gestão (www.efqm.org), criada em Bruxelas em 15 de setembro de 1988. Pressupõe uma renovada primazia do "mercado", com atenção permanente ao público-alvo e, desse modo, advoga a redefinição das estruturas organizativas, a insistência em indicadores de performance e a importância de fatores como a liderança e a motivação.

O desígnio fundamental em que assenta a "gestão de qualidade total" exprime-se pela noção de que a gestão pública revela, em geral, ineficiências pelo que a reforma da administração pública exige uma lógica urgente de mudança através de modelos e práticas de gestão empresarial, ainda que necessariamente adaptados.

Talvez que a principal qualidade desta abordagem assente, justamente, numa nova prioridade tida como essencial – a da satisfação dos cidadãos a quem se destina o serviço de justiça – em detrimento de uma cultura burocrática, autocentrada e focada excessivamente numa lógica interna.

Mas, uma outra vez, importa sublinhar as críticas recorrentes ao *new public management* quando se trata de serviços de natureza pública. Apesar das vantagens de alguns métodos, cuja sofisticação e racionalidade se reconhecem, nem sempre foram alcançados melhores resultados. Por isso, embora admitindo fragilidades, vem sucedendo que se continue a indicar um modelo assente numa gestão tradicional como aquele que melhor protege os interesses da sociedade em geral, sem prejuízo das vantagens que os critérios da eficácia e da eficiência, numa lógica de racionalidade, sejam tidos em conta e valorados numa reforma do sistema de administração pública.

2.3.2. A reforma da administração pública

O processo da reforma da administração pública procurou integrar no conceito de dirigente a função de líder, tanto mais que se percebeu que um dos fatores sobre o qual importa atuar é o relativo aos dirigentes, superando uma visão tradicional que os moldaria a meros aplicadores de normas.

Assim, passou a exigir-se aos dirigentes e gestores públicos que tenham capacidade de liderança, constituindo-se como fatores de mobilização e motivação dos funcionários, assumindo, depois, aqueles a responsabilidade pela obtenção de resultados.

Em Portugal, tributária destes arquétipos de gestão pública, surge-nos uma lei âncora, a Lei 51/2005, de 30 de agosto, que redefiniu o estatuto dos dirigentes da administração pública, impondo aos detentores de cargos de direção superior a assinatura de uma carta de missão, que constitui um compromisso de gestão onde, de forma explícita, são definidos os objetivos, devidamente qualificados e calendarizados, a atingir no decurso do exercícios de funções (Art.º 19.º-A, n.º1). Para além disso, nos termos do seu artigo 5.º "os titulares dos cargos dirigentes devem promover uma gestão orientada para resultados (...)" devendo a sua atuação ser "orientada por critérios de qualidade, eficácia e eficiência, simplificação de procedimentos, cooperação, comunicação eficaz e aproximação ao cidadão." [4]

No Brasil, a Lei de Responsabilidade Fiscal e a Lei da Transparência são exemplos de instrumentos legislativos recentes que apontam condutas administrativas de gestão pública das sociedades contemporâneas. De outro lado, as reformas legislativas também implicam em um controle mais acentuado de legalidade e moralidade administrativa sempre na linha da gestão eficiente e adequada dos bens e interesses públicos.

Também, nos tribunais, os pressupostos relativos a uma mudança no modo de os gerir virá conferir relevância à figura do presidente do tribunal e dos demais gestores, designadamente enquanto líder e mobilizador de vontades. Muitos dos conceitos adquiridos plasmados no estatuto legal dos dirigentes públicos permitem moldar a atividade dos órgãos de gestão das comarcas. Isto dito, as especificidades da gestão do sistema judicial impõem um modelo próprio e único do qual melhor cuidaremos adiante.

2.4. Uma resposta à visão burocrática

A visão burocrática constitui uma consistente causa do distanciamento persistente entre o cidadão e o sistema de justiça.

Aliás, como ponto de partida para uma aproximação a um ideário consistente de gestão moderna dos tribunais, talvez devamos ater-nos a uma visão oposta relativamente a um modelo burocrático, teorizado por Max Weber, particularmente nas suas componentes hoje desajustadas e que remetem para uma abordagem rígida do sistema, em que a impessoalidade retrai a criatividade, com aversão à mudança, e onde a ausência de uma

---

[4] Anote-se ainda a relevância dos princípios da ética; nos termos do artigo 4.º "os titulares dos cargos dirigentes estão exclusivamente ao serviço do interesse público, devendo observar, no desempenho das suas funções, os valores fundamentais e princípios da atividade administrativa consagrados na Constituição e na lei, designadamente os da legalidade, justiça e imparcialidade, competência, responsabilidade, proporcionalidade, transparência e boa-fé, por forma a assegurar o respeito e confiança dos funcionários e da sociedade na Administração Pública."

visão de conjunto mais demonstra a ineficiência desse modelo quando assente numa compartimentação rotineira de competências, sem sentido motivacional e estratégico.

No modelo burocrático português, veja-se como o elevado volume de despachos de mero expediente preenche excessivamente a atividade diária dos juízes, potenciando o andamento apenas aparente dos procedimentos sem que resulte efetivo impulso para uma decisão final. Disso é exemplo o "índice de formalismo" entendido como o "número de atos processuais por determinado tipo de processo, essenciais para obter a finalidade visada pelas partes". Num tipo de ação habitual em todos os países, como foi o caso, décadas a fio, da "ação de despejo", recentemente alvo de profunda reforma legislativa, essencialmente desjudicializadora, anote-se como para a concretização do efeito visado exigia-se a prática, em média, de 2,2 atos processuais no Reino Unido, 3,00 na Holanda, 3,20 na Irlanda e uns numerosos 4,54 em Portugal.

Por aqui intuitivamente se afere a importância de um novo modelo gestionário que supere este paradigma burocrático, ainda que, muitas vezes, com ele tenha que conviver. Racionalizar o sistema de modo a conseguir um máximo de eficácia, sem perda de qualidade e sem perda da identidade própria do sistema de justiça, constitui assim um objetivo estratégico.

2.5. Planeamento/Planejamento estratégico

A afirmação de modelos de gestão da "coisa pública" assentes em considerandos empresariais na busca da qualidade total convoca noções caras a um universo que irrompe das empresas privadas.

Já aludimos à centralidade do denominado planeamento/planejamento estratégico enquanto processo operativo através do qual são determinados os propósitos globais da organização (a missão), descrevendo objetivos e o modo de os alcançar. O planeamento/planejamento pressupõe – diríamos, exige – uma análise exaustiva em que se estude a organização (potencialidades e fraquezas) e o meio em que se insere.

Depois, num enquadramento sistémico, surge a definição, em concreto, dos conceitos de Missão, Visão e Valores os quais incorporam a identidade organizacional da empresa e corporizam a estrutura a partir da qual a instituição se define funcionalmente.

2.5.1. Visão, missão e valores

A Visão consiste num ideal a atingir, um objetivo mais distante que se deseja alcançar ao longo do tempo e espaço, através do trabalho. É um conceito de longo prazo. Podemos ver um bom exemplo do que foi assumido como a Visão de uma empresa no gigante americano Apple: "Mudar o mundo através da tecnologia".

A Missão retrata a razão de ser da existência da organização – para que serve essa empresa e quais serviços irá realizar. A missão direciona e dá um sentido global à atividade da empresa. Consiste, normalmente, numa declaração escrita que traduz os ideais e orientações globais da empresa para o futuro, procurando servir de matriz inspiradora, motivando os que nela trabalham. Dela é comum dizer-se que deve ser breve, simples e distintiva, conferindo uma marca própria.

Para que melhor se perspectivem estes conceitos básicos, vejam-se como exemplos de declarações públicas de missões de empresas as adotadas pela Sony Portugal: "é unir novas tecnologias, novos conteúdos e novos serviços, de uma forma sem precedentes, para permitir que as pessoas adquiram uma nova percepção do mundo e tenham uma vida melhor" ou pela Sonae (outra empresa portuguesa) "Missão: Criar valor econômico e social a longo prazo, levando os benefícios do progresso e da inovação a um número crescente de pessoas."

Os valores assumem uma dimensão ética, cara ao universo judiciário, e identifica-se com um conjunto de princípios que enformam o comportamento daqueles que pertencem a uma dada organização, transmitindo um sentido comum aos que se relacionem com uma dada empresa.

Podem assim definir-se, em termos simples, como o conjunto de princípios éticos em que se devem basear todas as ações da empresa. A centralidade deste item é manifesta no contexto em que se discute a realização de um ideal de justiça.

2.5.2. Exemplos no judiciário brasileiro: o Conselho Nacional de Justiça e a Justiça Federal

No universo judiciário, o Conselho Nacional de Justiça (CNJ) brasileiro, é uma instituição pública que visa o aperfeiçoar o trabalho do sistema judiciário, com um estatuto funcional que o aproxima dos conselhos superiores de justiça, como é o caso, em Portugal, do Conselho Superior da Magistratura.

Esse aperfeiçoamento do sistema judiciário, diz respeito, principalmente, em relação ao "controle e à transparência administrativa e processual", fiscalização disciplinar, bem com atua no planejamento estratégico do judiciário nacional.

Como o CNJ atua? Na Política Judiciária "zela pela autonomia do Poder Judiciário e pelo cumprimento do Estatuto da Magistratura, expedindo atos normativos e recomendações". Em relação à Gestão, o CNJ "define o planejamento estratégico, os planos de metas e os programas de avaliação institucional do Poder Judiciário". Já nas prestação de serviços ao cidadão, tem como missão "receber reclamações, petições eletrônicas e representações contra membros ou órgãos do Judiciário, inclusive contra seus serviços auxiliares, serventias e órgãos prestadores de serviços notariais e de registro que atuem por delegação do poder público ou oficializado". No âmbito da moralidade, o CNJ "julga processos disciplinares, assegurada ampla defesa, podendo determinar a remoção, a disponibilidade ou a aposentadoria com subsídios ou proventos proporcionais ao tempo de serviço e aplicar outras sanções administrativas".

Assim, o CNJ definiu como a sua Visão "ser um instrumento efetivo de desenvolvimento do Poder Judiciário" a que corresponde, detalhando, uma descrição: coordenar a gestão do Poder Judiciário, atuando em parceria com suas unidades para que alcancem seus objetivos estratégicos, visando a melhoria da prestação jurisdicional."

A Missão do CNJ é a de "contribuir para que a prestação jurisdicional seja realizada com moralidade, eficiência e efetividade, em benefício da sociedade" com uma descrição atinente: "contribuir" para a efetividade da prestação jurisdicional para obter o reconhecimento da sociedade." Em sede de valores, o CNJ especifica: agilidade, ética, imparcialidade, probidade, transparência.

O CNJ atua em nível nacional, com a coordenação de vários programas e projetos com o objetivo de aumentar uma aplicação uniforme de políticas públicas: Conciliar é Legal, Metas do Judiciário, Lei Maria da Penha, Pai Presente, Começar de Novo, Justiça Aberta, Justiça em Número e entre outras.

Na Justiça Federal Brasileira, mais especificamente no âmbito do Tribunal Regional Federal da 5ª Região, também são encontrados estes propósitos organizativos como pressuposto de um planejamento estratégico relativamente a uma área geográfica que integra os Estados de Sergipe, Alagoas, Pernambuco, Paraíba, Rio Grande do Norte e Ceará. Assim, desde 2001, definia-se para a missão: "julgar as questões de interesse federal com eficiência, eficácia e rapidez, conduzindo à paz social."; uma visão: "conquistar, em 5 anos, o reconhecimento da sociedade pela efetividade, rapidez e transparência dos seus serviços jurisdicionais", indicando-se, num reforço da componente ética, sempre fulcral nesta área, um conjunto de valores a prosseguir, a saber: comprometimento ético; igualdade de tratamento; justiça e paz social; transparência nas ações; compromisso com o serviço público; envolvimento com a missão da instituição; valorização dos integrantes da instituição.'

Importante destacar a atuação do Conselho da Justiça Federal, pois é um órgão central das atividades sistêmicas da Justiça Federal, tendo um papel importante na supervisão administrativa e orçamentária, com poderes correcionais, sendo que suas decisões administrativas apresentam caráter vinculante.

2.6. Objetivos operacionais, indicadores, metas e ações

Do geral ao particular, enquadrando a racionalidade gestionária no contexto dos tribunais, podemos definir objetivos operacionais, mensurados por indicadores, estabelecendo metas atingidas por força da definição de um conjunto de ações a encetar.

Por exemplo, no Reino Unido, o denominado *Majesty's Courts Service* é responsável pela gestão dos "Magistrates Courts", do "Crown Court", "County Courts", "High Court" e "Court of Appeal" em Inglaterra e País de Gales. Ora, esse departamento estatal define, há vários anos, objetivos de gestão para uma dada região jurisdicional, como por exemplo a região de Londres, indicando concretamente os "timings" para atingir os desideratos propostos. Assim, no ano de 2009, foi fixada uma meta para as conciliações em determinados processos (no caso de Londres, 65% de conciliações até março de 2009 na área civil, nas ações de menor valor), definindo-se igualmente uma percentagem tida como ambiciosa de 70% de processos cíveis de valor mais baixo concluídos num prazo limite de 30 semanas, mantendo para processos mais complexos as percentagens de 2007 e 2008 que apontam uma maioria de ações findas em 50 semanas. Mas, esses objetivos estrategicamente definidos podem também dizer respeito à própria utilização das ferramentas tecnológicas tidas como indutoras de eficácia: desse modo, define-se o objetivo de tramitar online, nesta mesma área judiciária de Londres, pelo menos 70% de um dado tipo de processos ligados à cobrança de dívidas ("money claims").

Como se alcança, foram definidos objetivos estratégicos, como os de melhorar o tempo de resolução dos processo ou de padronizar procedimentos ou ainda de implementar o uso da plataformas de tramitação eletrônica, apontando-se metas que permitam concluir pela eficiente prossecução desses objetivos a partir de concernentes indicadores.

A experiência brasileira, nos últimos anos, tem empregado com maior intensidade a utilização de ferramentas de gestão na linha adotada pelo modelo inglês acima referido. Desde 2004, o CNJ estabelece metas e prioridades para todos os ramos do Poder Judiciário, de modo a imprimir maior celeridade e eficiência na gestação judicial. No âmbito da Justiça Federal brasileira, desde 2009, o CJF organiza e realiza a consolidação das experiências de planejamento estratégico dos Tribunais Regionais Federais e da Justiça Federal Brasileira para definir as ações estratégicas para os próximos anos. O CJF há alguns anos desenvolve e trabalha os indicadores gerais do judiciário federal por meio do Observatório da Estratégia da Justiça Federal, que tem como objetivo acompanhar, monitorar, motivar e comunicar as ações vinculadas à estratégia da Justiça Federal. Também funciona com um grande portal da transparência das ações para consulta dos operadores do direito e dos cidadãos em geral. Ainda, tem por objetivo fomentar o debate para desencadear novas ações estratégicas para o futuro da instituição. Também trabalha com indicadores e estatísticas para subsidiar da melhor forma os administradores do sistema de justiça.

Ainda, os 91 tribunais brasileiros, com níveis e intensidades distintos, adotam processos eletrônicos de modo a agilizar a tramitação processual. É possível citar como exemplo bem sucedido o processo eletrônico implantado em todas as unidades jurisdicionais (para todos os processos ajuizados desde o ano de 2010), no âmbito do Tribunal Regional Federal da 4ª Região, com atuação nos três Estados do Sul do Brasil. O E-proc é um sistema que proporciona acesso digital, via rede mundial de computadores, aos usuários do sistema, partes e operadores, bem com para aqueles que quiserem consultar os processos públicos, com vantagens significativas de processamento das demandas e economia de recursos financeiros e materiais. Com a implantação da plataforma virtual ocorreu uma mudança comportamental tanto dos operadores do direito, desde a diminuição da presença das partes e advogados nas unidades judiciárias, até diminuição do espaço físico utilizado para armazenar papéis e documentos, bem como agilização e otimização dos procedimentos, com a simplificação de fases e principalmente a economia de trabalho. De outro lado, o processo virtual promoveu o aumento consideravelmente de problemas de saúde relacionados a ergonomia e a lesões por esforço repetitivo. As transformações ainda ocorrem e é preciso estar atento aos ajustes necessários para buscar sempre a melhor prestação jurisdicional.

Uma outra explicitação prática poderia ser abordada a partir da realidade dos tribunais portugueses, emulando experiências já esboçadas, em que frequentemente se utilizaram estes mecanismos gestionários. Anote-se, porém, em contraposição ao modelo inglês, que a prevalência da vertente legalista, com uma definição normativa exaustiva dos procedimentos jurisdicionais, em linha com o que é a tradição da "civil law", não permite uma definição tão ambiciosa de metas a atingir – por exemplo, a tramitação eletrônica é imposta, em termos gerais e abstratos, para todo o território nacional, por força de lei.

Dir-se-á que a missão dos tribunais está impositivamente expressa na Constituição da República Portuguesa, em concreto no art.º 210.º: "([o]s tribunais são os órgãos de soberania com competência para administrar a justiça em nome do povo."

Ainda a partir do texto constitucional, aliado aos adquiridos internacionais, em particular na Europa, sobre a função dos tribunais, podemos definir uma Visão a prosseguir como aqueles que impliquem a confiança dos cidadãos assente num justiça independente e eficaz.

Relativamente aos Valores fundamentais do judiciário, para além daqueles que decorrem da obediência à Constituição e à lei, alguns vetores essenciais podem ser elencados, à luz da experiência europeia e da realidade nacional:

- a autonomia do poder judicial em matéria da governação do sistema de justiça respaldada no dever de prestação de contas (*accountability*) relativamente à atividade desenvolvida;
- a igualdade de tratamento concedida a todos os cidadãos;

- o compromisso com padrões éticos de conduta (a ética assume uma especial densidade no quadro do sistema judicial).

Esta delineação de um conjunto de Valores define-se pela procura da excelência no serviço prestado ao povo, a quem cumpre os tribunais servem.

Numa ponderação mais detalhada, veja-se como o planeamento/planejamento pode ser organizado a partir de uma grelha e, semelhante a esta, em linha com outras adotadas em comarcas experimentais portuguesas e que poderão constituir uma base sólida para a gestão por objetivos de uma dada comarca:

Objetivos Estratégicos	Objetivos Operacionais	Indicadores	Metas	Ações
Melhorar o tempo de resolução dos processos	Reforçar o cumprimento dos prazos processuais.	Percentagem de atos da secretaria praticados em prazo. Percentagem de atos do juiz praticados fora de prazo.	100% (urgentes) Uma dada percentagem a fixar (outros) Dependendo da realidade local mas procurando traçar metas que impliquem um aumento em relação a anos anteriores.	– Reestruturação da estrutura orgânica da secretária com redimensionamento das funções a desempenhar. – Estabelecer marcadores informáticos de excesso de prazo pela secretaria ou pelo magistrado responsável. – Monitorização dos atrasos com deteção precoce e indicação das causas.
	Decidir os processos em prazo razoável.	Duração de fases processuais Timeline em sintonia com o definido pelo Tribunal Europeu dos Direitos do Homem e os Guidelines do CEPEJ.	EX: Percentagem Processos findos no prazo de 2 anos superior a 80% dos processos entrados.	
	Diminuir o número de adiamentos de diligências.	Número de diligências adiadas em relação às marcadas.	< 20%	– Gerir as salas de audiências e compatibilizar as agendas judiciais. – Monitorizar os estrangulamentos e apurar as suas causas.

2.7. A Excelência como conceito operativo – *o International Framework for Court Excellence*

No âmbito desta visão gestionária dos sistemas da justiça, no contexto da *common law* e com ênfase no sistema norte-americano, há muito vocacionado para estas problemáticas, o International Framework for Court Excellence (http://www.courtexcellence.com/) constitui um possível exemplo de um sistema de gestão projetado para ajudar os tribunais a melhorar seu desempenho. Foi desenvolvido pelo *International Consortium for Court Excellence*, do qual são signatários o *US National Center for State Courts, US Federal Judicial Center, Australian Institute of Judicial Administration* e *Singapore Subordinate Courts*, assistido por peritos do Conselho da Europa (CEPEJ), *Spring Singapore* e *World Bank*. Representa uma abordagem abrangente que visa alcançar a excelência, com um enfoque direcionado para o planeamento/planejamento estratégico ao invés de uma visão limitada a aspetos particulares de governança judicial.

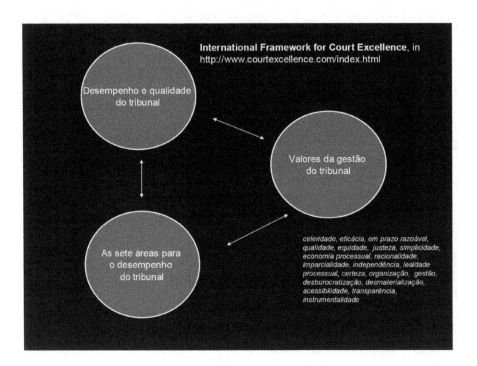

As sete dimensões da excelência (desempenho e qualidade) dos tribunais

1. Gestão do tribunal e liderança
2. Estratégia e política do tribunal
3. Procedimentos judiciais
4. Confiança e crédito públicos
5. Satisfação do utilizador
6. Recursos dos tribunais (humanos, materiais e financeiros)
7. Acessibilidade e clareza dos serviços do tribunal

Esquema para a excelência dos tribunais

Directrizes
1. gestão do tribunal e liderança

↓

Sistemas e operadores
2. estratégia e política do tribunal
6. recursos dos tribunais
3. procedimentos

↓

Resultados
5. satisfação do utilizador
7. acessibilidade e clareza dos serviços do tribunal
4. confiança e crédito públicos

Fonte: International Framework for Court Excellence, in http://www.courtexcellence.com/index.html

O modelo agora apresentado de uma ferramenta de cariz internacional para a excelência dos tribunais – entenda-se para uma justiça eficaz com desempenho eficiente e de qualidade – pretende também avançar naquilo que tem sido a oferta tradicional dos modelos de qualidade.

Pretende incorporar alguns valores conexionados com a confiança social ou pública, articulando objetivos de índole valorativa naquilo que se entende como as sete áreas ou dimensões da padronização universal da qualidade e do desempenho dos tribunais – apresentando o conceito mais ousado, exigente e trabalhado de excelência.

Integra experiências dos sistemas de *civil law* e *common law*, partindo destas últimas como maior caudal investigatório. Tem também a virtualidade de apontar para a vertente dinâmica da sua execução prática e da sua implementação (trajetórias para a excelência).

Como qualquer modelo pretende reduzir complexidade.

Por outro lado, é perceptível uma preocupação em resolver os problemas de articulação de uma dimensão tecnocrata e econométrica dos modelos de gestão dos tribunais, com uma aproximação mais valorativa, política e cultural da atividade dos tribunais

De todo o modo, uma ressalva deve ser feita: é que a imposição de objetivos aos juízes e aos tribunais não pode deixar de implicar a opção realista de aperfeiçoar e inovar nos procedimentos e na organização. As noções de aprendizagem e de inovação passaram a ser referências nos tribunais enquanto organizações, ditando a forma como eles devem ser não só governados como administrados e geridos.

A busca da excelência passa, pois, por gerar mecanismos de aprendizagem em que a resolução dos problemas e o alcançar dos objetivos passam a ser encarados como desafios organizativos, de todos e de cada um.

Os tribunais são notoriamente difíceis de gerir, devido às exigências da sua função e à complexidade da sua estrutura, da sua concepção e dos diversos parâmetros da sua organização. Também por causa dos seus procedimentos organizativos ultrapassados os tribunais têm vindo a perder competitividade entre as diversas formas de resolução de litígios, muito devido à perda de confiança e legitimação públicas. Para recompor o seu papel social os tribunais necessitam de reprogramar os seus incentivos, fortalecendo-os, e, ao mesmo tempo, de abrir e aperfeiçoar o seu ambiente organizacional com vista a desenvolver a capacidade e o pensamento criativo, numa lógica de partilhas e compromissos.

Em qualquer caso, o modelo proposto assenta na definição de uma lista de indicadores visando uma componente avaliativa. Para facilitar esse processo de avaliação, o modelo inclui um plano de ação, um questionário de autoavaliação e, para o caso de ser necessário, um mecanismo de pontuação. Este modelo caracteriza-se ainda pela sua flexibilidade, pois pode ser adaptado às especificidades e aos objetivos de cada tribunal, e pela promoção do *benchmarking*. Recorde-se a definição proposta pela Comissão Europeia de "Benchmarking" como «um processo contínuo e sistemático que permite a comparação das performances das organizações e respectivas funções ou processos face ao que é considerado "o melhor nível", visando não apenas a equiparação dos níveis de performance, mas também a sua ultrapassagem».

Estamos perante uma iniciativa que tem como principal objetivo fornecer aos tribunais de todas as regiões do mundo uma ferramenta para medir o seu desempenho e um guia para melhorar esse mesmo desempenho, tendo em conta a relação entre os valores nucleares do tribunal, as áreas de excelência, o desempenho do tribunal e a qualidade.

Aqueles valores nucleares constituem um bom referencial para qualquer projeto de gestão judiciário. Assim, são igualmente elencados valores como a igualdade perante a lei, a equidade, a imparcialidade, a independência na tomada de decisão, a competência, a honestidade (integridade), a transparência, a acessibilidade, a atualidade (tempestividade) e a segurança.

A partir do referencial qualidade, não deixaremos de apurar, em termos de implementação de mecanismos de gestão, da prossecução destes valores; assim faremos, já no capítulo seguinte.

Leitura fundamental

Baar, Carl. 1999, "The development and reform of court organization and administration", in *Public Administration and Development*, Volume 19, Issue 4, pp. 339-351.

Cadiet, Loic ; Jacques Normand e Soraya Amrani. 2010, *Théorie général du procès*, , Paris: PUF, ColeçãoThemis.

Cadiet, Loïc. 2010, « La justice face aux défis du nombre et de la complexité », in Les cahiers de la justice, 2010/1, *Revue trimestrielle de l'École nationale de la magistrature*, Dossier 11, Trois défis pour la justice du XXI.e siècle, pp. 13-33.

CEPEJ. 2008, « CEPEJ Guidelines on Judicial Statistics », adotada pela 12.ª Reunião Plenária, *Comission européenne pour l'efficacité de la Justice* (CEPEJ), Estrasburgo: Council of Europe, disponível em https://wcd.coe.int/ViewDoc.jsp?id=1389931&Site=COE.

---//--- 2013, *Saturn Guidelines for Judicial Time Management – Comments and Implementation Examples*, Marco Fabri e Nadia Carboni (coords.), Comission européenne pour l'efficacité de la Justice (CEPEJ), Estrasburgo: Council of Europe, disponível em http://www.coe.int/t/dghl/cooperation/cepej/ReseauTrib/4_2013_Saturn_15_Guidelines_Plus_IRSIG_draft_121112.pdf.

---//--- 2014, *Systèmes judiciaries européens (données 2012): efficacité et qualité de la justice*, Comission européenne pour l'efficacité de la Justice (CEPEJ), Estrasburgo: Council of Europe.

Coelho, Nuno 2007, "A economia, a organização do sistema judicial e a administração judiciária. Uma proposta de abordagem sistémica e organizativa", in *Funcionamento do Sistema Judicial e Desenvolvimento Económico*, Conselho Superior de Magistratura, IV Encontro Anual – 2006, Coimbra: Coimbra Editora, pp. 77-148.

Drucker, Peter F.. 2009, *O essencial de Drucker*, Lisboa: Actual Editora.

Ecorys-Nei. 2004, *Bench Marking in an International Perspective – An International Comparison of the Mechanisms and Performance of the Judiciary System*, Rotterdam: Netherlands Council for the Judiciary.

FJC (Federal Judicial Center). 2005, 2003-2004 *District Court Case – Weighting Study – Final Report to the Subcommittee on Judicial Statistics of the Committee on Judicial Resources of the Judicial Conference of the United States*, Washington: Federal Judicial Center, disponível em http://www.fjc.gov/public/pdf.nsf/lookup/CaseWts0.pdf/$file/CaseWts0.pdf.

Frydman Benoît et Emmanuel Jeuland. 2011, *Le nouveau management de la justice et l'indépendance des juges*, Paris: Dalloz.

Garoupa, Nuno 2006, "Economia da reforma da justiça: algumas considerações", *Scientia Iuridica*, Janeiro-Março 2006, Tomo LV Nº 305, pp. 105-121.

Garoupa, Nuno; Simões, Ana Maria, e Silveira, Vítor. 2006, "Ineficiência do Sistema Judicial em Portugal: Uma Exploração Quantitativa", *Sub Judice* Janeiro-Março 2006, Nº 34, pp. 127-144.

Heydebrand, Wolf; e Seron, Carroll. 1990, *Rationalizing Justice – The Political Economy of Federal District Courts*, New York: State University of New York Press.

Kornhauser, Lewis A.. 1999, "Judicial Organization and Administration", in Boudewijn Bouckaert e Gerrit De Geest (eds.) Encyclopedia of Law & Economics, University of Ghent / Edward Elgar Publishing Limited / FindLaw, 7100, pp. 27-44, disponível em http://encyclo.findlaw.com/7100book.pdf.

Legendre, Pierre. 2007, *Dominium Mundi: L'empire du Management*, Paris: Mille et une nuits.

Matos, José Igreja. 2012, "Modelos e Liderança nos Tribunais", VIII Encontro do Conselho Superior da Magistratura, Lisboa, disponível em http://www.csm.org.pt/ficheiros/eventos/8encontrocsm_igrejamatos.pdf.

Miceli, Thomas J.. 2004, *The Economic Approach to Law*, Stanford, California: Stanford University Press.

Pastor, Santos Pastor. 2003, "Los nuevos sistemas de organización y gestión de la justicia: ¿Mito o realidad?", *Tercera Conferencia sobre Justicia y Desarrollo en América Latina y el Caribe: Principales tendencias de la última década y hacia donde vamos*, Quito: Banco Interamericano para el Desarrollo, pp. 9-10, disponível em http://www.iadb.org/sds/doc/SGC-Panel-III-ES.pdf.

---//--- 2004, *Cifrar e Descifrar – Manual para Generar, Recopilar, Difundir y Homologar Estadísticas e Indicadores Judiciales*, Volumen I, Santiago do Chile: Centro de Estudios de Justicia de las Américas (CEJA), disponível em http://www.cejamericas.org/portal/index.php/ es/biblioteca/biblioteca-virtual/doc_details/3297-cifrar-y-descifrar-vol1-manual-para-generar-recopilar-difundir-y-homologar-estadisticas-e-indicadores-judiciales2005.
Posner Richard A, 2009. *Para Além do Direito*. São Paulo, Martins Fontes, p. 425.
Shavell, Steven. 1999, "The law and economics of judicial systems", in *Prem notes*, number 26, July 1999, The World Bank, disponível em http://www1.worldbank.org/publicsector/legal/PREMnote26.pdf.
Sousa Franco, António. 1992, "Análise económica do Direito: Exercício intelectual ou fonte de ensinamento?", in *Sub Judice – Justiça e Sociedade*, n.º 2, Janeiro-Abril, pp. 63-70.
World Bank, Performance Measures Topic Brief, disponível em http://web.worldbank.org/ WBSITE/EXTERNAL/TOPICS/EXTLAWJUSTINST/0,,contentMDK:20756997~men uPK:2025688~pagePK:210058~piPK:210062~theSitePK:1974062~isCURL:Y,00.html.

Outra bibliografia

Ackermann, Werner, e Bastard, Benoit. 1988, «Efficacité et gestion dans l'institution judiciaire, in *Revue Interdisciplinaire d'Etudes Juridiques*, n.º 20 1988, pp. 19-48.
Aroso Linhares, José M. 2002, "A unidade dos problemas da jurisdição ou as exigências e limites de uma pragmática custo/benefício. Um diálogo com a Law & Economics Scholarship", in *Boletim da Faculdade de Direito da Universidade de Coimbra*, Vol. LXXVIII, Coimbra: Coimbra Editora, pp. 65-178.
----//--- 2009, "A «Área Aberta» e a «Predestinação Pragmática» – A Análise Económica do Direito como «Teoria Compreensiva» (entre outras teorias compreensivas): o Desafio e as Reformulações de How Judges Think", in Alexandre Morais da Rosa e José Manuel Aroso Linhares, *Diálogos com a Law & Economics*, Rio de Janeiro: Editora Lumen Juris, pp. 239-275.
BJA. 1997, *Trial Court Performance Standards with Commentary*, monograph, Bureau of Justice Assistance, Washington: U.S. Departmen of Justice / Office of Justice Programs, disponível em http://www.ncjrs.org/pdffiles1/161570.pdf.
Blankenburg, Erhard. 2000, *Indicators of growth of the systems of justice in Western Europe of the 1990's: The legal profession, courts, litigation and budgets*, Amsterdam, World Bank, disponível em http://www1.worldbank.org/publicsector/legal/ComparativeData.rtf.
Bochenek, Antônio César, 2010. *Os modelos de controle de constitucionalidade: a hibridação do tradicional sistema bipolar*. In: Bochenek, Antônio César; Tavares, José Querino, Neto; Mezzaroba, Orides (Orgs.). *Diálogo entre culturas: Direito a ter direitos*. Curitiba: Editora Juruá.
Breen, Emmanuel. 2002, « Les indicateurs de performance de la justice: un teste pour la réforme des finances publiques », in *Évaluer la justice*, Paris: Presses Universitaires de France, pp. 26-49.
Cabral, Célia da Costa e Pinheiro e Castelar, Armando. 2003, *A Justiça e seu impacto sobre as empresas portuguesas*, Coimbra: Coimbra Editora.

CEPEJ. 2003, *European Judicial Systems 2002, Facts and figures on the basis of a survey conducted in 40 Council of Europe Member States*, disponível em http://www.coe.int/T/E/Legal Affairs/Legal cooperation/Operation of justice/Efficiency of justice/Documents/3Docs. adopted.asp

---//--- 2006, *European Judicial Systems 2006 (2004 data)*, European Commission for the Efficiency of Justice, Belgium: Council of Europe.

---//--- 2007, *Monitoring and Evaluation of Court System: A Comparative Study*, report prepared by the research team Gar Yein Ng, Marco Velicogna and Cristina Dallara and discussed by the CEPEJ-GT-EVAL at their 8th meeting, disponível em http://www.coe.int/t/dghl/cooperation/cepej/series/Etudes6Suivi_en.pdf.

---//--- 2008, *Systèmes judiciaries européens (données 2006) – Efficacité et qualité de la justice*, Comission européenne pour l'efficacité de la Justice (CEPEJ), Estrasburgo: Council of Europe.

---//--- 2010, *Systèmes judiciaries européens (données 2008) – Efficacité et qualité de la justice*, Comission européenne pour l'efficacité de la Justice (CEPEJ), Estrasburgo: Council of Europe.

---//--- 2012, *Systèmes judiciaries européens (données 2010) – Efficacité et qualité de la justice*, Comission européenne pour l'efficacité de la Justice (CEPEJ), Estrasburgo: Council of Europe.

Coelho, Nuno 2012, "O Estado de Direito face ao Caos e ao Sistema. Para uma independência e uma autonomia responsabilizantes dos tribunais portugueses", in *Julgar, Número Especial (A Mobilização do Direito no Tempo das Crises, Nono Congresso dos Juízes Portugueses)*, 2012, pp. 205-236.

Empirical Measures of Judicial Performance.2005, *A Florida State University Law Review Symposium Issue*, Volume 32, Summer 2005, Number 4.

Fernandes, Og; Lipp, Marilda E. Novaes, 2017. *Vidas no fórum. Histórias de personagens da justiça. Análise psicológica do comportamento humano*. Salvador: Editora JusPodivm.

Fix-Fierro, Héctor. 2003, *Courts, Justice & Efficiency – A Socio-Legal Study of Economic Rationality in Adjudication*, Oxford and Portland, Oregon: Hart Publishing

Flango, Victor E., e Ostrom, Brian J. 1996, *Assessing the need for judges and court support staff*, Williamsburg: National Center for State Courts.

Gabriel, Fernando Cruz. 2004, "Análise estatística da morosidade judicial (1990-2002)", in *Janus*, Anuário 2004, disponível em http://www.janusonline.pt/2004/2004_3_4_7.html#dados.

Garoupa, Nuno; Ginsburg, Tom. 2006, "The Comparative Law and Economics of Judicial Councils," *2 Berkeley Journal of International Law 53 (2009)*, pp. 54-83.

Gey, Steven; e Rossi, Jim. 2004, "Empirical Measures of Judicial Performance: An Introduction to the Symposium", *Florida State University College of Law,* working paper nº 130, November 2004, disponível em http://ssrn.com/abstract=614550, também em *Florida State University Law Review Symposium Issue*, Volume 32, Summmer 2005, Number 4, pp. 1001-1014.

Hammergren, Linn. 1998, "Diagnosing judicial performance: toward a tool to help guide judicial reform programs", *The 9th International Anti-Corruption Conference*, disponível em http://www1.worldbank.org/publicsector/legal/HammergrenJudicialPerf.doc.

---//--- 1998ª, *Institutional Strengthening and Justice Reform*, Washington: Center for Democracy and Governance/U.S. Agency for International Development, disponível em http://www1.worldbank.org/publicsector/legal/Institutional%20Strengthening.pdf.

---//--- 2002, "Reforming courts: the role of empirical research", *in Prem notes*, number 65, March 2002, The World Bank, disponível em http://www1.worldbank.org/publicsector/legal/PREMnote65.pdf.

Mercuro, Nicholas; e Medema, Steven G.. 1997, *Economics and the Law – From Posner to Post-Modernism*, Princeton, New Jersey: Princeton University Press.

Ng, Gar Yein. 2007, *Quality of Judicial Organization and Checks and Balances*, Antwerp: Intersentia.

Observatório Permanente da Justiça Portuguesa. 2001, *A Administração e Gestão da Justiça – Análise comparada das tendências de reforma*, direção científica de Boaventura Sousa Santos e coordenação de Conceição Gomes, Coimbra: Centro de Estudos Sociais, Faculdade de Economia da Universidade de Coimbra, disponível em http://opj.ces.uc.pt/pdf/5.pdf.

---//--- 2008, *Para um Novo Judiciário: qualidade e eficiência na gestão dos processos cíveis*, direção científica de Boaventura Sousa Santos e coordenação de Conceição Gomes, Coimbra: Centro de Estudos Sociais, Faculdade de Economia da Universidade de Coimbra, disponibilizado em http://opj.ces.uc.pt/pdf/para_um_novo_judiciario.pdf.

Otero, Roberto Bevilacqua, 2009. *Gestão estratégica para resultados na dinâmica das organizações governamentais na atualidade: conceitos, percepções e prática*. In: Revista do TCE de Mato Grosso. 3ª. ed. Cuiabá.

Pastor, Santos, e Rodríguez, Francisco Cabrillo. 2001, *Reforma judicial y economia de mercado*, Madrid: Círculo de Empresários.

Patrício, Miguel C. Teixeira. 2005, *Análise Económica da Litigância*, Coimbra: Almedina.

Posner, Richard A.. 1999, *The Federal Courts – Challenge and Reform*, Cambridge, Massachusetts/ London, England: Harvard University Press.

---//--- 2005, "Judicial Behavior and Performance: An Economic Approach", *in Florida State University Law Review*, Volume 32, Summer 2005, Number 4, Symposium Empirical Measures of Judicial Performance, pp. 1259-1279.

---//--- 2008, *How Judges Think*, Cambridge, Massachusetts London, England: Harvard University Press.

Serverin, Èvelyne. 1999, "De la statistique judiciaire civile et de ses usages", *in Revue Internationale de Droit Economique*, Numéro spécial: De L'Économie de la Justice, 1999, 2, pp. 281-294.

Tavares, José. 2004, "Institutions and Economic Growth in Portugal: A Quantitative Exploration", *Portuguese Economic Journal*, 3, pp. 49-79.

---//--- 2006, "Reformas na Justiça e Crescimento Económico em Portugal", *Sub Judice* Janeiro-Março 2006, Nº 34, pp. 119-126.

Capitulo 3

O Referencial Qualidade na Justiça

3.1. Uma Gestão definida pelos seus limites

Enquanto ciência próxima da vida dos homens, o Direito tem sabido manter-se no centro da regulação das sociedades, ao longo da História. Neste sentido, podemos afirmar, sem rebuços, que o Direito é um verdadeiro sobrevivente, resistindo aos tumultos da História, moldando-se em cada momento de tal modo que o seu centro irradiante foi-se deslocando de Deus para o príncipe, depois, com o advento da Idade Moderna, para o povo[5], dirigindo-se finalmente para o indivíduo, a partir da temática dos direitos humanos.

Mas, superado o positivismo, também ele, sabe-se hoje, pretensamente asséptico, trata-se agora de lidar com os ditames da gestão e da economia, com o fito último de evitar que neles soçobre o Direito ou muitas das funções dos tribunais, rendidas, nomeadamente, aos excessos da privatística arbitragem.[6]

A desinstitucionalização da justiça pode conduzir perigosamente à desestruturação dos laços sociais. O abandono da via judicial ou a imposição massificada de um direito contratual padronizado, com abuso da posição dominante, transforma o jurista do Estado de direito no que Gomes

---

[5] Sobre o novo vocabulário do direito surgido com a Idade Moderna e a evolução do Estado objeto ou coisa para o Estado sujeito, isto é, pessoa jurídica, na referência Barbas Homem, António Pedro (2001).

[6] Citamos aqui na expressão destes receios o pensamento de Jacques Attali, em Breve História do Futuro, Editora D. Quixote, Lisboa, 2007, pg.19.

Canotilho designa como um "economista da eficiência" de tal modo que as tendências que tudo nivelam ameaçam romper o limite da personalidade.[7]

Daí que qualquer aposta na vertente da gestão na área da justiça conhece temores e riscos que obrigam a limites impostos pelo interesse público, no exercício permanente do que Supiot denomina como "a função antropológica do Direito"[8] percebendo que as normas da gestão se afirmam, necessariamente, como uma tecnologia de poder.

Esta questão assume um caráter decisivo nos tempos que vivemos na Europa.

Como vem reiterando Cunha Rodrigues, a atual desconstrução do direito constitui um fator de risco democrático na medida em que com a crise e a decorrente austeridade, perante a tirania dos ditos mercados, os valores essenciais, incluindo a justiça e os direitos humanos, surgem postos em causa. Como anota o autor, aludindo à crise que se vive na União Europeia, "o direito e a justiça deixam de constituir pilares de confiança, na medida em que são os primeiros a ser atingidos pelo sobressalto. Avulta a suspensão de princípios, a adoção definitiva de regras transitórias, a abundância de leis medida, a retroatividade de leis não retroativas, a parametrização da eficácia por meio do experimentalismo (...)".[9]

A resposta, sintetizada por Cunha Rodrigues, terá de surgir a partir das palavras de Keynes: "precisamos de ferramentas intelectuais que nos ajudem a resolver o problema político da humanidade, ou seja, o do modo de combinar três coisas: a eficiência econômica, a justiça social e a liberdade individual".

Naturalmente que a gestão dos tribunais deve ater-se a estes considerandos prévios porque fundacionais.

Daí a afirmação segundo a qual gestão dos tribunais constrói-se, em muito, a partir dos seus limites.

---

[7] Como afirmava Rogério Soares cabe a todos os juristas "a maior parte do encargo de velar para que as tendências niveladoras e uniformizantes conheçam o limite da personalidade"- SOARES, Rogério Ehrhardt, Direito Público e Sociedade Técnica, Edições Tenacitas, Coimbra, janeiro de 2008, com prefácio de José Joaquim Gomes Canotilho. As citações, incluindo a relativa a J. Gomes Canotilho, encontram-se, respetivamente, a pp. 10, 163 e 164.
[8] A. Supiot, 2005, *Homo Juridicus, Essai sur la fonction anthropologique du droit*, Éditions du Seuil.
[9] *Jornal de Letras*, Artes e Ideias, n.º1144, agosto 2014, "Ensaio – desconstrução do Direito, risco democrático".

Limites estruturais que respeitam, naturalmente, à não invasão do espaço do julgador perante a irredutibilidade do momento da decisão jurisdicional mas que nos remetem para outras fronteiras que não podem ser devassadas: o conceito de lideranças partilhadas, "interpares", inclusivo e participado, num ambiente em que todas as opiniões são respeitadas e todas as contribuições avaliadas mas também a consagração de uma *gestão de proximidade* que reflita a ponderação das especificidades da governação de cada região, de cada comarca.

Veja-se, neste sentido, como a definição em grelha de valores processuais de referência – os quais definem a carga de trabalho tida como adequada para cada magistrado, permitindo uma contingentação processual e, a montante, uma delimitação dos quadros humanos de cada tribunal –, embora essencial como mecanismo de gestão dos fluxos processuais, deve, em cada momento, conviver, dir-se-á umbilicalmente, com uma monitorização dinâmica que descortine as limitações impostas pelas especificidades regionais, pelos índices concretos de saturação processual, pela dimensão da complexidade dos processos ou por fatores tão voláteis como a operacionalidade das unidades orgânicas, em particular das secretarias judiciais.

Na área da justiça, a afirmação destes ideários de "management" só subsistirá se e enquanto estiver atenta à concomitante consagração de finalidades intrínsecas ao papel dos tribunais. Falamos, naturalmente, das questões, já desenvolvidas nos capítulos anteriores, da independência do poder judicial, mas também das exigências decorrentes do acesso ao direito e de uma tutela judicial efetiva, particularmente na afirmação dos valores e direitos centrais da cidadania.

Neste contexto, é ainda fundamental um olhar mais atento para as relações de proximidade do sistema de justiça com o cidadão. Aludimos, exemplificativamente, a uma preocupação permanente com questões aparentemente menores como o acolhimento ao balcão, a orientação sinalética no interior dos tribunais, a qualidade da informação telefônica prestada, o acesso a pessoas com deficiência em especial em jurisdições como as de trabalho, o tempo de espera das testemunhas e o modo como é explicado e mitigado, as deslocações inúteis a tribunal e a problemática dos adiamentos, a preocupação com a humanização dos espaços públicos no interior dos tribunais, em especial aqueles que lidam com crianças e jovens, como a jurisdição da família, etc.

3.2. Gestão da Qualidade Total – conceito e origem histórica

A gestão da qualidade total (*"Total Quality Management"* ou simplesmente *"TQM"*, em inglês) consiste numa estratégia de gestão orientada a criar consciência da qualidade em todos os processos organizacionais. Compõe-se de diversos estágios, como por exemplo, o planeamento/planejamento, a organização, o controle e a liderança.

O conceito do TQM foi sendo desenvolvido nos EUA mas foi no Japão que a Qualidade Total adquiriu o formato que influenciou empresas de todo o mundo; a Toyota foi a primeira organização a empregar o conceito de "TQM". Como se depreende, o conceito de qualidade tem origem no setor privado, tendo sido, na Europa, criado um modelo desenvolvido pela European Foundation on Quality Management Model (EFQM) destinado a aumentar o nível da qualidade e identificar áreas de melhoramento do desempenho agindo de modo inovador.

No âmbito judicial, são claras as especificidades que contrariam uma aplicação acrítica destas noções. A atividade jurisdicional não se baseia na satisfação dos "clientes", mas nos princípios do direito e na lei assente em conhecimentos de natureza técnica; por sua vez, a cultura de cada tribunal assume natureza diferente em contextos igualmente distintos. Finalmente, a heterogeneidade profissional e organizacional no exercício de um poder soberano sublinham a importância dos limites destes mecanismos de gestão da qualidade.

O desafio que se coloca hoje entronca, pois, na necessidade de continuar a afirmar o fim último dos tribunais, definível este à luz dos adquiridos civilizacionais, em particular os que decorreram na Europa do pós-guerra, fazendo-o, porém, sem perder de vista que uma justiça lenta e ineficaz, divorciada de uma lógica de qualidade ao serviço dos seus utentes, mina o pressuposto nuclear da relação com os cidadãos: o da confiança.

3.3. A emergência histórica do referencial da qualidade – a avaliação dos sistemas de justiça

O fator qualidade na validação do sistema de justiça aponta, no limite, para a "performance" daqueles que trabalham nos tribunais. Todavia, esta remoçada assunção de responsabilidades pelos intervenientes do sistema judicial, num regresso à noção segundo a qual a qualidade da justiça se mede a partir do desempenho daqueles que a providenciam, não surgiu de forma inopinada ou artificial refletindo, ao invés, uma relevante evolução histórica.

É hoje fundamental um enquadramento histórico para perceber o modo como se avalia a qualidade dos sistemas de justiça.

Assim, situando a evolução conceptual que nos trouxe até ao momento presente, temos que a mesma decorreu em três etapas fulcrais, socorrendo-nos aqui, em larguíssima medida, dos critérios definidos por Benoît Frydman, a propósito da avaliação da qualidade nos sistemas de justiça.[10]

Tais períodos não surgem compartimentados nem sequer se sucedem rigidamente no tempo, antes coexistindo em parcelas maiores ou menores, segundo a realidade concreta de cada sistema nacional ou de cada realidade geográfica e em função dos sistemas jurídicos predominantes.

3.3.1. O Silogismo Judiciário

Inicialmente, como axioma do Século das Luzes e num contexto de desconfiança jacobina perante os juízes, prevaleceu, de forma praticamente irrestrita, um controlo que se afirmava a partir – e em função dela – da realidade legislativa. Nesta fase digamos "pura" de controlo da legalidade, o sistema funcionaria tanto melhor quanto mais conseguida fosse a adequação dos procedimentos e das decisões jurisdicionais ao quadro normativo vigente.

As sentenças dos tribunais deviam, de forma silogística, aplicar a lei ao fato, numa lógica asséptica e puramente racional. Sobretudo com os ensinamentos cruéis das grandes guerras mundiais e o desencanto com um positivismo descarnado de valores, assistiu-se a uma lenta transformação, embora ainda num encadeamento tributário de um paradigma da legalidade, plasmada no aparecimento de movimentos como o da "jurisprudência dos interesses", com nomes como o de Philip Heck, que procuravam temperar o conceito normativo com a aferição do interesse concreto que cada norma socialmente visava proteger. Desponta, então, o que Frydman designa por "controlo marginal da proporcionalidade", feito através do sopesamento dos interesses visados pela norma legal, referencial absoluta.

---

[10] Referência Frydman, Benoît, 2007.

3.3.2. O controlo da motivação

Numa fase subsequente, na sequência de uma continuada "crise da lei" enquanto formulação abstrata para acudir às necessidades mutáveis de sociedades crescentemente fluidas ou "mercuriais"[11], foi emergindo um parâmetro avaliador que prepondera hoje ainda, particularmente na área criminal, e que aprecia a qualidade da justiça a partir de um controlo da motivação das decisões. Em breve pincelada, anote-se a influência expressa de Perelman ou Dworkin nesta forma de observar a aplicação da justiça, com a importância de conceitos como o de "auditório universal" ou a ideia de convencimento, sendo manifesto, no concreto do judiciário, o modo como na jurisprudência dos tribunais portugueses, mas não só, em poucas décadas se progrediu de uma motivação das sentenças, no que respeita à matéria de fato, meramente formal, com recurso a fórmulas sacramentais e vazias (ainda em finais da década de 80, muitas decisões judiciais fundamentavam a resposta à matéria de facto com frases-tipo que encaixavam indistintamente em qualquer "situação de vida"), para uma motivação exaustivamente persuasiva, quando não excessiva e redundante, em que o juiz reproduz e analisa todos e cada um dos elementos probatórios.

3.3.3. O Controlo Procedimental

A reflexão de Habermas ajudará a explicar um momento diverso, intrinsecamente associado ao anterior, particularmente induzido pela jurisprudência do Tribunal Europeu dos Direitos do Homem e que nos remete para um controlo de base essencialmente procedimental, definitivamente atento às questões da celeridade processual. Como sublinhava Habermas, a motivação da decisão, sendo indispensável, secundariza a influência do debate judicial enquanto fator da genuína qualificação da decisão. Daí que o controlo da riqueza desse debate, com um contraditório efetivo e travado em tempo útil para satisfazer o interesse que a justiça decidiu tutelar, seja a matriz decisiva para medir da efetividade social da intervenção judiciária.

E é um pouco em função da importância deste terceiro momento que se revalorizam as questões procedimentais e, discretamente, se foi encaminhando a discussão, particularmente neste contexto histórico na Europa

---

[11] A expressão "direito mercurial" surge a partir do pensamento de François Ost.

comunitária e, dentro desta, nos países da *civil law*, para a avaliação e controlo da própria administração da justiça, dos atores judiciários e do modo como era feita a gestão dos recursos postos à disposição de cada tribunal.

A evolução descrita explica, também, a centralidade das temáticas aqui abordadas na definição atual dos sistemas judiciais mundo fora.

3.3.4. A qualidade dos sistemas de justiça aferida pelo desempenho dos que nela trabalham

A avaliação dos procedimentos e o controle dos mecanismos de motivação veio postular a necessidade de aferir da qualidade dos sistemas judiciais, aprofundando a capacidade de resposta dos intervenientes diretos na arquitetura do sistema, o que vem incutindo uma crescente fiscalização das rácios de produtividade ou dos índices de eficácia e eficiência.

Neste sentido, pode falar-se de um retorno aristotélico[12] ao avaliar-se a qualidade dos sistemas de justiça em função da "performance" dos seus operadores.

Uma nota ainda para sublinhar a influência, na Europa, das instituições internacionais e do trabalho realizado por um conjunto de organismos que avaliam a resposta jurisdicional em termos comparados, num universo europeu alargado, no sentido do privilegiamento deste tipo de avaliação da qualidade. Referimo-nos particularmente à Comissão Europeia para a Eficiência da Justiça (CEPEJ), cuja atividade assenta praticamente na monitorização dos resultados concretos de cada sistema nacional, e à própria União Europeia (UE) que, por exemplo, desenvolveram rigorosas análises à produtividade dos tribunais de cada um dos países que pretendiam aderir à UE, propondo mesmo, em várias situações, medidas para estimular a melhoria dos indicadores de performance de cada dada estrutura nacional, com particular vigilância à morosidade processual endêmica a muitos sistemas de justiça e fonte primeira de preocupação para a opinião pública. Ou seja, as instituições internacionais europeias, não excluindo outras como o Banco Mundial com o mesmo tipo de abordagem,

---

[12] Aristóteles defendia que a prudência, no sentido da "phronêsis", entendida como a sabedoria prática, não é definível em si mesma mas apenas pode ser apreendida a partir do comportamento do prudente; do mesmo modo, uma boa justiça medir-se-ia, sobretudo, a partir da avaliação da qualidade daqueles que a fazem.

tiveram, e têm, uma importância decisiva no modo como hoje são vistos os diferentes judiciários.

3.4. A qualidade na administração da justiça

A dimensão de qualidade total exigida na administração pública coloca desafios ao judiciário em diferentes níveis e em segmentos plúrimos.

Desde logo, a qualidade abrange o plano do judiciário no seu todo, convocando as instituições centrais de gestão dos tribunais, como os Conselhos Judiciários, mas também o plano local, com as questões ligadas à gestão de proximidade com a disseminação de lideranças, nomeadamente através dos presidentes dos diferentes tribunais e demais órgãos de gestão das comarcas, ou mesmo o plano individual na avaliação dos diferentes agentes judiciais; note-se, como em Portugal, as inspeções judiciais feitas aos magistrados judiciais ou do Ministério Público mas também aos oficiais de justiça, materializam uma tradição continuada e consolidada de avaliação da qualidade dos operadores judiciários.

A mensuração da qualidade deve ser devidamente planeada tanto mais que não representa um fim em si mesmo; ela está ao serviço de um objetivo central plasmado na missão, na visão e nos valores que se pretendem prosseguir, numa lógica de melhoramento da capacidade de resposta do sistema, reduzindo custos e promovendo, com transparência, a satisfação do cidadão, objetivo último.

No quadro abaixo, indicamos algumas iniciativas, no contexto europeu, que procuraram, no passado recente, enquadrar esta busca de qualidade nos sistemas judiciais.

Exemplos a nível Europeu de iniciativas de promoção de uma Justiça de Qualidade:

– Parlamento Europeu (recomendação de criação de uma carta para a qualidade da justiça criminal em 2004)
– Quality Working Group (2007) do the CEPEJ (European Commission for the Efficiency of Justice)
– Working Group On Quality Management (European Network of Councils for the Judiciary (ENCJ)

3.4.1. Tribunal e liderança – avaliação interna

Quem define a qualidade, isto é, quem decide os objetivos, o que avaliar e como avaliar? Qual a entidade que pode legitimamente, numa perspectiva democrática, definir um determinado ideal de justiça à luz do qual será avaliado o próprio sistema judicial?
 A avaliação deve caber ao poder executivo, ao poder judicial, ao poder legislativo ou a uma autoridade ou entidade independente?
 Desde logo, assentemos, sem reservas, que as especificidades dos sistemas judiciais levam a colocar de parte uma avaliação da qualidade liderada por gestores profissionais.
 Sem prejuízo de caber a cada carreira judicial a gestão interna respectiva, a liderança dos tribunais deve caber aos juízes comprometidos em termos de "accountability", mas estribados num efetiva capacidade interventiva.
 Procuremos, numa tríplice argumentação, apontar o modo como deve ser entendido o exercício desta liderança e porque deve ser entregue aos juízes.
 À partida, perfilam-se razões que se prendem com a própria arquitetura constitucional do sistema político. O fenômeno de crescimento exponencial da demanda judiciária impõe, como ficou dito, o uso de regras próprias do "management" sendo que estas pressupõem a definição de objetivos qualitativos ainda que ancorados, na lógica da eficiência, em patamares quantitativos.
 Sensível será a questão de saber como se introduzem estes mecanismos sem afetar a independência do juiz se, por exemplo, são exigidos procedimentos ou resultados rígidos, ignorando as especificidades de cada caso. Numa análise comparativa entre os papéis do gestor hospitalar público e os do juiz presidente, exercício frequente em estudos especializados na precisa medida em que nos dois casos se visa assegurar um serviço de índole pública fundamental para o cidadão, ressaltam algumas diferenças; estas são impostas, desde logo, porque o princípio da separação dos poderes, naturalmente ausente na área da gestão hospitalar, impõe, na administração dos tribunais, um duplo condicionamento: o da ausência de hierarquias entre juízes e, a montante, a necessidade que o gestor do tribunal seja um juiz, o único com legitimação como líder, agindo embora "interpares".
 Uma reforma gestionária feita sem a participação ativa de quem trabalha nos tribunais, em particular os juízes, tem uma cumplicidade natural com

a ausência de resultados como se demonstrou na década de 90 do século anterior nos Estados Unidos, na justiça cível, com o "justice reform act".[13]

Talvez valha a pena convocar, neste contexto, o pensamento de Michael Walzer no que diz respeito à ideia da autonomia de cada uma das esferas distributivas fundamentais, entendendo a intromissão de um princípio regulador de uma outra esfera como "tirania". Daí a necessidade de mecanismos de regulação que afastem a propensão tirânica da esfera econômica obstando à sua intromissão excessiva na justiça.

Esta necessidade de condicionamento numa área central da cidadania não carece de ser sublinhada até pelos exemplos nefastos do passado recente em áreas, como as financeira e bancária, onde se constatou a ausência de uma eficaz regulação pública.[14]

Finalmente, existem imposições que contendem com a eficácia operativa do sistema. Uma gestão afastada do modelo burocrático e atenta às necessidades de quem recorre aos tribunais apenas resulta flexível se e quando for capaz de se autonomizar dos ditames do Ministério da Justiça; como afirma Phillipp Langbroeck[15], e aludindo ao caso português Nuno Garoupa[16], a reconciliação entre a necessidade de "accountability" dos tribunais e a independência dos juízes só poderá ocorrer conferindo uma maior autonomia destes em relação ao poder executivo.

---

[13] Vide estudos desenvolvidos sobre essa reforma designadamente pelo *Rand Institute* (www.rand.org) que detetou a pouca relevância dos êxitos alcançados não deixando de recomendar, sintomaticamente, a importância de mecanismos processuais como a possibilidade de uma gestão processual ("case management") desde o início do processo feita pelo juiz, com um poder acrescido deste, a definição de uma data de julgamento igualmente na fase inicial do processo e ainda, com incidência na especificidade americana, a necessidade de encurtar a relevância e o tempo dispendido no "pretrial discovery".

[14] Desenvolvidamente, a referência Walzer, Michael, 1999, sendo que esta ideia da autonomia entre poderes sociais é partilhada por autores como Bourdieu através da noção da divisão do mundo social em diferentes campos ("champs") – in "Espace social et pouvoir symbolique", *Choses Dites*, Paris: Minuit, 1987.

[15] *Towards a socially responsive judiciary? Judicial independence and accountability in the constitutional contexts of Italy, the USA and Netherlands*, Philip M. Langbroeck.

[16] Em relação, por exemplo, ao Conselho Superior da Magistratura, Nuno Garoupa defende a transferência efetiva de competências que pertencem ao Ministério da Justiça, incluindo a tutela do Centro de Estudos Judiciários, as estatísticas da justiça, a gestão dos tribunais e o orçamento do poder judicial. Estas medidas aproximam-se do modelo holandês e dos países escandinavos defendidos pelo autor. A este respeito, leia- se, nomeadamente, *O Governo da Justiça*, editado pela Fundação Francisco Manuel dos Santos, 2011, em especial pp.78 e 79.

Será, portanto, indispensável a outorga, no caso dos modelos europeus assentes na centralidade dos conselhos judiciários, ao Conselho Superior da Magistratura, enquanto órgão máximo do judiciário, de uma efetiva autonomia de modo a permitir que as jurisdições se possam adaptar a uma realidade social em processo de evolução num contexto de crise. Todavia, as exigências da *accountability*, como pressuposto de legitimação, remetem para uma avaliação, necessariamente externa, do sistema de que constituem ferramentas básicas, por exemplo, a monitorização da satisfação dos cidadãos ao lidar com os tribunais, através de inquéritos ou sondagens de opinião, com a correção de procedimentos induzidos pelas conclusões extraídas.

3.4.2. Qualidade versus Quantidade

Num sistema como o português e o brasileiro em que a imensa maioria dos processos estatisticamente quantificados se referem a cobranças de crédito não litigiosas, resulta imperioso refletir sobre as cifras do não exercício de direitos de cidadania num palco jurisdicional imerso por um universo de créditos mal parados e onde o número das ações declarativas, o verdadeiro "core business" do judiciário cível, vem caindo consistentemente, numa análise alargada, no que concerne ao número de processos entrados.

As questões do acesso à justiça, da função soberana dos tribunais e, em especial, dos custos da justiça adquirem, naturalmente, importância fulcral. Sem prejuízo dos mecanismos de apoio judiciário que consomem recursos estatais, o que releva é a circunstância das custas processuais terem vindo a ser usadas como instrumentos de restrição à procura judiciária. Se no caso dos grandes litigantes, a solução pode redirecionar de modo correto a atividade dos sistemas de justiça, expurgando-a da menorização dos tribunais, erigido como mero auxiliar ao serviço dos departamentos de cobranças das grandes empresas, o afastamento dos cidadãos do recurso à oferta judiciária desfalece o Estado de direito e induz o crescimento das cifras negras atinentes com a resolução informal dos conflitos, assentes na "lei do mais forte".

A eclosão de epifenómenos como a do denominado "cobrador do fraque" ou, numa vertente mais agressiva, o recurso a "empresas" especializadas em cobranças "difíceis", através de uma mal dissimulada coercividade, que pululam em vários países da lusofonia, são exemplo vivo desse fracasso dos sistemas judiciais e, no limite, dos nossos adquiridos civilizacionais arduamente conquistados.

Neste sentido, pode afirmar-se, sem rebuço, que uma pendência processual, a nível nacional, com uma forte componente quantitativa, perspectivando a "ratio" entre o número de habitantes e o número de processos em tribunal, significa, muitas vezes, a incapacidade do sistema judicial em privilegiar uma dimensão qualitativa – expressa na afirmação e defesa dos direitos fundamentais – optando por especializar-se na denominada litigância de massa, vocacionada em excesso para a cobrança de dívidas das grandes empresas, financeiras ou comerciais.

Isto dito, naturalmente que a litigância de massa, relativa à cobrança de dívidas, exige uma aproximação gestionária que afronte uma pendência quantitativamente elevada mas rotineira e densamente materializada em procedimentos-padrão, repetidos e continuados.

Assim, segundo dados da Direção Geral da Política da Justiça do Ministério da Justiça, no ano de 2013, em Portugal, deram entrada nos tribunais 468 mil processos dizendo respeito uma larga maioria (70%) precisamente a cobranças de dívidas; ou seja, sete em cada dez novos casos em tribunal são referentes a dívidas que se pretende cobrar[17].

No Brasil, segundo dados do levantamento anual "Justiça em Números" de 2016, do Conselho Nacional de Justiça, o assunto mais demandado no Poder Judiciário foi Rescisão de Contratos de Trabalho, foram 4.980.359 ações (11,75%), em segundo lugar com 1.953.651 processos (4,61%) são ações referentes a obrigações. Note-se que dos três assuntos mais corriqueiros, o segundo e terceiro estão inteiramente relacionados às dividas, a semelhança do caso Português.

---

[17] Um exemplo possível de um procedimento padronizado, assente no processo telemático, praticamente sem intervenção do juiz, será o da penhora eletrónica de contas bancárias no processo executivo português que se desdobra em quatro fases. Assim, o Banco de Portugal informa os agentes de execução sobre os bancos em que os devedores têm contas, procedendo estes ao bloqueio provisório das contas o qual depois é convertido em penhora culminando com a transferência do dinheiro para os credores. Já no Brasil, existe o sistema BACENJUD, que é similar ao modelo português. É um sistema que interliga unidades judiciárias ao Banco Central do Brasil e às instituições bancárias, para acelerar a solicitação de informações, via internet, referentes aos dados cadastrados e bancários dos clientes das instituições financeiras. Com o BACENJUD os juízes, que possuem uma senha previamente cadastrada, preenchem um formulário solicitando as informações necessárias a determinado processo com o objetivo de penhora on line ou outros procedimentos judiciais.

1. DIREITO DO TRABALHO - Rescisão do Contrato de Trabalho/Verbas Rescisórias	4.980.359 (11,75%)
2. DIREITO CIVIL - Obrigações/Espécies de Contratos	1.953.651 (4,61%)
3. DIREITO TRIBUTÁRIO - Dívida Ativa	1.737.606 (4,10%)
4. DIREITO DO CONSUMIDOR - Responsabilidade do Fornecedor/Indenização por Dano Moral	1.667.654 (3,94%)
5. DIREITO CIVIL - Responsabilidade Civil/Indenização por Dano Moral	903.628 (2,13%)
6. DIREITO CIVIL - Família/Alimentos	836.634 (1,97%)
7. DIREITO DO TRABALHO - Responsabilidade Civil do Empregador/Indenizaçao por Dano Moral	736.906 (1,74%)
8. DIREITO CIVIL - Obrigações/Espécies de Títulos de Crédito	705.266 (1,66%)
9. DIREITO PREVIDENCIÁRIO Benefícios em Espécie/Auxílio—Doença Previdenciário	623.889 (1,47%)
10. DIREITO PROCESSUAL CIVIL E DO TRABALHO - Processo e Procedimento/Antecipação de Tutela / Tutela Específica	593.051 (1,40%)
11. DIREITO DO TRABALHO - Remuneração, Verbas Indenizatórias e Benefícios/Salário / Diferença Salarial	556.210 (1,31%)
12. DIREITO CIVIL - Responsabilidade Civil/Indenização por Dano Material	525.117 (1,24%)
13. DIREITO PROCESSUAL CIVIL E DO TRABALHO - Objetos de cartas precatórias/de ordem/Citação	501.203 (1,18%)
14. DIREITO DO TRABALHO - Rescisão do Contrato de Trabalho/Seguro Desemprego	489.125 (1,15%)
15. DIREITO PENAL - Crimes Previstos na Legislação Extravagante/Crimes de Tráfico Ilícito e Uso Indevido de Drogas	487.366 (1,15%)
16. DIREITO PROCESSUAL CIVIL E DO TRABALHO - Liquidação / Cumprimento / Execução/Obrigação de Fazer / Não Fazer	468.950 (1,11%)
17. DIREITO CIVIL - Família/Casamento	464.689 (1,10%)
18. DIREITO PROCESSUAL CIVIL E DO TRABALHO - Objetos de cartas precatórias/de ordem/Intimação	459.201 (1,08%)
19. DIREITO TRIBUTÁRIO - Impostos/IPTU/ Imposto Predial e Territorial Urbano	451.571 (1,07%)
20. DIREITO CIVIL - Obrigações/Inadimplemento	449.869 (1,06%)

Figura 1 – Gráfico sobre os assuntos mais demandados no Poder Judiciário – "Justiça em Números" – CNJ

Ignorar este fenômeno, menosprezando-o, não deixa de constitui um fator adicional para a descredibilização do sistema.

3.5. A formalização do referencial qualidade – o caso europeu

A preocupação com uma dimensão qualitativa dos sistemas judiciais europeus determinou, nas décadas recentes, uma resposta institucional materializada em várias iniciativas das instituições europeias.

A já citada atividade do CEPEJ (www.coe.int/cepej) será a que mais importará sublinhar pela duração e complexidade dos estudos efetuados, no âmbito do Conselho da Europa. A gestão de qualidade mereceu, por exemplo, um estudo comparativo, abarcando oito países europeus, incluindo Holanda, França ou Inglaterra, o qual anunciou o reforço da legitimidade dos tribunais como fim último da gestão da qualidade de modo a que os mesmos possam desempenhar melhor as suas funções sociais.

Embora o pioneirismo provenha dos Estados Unidos da América, também na Europa têm sido intensificadas experiência relativas à avaliação da qualidade dos sistemas de justiça destacando-se as reformas empreendidas na Holanda e na Finlândia.

Assim, o sistema de qualidade judicial holandês, o *RechtspraaQ*, procura avaliar o judiciário em função de cinco parâmetros nucleares: (1) independência e integridade; (2) celeridade na condução dos processos; (3) unicidade do direito; (4) perícia ou conhecimentos científicos; (5) tratamento das partes. Para cada uma destas áreas foi desenvolvida uma lista de indicadores e de instrumentos de análise (estatísticas, auditorias, inquéritos de satisfação, enunciação de boas práticas). Foi ainda desenvolvido um programa informático que traduz os resultados em cores: vermelho (melhoramento necessário), amarelo (neutro) e verde (qualidade positiva). Os resultados obtidos em cada tribunal repercutem-se positivamente no "envelope financeiro" a este atribuído. Por sua vez, o finlandês *Quality Benchmark Project* avalia o padrão das atividades do tribunal tendo por referência quatro princípios fundamentais para a qualidade da justiça – função social dos tribunais, acesso à justiça, justiça processual e confiança nos tribunais – com base em seis parâmetros (*quality benchmarks for adjucation*) suscetíveis de influenciar positiva ou negativamente os tribunais – processo; decisão; tratamento das partes e do público; celeridade do processo; competência e qualificação profissional do juiz; organização e gestão – que se desdobram em 40 critérios de avaliação.

Ainda ao nível dos países europeus, importa aludir outras iniciativas no setor da qualidade, como as *Citizen Charters*, no Reino Unido, ou a *Carte Marianne*, em França.[18]

A partir de uma iniciativa assumida pelo próprio judiciário, a um nível local, o que mais valoriza os resultados desta experiência, refira-se o exemplo da Finlândia, iniciado em 1999 com o denominado Projeto de Qualidade, desenvolvido pelo Tribunal da Apelação de Rovaniemi, o qual desembocou na indicação de padrões de qualidade, privilegiando o tratamento dos cidadãos, com uma discussão pública dos resultados; também aqui o que está em causa é a avaliação do padrão das atividades do tribunal e não a avaliação da "performance" dos magistrados.

---

[18] O Observatório Permanente para a Justiça sedeado no Centro de Estudos Sociais (CES) da Universidade de Coimbra, onde funciona desde 1996, e atualmente integrado no Núcleo de Estudos da Democracia, Cidadania e Direito (DECIDe), do Centro de Estudos Sociais, tem vindo, ao longo dos anos, a recensear muitas destas experiências, em termos de direito comparado, bem como tem aprofundado, através de estudos e relatórios diversos, a realidade do judiciário português – http://opj.ces.uc.pt/.

O REFERENCIAL QUALIDADE NA JUSTIÇA

Por sua vez, em Espanha, o "Observatorio de la Actividad de la Justicia" organizou um conjunto de dez indicadores para a definição de políticas indutoras de qualidade na administração da justiça. Assim, temos:

1º. Volume processual (carga de trabalho) dos tribunais;
2º. Juízes e magistrados necessários face à carga de trabalho;
3º. Sentenças proferidas;
4º. Confirmação de decisões em sede de apelação ou "suplicación";
5º. Confirmação de decisões em sede de cassação;
6º. Duração razoável dos processos
7º. Cumprimento dos "módulos judiciales de dedicación"[19];
8º. Execução das decisões judiciais;
9º. Cobertura das cargas de trabalho pelo sistema judicial[20];
10º. Comparação interanual da duração dos processos.

A Roménia constitui igualmente um bom exemplo não só ao nível do esforço de racionalização e estudo relativamente à afirmação da qualidade nos tribunais mas, sobretudo, pelo modo como a intervenção internacional, despoletada pelo Banco Mundial, teve repercussão na gestão de sistema nacional.

Na Suécia, por sua vez, a qualidade da justiça foi sendo aferida em função dos seguintes aspetos: qualidade da decisão, duração do processo, satisfação dos cidadãos e a competência dos magistrados e funcionários

---

[19] Estes módulos foram estabelecidos pelo "Consejo General del Poder Judicial" no ano de 2003 como "rendimento exigível" aos juízes, assemelhando-se aos valores processuais de referência. São usados sem caráter vinculativo em particular após a sentença de Sala de Contencioso Administrativo do Tribunal Supremo que anulou o Regulamento 2/2003 do "Consejo General del Poder Judicial". Perante esta decisão viriam a perder cobertura legal as remunerações variáveis atribuídas em função das horas de trabalho mensuradas a partir do número de processos terminados. O tribunal supremo, embora não se pronunciando sobre a inconstitucionalidade destas normas regulamentares, entendeu invalidá-las invocando, essencialmente, a respetiva falta de motivação, já que não teriam sido suficientemente explicados os cômputos globais em que se basearam esses módulos.

[20] Este indicador permite apreender a taxa de resolução processual tendo em conta os dados de anos anteriores e a pendência do ano em apreciação. Para uma informação mais aprofundada sobre estes indicadores e dados resultantes veja-se, quanto ao ano de 2013, o relatório disponível deste Observatório da Fundação Wolters Kluwer em: http://www.fundacionwolterskluwer.es/html/Informe2013.pdf

do tribunal (essencialmente associada à definição das necessidades de formação contínua).

Após intervenção do Banco Mundial, foram criados um conjunto de instrumentos para permitir a avaliação individual dos magistrados, recorrendo-se ainda à análise estatística com a seguinte identificação de indicadores de performance: celeridade, volume de trabalho e produtividade, avaliação externa da qualidade e avaliação interna da qualidade.

3.6. Indicadores de avaliação de desempenho dos tribunais – o pioneiro caso americano

A formalização do desempenho judiciário através de modelos da componente essencialmente qualitativa teve a sua origem, no que aos tribunais diz respeito, nos Estados Unidos, através dos denominados *Trial Court Performance Standards* (TCPS), publicado em 1990, o qual descreve indicadores de avaliação do desempenho, agrupados por cinco áreas relativas aos objetivos fundamentais dos tribunais: acesso à justiça (localização, acessibilidade, segurança, procedimentos, cortesia de funcionários, custos de acesso), celeridade (desenvolvimento do processo, cumprimento das programações, procedimentos e realização do direito), igualdade, justiça e integridade (processo judicial justo e confiável, função do júri, decisões, clareza, responsabilidade pela execução, produção e preservação das gravações), independência e responsabilidade (independência, prestação de contas, decisões, resposta à mudança) e confiança nos cidadãos (acessibilidade, independência judicial, accountability).

Esta abordagem qualitativa ganhou novo fôlego em 2005, com a publicação dos *Court Tools*, sistema integrado por 10 indicadores de índole mais prática e de melhor mensuração.

Explicitando-os temos, numa ordem que não surge hierarquizada por acaso ou capricho, em primeiro lugar, aqueles que reportam as questões concernentes à satisfação dos utentes do tribunal em matéria de acesso efetivo à jurisdição e à qualidade do tratamento dispensado pelos agentes judiciários, designadamente em termos de imparcialidade, igualdade e respeito. Depois, surgem os medidores habituais de eficácia e eficiência da resposta judicial, nomeadamente, a "taxa de congestão" (que é o resultado da divisão do número de processos pendentes no início de cada ano pelo número de processos findos nesse mesmo ano), a percentagem de processos findos dentro de parâmetros temporais tidos como razoáveis, previamente definidos, a duração dos processos pendentes em tribunal, a taxa de efetividade relativamente à marcação de julgamentos, apurando a percentagem relativamente aos julgamentos agendados e os que realmente têm lugar, não sendo adiados ou desmarcados, a percentagem de processos que decorrem em intervalos temporais aceitáveis e em que se apura a fiabilidade dos conteúdos formais respectivos.

Depois, a apreciação de fatores concernentes às multas processuais, seguindo-se o apuramento da percentagem de jurados que se apresenta para desempenhar funções em relação ao número total dos que foram nomeados. Finalmente, temos a satisfação dos funcionários relativamente à qualidade do ambiente de trabalho e das relações com as equipas de gestão e, em último lugar, o apuramento do custo financeiro médio de cada processo, segundo uma tabela por tipo de processos.[21]

3.7. Boas práticas europeias apontadas pela CEPEJ

No contexto das suas atividades, a CEPEJ tem vindo a publicitar algumas boas práticas europeias que procuram debelar situações de ineficiência decorrentes de alguma rigidez dos procedimentos judiciais, sobretudo em situações inesperadas de aumento das pendências processuais.

Assim, como exemplo de flexibilidade procedimental, indica-se em França a possibilidade conferida aos juízes de substituírem temporariamente colegas em casos de situações de doença ou licença de maternidade mas também para permitir o reforço dos quadros humanos de modo a assegurar a duração razoável dos processos (vide artigo 3.º, n.º 1 do Estatuto respectivo). Uma solução idêntica existe também para os funcionários judiciais.

No Reino Unido (Inglaterra e País de Gales), os juízes nomeados para os denominados "High Court" são, essencialmente, generalistas. Todavia,

---

[21] A respeito das *CourTools* pode consultar-se o site do National Center for State Courts: http://www.ncsc.org/sitecore/content/microsites/courtools/home/, ou mesmo o sítio respetivo em http://www.courtools.org/. Fora da Europa, destacam-se ainda as experiências levadas a cabo em Singapura (e*Justice Scorecard System*) e na Austrália.

no próprio tribunal existem secções especializadas nomeadamente para questões do foro criminal, comercial ou de família e menores; ora, existe a possibilidade de certos juízes mais habilitados em determinadas áreas serem adstritos a esses processos ("ticketing"). Naturalmente que esta prática colide frontalmente com as especificidades dos sistemas de "civil law" e com os corolários do princípio do juiz natural; de todo o modo, a especialização dos tribunais visa igualmente atender a uma mesma preocupação de capacitação dos juízes.

Na Holanda, a denominada "Brigada Aérea" foi criada com o objetivo de apoiar os tribunais distritais do país assoberbados com pendências excessivas. Trata-se de uma pequena unidade centralizada composta por juízes e funcionários judiciais que têm como função assistir esses tribunais de modo a reduzir o número de casos pendentes.

Na Suécia, o Tribunal Distrital de Huddinge encetou uma experiência inovadora, dividindo o tribunal em unidades de 2 ou 3 juízes. Os juízes de cada uma dessas pequenas unidades podem dividir livremente os respectivos processos de modo a que se um deles estiver concentrado num mais moroso e complexo os outros possam assegurar a tramitação dos processos mais simples.

3.8. Os estudos da União Internacional de Magistrados

A União Internacional de Magistrados (UIM), já referida acima, foi fundada em 1953 e congrega atualmente 81 países dos cinco continentes, cada um deles representados pelas associações de juízes nacionais mais representativas. Tem vindo a desenvolver um trabalho continuado, designadamente na elaboração de estudos sobre diferentes temas do judiciário. Um órgão igualmente relevante no seio da UIM é a Associação Europeia de Juízes que inclui praticamente todos os países deste continente com uma atividade autônoma e continuada dirigida apenas ao contexto europeu.[22]

Assim, no âmbito dos estudos efetuados em especial pela primeira comissão de estudos, dedicada a temas da organização judiciária, no que

---

[22] Para conhecer melhor a atividade da UIM, incluindo os seus quatro grupos regionais e de estudos, veja-se www.uij-uim.org e quanto ao conteúdo da Carta Universal dos Juízes http://www.iaj-uim.org/universal-charter-of-the-judges/.

respeita ao referenciado New Public Management (NPM) e à sua aplicação nos tribunais, reconhece-se que existe uma efetiva mudança que determinou o abandono de uma administração pública tradicional para uma gestão pública dos tribunais. Tais reformas decorrem de um conjunto de causas económicas, sociais e políticas, mas também tecnológicas, e resultam, em muito, de uma continuada crise económica que obriga a repensar os custos dos serviços públicos; porém, sublinha-se igualmente que essa crise é, igualmente, usada para justificar cortes indevidos em serviços essenciais à cidadania.

O NPM envolve, como sabemos, princípios baseados na competitividade, na performance, numa autoridade descentralizada e nos mecanismos próprios da economia de mercado. Aceites estes considerandos, a UIM conclui que nenhum sistema judicial pode ser efetivamente independente sem uma sólida base económica, entendendo-se, ainda, que o NPM não pode aplicar-se à componente jurisdicional dos sistemas de justiça, devendo dela estar arredado em particular na sua dimensão meramente eficientista.

Todavia, reconhece a UIM que os novos mecanismos de gestão podem ser úteis na atividade diária do sistema judicial e devem ser usados na administração dos tribunais conquanto não ponham em causa, ainda que indiretamente, a respetiva independência e envolvam sempre diretamente os juízes nessa administração. Alerta-se ainda que os incentivos remuneratórios a magistrados podem pôr em causa a independência judicial, assim as partes litigantes possam adquirir a perceção que o interesse financeiro de quem julga prevaleceu sobre a imparcialidade do decisor.

Por outro lado, a importância do utente dos tribunais, dos cidadãos, é um dado positivo providenciado pelo NPM ("atenção ao cliente") e deve ser sublinhado como um fator decisivo para a compreensão do trabalho dos tribunais e sua melhor aceitação.

A União Internacional de Magistrados vem igualmente sublinhando que o presidente de um qualquer tribunal deve sempre ser um juiz, entendendo que a nomeação deste terá que ser cometida igualmente ao judiciário. A definição das áreas de competência e respetivas funções deve ser objetiva e alvo de uma regulamentação normativa que assegure a sua integral independência de interesses externos, em moldes iguais aos conferidos a qualquer juiz no exercício de funções jurisdicionais. Impõe-se igualmente que os presidentes de tribunal exerçam as suas tarefas sem comprometer a independência dos demais juízes de tal modo que a sua liderança no que respeita às questões de administração e gestão do tribunal não seja transposta para o domínio jurisdicional.

Por outro lado, no que respeita aos conselhos superiores com poder de supervisão nos tribunais, exige-se que os mesmos tenham um elevado patamar de independência e autonomia em relação aos demais órgãos do Estado com uma maioria de juízes na respetiva composição, os quais devem ser escolhidos pelos seus pares; os membros não juízes devem gozar do mesmo estatuto de independência e autonomia em relação aos demais poderes do Estado.

Um conselho, assim legitimamente validado, terá consequentemente de desempenhar um papel fulcral em tudo o que respeita à nomeação, promoção, disciplina e formação dos juízes, tutelando as mesmas.

3.9. A dimensão quantitativa – a contingentação processual

A avaliação de um sistema judicial realiza-se através da análise de determinados indicadores:

(i) dimensão da oferta (recursos humanos, estruturais e financeiros);
(ii) dimensão da procura (variabilidade e complexidade da litigância);
(iii) variáveis discerníveis da quantidade e da qualidade da atividade jurisdicional e dos resultados por ela produzidos.

Relativamente à dimensão quantitativa, numa abordagem inicial, temos que os indicadores mais utilizados são aqueles que fazem uso de medidas da procura do sistema judicial (processos entrados), da oferta do sistema judicial (processos findos) e da procura por satisfazer (processos pendentes). Por aqui se pode apurar da situação de congestionamento (*congestion rate*) ou descongestionamento (*clearence rate*) dos tribunais e, nessa medida, de acumulação (*backlog rate*) ou redução das pendências processuais.

Para um bom desempenho do sistema judicial, este deve apresentar uma taxa de congestão baixa, um indicador *clearence rate* com valores próximos de um (ou pelo menos inferiores a um) e a taxa *backlog rate* com valores próximos de um.

Para aferição dessa eficiência do sistema judicial falta, do mesmo modo, perceber qual o nível dos custos de funcionamento da justiça na sua articulação com a medida do investimento realizado e com a produtividade conseguida. Esta dimensão económica de aferição do sistema, já sublinhada em capítulos anteriores, decorre da perceção da finitude dos recursos disponíveis e da sua otimização. Finalmente, no trabalho jurisdicional, resulta obrigatória a mensuração da carga processual (quantidade) com a composição dessa carga (qualidade), com vista a estabelecer um padrão razoável dos casos ou processos – em que quantidade e em que tempo – que um juiz ou um tribunal pode apreciar e julgar devidamente.

Naturalmente que estes aspetos, ainda que essenciais para o funcionamento do sistema judicial no seu todo, resultam ser igualmente de muito elevada dificuldade técnica, gestionária e política.

Questão controversa e de permanente atualidade é aquela que se prende com a aferição da melhor metodologia para determinar o volume de trabalho tido como razoável para um juiz.

Esta quantificação acarreta consequências evidentes na definição dos quadros necessários para um determinado tribunal ou, internamente, no modo como deve ser distribuída a carga processual em moldes que resultem equilibrados.

Os três métodos mais relevantes são o "Weighted Caseload Method" que tem como referência uma unidade temporal e visa determinar o "tempo judicial" necessário para findar um processo "típico", o "Delphi Method" que privilegia a auscultação, designadamente através de inquéritos ou entrevistas, dos próprios intervenientes para que indiquem o tempo necessário para a realização de atos e diligências processuais e o "Normative Method" que parte de uma análise comparativa entre tribunais de competências semelhantes, sempre a partir de uma base idêntica, por exemplo em termos de estrutura demográfica.

Em Portugal, a dimensão quantitativa de avaliação da qualidade foi sendo reconduzida à definição dos denominados valores processuais de referência (VPR's).

O Conselho Nacional de Justiça brasileiro por meio do relatório anual "Justiça em Números", que é a principal base de dados do Poder Judiciário, apresenta "as classes processuais e os assuntos mais frequentemente demandados, para conduzir a pesquisa e apresentação de propostas para se pensar a gestão da jurisdição no Brasil". No relatório, cada tribunal é apresentado a partir de seus indicadores como recursos humanos, litigiosidade, congestionamento e produtividade.

A análise de desempenho dos órgãos jurisdicionais é feita por meio do Índice de Produtividade Comparada da Justiça (IPC-Jus), que é um indicador comparativo, criado pelo CNJ, que resume os dados recebidos pelo Sistema de Estatística do Poder Judiciário (SIESPJ), de modo a refletir a eficiência e a produtividade dos diversos tribunais do Poder Judiciário nacional. Para alcançar tal objetivo, utiliza-se uma técnica de análise denominada DEA (do inglês, *Data Envelopment Analysis*) ou Análise Envoltória de Dados. Esse método "estabelece comparações entre o que foi produzido (denominado *output*, ou produto) considerando se os recursos (ou insumos) de cada tribunal (denominados *inputs*). Trata se de metodologia de análise de eficiência que compara o resultado otimizado com a eficiência de cada unidade judiciária em questão. Dessa forma, é possível estimar dados quantitativos sobre o quanto cada tribunal deve aumentar sua produtividade para alcançar a fronteira de produção, observando se os recursos de que cada um dispõe, além de estabelecer um indicador de avaliação para cada unidade".

Em dezembro de 2013, o Conselho Nacional de Justiça regulamentou os critérios do IPC-Jus por meio da Resolução 184. A AJUFE e a ANAMATRA ingressaram no STF com Ação Direta de Inconstitucionalidade (ADI 5221), com a finalidade de afastar a aplicabilidade do referido ato normativo, em especial, no âmbito da Justiça Federal, em face das inconsistências técnicas a respeito da aplicabilidade dos referidos índices, pois não estão em sintonia com as peculiaridades e particularidades dos ramos da justiça federal e trabalhista. Há um enorme dificuldade de estabelecer um critério único para todo o judiciário brasileiro, pois um país de dimensões continentais e níveis diferenciados de desenvolvimento, para além das diferenças culturais e regionais, sem contar ainda os cinco grandes divisões do judiciário brasileiro, dificultam sobremaneira a adoção de indicador que atenda a contento todas as situações. A Judiciário Estadual é bem superior em número de membros, bem como em diversidade de matérias. Neste sentido, os indicadores não são tão díspares e não apresentam uma diferenciação tão grande em relação aos demais setores das justiças especializadas brasileiras. O ponto de maior debate da Resolução é aplicação do índice nos projetos de criação de cargos e vagas no judiciário federal. Os pedidos, posteriores a Resolução, na sua grande maioria, foi aplicada a excepcionalidade da regra, na linha dos argumentos acima delineados. Atualmente, o tema não é objeto de grande debate em face das crises de diversas ordem vivenciadas no Brasil, principalmente a econômica, que inviabiliza neste momento o andamento de qualquer projeto de aumento da estrutura judiciária. Todavia, o tema dos indicadores é relevante e demanda um debate mais aprofundado, pois a utilização dos dados e informações são relevantes para o futuro da administração do judiciário brasileiro.

Sem prejuízo da utilização de vários destes métodos, os modelos mais testados nesta matéria são os desenvolvidos pelo Federal Judicial Center, nos Estados Unidos da América, através do *Weigthed Caseload Method*; tal modelo foi, no essencial, adotado pelo Consejo Superior del Poder Judicial, em Espanha, com os denominados "módulos de entrada y de dedicación" e viriam a ser plasmados na Lei 15/2003, de 26 de maio.

Em tese geral, os valores processuais de referência devem estar sempre sujeitos a uma constante monitorização e calibragem. Várias instituições do universo acadêmico, designadamente o Observatório Permanente da Justiça, em Portugal, sempre enfatizaram a precariedade destes indicadores quantitativos, apontando a necessidade de uma cuidada monitorização.

Note-se que a realidade judiciária depende de múltiplos fatores que se cruzam permanentemente, o que exige uma gestão atenta aos fenômenos permanentes de mudança, institucionalmente assente numa relação de proximidade e no quadro de uma liderança partilhada e inclusiva.

3.9.1. Indicadores quantitativos de desempenho

O peso das estatísticas enquanto instrumento de gestão não poderá, evidentemente, ser escamoteado. Desse modo, a análise das estatísticas judiciais permite a utilização de diferentes indicadores estatísticos de desempenho.

Em Portugal, a Direção Geral da Política da Justiça do Ministério da Justiça é quem assegura o tratamento de base da componente estatística (embora o tratamento estatístico processual seja depois cometido por lei aos respectivos Conselhos Judiciários e à Procuradoria-Geral da República). No âmbito da atividade que tem vindo a desenvolver, destaca-se o "Projeto Hermes" que permitiu a reformulação do Sistema de Informação das Estatísticas da Justiça da DGPJ com a alteração do método de recolha de dados estatísticos, uma melhor exploração dos dados estatísticos recolhidos e a disponibilização on-line da informação estatística.

Nomeemos os mais relevantes e consensualmente utilizados:

a) o indicador relativo à produtividade global do tribunal em função dos quadros humanos disponíveis (número total de processos findos/n.º total de juízes; n.º total de processos findos/n.º total de funcionários);
b) o indicador de eficiência pretende aferir a capacidade de resposta dos tribunais (medida pelo número de processos findos) face à procura enfrentada (medida pela soma dos processos que transitaram do período anterior e dos processos entrados);
c) o ratio de resolução ("clearance rate") (n.º total processos findos /n.º total processos entrados num dado período temporal (normalmente, anual), multiplicado por 100)[23]; sendo igual a 100%, o volume de processos entrados foi igual ao dos findos, donde a variação da pendência é nula. Sendo superior a 100%, ocorreu uma recuperação da pendência que assim decresceu. Quanto mais elevado for este indicador, maior será a recuperação da pendência efetuada nesse ano. Se inferior a 100%, o volume de entrados foi superior ao dos findos, logo, gerou-se pendência.
d) o "case turnover ratio" (n.º processos findos/n.º processos pendentes[24], no final de um dado período);
e) o da produtividade por espécie ou tipo processual (n.º processos findos espécie X/n.º juízes que tramitam a espécie X; n.º processos findos espécie X/n.º funcionários que tramitam a espécie X);
f) o quociente dos tempos médios de duração dos processos por espécie processual, podendo ainda compartimentar-se esta análise a partir das diferentes fases processuais e não apenas em função do "timing" da decisão final;
g) o "disposition time": (365/"case turnover ratio", expressando em dias o resultado do "case turnover ratio");

---

[23] Segundo a DGPJ, a taxa de resolução processual foi, em 2013, de 124,9%, tendo-se verificado uma melhoria face ao valor de 97,5% registado em 2012. No que concerne às ações executivas que constituem, com uma liderança destacada, a mais numerosa das espécies processuais, temos que de janeiro a março de 2014 findaram 96.516 ações ao passo que o registo de novos processos fixou-se apenas em 49 152, menos 22.106 face ao mesmo período de 2013.

[24] Os processos pendentes correspondem a processos que tendo entrado em tribunal ainda não tiveram decisão final, na forma de acórdão, sentença ou despacho, na respectiva instância, independentemente do trânsito em julgado.

h) o quociente de controlo de contas, com ênfase na dimensão relativas às custas processuais (n.º total das contas concluídas/ n.º total dos processos findos);
i) o quociente da realização de diligências, perspetivando os adiamentos e as situações de ineficiência assim geradas (n.º total sessões de julgamento realizadas/n.º total sessões marcadas).

Na estrutura do CNJ brasileiro, há um departamento responsável pela organização, compilação e definição das pesquisas a serem realizadas, direta ou indiretamente, pelo Conselho, com o principal objetivo de subsidiar os tribunais nas poltícias a serem desenvolvidas para a melhoria da prestação jurisdicional. Entre as principais pesquisas desenvolvidas pelo departamento de pesquisas do CNJ é possível destacar o Justiça em Números, Módulo de Produtividade Mensal, Justiça Pesquisa, Censo do Poder Judiciário e CNJ Acadêmico. O Justiça em Número é a principal fonte das estatísticas oficiais do Poder Judiciário. Desde 2004, com periodicidade anual, o relatório aponta e divulga a realidade dos tribunais brasileiros, com muitos detalhamentos da estrutura e de litigiosidade, além dos indicadores e das análises essenciais para subsidiar a gestão da administração da justiça brasileira.

O módulo de produtividade mensal consiste na transmissão das informações mensalmente ao CNJ até o dia 20 do mês subsequente ao de referência. Os dados vão alimentar o antigo módulo judicial do Sistema Justiça Aberta agora denominado Módulo de Produtividade Mensal do Sistema de Estatísticas do Poder Judiciário (SIESPJ). As inovações têm o objetivo de permitir maior integração das informações com os conceitos e dados já trabalhados no Justiça em Números, além de simplificar a coleta e ampliar a qualidade dos dados recebidos dos tribunais pelo CNJ. O novo Módulo de Produtividade Mensal do SIESPJ é coordenado pela Comissão Permanente de Gestão Estratégica, Estatística e Orçamento do CNJ. Todos os dados de produtividade que constavam na versão anterior do Sistema Justiça Aberta serão preservados e continuarão disponíveis para consulta na página da internet do CNJ.

A Série "Justiça Pesquisa" foi concebida pelo Departamento de Pesquisas Judiciárias do Conselho Nacional de Justiça (DPJ/CNJ) a partir de 2 (dois) eixos estruturantes complementares entre si: i) Eixo "Direitos e Garantias fundamentais"; e ii) Eixo "Políticas Públicas do Poder Judiciário".

O Eixo "Direitos e Garantias fundamentais" enfoca aspectos relacionados à realização de liberdades constitucionais a partir do critério funcional de ampliação da efetiva proteção a essas prerrogativas constitucionais no âmbito da República Federativa do Brasil. O Eixo "Políticas Públicas do Poder Judiciário", por sua vez, volta-se para aspectos institucionais de planejamento, gestão de fiscalização de políticas judiciárias a partir de ações e programas que contribuam para o fortalecimento da cidadania e da democracia.

Os dois eixos estão vinculados à abordagens empíricas dos temas. A perspectiva doutrinária ou teórica deve atuar como marco para construção e verificação de hipóteses, assim como para definição dos problemas. As pesquisas, portanto, não podem ser exclusivamente teóricas ou doutrinárias.

O Censo do Poder Judiciário é a primeira pesquisa destinada a traçar o perfil de magistrados e servidores de todos os tribunais e conselhos que compõem o Judiciário Brasileiro. A pesquisa supre uma lacuna histórica por dados detalhados acerca das características pessoais e profissionais de magistrados e servidores, além de apresentar-se como uma oportunidade inédita de correlacionar tais informações às opiniões e avaliações das políticas e demais aspectos das carreiras e do modo de operação dos diversos tribunais brasileiros. A pesquisa foi respondida por 64% dos magistrados (quase 11 mil) e 60% dos servidores (mais de 170 mil) de todos os 94 tribunais e conselhos responderam ao Censo.

O CNJ Acadêmico visa promover a realização e a divulgação de pesquisas científicas em áreas de interesse prioritário para o Poder Judiciário, por meio do incentivo aos programas de pós-graduação das principais universidades brasileiras. Para a implementação do CNJ Acadêmico o Departamento de Pesquisas Judiciárias firmou termo de cooperação com a Coordenação de Aperfeiçoamento de Pessoal de Nível Superior (CAPES) com o objetivo de viabilizar a concessão do auxílio financeiro aos alunos regularmente matriculados em cursos de mestrado e doutorado que optem por desenvolver suas dissertações e teses nos temas prioritários para o Judiciário.

3.9.2. Flexibilidade e consensualidade

A fixação de valor quantitativos de referência – os já citados VPR's – resulta sempre uma tarefa aproximativa e indiciária, avessa a leituras rígidas e que ignorem as causas de eventuais discrepâncias.

Daí que as tabelas devem, cautelarmente, ser constituídas pela indicação de dois valores, um mínimo e outro máximo, num quadro de normalidade de funcionamento da área especializada respetiva.

Naturalmente que o VPR terá de ser considerado como válido em qualquer um dos seus índices, desde o mínimo ao máximo, permitindo que uma atenta gestão de proximidade descortine da virtuosidade do índice concretamente alcançado.

A revisão periódica e sistemática destes valores constitui igualmente fator essencial legitimador da respectiva fiabilidade.

Com as ressalvas expressas, certo é que estes mecanismos de aferição quantitativa, dotados da devida ductilidade e despojados da rigidez imanente à fixação de um valor indiciário único para aplicação a realidades tão diversas e distintas como a das circunscrições territoriais (as comarcas), permitem conferir uma maior adesão à realidade jurisdicional enquanto elemento fulcral a ter em conta designadamente no dimensionamento dos tribunais e na percepção da produtividade de cada um deles.

A certificação destes valores que podem ser diversos consoante as características das comarcas dependem, previamente, de uma aferida situação de estabilidade uma vez descontados fatores de distorção que se subsumem, no essencial, às situações de forte saturação processual, com acumulação de pendências, aos casos de especial complexidade processual e ainda à insegurança decorrente de um inadequado funcionamento das secretarias; neste sentido, a possibilidade de atingir os parâmetros de produtividade processual que vierem a ser fixados depende em muito da capacidade operativa da secção de processos a qual, por sua vez, é condicionada pela eficiente gestão dos recursos humanos e materiais nela disponíveis.

3.10. Qualidade e Transparência

Constitui hoje uma percepção assumida em termos globais que os sistemas de justiça só podem ser certificados se assumirem uma total transparência de procedimentos e conteúdos. Neste contexto, vigora um conjunto de princípios internacionais que afirma essa exigência. Por exemplo, a Carta Universal dos Juízes, afirma que a seleção e a nomeação de um juiz devem ser efetuadas de acordo com critérios objetivos e transparentes baseados em adequada qualificação profissional ao passo que a Carta Europeia relativa a magistrados esclarece, a propósito das promoções judiciais, no seu artigo 5.º que devem assentar nos princípios da objetividade, preparação profissional e independência sendo recomendação recorrente do Conselho da Europa que a seleção e a carreira dos juízes devem fundar-se no respectivo mérito.

No âmbito do Conselho da Europa, a GRECO (Group Of States Against Corruption, instituição integrada no Conselho da Europa) definiu na avaliação em curso aos 47 Estados-membros (Quarta Avaliação – 2012/2016) – justamente a importância da transparência nas carreiras judiciais como instrumento essencial de prevenção da corrupção. Deste modo, a prevenção da corrupção relativamente ao judiciário – juízes e procuradores – determinou a análise de vetores como a existência e aplicabilidade dos princípios éticos e das regras de conduta, a análise das diferentes normas nacionais relativas aos conflitos de interesses ou as proibições, ou restrições, de atividades remuneradas bem como o modo como é regulada a divulgação pública das declarações de rendimentos obtidos por titulares de cargos públicos.[25]

3.11. Garantias para a transparência dos sistemas judiciais

Desde logo, resulta crucial a existência de organismos independentes na gestão da magistratura devendo assegurar-se, em qualquer caso, que a seleção de juízes seja efetuada por uma instituição pública independente que inclua uma substancial representação judicial.

A Rede Europeia de Conselhos de Justiça (ENCJ) tem vindo a proferir um conjunto de Recomendações sublinhando que o processo de seleção, escolha e nomeação dos juízes deve ser aberto ao escrutínio público uma vez que o público tem o direito de saber como são escolhidos os seus juízes.

As regras internas dos conselhos judiciários ou outros órgãos independentes devem, também por isso, ser sustentadas por uma forte componente ética, assegurando total imparcialidade.

---

[25] No caso dos juízes, em países como Portugal e do Brasil, a exclusividade de funções limita o interesse dessa publicitação que se revela inócua; naturalmente que, em relação aos titulares de cargos políticos, a situação será completamente distinta.

Nesse sentido, os Conselhos Judiciários desempenham um papel central na concretização de uma política de transparência das carreiras judiciais sendo que, especialmente nos países da Europa do Sul, eles têm sido chamados a desenvolver um conjunto de medidas para reforçar o adequado escrutínio público das atividades dos tribunais, fornecendo informação extensa e detalhada, designadamente no respetivo sítio eletrônico sobre os procedimentos internos e as decisões proferidas relativas à atividade do conselho.

Assim, constituem boas práticas destas instituições, ou de todas aquelas que exercem funções de gestão judicial a nível nacional, regional ou local, a disponibilização na internet de informação sobre o judiciário, salvo exceções decorrentes da reserva de vida privada ou de proteção do interesse público. Constituem instrumentos desses mecanismos de informação a divulgação gratuita de decisões judiciais, com bases de dados atualizadas e abundantes, dos formulários usados pelos tribunais, do nome dos juízes com a indicação do respectivo processo de nomeação, das normas procedimentais, dos regulamentos de custas, dos guias e protocolos internos ou ainda informação sobre os órgãos de gestão dos tribunais e estruturas internas destes (composição, competências, relatório de atividades).

3.11.1. Instrumentos internacionais

Na Europa são vários os instrumentos normativos, incluindo recomendações, relatórios e pareceres, que versam temáticas atinentes com a transparência e a "accountability" dos juízes, enquanto titulares de funções públicas.

Assim, temos, reportando-nos apenas ao âmbito do Conselho da Europa, a Carta Europeia sobre o Estatuto dos Juízes (1998), a Magna Carta dos Juízes (2010), emanada do Conselho Consultivo dos Juízes Europeus, a recomendação (2010) 12 do Comitê de Ministros sobre o tema "Juízes: independência, eficiência e deveres, o Relatório da Comissão de Veneza sobre os Standards Europeus relativamente à independência do sistema Judicial (2010), bem como o concernente às nomeações de juízes (2007), a Opinião n.º 3 do Conselho Consultivo dos Juízes Europeus sobre os princípios e normas sobre a conduta profissional dos juízes em particular ética, comportamentos incompatíveis e imparcialidade e a Opinião n.º 1 do mesmo Conselho Consultivo sobre os "standards" concernentes à independência do judiciário e à inamovibilidade dos juízes (2001); reforce-se que o recenseamento elencado, facilmente acessível *online*, versa apenas a temática da transparência exigida ao judiciário.[26]

3.11.2. Os conselhos superiores e a transparência

As instituições de gestão dos tribunais devem estar permanentemente comprometidas com uma política ativa de comunicação, disponibilizando ao público em geral as informações relevantes numa sociedade aberta e plural; em particular, os conselhos superiores de justiça devem desencadear as medidas necessárias para divulgar todas as decisões ou normas, ainda que internas, que possam repercutir-se, direta ou indiretamente, em assuntos de interesse público.

A partilha de informação permitirá uma adequada "prestação de contas" sem prejuízo das cautelas relativas à eventual privacidade das pessoas envolvidas.

Constitui exemplo de boas práticas a existência, no organograma dos conselhos superiores, de um órgão especificamente vocacionado para o vetor da comunicação, designadamente no que concerne às relações com os "media" num quadro da definição clara de uma estratégia global para as políticas de comunicação na justiça.

Neste sentido, tem sido considerada como positiva a existência da figura de um "porta-voz" que funcione como intermediário entre o conselho superior e os meios de comunicação social, assegurando homogeneidade e coerência na comunicação provinda do judiciário, bem como o estabelecimento de diretivas e instruções que clarifiquem e objetivem o relacionamento entre a justiça e a comunicação social.

3.12. Qualidade e Independência dos Tribunais

Qualquer intervenção na área da justiça que pretenda uma cultura de excelência deve, primacialmente, atender a um direito fundamental dos cidadãos: o da independência do poder judicial. Assim, quer tenhamos uma

---

[26] Todos estes textos podem ser encontrados online, estando recenseados pela GRECO em: www.coe.int/t/dghl/monitoring/greco/evaluations/round4/reference%20documents_round4_en.asp

visão de "justiça como equidade", na senda de Rawls, quer optemos por uma opção que privilegie o indivíduo como valor central, numa lógica mais atenta à propriedade, como Nozick, ou defendamos um enfoque centrado numa justiça ao serviço da comunidade, na esteira de Sandel ou Waltzer, um pressuposto prévio deve ser assumido em qualquer desses modelos: a de que o sistema judicial é o espaço institucional onde se afirma, no silêncio de tudo o resto, a dignidade humana, naquilo que constitui o núcleo essencial dos seus direitos fundamentais.

Ora, um tribunal apenas pode assumir-se como tal assim seja dotado das características de independência e imparcialidade. Como decorre do art.º 10.º da Declaração Universal dos Direitos do Homem, dispositivo nuclear para qualquer gestão qualificada dos tribunais, todas as pessoas têm direito, em plena igualdade, a que a sua causa seja equitativa e publicamente julgada, num prazo razoável, por um tribunal independente e imparcial.

Donde apenas um poder judicial que evolua, e não regrida, no que respeita à consolidação da sua independência poderá afirmar-se com um registro de excelência ainda que a conjuntura ou ambiente económico seja desfavorável. Aliás, será justamente nos momentos de crise económica com o decorrente agravamento dos conflitos sociais que o valor da independência dos tribunais adquire importância acrescida.

3.12.1. Gestão do Judiciário

Amiúde quando chamado a pronunciar-se, em concreto, sobre a aplicação do artigo 6.º da Convenção Europeia dos Direitos do Homem (direito a um processo equitativo) quanto aos afloramentos relativos à exigência de o sistema dever ser dotado de tribunais independentes, imparciais e eficientes, o Tribunal Europeu dos Direitos do Homem tem acentuado a relevância do modo como são estruturadas as carreiras dos juízes, em termos de estabilidade, transparência e estatuto remuneratório.

Nomeadamente nos casos Lanborger v. Suécia e Kleyn e outros v. Holanda, o Tribunal remete para o modelo de nomeação dos juízes e para a duração dos respectivos mandatos; para a existência de garantias oferecidas ao poder judicial contra pressões exteriores quaisquer que sejam e para a forma como a instituição é capaz de apresentar uma aparência de independência.

Ainda no âmbito da atividade sediada no Conselho da Europa, registe-se a atividade da Comissão Europeia para a Democracia através do Direito (Comissão de Veneza) que, a propósito do estatuto dos juízes e das reformas no funcionamento do Tribunal Constitucional, emitiu quatro pareceres, em 2012 (CDL-AD(2012)001, CDL-AD(2012)009, CDL-AD(2012)020 e CDL-AD(2012)004), respeitantes ao sistema judiciário húngaro apontando variados pontos problemáticos designadamente no que concerne à excessiva influência política.

Neste contexto, anote-se a propósito do modelo de nomeação as dúvidas suscitadas sobre a intervenção do Ministério da Justiça no recrutamento ou remoção de membros de órgãos com poderes jurisdicionais (casos Sramek v. Áustria, Brudnicka e outros v. Polónia ou Clarke v. Reino Unido) ou as exigências de inamovibilidade dos juízes que devem ser consagradas, senão na lei, seguramente na prática (Sacilor-Lormines v. França e Luka v. Roménia). Nos casos Parlov-Tkalcic v. Croácia e Agrokompleks v. Ucrânia entendeu o TEDH que a independência judicial, na sua vertente interna, exige que o judiciário esteja livre de diretivas ou pressões de outros juízes ou daqueles que tenham responsabilidades de gestão nos tribunais, ainda que se trate de um juiz no exercício da função de presidente do tribunal.

A reforma judiciária, em nome dos postulados da gestão, visando uma maior racionalidade operacional, tem assim surgido por vezes como pretexto para a invasão do espaço jurisdicional pelo poder político, pondo em causa o princípio da separação de poderes e a independência do poder judicial.

Deste modo, a independência de cada juiz implica que o presidente de um tribunal tenha apenas competências organizativas e de gestão estritamente separadas da função jurisdicional.

Por isso, o processo de nomeação dos presidentes dos tribunais, o modelo de recrutamento, as funções cometidas e o modo de prestação de contas constituem indícios seguros do comprometimento do sistema político com o Estado de direito e a efetiva aplicação do princípio de separação dos poderes.

Neste sentido, o Conselho Consultivo dos Juízes Europeus sublinha que «a avaliação da "qualidade" da justiça (ou seja o trabalho produzido pelo sistema judiciário no seu todo ou por cada tribunal ou grupo local de tribunais) não deve ser confundida com a apreciação das capacidades profissionais deste ou daquele juiz».

Um sistema judicial de qualidade constitui uma síntese complexa de numerosos fatores, que emergem de planos diversos e que não podem ser mensurados através apenas de um vetor nomeadamente o que atenda aos índices meramente quantitativos. A excelência de um dado sistema judicial só pode ser encontrada a partir de uma perspetiva global que, em qualquer caso, não desvalorize a dimensão fundamental relativa à independência, interna e externa, dos juízes.

3.12.2. Recrutamento, promoção e transferência de magistrados

Em termos genéricos, na Europa, em especial nos países onde existe uma tradição de "civil law", constituem exigências para a admissão de magistrados um diploma universitário na área do direito (ciências jurídicas), licenciatura ou, à luz do sistema de Bolonha, o mestrado, a par de uma idade mínima de candidatura, acompanhada de uma exigência de "boa conduta" pessoal; depois, o sistema é de competição aberta ("open competition") como regra recorrente na Europa Ocidental e do Sul. Este modelo de competição aberta pode ainda ser encontrado um pouco por todo o mundo, incluindo países como a Turquia ou os novos Estados Bálticos.

Dependendo do respectivo país, esta seleção competitiva pode dar acesso direto à carreira de juiz, ainda que sujeita a um período de formação inicial (Itália), ou conferir acesso apenas à frequência de um curso de acesso à carreira ministrada em escolas de formação (França, Holanda, Brasil e Portugal); note-se que na Alemanha a formação tem uma raiz comum para juízes, advogados e outros profissionais do direito por razões explicáveis, sobretudo, historicamente e que encontram as suas raízes no modelo de origem prussiana.

A seleção de juízes ocorre de modo completamente distinto nos países de tradição subsidiária da denominada "common law" – Inglaterra, Nova Zelândia, USA, Canadá e África do Sul, por exemplo – na medida em que a cultura judicial anglo-saxônica é fortemente assente na autonomia individual de cada juiz de tal modo que a mera existência de um conselho nacional, com poderes tutelares na escolha dos magistrados judiciais, poderia ser vista como uma ameaça à sua independência. De todo o modo, admite-se que a nomeação, ainda que apenas formal, de novos juízes seja feita pelos poderes políticos ou pelo Supremo Tribunal.

Porém, a monitorização do mérito dos candidatos é assegurada por organismos independentes como é o caso na Inglaterra da *Judicial Appointments Commission* ou na Nova Zelândia da *Judicial Appointments Unit*. Nos EUA o modelo recomendado à luz dos standards internacionais será o adotado no Missouri (*Missouri Plan*) assente numa avaliação feita por um painel semelhante ao modelo do Canadá em que existe um comité formado a nível federal ou da África do Sul com uma "Judicial Services Commission".

Por sua vez, a promoção na carreira judicial deve, necessariamente, estar ligada a critérios objetivos como a senioridade (número mínimo de anos como juiz), a aprovação em cursos de formação como requisito prévio (por exemplo, para ter acesso a tribunais especializados) ou ainda uma avaliação periódica feita por juízes especialmente designados (os inspetores judiciais – caso português). Esta avaliação poderá ser usada apenas para fins de promoção na carreira e nunca por dissimuladas razões disciplinares a tratar em sede própria e de modo claramente separado.

Qualquer avaliação de juízes, representantes de um poder soberano, deve estar sujeita a restrições. Deste modo, a avaliação não pode interferir com a independência dos juízes ou a vitaliciedade da sua nomeação sendo que o avaliado tem o direito a ser informado da avaliação, a ser ouvido e a poder recorrer da decisão que lhe concerne.

Os critérios de avaliação devem ser públicos, conhecidos de todos os juízes e a avaliação deve decorrer de uma informação objetiva, verificável e de confiança; neste aspeto, a existência de uma dimensão normativa, através de leis e regulamentos, dotados de características de generalidade e abstração, constitui garantia de uma maior transparência.[27]

O Conselho Consultivo dos Juízes Europeus, no contexto do Conselho da Europa, emitiu, em outubro de 2014, uma Opinião, a n.º 17, justamente sobre a avaliação do trabalho dos juízes, a qualidade da justiça e o respeito pela independência do poder judicial onde é novamente sublinhado, nas recomendações finais, que uma avaliação formal de juízes deve ser clara e

---

[27] A Opinião n.º 10 (2007) do Conselho Consultivo de Juízes Europeus (CCJE), instituição do Conselho da Europa, recomenda a propósito da seleção, nomeação e promoção de juízes que "os Conselhos para o Judiciário devem garantir que os procedimentos de nomeação e promoção baseados no mérito sejam abertos a um leque alargado de candidatos tão diversificado e representativo da sociedade quanto possível. Adicionalmente, esta escolha deve assentar exclusivamente no mérito dos candidatos e não em razões subjetivas como as pessoais, políticas ou as que resultam de interesses associativos, sindicais ou corporativos".

exaustivamente definida por legislação, geral e abstrata, incluindo os detalhes regulamentares que devem ser publicitados e objetivos. A avaliação qualitativa deve ser primacialmente qualitativa não podendo sustentar-se apenas em critérios ou indicadores de natureza quantitativa. Será ainda de salientar que este conselho rejeita, por exemplo, a possibilidade de se definirem rankings permanentes de juízes apenas os admitindo para fins específicos como os relativos a promoções. Naturalmente que qualquer avaliação de juízes deve ser feita, essencialmente, por juízes, estando vedada a intromissão do poder executivo, através do Ministério da Justiça.

Finalmente, os critérios para avaliação de juízes ou procuradores devem assentar numa base amplamente consensual, designadamente através de um consulta alargada na definição dos mesmos junto das magistraturas e com o parecer das outras profissões forenses; nenhum indicador de avaliação deve ser incluído quando o mesmo não assente estritamente na "performance" do avaliado, salvo situações que contendam com a dimensão ética do desempenho deste. Em qualquer caso, na vertente formativa, os "currículos" das escolas de formação de magistrados devem sempre incluir a dimensão ética da atividade jurisdicional como uma componente fulcral, quer da formação dita inicial, quer da formação contínua de juízes e procuradores.

A ética, assumida através de códigos ou expressa em "guidelines", assume uma dimensão central na atuação dos magistrados e a gestão dos tribunais terá que refletir essa perspectiva.

Relativamente às transferências de juízes – ou procuradores – para outro tribunal, aconselha-se a possibilidade de programação de um movimento periódico de juízes (v.g. uma vez por ano ou uma vez cada seis meses), de modo a garantir, por um lado, que cada juiz tenha a oportunidade de requerer a transferência para uma vaga existente e, por outro, de forma a permitir a concentração num só período de todo o processo de transferências, minimizando custos e quebras de produtividade. A flexibilidade na gestão dos recursos disponíveis deve ter em conta, em qualquer circunstância, a disponibilidade manifestada pelos magistrados, privilegiando mecanismos de consensualização sem prejuízo de eventuais compensações remuneratórias por força da deslocação geográfica.

Em vários sistemas judiciais, a transferência de juízes, contra a vontade real ou presumida destes, é utilizada como mecanismos de condicionamento de uma justiça independente – a Turquia constitui exemplo recente do uso indevido destes mecanismos de gestão. Donde, em sede de transferências de magistrados constitui manifestação de uma boa prática a circunstância que os mesmos não sejam transferidos contra a sua vontade expressa ou presumida, salvo nos seguintes casos: em consequência de medidas disciplinares; no caso de extinção da respectiva vaga ou do tribunal, determinadas estas por lei e por força de critérios objetivamente detectáveis (v.g. o reduzido número de processos judiciais no referido tribunal, considerando o quadro de magistrados a ele adstritos); nas jurisdições onde se preveja a movimentação obrigatória de magistrados, pelo decurso do período temporal permitido; nas jurisdições onde os mecanismos de promoção sejam automáticos, por força da sua verificação.

A carreira da magistratura no Brasil é uma das mais almejadas e mais difíceis no âmbito jurídico. Para ingressar é necessário prestar concurso público, conforme o disposto no art. 93, inciso I, da Constituição Federal. Segundo o artigo supracitado, caberá ao Supremo Tribunal Federal, a encaminhar ao legislativo brasileiro o anteprojeto de Lei Complementar do Estatuto da Magistratura, observando os seguintes requisitos: "ingresso na carreira, cujo cargo inicial será o de juiz substituto, mediante concurso público de provas e títulos, com a participação da Ordem dos Advogados do Brasil em todas as fases, exigindo-se do bacharel em direito, no mínimo, três anos de atividade jurídica e obedecendo-se, nas nomeações, à ordem de classificação".

São dois os principais atos normativos que disciplinam a carreira do magistrado. A Lei Complementar 35/79, também chamada de Lei Orgânica da Magistratura Nacional, conhecida por LOMAN, com vigência até que seja editada a nova Lei Complementar acima descrita. Neste instrumento legislativo, recepcionado pela atual Constituição, estão expressas as garantias da magistratura e as prerrogativas do magistrado, seus deveres, além das normas a respeito dos vencimentos, vantagens e direitos, promoção, remoção e do acesso da carreira. A Resolução 75/09, do Conselho Nacional de Justiça, estabelece normas a respeito dos concursos públicos para ingresso na carreira da magistratura em todos os ramos do Poder Judiciário nacional.

Em relação ao inicio da carreira, quando aprovado, o magistrado da esfera estadual trabalhará como juiz substituto, atuando em pequenas cidades, também chamadas Comarcas de primeira entrância, substituindo ou trabalhando em conjunto com o juiz titular. Depois de dois anos de atividade, seu cargo se tornará vitalício (art. 22, inciso II, d da LOMAN). Assim, ele pode ser removido ou promovido para Comarcas de entrância superior, que geralmente estão nas grandes cidades ou capitais dos Estados. A promoção, a remoção e o acesso esta disciplinado no Capítulo II da LOMAN.

Vale ressaltar que para um juiz alcançar o cargo de desembargador (segunda instância) é necessário aguardar a abertura de edital de promoção de acordo com a disponibilidade das vagas e sempre com atenção aos critérios de merecimento ou antiguidade, segundo o artigo 80, §1º, inciso I da Lei de Orgânica de Magistratura Nacional.

De acordo com o relatório "Justiça em Números 2016", elaborado anualmente pelo Conselho Nacional de Justiça (CNJ), em 2016 o Poder Judiciário contou com atuação de 17.338 magistrados, sendo que 75 ministros (0,4%) dos Tribunais Superiores, 2.381 (13,7%) desembargadores nos Tribunais de 2º Grau e 14.882 (85,8%) juízes atuavam em Tribunais de 1º Grau (varas, juizados especiais e turmas recursais).

Outro dado interessante sobre a magistratura é que existem 22.423 cargos de magistrados no Poder Judiciário criados por leis, porém desse total existem 5.085 cargos vagos.

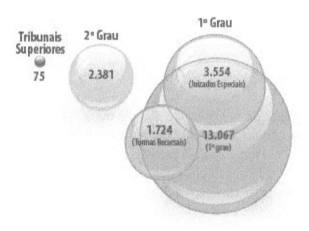

Figura 2 – Gráfico que mostra a jurisdição dos magistrados no Poder Judiciário "Justiça em Números" – CNJ

3.12.3. Procedimento disciplinar – o direito à informação

Numa breve nota relativa aos procedimentos disciplinares, enquanto fatores de reforço dos mecanismos de transparência dos sistemas judiciais, temos os seguintes critérios essenciais:

- acessibilidade e transparência dos procedimentos disciplinares com uma definição rigorosa das condutas passíveis de gerar ações disciplinares;
- essencialidade da regulação escrita;
- acesso integral às provas recolhidas durante a investigação instrutória o que exige, necessariamente a existência de um registro (documental, áudio ou vídeo) nomeadamente da prova testemunhal recolhida; e
- separação funcional e operativa entre a dimensão avaliativa, caso exista, e a dimensão disciplinar.

Como requisito fundante, naturalmente, deve assegurar-se, em todos os casos, a possibilidade de recurso judicial da decisão proferida pelo órgão disciplinar, com garantias plenas de defesa para o apelante, com as garantias e nos moldes conferidos a qualquer cidadão que pretenda impugnar eficazmente uma decisão administrativa junto de um tribunal.

3.13. Qualidade e celeridade

O objetivo da celeridade surge associado às questões de eficiência, pressuposto de uma justiça de qualidade. A União Europeia, através da sua Comissão, desenvolveu o projeto *Justice Scoreboard* sublinhando que uma justiça nacional célere é essencial para as empresas e para as decisões de investimento por parte dos empresários.

A par da crescente escassez de meios e do permanente apelo à racionalização dos custos com os serviços da justiça, a adoção desta nova forma de gerir os sistemas judiciais apresenta, recorrentemente, como pressuposto de base a necessidade de assegurar uma justiça célere. Grande parte dos instrumentos de "management" desenvolvidos pelos diversos judiciários nacionais visam, justamente, obter uma maior presteza na atividade jurisdicional, diminuindo os tempos processuais. Esta necessidade que é transversal nas sociedades modernas não exclui, porém, a consagração de uma clara distinção entre o tempo dos tribunais e o tempo, acelerado e imediato, da comunicação social.

Ainda no contexto internacional, merece destaque especial, no âmbito da CEPEJ, o denominado programa Saturno (SATURN Centre – Study and Analysis of judicial Time Use Research Network). Este Centro procura reunir informação necessária para um melhor conhecimento do tempo dispendido judicialmente em cada um dos países do Conselho da Europa de forma a encontrar soluções que permitam aos diferentes Estados implementar políticas que possam evitar violações do direito a um julgamento em prazo razoável.

Para além da constatação indiscutível que uma justiça de qualidade é incompatível com delongas processuais que tornem a decisão proferida inútil por tardia, duas conclusões ressaltam a nosso ver:

A primeira é a de que os tempos da justiça, não sendo os tempos mediáticos, envolvem uma definição rigorosa do conceito de temporaneidade, o qual deve partir do sistema judicial em função do respeito por princípios inultrapassáveis: os do contraditório e da igualdade de armas.

A outra tem a ver com a noção, sedimentada no passado recente, que o tempo razoável do judiciário nem sempre coincide com as expectativas da comunidade social ou com as indagações dos media. Esta disparidade, quando inevitável, deve ser frontalmente assumida e explicada pelos órgãos de gestão do sistema judicial numa lógica comunicacional aberta e inclusiva.

3.14. Qualidade nos sistemas de justiça – uma proposta de síntese a partir dos casos português e brasileiro

A descrição encetada sobre o fator qualidade nos sistemas de justiça permite-nos propor algumas ideias síntese assentes nos corolários adquiridos pela análise da experiência comparada, em particular na Europa e nos Estados Unidos, mas que encontram o seu campo de aplicação na ponderação da específica realidade portuguesa e brasileira.

1. Ao contrário do que sucede na generalidade dos países europeus, em particular naqueles sistemas judiciais que têm desenvolvido modelos de gestão eficientes e de qualidade, tanto Portugal como o Brasil dispõe, há dezenas de anos, de um sistema de inspeção dos seus juízes.

O mais precioso trunfo trazido pelos magistrados judiciais assentará sempre na sua independência garante da imparcialidade do seu ofício, exercido sem condicionamentos internos ou externos.

Para o caso português, entende-se que é, pois, crucial que se assuma a importância de uma cisão profunda entre a gestão dos tribunais, conduzida pelo presidente e a vertente profissional própria da carreira judicial, entregue aos corpos inspetivos e disciplinares do CSM[28].

Às estruturas inspetivas, revistas e neste sentido redimensionadas, caberão, com uma estanque compartimentação – decisiva para garantir a liberdade funcional de quem julga –, a instrução e avaliação dos elementos atinentes com a carreira judicial, em particular o mérito e a disciplina. A própria monitorização da atividade judiciária, por força do enfoque quotidiano trazido pela gestão de proximidade, terá que ser repensada e apenas fará sentido estratégico, em termos de carreira judicial, em momentos--chaves como os que contendem com o início da carreira, possivelmente em articulação com as estruturas de formação inicial, mas sobretudo com a promoção ou com a especialização funcional, hoje crescentemente influente.

Por sua vez, os autores brasileiros entendem que a estrutura de inspeção judicial brasileira apresenta diferenças relevantes na execução de medidas com avanços significativos nos últimos anos, como exemplo das oficinas para a construção colaborativa de soluções, implantadas pelo Tribunal Regional Federal da 4ª Região, transcendendo as inspeções tradicionais realizadas anteriormente. Em relação ao corpo de gestão independente, em que pese este tema já ter sido ventilado em algum momento, a exemplo do que ocorre no sistema americano, até o momento, a ideia não evoluiu. Um dos motivos são os avanços das práticas de gestão empregados pelos servidores administrativos dos tribunais, potencializados pela exclusividade de suas funções, especialmente nos Conselhos, como o Nacional de Justiça, da Justiça Federal e da Justiça do Trabalho.

---

[28] As opiniões do Conselho Consultivo dos Juízes Europeus (CCJE), no âmbito do Conselho da Europa, vêm enfatizando a possibilidade real de conflitos entre diferentes funções dos Conselhos Superiores nacionais, defendendo que um modelo que permite evitar tais conflitos será exatamente o de separar rigorosamente estas tarefas distintas entre os vários órgãos internos dos Conselhos (vide Opiniões 10/2007 e 4/2003).

2. Uma segunda asserção é a de que qualquer reforma dos tribunais exige um planeamento/planejamento estratégico que potencie uma adequada gestão da mudança, envolvendo os canais de comunicação no interior e exterior do sistema e, sobretudo, as pessoas afetadas pelo processo que dele devem ser intervenientes ativos. Neste contexto, um esforço, sólido e continuado, de formação constitui pressuposto essencial e iniludível – o processo gestionário assenta numa contínua avaliação e aprendizagem.

A formação dos quadros dirigentes do sistema postula uma tríplice forma de capacitação: a que decorre da legitimação adquirida por força do investimento feito na aprendizagem destes novos mecanismos, a que resulta do investimento pessoal por parte daqueles que, ao adquirirem essa formação, alcançam as mais valias resultantes do próprio processo de assimilação de conhecimentos e, finalmente, a que é consequente a um reforço da transparência e fiabilidade do sistema na escolha dos dirigentes em função de fatores objetiváveis e que decorrem do mérito obtido no reforço da formação específica exigida, em detrimento de processo de escolha baseado em fatores de menor possibilidade de escrutínio.

3. A experiência comparada demonstra, também nestes domínios, que não existem soluções únicas; diferentes países enfrentam desafios distintos no que diz respeito à melhoria do desempenho judicial.

A acrítica transplantação de soluções que funcionaram em determinados sistemas corresponderá necessariamente a uma desincentivadora performance em termos de resultados operativos; também aqui a ponderação das realidades nacionais – quando não regionais – não pode ser ignorada.

Neste sentido, os ensinamentos da experiência comparada devem ser prudentemente avaliados no respeito pelas especificidades nacionais; isto dito, eles constituem uma base de trabalho essencial e um ponto de partida que suporta a viabilidade das soluções que possam vir a ser testadas.

4. A melhoria do desempenho dos tribunais deve privilegiar o reforço da confiança dos cidadãos no sistema de justiça; neste sentido, não é pensável uma melhoria do sistema que não acarrete uma melhor imagem do tribunal na sociedade; donde, os mecanismos de otimização da qualidade do judiciário devem ser erigidos em função dessa capacitação externa do sistema, com a decorrente melhoria dos índices de confiança da justiça expressa pelos cidadãos, seus destinatários.

A qualidade da justiça assenta em muito na capacidade de comunicação das instituições judiciais com a comunidade que servem, cabendo ao legislador atender a esta realidade para uma correta implementação das reformas tidas como necessárias.

5. Acentue-se ainda que qualquer indicador de desempenho carece de constantes aperfeiçoamento e adequação, na estrita medida que as estatísticas, por si só, não proporcionam uma visão rigorosa, em particular na realidade dos tribunais; os indicadores são apenas o ponto de partida para uma reflexão mais ampla e que saiba acolher a complexidade dos temas escrutinados. Umberto Eco lembrava que o conceito de "mediano" é positivo em termos quantitativos mas francamente negativo em sede qualitativa.

Do mesmo modo, o número de indicadores deve ser circunscrito, sem dispersão excessiva, na medida em que demasiados indicadores tornarão o sistema de medição pouco eficaz.

6. A qualidade dos sistemas de justiça terá, em qualquer caso, de encontrar soluções pragmaticamente concretas que se dirijam às expectativas e necessidades efetivas daqueles que trabalham no sistema, procurando encontrar um balanço adequado entre as exigências inerentes ao trabalho dos juízes, com uma adequada carga processual, e as exigências de qualidade e celeridade dos cidadãos.

Por isso, muitas vezes, uma boa resposta a um problema concreto poderá assumir uma dimensão transitória ou meramente local ou regional. Uma gestão de proximidade, inclusiva e participada, entregue àqueles que conhecem e trabalham no sistema, é a que melhor retorno pode garantir, assegurando uma melhor adesão dos envolvidos.

Assim, os tribunais devem também melhorar a sua "accountability" relativamente ao compromisso com uma prestação jurisdicional de qualidade. A exigência de qualidade deve constituir um esforço quotidiano mensurável através de um limitado conjunto de indicadores que, a médio prazo, garanta uma avaliação externamente validável no que respeita à qualidade.

7. O tempo da justiça não coincide com os tempos mediáticos; essa certeza exige um redobrado esforço comunicacional, por parte de quem gere o judiciário, que explique essas diferenças assentes nas exigências do contraditório e de um efetivo direito de defesa.

A informação objetiva, sem considerandos valorativos, deve ser providenciada, de modo organizado, continuado e fiável pelo sistema de justiça. Essa comunicação deve ser assegurada pelos órgãos de gestão, respaldando a intervenção jurisdicional e preservando-a de uma relação direta com os media – daí a importância de um porta-voz, integrado numa estrutura profissional, na intermediação dos contatos entre os tribunais e os órgãos de comunicação social, qualquer que seja o suporte respectivo.

8. A celeridade é hoje um pilar essencial de um sistema de justiça que se pretenda de excelência; por isso, os procedimentos internos e externos, os diversos agentes que trabalham nos tribunais, incluindo advogados, e em geral a "cultura" do sistema devem estar ao serviço desse objetivo central.

As falhas detectadas devem ser debeladas numa lógica criteriosa de responsabilização e controlo; uma gestão racional e abrangente permitirá obstar à diluição de culpas e à ausência de responsáveis a quem pedir contas.

Situações de excessiva delonga, injustificada ou injustificável, devem ser assumidas pelos órgãos de gestão, também eles responsáveis pela eclosão deste tipo de situações, em especial quando direitos fundamentais de cidadãos são postos em causa.

9. A qualidade dos sistemas de justiça depende, em boa medida, da capacidade de rejeitar soluções que, implicando uma redução dos custos, ponham em causa princípios fundamentais da atividade judiciária. Neste sentido, a adequada remuneração dos profissionais, a garantia das condições de trabalho, a efetividade dos sistemas de auxílio à decisão judicial – incluindo perícias, assessoria e a audição de testemunhas –, as garantias que assegurem um processo justo e imparcial, o que pode contender com a composição do tribunal, assegurando painéis de juízes para decisões de maior complexidade, constituem alguns exemplos da incompatibilidade entre uma política de contenção financeira e um sistema de qualidade para a justiça.

10. Em tese geral, como vimos, é, pois, fundamental uma cultura de transparência e diálogo, com uma participação ativa por parte dos agentes judiciais, como pré-requisito para o sucesso quer da definição dos eventuais indicadores quer da sua conformação à realidade judiciária.

A transparência de procedimentos garante a justificação racional das opções assumidas, ainda que impopulares, expondo argumentos e invocando razões, ao passo que o diálogo entre os diversos agentes de justiça avaliza a monitorização e avaliação contínua das soluções encetadas, num processo dinâmico e participativo.

Leitura fundamental

Antunes, João Lobo. 2008, *Ser Juiz Hoje*, Coimbra: Editora Almedina.
Ataíde Jr, Vicente de Paula, 2006. *O novo juiz e a administração da justiça – repensando a seleção, a formação e a avaliação dos magistrados no Brasil*. Curitiba: Juruá.
Badinter, Robert e Breyer, Robert (coord.). 2004, *Judges in contemporary democracy: an international conversation*, Nova Iorque: New York University Press.
Barak, Aharon. 2006, *The judge in a democracy*, Princeton and Oxford: Princeton University Press.
Barreto, António et all. 2000, *Sempre houve crise, Justiça em crise, Crises da Justiça*, Lisboa: Publicações Dom Quixote.
Cappelletti, Mauro e Garth, Bryant. 1988, *Acesso à Justiça*, Porto Alegre: Fabris.
Cardoso, Benjamim. 1921, *The Judicial Process*, New Haven: Yale University Press.
Catena, Victor Moreno. 2005, *Manual de Organizacion Judicial*, 2.ª Edição, Valência: Tirant lo Blanch.
Centro de Estudos Judiciários. 2014, *O Juiz Presidente e a Gestão Processual*, e-book disponível online designadamente no endereço eletrónico http://www.cej.mj.pt/cej/recursos/ebooks/outros/Juiz_Presidente_Gestao_Processual.pdf?id=9&username=guest.
Chiarloni, Sérgio. 2003, «Riforma dellordinamento giudiziario, efficienza nell'amministrazione della giustizia, indipendenza della magistratura», in *Diritto Publico* n.º 2/2003, pp. 358-359.
Cholet, Didier. 2006, *La célerité de la procedure en droit processuel*, Paris: Librairie Générale de Droit et de Jurisprudence.
Commaille, Jacques. 2000, *Territoires de Justice – Une sociologie politique de la carte judiciaire*, Droit et Justice, Paris: PUF.
Contini, Francesco, e Fabri, Marco. 2003, « Judicial Electronic data interchange in Europe», in *Judicial electronic data interchange in Europe: applications, policies and trends*, Bolonha: Lo Scarabeo.
Cottino, Amadeo, e Robert, Philippe. 2011, *Les mutations de la justice – Comparaisons européennes*, Paris: L'Harmattan.
Cunha, Paulo Ferreira da. 1998, *Res Publica – Ensaios Constitucionais*, Coimbra: Livraria Almedina.
Dworkin, Ronald. 1991, *Law's Empire*, Londres: Fontana Press.
Fix-Fierro, Héctor. 2003, *Courts, Justice & Efficiency – A Socio-Legal Study of Economic Rationality in Adjudication*, Oxford and Portland, Oregon: Hart Publishing.
Freitas, Vladimir Passos de, 2003. *Justiça Federal: histórico e evolução no Brasil*. Curitiba: Juruá.
Frydman, Benoît. 2008, *Le sens des lois – Histoire de l'interprétation et de la raison juridique*, 2.ª edição, Penser le droit, Bruxelas: Bruylant.
Frydman, Benoît. 2007, *L' evolution des critères et des modes de contrôle de la qualité des décisions de justice*, Working Papers do Centro Perelman de filosofia de direito n.º 2007/4, disponível em http://www.philodroit.be/IMG/pdf/WP-2007-4-BFrydman.pdf.
Gabriel, Fernando Cruz. 2004, "Análise estatística da morosidade judicial (1990-2002)", *Janus*, Anuário de 2014, disponível em http://www.janusonline.pt/2004/2004_3_4_7.html#dados.

Garapon, Antoine, e Allard, Julie. 2005, *Juízes na Mundialização, A nova Revolução do Direito*, 1.ª edição, Lisboa: Instituto Piaget.
Gomes, Conceição. 2011, *Os atrasos da justiça*, Lisboa: Edição Fundação Francisco Manuel dos Santos.
Gomes, Conceição (coord.) et all. 2002, *Os actos e os tempos dos juízes: contributos para a construção de indicadores da distribuição processual nos juízos cíveis*, Observatório Permanente da Justiça Portuguesa, Centro de Estudos Sociais, Faculdade de Economia da Universidade de Coimbra, Coimbra: CES/OPJP.
G.Y. Ng. 2007, *Quality of Judicial Organization and Checks and Balances*, Utrech: Intersentia.
Habermas, Jürgen. 1997, *Droit et démocratie – Entre faits et normes*, Paris: Gallimard.
Ibañez, Perfecto Andrés. 2007, «A profissão de juiz hoje», *Revista Julgar*, n.º 1, janeiro – abril de 2007, Coimbra: Coimbra Editora, pp. 31-46.
Jean, Jean-Paul, Fabri, Marco, Langbroek, Philip, Pauliat, Hélène. 2005, *L'administration de la justice en Europe et l'évaluation de sa qualité*, (coord.) Noelle Rivero-Cabonat, Mission de Recherche Droit et justice, Collection Grans Colloques, Paris: Montchestien.
Langbroek, Philip M. 2013, "Quality Management in Courts and in the Judicial Organisations" *in 8 Council Of Europe Member States – A qualitative inventory to hypothesise factors for success or failure, European Commission for the Efficiency of Justice*, Belgium: Council of Europe, disponível em https://wcd.coe.int/com.instranet.InstraServlet?command=com.instranet. CmdBlobGet&InstranetImage=1716655&SecMode=1&DocId=1666264&Usage=2.
Ost, François. 2000, *L'accélaration du temps juridique*, Bruxelas: Pub. Fac. Saint-Louis.
---//--- 1983, «Juge-pacificateur, juge arbitre, juge-entraineur: Trois modeles de justice», in *Fonction de juger et pouvoir judiciaire, Transformations et deplacement*, Publications Fac. Bruxelas: Saint-Louis.
Ostrom, Brian. J., Ostrom JR., Charles W., Hanson; Roger A. e Kleiman, Matthew. 2007, *Trial Courts as Organizations*, Filadélfia: Temple University Press.
Pedroso, João; Trincão, Catarina e Dias, João Paulo. 2003, *Por caminhos da(s) reforma(s) da Justiça*, colecção "Tribunais em Sociedade", Vol. 2, Ministério da Justiça, GPLP, Observatório Permanente da Justiça, Coimbra: Coimbra Editora.
Rangel, Paulo Castro. 2001, *Repensar o Poder Judicial – Fundamentos e Fragmentos*, Porto: Publicações Universidade Católica.
Rawls, John. 1993, *Uma Teoria da Justiça*, Lisboa: Editorial Presença.
Ricouer, Paul. 1997, *O justo ou a essência da justiça*, Lisboa: Instituto Piaget.
Rodrigues, Cunha. 2008, *Ser Juiz Hoje*, Coimbra: Editora Almedina.
Rocha, J.A. Oliveira. 2008, *Organização e Gestão dos Tribunais*, disponível em http://repositorium.sdum.uminho.pt/handle/1822/2909, acedido em 31/12/2008.
Santos, Boaventura Sousa. 1994, *Pela mão de Alice – O Social e o Político na Pós-Modernidade*, Porto: Editora Afrontamento.
Silva, Ivo Barcelos da, 2006. A motivação dos juízes e servidores como técnica de eficiência. In: Freitas, Vladimir Passos de; Freitas, Dario Almeida Passos de (Orgs.). Direito e Administração da Justiça (pp. 113-124). Curitiba: Editora Juruá.
Silva, Paula Costa; Homem, António Pedro Barbas; Pinto, Eduardo Vera-Cruz; Videira, Susana; e Freitas, Pedro. 2009 (coord.), *O perfil do Juiz na tradição ocidental*, Coimbra: Editora Almedina.

Taruffo, Michele e Hazard, Geoffrey C.; 1993, *La giustizia civile negli Stati Uniti*, Bolonha: Editora Il Mulino.

Voermans, Wim, «Judicial transparency furthering public accountability for new judiciaries», in *Utrecht Law Review*, Volume 3, n.º 1, Junho 2007, pp. 148-159.

Outra bibliografia

Afonso, Orlando Viegas Martins. 2004 *Poder Judicial – Independência in Dependência*, Coimbra: Editora Almedina.

Burbank, Stephen B.. 2008, "Judicial Independence, Judicial Accountability and Interbranch Relations", in *Daedalus – Journal of the American Academy of Arts & Sciences*, Fal 2008, Vol. 137, N.º 4, pp. 16-27, também em *University of Pennsylvania Law School, Public Law Working Paper N.º 06-29*, disponível em http://ssrn.com/abstract=922091.

Cappelletti, Mauro. 1988, *Giudici irresponsabili? Studio comparativo sulla responsabilitá dei giudici*, Milão: Giuffré.

Rodrigues, Cunha. 2014, "Ensaio – desconstrução do Direito, risco democrático", *Jornal de Letras, Artes e Ideias*, n.º 1144, Agosto 2014, pp.

Douglas, J. et all. 2003, "The Politics of Court Budgeting in the States: Is Judicial Independence Threatened by the Budgetary Process?", *Public Administration Review*, 4 2003, pp.441-453

Fabri, Marco e Langbroek, Philipp M.. 2008, "Existe um juiz adequado para cada processo? Um estudo comparativo sobre a distribuição de processos em seis países europeus", *Julgar*, n.º 4, pp. 11-36.

Fernandes, Bernardo Gonçalves; Pedron, Flávio Quinaud, 2008. *Poder Judiciário e(m) Crise*. Rio de Janeiro: Editora Lumen Juris.

Homem, António Pedro Barbas. 2001, *A ideia de liberdade*, Volume I, Lisboa: Principia.

Walzer, Michael. 1999, *As esferas da Justiça*, Lisboa: Editorial Presença, Coleção Fundamentos.

Garoupa, Nuno. 2011, *O Governo da Justiça*, Lisboa: Fundação Francisco Manuel dos Santos.

Garoupa, Nuno; e Ginsburg, Tom. 2008, "Guarding the Guardians: Judicial Councils and Judicial Independence", in *American Journal of Comparative Law, Forthcoming; University of Chicago Law & Economics, Olin Working Paper Nº 444; University of Chicago, Public Law Working Paper Nº 250*, disponível em http://papers.ssrn.com/sol3/papers.cfm?abstract_id=1303847.

Moliterno, James E.. 2015, *Impartiality and Independence: Misunderstood Cousins, in ExpressO*, Feb. 20115, disponível em http://works.bepress.com/james_moliterno/71/, 2014.

Santos, Boaventura Sousa; Pedroso, João; Marques, Maria Manuel Leitão e Ferreira, Pedro Lopes. 1996, *Os Tribunais nas Sociedades Contemporâneas – O Caso Português*, Centro de Estudos Sociais/Centro de Estudos Judiciários, Porto: Editora Afrontamento.

Sinhoretto, Jacqueline, 2006. *Ir até onde o povo está: etnografia de uma reforma da justiça*. Tese de doutorado, Universidade de São Paulo, São Paulo, SP, Brasil

Soares, Rogério Ehrhardt. 2008, *Direito público e sociedade técnica*, edição original de 1969 (Coimbra: Atlântida), Coimbra: Edições Tenacitas.

Vasconcelos, Pedro Bacelar. 1998, *A crise da Justiça em Portugal, in* Cadernos Democráticos, Lisboa: Gradiva.
Varano, Vincenzo; Barsotti, Vittoria. 2004, *La tradizione giuridica occidentale – testo e materiali para un confronto civil law common law*, Volume I, Turim: Editora Giappichelli.
Vigour, Cécile. 2006, « Justice: l'introduction d'une rationalité managériale comme euphémisation des enjeux politiques», *in Droit et Societé,* Dossier: Justice en reformes, n.º 63, pp. 425-455.

Capítulo 4

Como Gerir

4.1. Gerir o sistema de justiça

4.1.1. A complexidade organizativa do sistema de justiça

O sistema de justiça é um sistema complexo que engloba um conjunto de instituições constitucionalmente diferenciadas e independentes entre si, cuja finalidade é a realização da justiça. Para o cidadão comum, envolve a atividade do Estado dedicada tanto à segurança como à resolução dos litígios.

O sistema de justiça, no seu sentido amplo, comporta a existência de várias categorias de tribunais, de órgãos de justiça como o Ministério Público, de órgãos constitucionais de gestão das magistraturas independentes dos governos, como os conselhos judiciários e de órgãos dependentes diretamente do membro do Governo com responsabilidades na área da justiça, ainda que funcionalmente ligados aos restantes órgãos e instituições e também de órgãos ou entidades de natureza privada, como os advogados, notários ou solicitadores.

No âmbito e na dependência do órgão do Governo com responsabilidades na área da justiça, em regra o Ministério da Justiça, encontramos serviços de polícia, serviços de administração penitenciária, serviços de reinserção social, serviços de prevenção, serviços de identificação civil e criminal, serviços de apoio técnico, serviços de logística, serviços encarregues de formação ou serviços técnicos especializados em áreas determinadas.

Cada uma destas instituições ou órgãos comporta um grau de independência ou autonomia própria que os identifica na rede sistêmica da justiça e permite que as suas funções sejam concretizadas de acordo com o que os estatutos próprios estabelecem e a posição que assumem nessa "rede" determina.

Como se referiu, existem no sistema de justiça órgãos com estruturas e estatutos constitucionalmente estabelecidos, integrantes de poderes diferenciados, mas que convergem em determinado sentido, numa mesma finalidade, ou seja, a realização da justiça, ainda que em alguns casos indiretamente.

De alguma forma e numa similitude dogmática com algumas doutrinas constitucionais, poderíamos referir que se trata de um sistema "multinível" onde convergem e se articulam os vários órgãos e instituições com poderes e responsabilidades no sistema, que se configuram em planos normativamente distintos, autônomos ou mesmo independentes entre si.

Trata-se, no entanto, de instituições ou órgãos que têm que se comunicar entre si, pelas funções que exercem ou garantem e ainda que de forma diferenciada, exigindo-se por isso um conjunto de coordenadas e instrumentos que permitam essa comunicação.

Seguindo a teoria do "constitucionalismo multinível", adaptada à orgânica da justiça, dentro de tal sistema e a todos os seus níveis de integração, segundo Giancarlo Rolla (na referência "El desarollo del regionalismo assimétrico y el princípio de autonomia en los nuevos sistemas constitucionales: un acercamento comparativo"), "é garantido um grau de dignidade institucional, dado que cada nível constitui uma componente essencial desse sistema".

Todos os órgãos que participam na organização sistêmica da justiça assumem funções diferenciadas mas essenciais na economia do sistema. Todos os órgãos têm as suas estruturas próprias em função dos poderes ou atividades que exercem e que não têm que ser necessariamente ligadas entre si.

Há uma dimensão poliédrica no sistema, em função de cada uma dessas funções/poderes que cada interveniente assume, quase sempre com densificação constitucional própria. É o caso dos poderes dos tribunais, eles próprios diversos entre si consoante se trate de tribunais da jurisdição comum, de jurisdição especializada ou de jurisdição constitucional ou financeira. Mas igualmente dos conselhos judiciários ou mesmo do Ministério Público, cuja estrutura normativa fundamental emerge diretamente da constituição.

Existem ainda outras funções que são desempenhadas por instituições ou entidades que se encontram, inclusive, fora do domínio do sistema público, como é o caso dos advogados ou solicitadores e as suas organizações representativas. Não obstante, deixam, de se "relacionar" institucionalmente no e com o sistema de justiça, em várias matérias que devem ser objeto de tratamento organizacional.

4.1.2. A governação e a organização do sistema judicial

A organização e gestão de um sistema poliédrico como o referido, em que todos os órgãos ou instituições são dotados de algum grau de independência ou autonomia, exigem uma resposta adequada e específica para funcionar eficazmente.

Nesse sentido, é desde logo essencial a existência de princípios estruturais sólidos que permitam uma articulação sustentada entre os vários níveis em que atuam os órgãos ou instituições. Ou seja, uma governança multinível.

Na governança multinível, como conceito analítico e não como conceito normativo, está em causa a percepção de um modelo de tomada de decisão num contexto de complexidade.

Do que se trata é de um sistema de negociação contínua, através de trocas negociadas entre "governações" situadas em vários níveis institucionais.

A governação do sistema de justiça é assim, naturalmente, uma governação complexa e poliédrica, que não procede de um único poder e que exige uma específica forma de execução.

A concatenação dos vários centros de poder impõe, antes de mais, uma adequada e rigorosa definição de poderes concretos e individualizados, bem como uma delimitação de competências bem identificadas entre si.

Em segundo lugar exige que todos os órgãos (e os seus representantes/gestores) respeitem de forma clara as responsabilidades de cada uma das restantes instituições e níveis de exercício autônomo de competências.

Em terceiro lugar exige que se definam e assumam princípios de coordenação comuns que permitam que o sistema funcione e seja gerível na sua globalidade.

Finalmente exige que se consolidem plataformas formais de articulação, de modo a que algumas das funções que impõem a partilha de várias responsabilidades funcionais ou mesmo a corresponsabilização no seu exercício possam ser concretizadas de forma permanente e ágil.

4.1.3. Governação dos tribunais e políticas públicas

4.1.3.1 A estrutura de governação

Tivemos ocasião de afirmar inicialmente que para bem administrar e gerir o sistema judicial se deve organizar e gerir tudo aquilo que é necessário para prosseguir as finalidades que são inerentes à consagração e à existência de tribunais.

Partimos de uma noção ampla de gestão judicial que abarca os aspetos que têm a ver com a governação, a organização e a gestão do sistema judicial, nos seus diversos níveis, culminando no ato decisional inerente à jurisdição.

A governação dos tribunais, de uma certa forma, acompanha o governo de uma determinada comunidade política, social e econômica e articula-se com a sua arquitetura político-constitucional. O arranjo institucional desse quadro constitucional, na separação e interdependência dos poderes políticos, define também a competência e a forma como se ditam as decisões de governo desta área fundamental do exercício do poder público, que é a justiça e a atividade dos tribunais.

Trata-se, como tivemos ocasião de desenvolver anteriormente, de uma área de competências partilhada, mas que não deixa de conter inúmeras especificidades e complexidades, que a colocam num "lugar à parte" no governo da causa pública e que terão sempre de iluminar qualquer estratégia de governação e até de reforma. Numa concepção que consiga dar corpo à ideia, atrás resumida, de que a justiça é uma realidade polimórfica (ou poliédrica) que se insere na esfera pública e que interage com os diversos estratos da vida social, política e econômica de um país.

As políticas públicas da justiça estão, assim, condicionadas pelas exigências que são próprias de uma matéria intrinsecamente estrutural e estruturante da comunidade política e social onde se insere, com um nível elevado de interdependência política e institucional e com a necessidade inevitável de uma visão estratégica a médio e a longo prazo.

Não é fácil a articulação entre as exigências, os princípios e as práticas que convergem neste domínio. Se pensarmos na multiplicidade e na complexidade dos pólos decisionais presentes na ação pública da justiça difícil é exigir, desde logo, um acentuado acréscimo de articulação das várias políticas públicas com a organização administrativa judiciária, sem com isso obter nenhuma perda nos índices necessários de independência e de autonomia que se devem conceder aos vários poderes soberanos (e constitucionais) intervenientes: legislativo (parlamentos), executivo (governos e, dentre estes, os Ministérios da Justiça) e judicial (tribunais e conselhos judiciários).

4.1.3.2. Os instrumentos de governação

A governação da justiça não pode desembocar numa confusa, atrabiliária e sucessiva utilização de meios ou de instrumentos (sobretudo os de mais fácil ou rápida manipulação – v.g. as alterações legais) sem um esforço notório que fundamente as ideias e que possibilite a concepção e a organização.

A governação implica a implementação das indispensáveis ferramentas de leitura da realidade em análise que suportem a operação de um bom diagnóstico das disfuncionalidades da administração judiciária, tanto no plano organizativo e de poder como ao nível da gestão e dos procedimentos, pelo outro.

Nessa medida, a reorganização judiciária, como exemplo de política pública nesta área, deve atender devidamente às condições estruturais e culturais que caracterizam um dado sistema judicial.

Num outro exemplo, o tema da organização judiciária, pela sua complexidade, é avesso a abordagens de cariz monolítico, sobretudo quando se planeiam reformas que têm necessariamente um forte impacto na distribuição da litigância, nas zonas de bloqueio endêmico das pendências, nas oscilações dos fluxos processuais e da procura judicial esperada.

Assim, as intervenções estruturais na oferta judicial terão de levar sempre em conta que é extremamente difícil assimilar devidamente as pendências que se avolumam e que em muitos dos casos essas mesmas estruturas da oferta têm uma muito fraca adaptabilidade e uma quase nula resistência às pressões ou mutações da demanda judicial.

Muito haveria que dizer, assim, sobre a ligação que se poderia fazer entre as exigências e os desafios apresentados à organização judiciária, ao próprio sistema judicial, e a análise das estabilidades e mutações encontradas nos verdadeiros "caudais" da litigância – tipo de causas, suas formas e conteúdos, o que predomina e quem predomina – que vamos encontrar a correr nos tribunais. A suscitar, com certeza, tal conexão, inúmeras conclusões de cariz organizativo e sistêmico acerca das características dos litígios, da sua densidade variável e da sua composição mais ou menos homogênea, mas também das implicações externas ou intersistemáticas dessa operacionalidade dos litígios, para o horizonte mais alargado da resolução dos conflitos.

4.1.3.3. Os limites materiais e estruturais da governação

Quaisquer medidas de governação do judiciário estão necessariamente vinculadas aos princípios e regras gerais, mormente de índole constitucional, que pretendem garantir e reforçar o exercício da função jurisdicional com os índices de independência, imparcialidade e confiança que se impõem. Trata-se de um pressuposto essencial do Estado de direito democrático que foi bem salientado no capítulo inicial.

A articulação entre os princípios e as regras essenciais que conformam institucionalmente os tribunais e a perspectiva organizacional dos mesmos tribunais, segundo os índices da independência judicial e da *accountability*, por um lado, e da eficiência e da flexibilidade, pelo outro, é uma tarefa de ponderação nada fácil e que só uma articulação política e institucional bem doseada e aplicada a longo prazo pode fazer conseguir na sua plenitude.

O que remete para soluções diferenciadas conforme o sistema constitucional em causa e a abertura da organização dos tribunais a mecanismos de gestão de tribunal e gestão processual caracterizados no âmbito deste livro.

A estrutura da oferta judiciária suscita a necessidade de ser conhecida nos seus múltiplos aspetos sob pena de não se poder responder às exigências ou aos apelos de governação ou de reforma. Tanto na sua inserção geográfica (cartográfica) como na descrição dos equipamentos, dos recursos humanos e, sobretudo, da capacidade de desempenho destes últimos, a descobrir através da construção de um quadro completo e dinâmico de índices de desempenho e de cargas de trabalho fundados em modelos de organização e administração a implementar gradativamente.

Também aqui as decisões políticas, tanto de cariz legislativo como administrativo, têm de ser objeto de um enquadramento procedimental que atenda a medidas de avaliação prévia e sucessiva dos atos decisórios em causa, que venha a possibilitar o controlo de qualidade dessa produção normativa e decisória e que possa, ainda, ser controlada do ponto de vista da sua eficácia através do enunciado prévio de objetivos claros e mensuráveis.

A afetação de recursos logísticos é outro dos problemas que podem entorpecer a fluidez das estratégias governativas, senão uma das principais. Assim, por exemplo, um movimento de concentração da oferta judiciária, tal como tem vindo a decorrer em várias experiências comparadas, é sempre acompanhado, como já salientamos, por um investimento inicial em novos equipamentos judiciários que promovem o exercício conjunto no mesmo espaço (v.g. as "cidades judiciárias" ou "campus da justiça") dos vários serviços da justiça, num cruzamento de especializações e jurisdições.

No plano da infraestruturação dos tribunais há que atender aos objetivos que se encontram habitualmente conexionados com a implantação dos edifícios e dos equipamentos e que vão desde as exigências econômicas e de gestão até elementos de cariz mais simbólico associados à construção de um edifício onde se administra a justiça. Entre esses objetivos têm sido apontados a melhoria das condições em que os mais diretos intervenientes desempenham a sua atividade e também a melhoria da imagem e dos níveis de serviço dos tribunais, enquadrando medidas como a visibilidade e acessibilidade exterior, a circulação interna, a uniformização da imagem institucional e, ainda, o nível de conforto e das demais condições funcionais.

Outro dos problemas cruza-se com a dimensão de financiamento da execução das políticas de justiça, pelas dificuldades inerentes à contenção da despesa pública e o travão de orçamentação de um acréscimo de novas despesas e custos correntes. Não se entenderá a decisão de reformar a organização judiciária de um país sem a necessária previsão dos indispensáveis fundos financeiros para a realizar, sobretudo num período em que se assinalam novas exigências para a realização dos gastos públicos. Tal financiamento deveria ser programado para um ciclo temporal mais alargado do que os períodos anuais dos Orçamentos de Estado, numa decorrência das programações plurianuais que podemos encontrar nas leis de programação.

A decisão política de reformar o mapa judiciário, enquanto processo informado e coerente, deve apostar, portanto, numa metodologia versátil, que tenha em conta os fatores que incidem na prestação de um serviço público acessível e preferencialmente justo.

Todas as vertente anteriores têm de ser conjugadas nas áreas específicas do investimento, da estruturação, da organização, da gestão e programação da administração judiciária (administração dos tribunais), tanto ao nível central como local, permitindo conjugar, com o grau suficiente, a destinação e a repartição dos meios entendidos como necessários para a realização da missão jurisdicional.

Em conjugação com essas vertentes, obviamente, sobrelevam as exigências político-constitucionais da acessibilidade, da tempestividade e da eficácia dos sistemas de justiça, coordenando as mencionadas dimensões da reforma legislativa, da reforma administrativa e das condições materiais e logísticas: métodos informais de conciliação, arbitragem e mediação, abrangência do apoio judiciário e das custas, organização e especialização dos tribunais, tribunais de pequenas causas, justiça de proximidade (v.g. julgados de paz), simplificação e gestão processuais, instrumentos de delimitação do volume de serviço, rede de assessorias e auxiliares de justiça e de estruturas de apoio, infraestruturas técnicas, todas elas realidades a merecer um especial esforço de planejamento, racionalização e integração.

Numa estrutura judiciária que contempla patentes níveis de complexidade, a gestão do sistema tem de assumir a antecipação do horizonte futuro, identificando as tendências da mudança e adaptando as organizações segundo os cenários e os desafios lançados por aquelas. Toda a realidade, social, econômica e cultural passa hoje pela inclusão de sistemas adaptativos complexos que funcionam quase sempre em rede, onde tudo tem a ver com tudo. Onde os comportamentos não são lineares e se revelam na interconectividade e nas pequenas mudanças que se vão acumulando e que por vezes indiciam transformações de proporções gigantescas.

Para esta conformação do real a teoria dos cenários passa a ser a mais adequada para lidar com esta complexidade, na exigência de um pensamento multidimensional e de uma leitura aberta, distanciada e crítica da informação e dos dados empíricos. Sem as precipitações e a dispersão do curto prazo (ditada pelos ciclos eleitorais de governação), do superficial e do nível das aparências que a ausência de atenção toma erradamente como a realidade.

Poucos ou nenhuns resultados podem obter as reformas legais se as propostas de mudança não forem acompanhadas de uma forte e disseminada programação em todos os setores envolvidos e de uma coordenação inteligente das estruturas do poder jurisdicional e da administração da justiça, sobretudo com a composição das tensões das lógicas diversas do poder jurisdicional e da administração executiva.

4.1.3.4. Soluções de reforma

Numa síntese ilustrativa do que têm sido as reformas das administrações judiciárias, Carl Baar apresenta um conjunto de medidas que entende como as mais difundidas nos planos de reforma e das limitações que lhes estão associadas, tal como se descreve nas tabelas seguintes. Entendendo, ele, que as ferramentas que de início foram pensadas para transformar as administrações judiciárias nos países do primeiro mundo, fortalecendo a contribuição dos tribunais para a democracia constitucional, podem, ao invés, reforçar o carácter repressivo dos governos não democratas nos países em desenvolvimento. Vejam-se os quadros dessas soluções e das limitações da sua implementação nas figuras seguintes:

Conjunto das nove soluções mais difundidas no âmbito dos programas internacionais de reforma da administração judiciária

Medidas prescritas	Problemas diagnosticados	Resultados / Benefícios obtidos
Unificação da organização judiciária	Fragmentação da organização dos tribunais que os tornou reféns dos interesses específicos dos litigantes; corpo de juízes e do staff do tribunal ineficaz ou incapaz de gerir a repartição de tarefas	Tribunais sujeitos à administração de um único juiz presidente ou de um Conselho Judiciário, reduzindo a ocorrência de particularismos
Gestão do fluxo processual (caseflow management)	Atrasos processuais; ausência de assunção de responsabilidade por parte dos juízes sobre o movimento dos processos	Implementação de padrões temporais de duração dos processos; Supervisão judicial da progressão dos processos
Competência administrativa	Falta de pessoal treinado nas tarefas de gestão no apoio às tarefas jurisdicionais	Incremento da qualidade da gestão dos recursos humanos e orçamentos internos com distribuição racional das verbas
Independência e autonomia administrativa	Envolvimento próximo do pessoal responsável pela administração judiciária com os interesses envolvidos, percepção do comprometimento da imparcialidade; gestão ineficaz do movimento processual	Acréscimo do controlo judicial do aparato administrativo dos tribunais
Formação profissional contínua	Mutações aceleradas nos conteúdos das disciplinas jurídicas e nos conceitos de gestão e administração	Seminários e workshops passam a ser parte integrante das vidas profissionais dos juízes e dos administradores de tribunais
Reforma processual	Trâmites processuais morosos e irresponsabilizantes	Racionalização e simplificação processuais, especialmente nas fases pré-julgamento, com integração e introdução de ferramentas de gestão processual
Programas de meios alternativos de resolução de litígios (ADR's), complementares dos tribunais judiciais	Carácter inapropriado dos meios processuais tradicionais para a resolução de muitos tipos de disputas	Mediação e conciliação como ofertas de meios processuais menos formais e legalísticos
Automatização dos procedimentos e dos sistemas informativos	Ausência de novas tecnologias no sector judiciário	Difusão dos sistemas operativos computerizados e dos sistemas de informação assim como de tecnologias de registo da prova e da demais informação
Reforço da independência judicial	Dúvidas quanto às reformas na administração e na gestão dos tribunais poderem vir a degenerar num enfraquecimento da independência judicial	Aumento diário da eficiência dos tribunais e saúde a longo prazo das estruturas constitucionais do Estado

Fonte: Baar, Carl. 1999. "The development and reform of court organization and administration", in Public Administration and Development, Volume 19, Issue 4, pp. 345

Mesmo estas técnicas de gestão e administração judiciárias contêm algumas limitações, as quais têm sido salientadas sobretudo a propósito da avaliação dos programas internacionais de assistência ao desenvolvimento

Medidas prescritas	Limitações encontradas
Unificação da organização judiciária	A prevalência das carreiras judiciais promove a supervisão e o controlo por parte dos juízes mais seniores, cada vez com maior antiguidade, mesmo nas matérias da avaliação e dos salários dos juízes, produzindo uma forte pressão no sentido do conformismo
Gestão do fluxo processual (*caseflow management*)	Os programas de redução dos atrasos processuais assumem que a justiça procedimental conduz à justiça social ("justiça atrasada é justiça negada"). A aceleração do ritmo processual, contudo, pouco provavelmente virá a resultar num reforço da justiça em sistemas criminais arbitrários, em sistemas opressivos de direito de família ou em sistemas de justiça em que os mais ricos ou favorecidos utilizam os tribunais, com os seus meios processuais, em desfavor dos mais pobres ou desfavorecidos
Competência administrativa	O incremento das competências e da capacidade pode levar as autoridades judiciárias a prosseguirem soluções judiciais com objectivos políticos e extrajudiciais (incluindo protestos de massa e convulsão social)
Independência e autonomia administrativa	A independência da administração judiciária num sistema de tribunais mais centralizado pode privilegiar as necessidades dos tribunais superiores em detrimento dos tribunais inferiores com maior volume processual, realçando o poder dos juízes menos interessados na inovação
Formação profissional contínua	As elites de chefia dos juízes podem promover uma centralização do controlo da profissão pela regulação do acesso à formação inicial e contínua. O controlo governamental do desenho e do conteúdo dos programas de formação judicial pode trazer benefícios a este nível
Reforma processual	A assunção de uma abordagem de consenso construtivo, em cada sector forense, é parte integrante do processo de mudança. Contudo, as mudanças radicais nos métodos de prática judiciária ou o espectro da diminuição de proventos do patrocínio podem engendrar conflitos profissionais paralisantes
Programas de meios alternativos de resolução de litígios (ADR's), complementares dos tribunais judiciais	Ao invés de serem transformativos e de enriquecerem as potencialidades dos disputantes, os meios alternativos de composição dos litígios podem deixar os litigantes ainda mais desorientados e desapontados do que dantes. Os modelos de justiça comunitária podem ter ido longe demais na remoção dos padrões de justiça que se esperariam encontrar nas democracias constitucionais
Automatização dos procedimentos e dos sistemas informativos	Um passo mais arrojado ou dispendioso pode traduzir-se em métodos de operação ineficientes, sendo preferível apostar previamente em novos e efectivos modelos tecnológicos
Reforço da independência judicial	As instituições financeiras patrocinam (programas de assistência ao desenvolvimento) a independência judicial a nível internacional, mas os fundos são entregues aos governos nacionais que enfrentam conflitos potenciais e reais derivados do fortalecimento do judiciário

Fonte: Baar, Carl. 1999, "The development and reform of court organization and administration", ob. cit., pp. 346

4.1.3.5. A dimensão cultural das reformas

A implementação da governação do judiciário impõe a criação de uma cultura judiciária preocupada com a qualidade da sua atividade, não só para o desenvolvimento de aptidões de gestão e administração do serviço público de justiça como para o fomento das imprescindíveis análises empíricas, de cariz quantitativo ou econométrico, que possam auxiliar a marcar ou a iluminar a execução do programa dessa reforma.

Essa tarefa não pode passar sem uma aposta forte ao nível da formação especializada na administração judiciária e na proposição da melhor forma de a institucionalizar, sobretudo na definição de qual o papel que deve ser dado às universidades e aos centros de investigação judiciária na promoção dessa investigação e da formação especializada bem como o melhor modo de despertar todas as instituições envolvidas para a tarefa de conciliar os vários saberes (disciplinas) e experiências institucionais.

As exigências políticas, econômicas e sociais que se exercem sobre o judiciário, devidamente enquadradas com a salvaguarda do princípio da autonomia e independência dos tribunais, nunca podem legitimar um entendimento das magistraturas e dos demais profissionais que atuam no domínio forense como meros objetos das políticas públicas da reforma judiciária, sujeitando-os a medidas que não são assumidas como suas ou, pelo menos, por eles aceites como razoáveis. Neste domínio suscitam-se questões tão importantes como as de saber quais as vias que possibilitam obter um nível suficiente de cooperação dos juízes (e dos demais atores judiciários) com a orientação política externa da reforma ou qual o papel que podem e devem assumir as associações profissionais nesse debate.

4.1.4. O território e os tribunais

4.1.4.1. A abrangência do tema

Quando se fala da questão territorial dos tribunais (do "mapa judiciário" ou da "geografia da justiça") estamos a suscitar questões como a distribuição territorial dos tribunais, a organização das cartas judiciárias e os critérios da sua reforma. Trata-se de uma matéria com ampla ressonância estrutural e enraizamento na história das várias justiças nacionais.

A organização territorial dos tribunais encontra-se marcada pelas ideias do enraizamento institucional dos tribunais na geografia político-social de um certo espaço nacional, pela sua consideração num sistema que deve promover a efetividade da tutela jurisdicional e, ainda, na adequação desse modelo de reorganização territorial às exigências econômico-sociais mais atuais do país e do Estado em apreço.

Com estes enunciados prévios invoca-se a questão prática premente da repartição das várias jurisdições pelo território de um determinado Estado, num quadro de organização judiciária. Sendo logo de destacar que na perspectiva das ciências sociais, onde se exige a distinção das categorias do conhecimento das categorias práticas, se assume como preferível a definição mais precisa da "territorialização da função da justiça", isto porque o tema se encontra imbricado com nexos políticos, sociais e institucionais que excedem o domínio mais estrito da organização judiciária, tal como ela tem sido entendida tradicionalmente.

E, de fato, são essas referências políticas, sociais e institucionais que se podem extrair da radicação histórica de cada uma das experiências históricas de organização das cartas judiciárias dos vários Estados, sempre envolvidas por um tendencial e característico imobilismo ou por uma linha de continuidade, que apenas são sobressaltados em períodos de alteração política e social, mormente na sequência de algum embate revolucionário ou de incisivos conflitos políticos e sociais. O modo como as reformas judiciárias, mais recentemente, são inscritas na agenda política e depois levadas a termo é muito resultado da sua contextualização, quase sempre propiciadas por situações de crise política ou social aberta por eventos políticos ou problemas judiciários.

Mas um mapa de divisão territorial traz consigo também uma representação da realidade que se fundamenta numa concepção política sobre o poder e como ele se concentra ou se distribui no território e, desse modo, sobre uma concepção mais ou menos unitária e centralizada do Estado e dos poderes que o compõem.

A organização judiciária ganha, nesta acepção, o caráter de uma verdadeira sedimentação de estratos "geológicos" com alguma incoerência global, o que por vezes parece tornar a tarefa da sua reforma como uma missão quase impossível. Esse enraizamento histórico-cultural é condizente com o universo judicial que deve ser encarado sem receios com o seu elevado peso simbólico, expresso não só no desenrolar do ritual judiciário mas também nos próprios espaços (palácios da justiça ou simplesmente tribunais) em que se efetivam os julgamentos, com a excelência da solenidade e publicidade que lhes estão imanentes.

Aquela perpetuação do desenho e dos limites das cartas judiciárias é apenas quebrada quando o juízo formulado sobre a sua inadequação às realidades contemporâneas consegue vingar, por virtude de algum contexto favorável, sobre essas forças de rotina e de conservação ligadas à função política da justiça e à cultura que desenvolve esta última.

Estas múltiplas vertentes desenham o conjunto funcional do poder judicial que articula na sua atuação, como vimos, funções de tipo político, instrumental e simbólico, todas compondo ou contribuindo para uma salutar manutenção e pacificação do sistema social e político.

4.1.4.2. As "razões" dos territórios judiciários

As várias "razões" construtivas dos territórios judiciários, isto é a consideração racionalizada dos vários elementos políticos, sociais, econômicos, institucionais e também técnico-jurídicos que presidem à distribuição territorial dos órgãos da justiça, num espaço geográfico, revela a presença dos modelos de concentração ou de justiça de proximidade que ora se complementam ora se opõem de forma mais radical. Esta acepção é corroborada pelas políticas de organização judiciária um pouco por todos os países, em que se vislumbra sempre uma certa tensão entre, por um lado, uma concepção centralizada e hierarquizada da organização judiciária e, por outro, uma concepção mais sensível à base local.

Por outro lado, o modelo de organização judiciária a adotar, em determinada opção reformista, não poderá deixar de fazer apelo ao enquadramento histórico e institucional da realidade da justiça enquanto sistema atomizado e desconcentrado dos tribunais no território de um determinado país – onde se exercem as jurisdições respectivas –, e do que ele tem de representativo das especificidades próprias de uma autoridade e de poder judiciários que se têm como diferenciados perante os outros poderes e funções do Estado.

A justiça tem uma posição singular no seio do debate sobre as funções do Estado e essa singularidade é inerente à sua função específica que se insere na estrutura do poder estatal em moldes de independência e autonomia. Enquanto instituição onde se cruzam as dimensões de poder soberano e de serviço público, mas na qual não pode ser absorvida por uma almejada estratégia global do Estado.

Tanto a justiça como a administração pública são convocadas a discutir os seus fundamentos comuns e a descobrir as suas verdadeiras especificidades no território recíproco do aparelho estatal, incluindo aqui no domínio da sua implantação no território. Isso não implica que se confundam como conceitos e instrumentos estratégicos de desenvolvimento ou integração territorial.

Para além disso, a questão da organização judiciária e da administração da justiça apela sempre para a necessidade do conhecimento da estrutura que subjaz à jurisdição (e a sustenta), entendida esta na sua essencial tarefa de aplicação e realização do direito, dada a centralidade dessa definição para o correto entendimento dos efeitos – eficácia – das regras jurídicas no comportamento dos destinatários e na identificação dos propósitos sociais sobre o conteúdo das normas correspondentes.

Nesta linha, pode-se afirmar que o crescimento ou o decréscimo dos índices de litigância e de pendências processuais, tanto absolutos como relativos, desembocam sempre no problema de saber como se deve conformar o aparato judicial da forma mais apropriada a essa situação, tanto pela via do estabelecimento de novos tribunais e o recrutamento de mais magistrados ou funcionários como pela racionalização dos meios existentes, o que pode implicar a sua reestruturação ou a redução dessas estruturas ou desses recursos.

E esse problema da conformação e distribuição do sistema judicial, na sua amplitude e qualidade, não é com certeza dos exercícios mais fáceis de realizar, pela convocação dos múltiplos elementos culturais, sociais, institucionais, econômicos e políticos que estão aqui em jogo. O processo de decisão política de reforma da organização judiciária não deixa de ser confrontado com essa complexidade e com o horizonte formal e material que o legitima – no modo mais razoável e informado – a tomar as decisões mais corretas.

4.1.4.3. Os critérios de reforma do mapa judiciário

A primeira questão prende-se com saber se os órgãos de poder legitimados para decidir da criação ou extinção dos tribunais se encontram vinculados a quaisquer tipos de critérios ou princípios com vista a buscar uma eficiente distribuição espacial dos tribunais, localizando-os proporcionalmente em sítios idôneos e assinalando-os com as competências adequadas a essa distribuição.

A resposta positiva a esta questão tem vindo a ser construída, em torno dos princípios consagrados constitucionalmente de acesso ao direito e aos tribunais – tutela jurisdicional efetiva – e de racionalidade econômica no desenvolvimento das políticas públicas.

Neste ponto cumpre recordar que a garantia de acesso aos tribunais é considerada com uma concretização do princípio estruturante do Estado de direito, o que não deixa de ter consequências na definição da garantia jurídico-constitucional de um verdadeiro direito fundamental, aqui delineado no seu núcleo essencial de uma garantia institucional da via judiciária a cargo do Estado, assim como da eficácia dessa proteção jurisdicional (exigência constitucional de tutela jurisdicional efetiva).

Segundo estes princípios fundamentais as questões territoriais (lugar da sede, rede geográfica e descrição da competência territorial) devem decidir-se em função do acesso mais fácil para os cidadãos utilizadores, sendo que no momento de decidir sobre a criação de tribunais, juízos ou julgados, de alterar a sua sede ou de fixar a sua competência em razão do território, os órgãos a quem compete a resolução destas questões territoriais dos tribunais estão obrigados a tomar decisões eficientes em benefício dos interesses de cidadania.

A estruturação geográfica do sistema judicial não está – e nunca esteve no passado – isenta de problemas de alguma complexidade no que respeita à articulação, coordenação e cooperação no interior e para o exterior do sistema judiciário. Problemas suscitados, podemos clarificar, entre os tribunais como unidades de um sistema judicial e entre este sistema e as outras instituições políticas e sociais, incluindo aqui os outros ramos do poder político soberano (legislação e governação). O que não faz esquecer que no seio desses problemas se inserem sempre questões de radicação histórica, cultural e simbólica, a avisar a indispensabilidade de uma visão institucional sobre uma qualquer reforma de cariz estrutural em torno da justiça.

Daí que as questões da territorialização da justiça tenham vindo a tomar considerável importância nos programas políticos de reforma dos vários sistemas judiciários, apelando-se sempre para o desiderato de uma maior rapidez e eficácia no desempenho dos tribunais num balanceamento com as exigências do acesso à justiça, podendo-se dizer que também a componente da eficiência ganhou uma dimensão política, para além das conexões, atrás expostas, que se possam estabelecer entre os tribunais geograficamente considerados e as representações do aparelho estatal e da autoridade política do Estado.

A discussão teórica atual sobre o mundo judiciário não descura estes aspetos. Na verdade, esse debate tem sido marcado, neste últimos tempos, pela desconcentração do domínio puro das relações entre o sistema judiciário e o sistema político e pela sua confluência para aspetos conexionados com a economia da administração da justiça, com os problemas político-administrativos suscitados pela gestão e administração do sistema judicial, com o fenômeno da internacionalização ou globalização e com a assunção da responsabilidade por parte das instituições judiciárias – e também dos seus membros – sobre os desígnios da cidadania.

Esta linha de rumo também se faz sentir no âmbito mais preciso da temática da organização territorial dos tribunais, como se pode confirmar pela leitura das conclusões e das recomendações acordadas durante um encontro bilateral entre peritos do Conselho da Europa e peritos holandeses, ocorrido em 6/10/2003, em Haia, justamente sobre a jurisdição territorial e sobre os tópicos da acessibilidade territorial dos tribunais, a sua dimensão otimizada, a especialização dos juízes, as tendências de reforma e das propostas para o futuro. Nesse fórum os peritos concluíram que a localização dos tribunais por todos os territórios nacionais era um assunto da máxima importância principalmente relacionado com o acesso à justiça e que deveria ser objeto de revisão regular pelos Estados, sempre de acordo com os enriquecimentos obtidos em torno do art.º 6.º da Convenção Europeia dos Direitos do Homem e no balanceamento dos princípios econômicos. Mais afirmaram que a dimensão ótima dos tribunais nunca poderia ser fixada de forma abstrata, devendo ser calibrada em confronto com a população em causa, com o número médio de litígios para apreciação, com a complexidade dos casos pendentes e a especialização dos juízes, sendo de admitir a possibilidade de flexibilização dessa dimensão dos tribunais mesmo ao nível do quadro de juízes, sem menosprezo do direito a um tribunal independente e imparcial de acordo com os princípios do Estado de direito.

4.1.5. A especialização e os tribunais

A especialização nos tribunais é um dado adquirido na organização judiciária, que reflete o princípio de especialização crescente da vida social contemporânea, em que as tarefas e as competências assumidas pelos profissionais especialistas propendem a tratar e reduzir a complexidade crescente daquela. Nomeadamente por via da divisão de tarefas, da delegação de competências e da criação de âmbitos específicos de conhecimento e qualificações.

Também a progressiva especialização do direito e do seu desdobramento em várias disciplinas se tem vindo a adequar a esta exigência de racionalidade econômica e social. A intervenção regulativa e normativa do direito vai-se moldando e conformando a novas situações e áreas de atuação, com o inerente recurso a princípios metodológicos diferenciados e a novos pressupostos substantivos e formais de aplicação. Horizonte este que se tem constituído, genericamente, como explicação para o aparecimento e sedimentação das novas disciplinas jurídicas e do sentido concedido ao aparecimento de novas jurisdições ou competências.

Invoca-se para a especialização dos tribunais sobretudo o mérito dela potenciar a eficiência da intervenção jurisdicional nos seguintes aspetos: (i) assume-se como uma forma de desviar os casos dos tribunais comuns que se encontrem bloqueados com uma litigância de cariz rotineiro e massificado; (ii) constitui-se como um meio de reunião de um conjunto de juízes especialmente treinado na resolução de determinados litígios e assuntos jurídicos, como tal disponíveis para o aprofundamento de assuntos de maior complexidade nesse domínio especializado; (iii) promove a uniformidade das decisões sobre determinadas matérias jurídicas associadas ao universo especializado uma vez que reduz o universo dos decisores; (iv) incentiva a produtividade judicial ao admitir a parificação das decisões e a rotinização das práticas decisionais; (v) incentiva a concepção de procedimentos pensados (racionalizados) para os diversos tipos de casos da jurisdição especializada; e (vi) pode evitar o aparecimento de futuros litígios por via da existência de uma jurisprudência mais uniforme.

Esta divisão especializada dos tribunais varia de país para país e obedece também a critérios que têm a ver com o próprio dimensionamento de cada um dos tribunais, podendo essa distinção fazer-se por via da especialização do próprio tribunal, enquanto unidade, ou de especialização das suas várias divisões internas, em secções ou mesmo subsecções.

Têm sido evidenciados, no entanto, os limites e a adequação desta via de especialização jurídica para acompanhar aquela progressiva diferenciação social e econômica da realidade, pelo seu relativo artificialismo, pela sua relatividade e também por via da descoordenação sistêmica que têm demonstrado essas soluções disciplinares para tratar dos problemas fraturantes e transversais que se têm suscitado na atualidade social, econômica e cultural. Também a autonomização das jurisdições, através desta especialização, vem sendo questionada pela sua desadequação com as exigências da procura jurisdicional, da litigância pendente e da estrutura da oferta disponível. Exigindo-se, agora, como se viu, um pluralismo das respostas oferecidas pelos sistemas de justiça para a resolução dos diferendos, como também para a definição de uma divisão judicial e de uma distribuição processual mais condizente com a espécie de litígios, com os litigantes mais recorrentes ou com os índices de litigância verificados.

A questão da especialização dos tribunais não deixa, também, de ter que ser articulada com outras cambiantes de sistema que não apenas as questões emergentes da pressão da procura sobre a atividade jurisdicional sobre a estruturação mais eficiente da correspondente oferta jurisdicional, ou pelo menos, de uma visão mais redutora dessa eficiência da resposta jurisdicional. Se tivermos uma visão mais abrangente dos critérios de qualidade da atividade judicial, sabemos que a especialização dos tribunais não se encontra, ela própria, livre de algumas consequências nefastas.

Na verdade, os méritos da especialização na orgânica dos tribunais ou até da distribuição processual devem ser avaliados também na ponderação dos efeitos negativos que lhes estão conexionados, como sejam: (i) a indução de fatores de rotina, de cristalização, fechamento e trivialização nas práticas decisionais; (ii) o favorecimento da fragmentação na análise e tratamento das situações de vida que é própria da especialização jurídica; (iii) a redução da troca fértil de ideias e das analogias que são próprias da confluência generalista das jurisdições comuns, dispersando e isolando os julgadores; (iv) uma maior dificuldade de articulação da decisão jurisdicional aos casos de maior amplitude jurídica; (v) a identificação dos juízes dos tribunais especializados com os objetivos públicos ou com os valores defendidos pelos litigantes institucionais estando por isso mais expostos aos correspondentes interesses; (vi) uma maior exposição às flutuações da procura e da litigância; e (vii) a profusão dos conflitos entre jurisdições especializadas.

Fala-se, a este propósito, da burocratização da jurisdição, já que a criação de tribunais especializados suscita interrogações pertinentes acerca do valor de uma perspetiva geral e não especializada dos assuntos jurídicos, aliás em conformidade com o movimento que agora se assiste, no mundo acadêmico, da análise pluridisciplinar dos problemas jurídicos. Assim, a especialização dos tribunais só deveria fazer sentido nas áreas em que a visão do generalista – mais fresca, menos fragmentada e menos exposta aos grupos de interesses – apresentasse mais desvantagens do que as vantagens retiradas da especialização (isto é, nos chamados casos de "especialização extrema"). É que a especialização imponderada surge sempre como uma agravante da fragmentação da experiência humana que é consubstancial à ideia de causa judicial e ao seu julgamento.

A aposta numa especialização alargada a toda a malha do território judiciário, tal como se apresenta na reforma do mapa judiciário português, merece inúmeras reticências, tanto pela sua lógica demasiado abrangente e não diferenciadora como também pelo facto de prenunciar o agudizar dos fenômenos negativos que estão conexionados com tal especialização dos tribunais.

Se a esta especialização intensa dos tribunais corresponder uma especialização dos juízes, com a consagração de regras de qualificação e condições específicas de acesso a jurisdições de cariz especializado, respondendo às exigências de racionalização e eficiência atrás mencionadas, terão de existir fatores de correção e de equilíbrio de funcionamento do sistema que permitam atenuar os aludidos efeitos perniciosos de uma especialização demasiado acentuada.

Como se deixou dito a propósito da territorialização da justiça, a concentração da rede judiciária que advém do desenho dos mapas judiciários pode trazer consigo a solução mais adequada para lidar com as disfunções ligadas com a especialização das jurisdições. O exercício conjunto, no mesmo espaço – em que o palácio da justiça é integrado, com a sua unidade complexa de pessoas, estruturas e meios, e com o seu simbolismo, num conjunto edificado como é a "cidade judiciária" ou o "campus da justiça" – de várias especializações e jurisdições, promove uma melhor composição das necessidades de gestão e formação permanentes dos magistrados e funcionários. Nesse espaço comum pode compor-se, devidamente compatibilizado com as adequadas garantias procedimentais e estatutárias, um sistema de gestão mais completo e racional dos recursos humanos que preveja a rotação (preferencialmente) cíclica dos juízes pelas várias especializações. O que permitiria atenuar as consequências mais negativas que provêm da eternização dos juízes numa jurisdição especializada, compondo uma cultura decisional menos fragmentada e menos exposta aos grupos de interesses, à rotina, à cristalização e ao fechamento disciplinar.

Na verdade, a falta de conhecimentos específicos sobre determinado assunto, por parte de um juiz, não se pode resolver através de uma "hiper especialização" nem através da disponibilização de uma rede de especialistas externos ou de um doutrinamento especializado direcionado para os juízes. Resta, assim, apurar respostas de maior pendor sistêmico e organizativo.

Também assim, a concentração de juízes no mesmo local facilita, como é óbvio, as trocas de experiências e informações entre eles, o que não pode deixar de ser imprescindível, na linha do predito, para a solidificação da sua cultura jurídica e judiciária.

Todavia, se assim recomenda a experiência a Portugal, o mesmo não se tem observado em relação ao Brasil, país com características culturais, sociológicas e territoriais absolutamente diferentes. Com efeito, no Brasil, a especialização tem se revelado oportuna e com resultados positivos. Neste, bem mais do que em Portugal, experimenta-se uma explosão de processos jamais vista com cifras aproximadas de 100.000.000 de demandas em tramitação nos tribunais. Assim, mescladas as diversas matérias e em grande quantidade, a eficiência e a produtividade consequentemente decrescem. Várias unidades judiciárias foram especializadas com grande sucesso. Por exemplo, Vara Agrária no Estado do Pará, de Direitos Coletivos comarca de São Luis, Estado do Maranhão, Varas Federais Ambientais nos três Estados do Sul do país, as quais se seguiram outras tantas na Região Norte, Varas Federais que processam e julgam crimes contra o Sistema Financeiro e Organizações criminosas nas capitais e outras tantas experiências. É possível afirmar que a Operação Lava Jato não teria o sucesso sem a especialização e se os processos tivessem sido distribuídos para mais juízes.

4.1.6. Os Conselhos judiciários

Os chamados Conselhos judiciários são uma realidade mais do que centenária na organização judiciária de alguns dos países europeus. O nome Conselho Superior da Magistratura (Conseil Supérieure de la Magistrature) terá já surgido em França em 1883, com funções meramente disciplinares. Em 1892, surgiu em Portugal o Conselho Disciplinar dos Magistrados Judiciais e em 1912 o Conselho Superior da Magistratura Judicial, ambos também com funções essencialmente disciplinares, antecessor do Conselho Superior Judiciário, criado em 1929.

Noutros países, no final do século XIX e princípios do século XX proliferavam comissões, regulamentadas por fontes normativas diversas, fortes e fracas, em regra nomeadas pelos ministros da justiça, também com funções disciplinares ou com funções de dar parecer sobre estas matérias, bem como nas de nomeação e promoção de magistrados (está neste caso um primeiro Conselho Superior da Magistratura de Itália, instituído em 1907).

A esses organismos, com a característica comum, em regra, de serem integrados por juízes oriundos da alta magistratura, correspondia sobretudo uma especial missão: a vigilância da organização. Os tempos eram os do sistema da organização burocrática, rígida, hierarquizada, sujeita aos cânones do positivismo e que, à época e no serviço público, servia eficientemente uma visão de Estado mínimo, liberal.

Mas também eram os da consolidação do Estado de direito, com a percepção forte do poder judicial como poder separado, integrado por juízes necessariamente dotados de independência decisória, apenas sujeitos à lei. A independência dos juízes, dos tribunais, impedia a típica vigilância burocrática, ou seja o "policiamento" dos membros da organização por via da cadeia hierárquica da administração pública dependente do poder executivo e impulsionava outras soluções. Por outro lado, a percepção moderna da posição poder judicial conduzia a uma visão política redutora de tensões que aconselhava a moderação da intervenção do poder executivo com a coparticipação de membros do judiciário na missão da sua vigilância. Mas essas considerações não distinguiam aqueles organismos, no simples papel de gestão de recursos humanos, de departamentos equivalentes em organizações burocráticas de elevado estatuto ou dimensão, cuja mecânica rígida (marca dos sistemas burocráticos) tivesse de acomodar concessões autorregulatórias de maior ou menor intensidade.

É depois da II Grande Guerra que surge a constitucionalização de um modelo de conselhos judiciários que lhes garante autonomia face aos outros poderes no governo da magistratura, no que toca à gestão das carreiras e da disciplina, e de que o atual modelo português é tributário. Em Itália (1947) e França (1958), os conselhos superiores da magistratura são consagrados como órgãos constitucionais destinados a garantir a independência externa dos magistrados, subtraindo a gestão do seu regime estatutário (no campo das carreiras e da disciplina) à influência dos ministros da justiça. Portugal vê o seu Conselho Superior da Magistratura (CSM) garantido na Constituição em 1976 e a Espanha em 1978. O modelo acabou por ser importado, nas correntes da globalização do direito, por países muito distintos na Europa central e oriental e da América latina. No Brasil, apenas no ano de 2004, após a reforma promovida pela Emenda Constitucional 45, foi criado o Conselho Nacional de Justiça.

A composição dos conselhos e a designação dos seus membros continua hoje a ser assunto de discussão. Contudo, deve ter-se por estabilizada neste modelo uma composição que inclua um número significativo de juízes, representativos das várias instâncias e não apenas da alta magistratura, o que é importante para obter equilíbrios que garantam a independência interna dos juízes, ou seja a sua não sujeição a inapropriadas hierarquias internas (cuja influência possa afetar, mesmo que informalmente, a independência da jurisdição). Também deve ter-se por estabilizada no modelo a presença de membros "laicos" (não magistrados) portadores de visões externas distintas dos interesses de carreira dos juízes, bem como a designação de uma quota dos membros pelos órgãos de soberania eleitos pelo povo, favorecendo a legitimação democrática dos conselhos e a inibição de perversões corporativistas.

Tendo em atenção sobretudo os países de maior risco de intrusão do poder executivo no judiciário e de consequente politização da justiça e de quebra nas condições de independência dos tribunais, continuam a ser constantes as exigências que os conselhos judiciários sejam compostos pelo menos por metade dos juízes eleitos pelos seus pares. Disto mesmo são exemplo as recomendações do Estatuto Europeu da Magistratura (1993) elaborado no seio da Medel e a Carta Europeia sobre o Estatuto do Juiz (1998) elaborada no seio do Conselho da Europa.

Este último modelo foi uma importante aquisição para o estatuto constitucional dos juízes, guarnecendo este da garantia de governo autônomo, não dependente do poder executivo, no que toca à gestão da carreira e à disciplina. Mas no que toca ao efetivo governo do poder judicial, à sua organização, revela-se hoje insuficiente. Não só quanto ao grau de eficiência e eficácia do sistema, mas também quanto ao reforço da independência dos tribunais. Os conselhos judiciários neste modelo não têm competências efetivas no que toca à gestão dos tribunais (supervisão, equipamentos, informática, recursos humanos de apoio, orçamento, formação, recrutamento, etc.).

Diversamente, num outro modelo de conselhos judiciários na Europa, como no caso da Suécia, da Irlanda ou da Dinamarca, os conselhos têm amplas competências no que toca à administração e gestão dos tribunais, retirando-as do ministério da justiça. O que se fundamenta também na maior independência dos tribunais, para além de aprenderem a dimensão da maior eficiência. No entanto, não obstante esses conselhos serem significativamente integrados por juízes, os seus membros são nomeados pelo ministro da justiça, desprezando as razões que fundaram o modelo a que adere o sistema português e que não devem ser ignoradas. Assim, deveria valer a pena refletir no melhor dos dois modelos e ponderar um outro que seja uma síntese ou conjugação dos dois.

4.1.6.1. O Conselho Superior da Magistratura em Portugal

Em Portugal, o Conselho Superior da Magistratura (CSM) foi previsto na Constituição de 1976 essencialmente como garantia da independência dos juízes dos tribunais judiciais, a par de outras garantias estatutárias como as da inamovibilidade e da irresponsabilidade. A sua existência integra o estatuto dos juízes e consagra *"o princípio do autogoverno da magistratura, este traduzido na exigência de que a nomeação, colocação, transferência e promoção dos juízes, bem como o exercício da ação disciplinar, sejam efetuados por um órgão autónomo não dependente do poder executivo"*, como afirmou o Tribunal Constitucional português no seu Acórdão n.º 620/2007[29].

A natureza do CSM como garantia da independência dos juízes e, portanto, como parte integrante do seu Estatuto levou o mesmo Tribunal Constitucional a considerar que a sua regulação deverá constar sempre de uma lei estatutária específica, o Estatuto dos Magistrados Judiciais (EMJ).

A Constituição portuguesa não define expressamente o que é o CSM. Uma definição foi dada pelo DL n.º 926/76, de 31/12, que aprovou uma primeira Lei Orgânica do Conselho Superior da Magistratura, identificando-o como o *"órgão superior de gestão e disciplina da magistratura judicial"*. Definição que foi mantida no primeiro EMJ, aprovado pela Lei n.º 85/77, de 13/12 e, depois, pelo segundo aprovado pela Lei n.º 21/85, de 30/7 e que ainda está em vigor. Tal definição é ainda tributária da concepção das funções essencialmente disciplinares do antigo Conselho Superior Judiciário (CSJ), antecessor do CSM antes da revolução de abril de 1974, mas procura introduzir a novidade que decorria na Constituição de 1976: a da atribuição ao órgão de autogoverno dos juízes da exclusividade da função administrativa de nomeação e colocação dos juízes (*"gestão"*), antes dominada pelo ministro da justiça.

Ou seja, a visão da "função disciplinar" manteve-se a mesma, na medida em que nela se incluía não só a função sancionatória das infrações disciplinares, mas também a da classificação dos juízes (avaliação do mérito)[30]. Visão que, como se disse, era própria da missão de vigilância nas

---

[29] Como também referiu o Tribunal Constitucional no Acórdão n.º 279/1998, *"[a] existência do Conselho, tendo presente o leque das funções que lhe cabem, expressa determinada intencionalidade: a de subtrair aos restantes órgãos de soberania aquele conjunto de funções (pense-se, entre outras, no poder disciplinar sobre os juízes) cujo exercício poderia comportar o risco de, por forma mais clara ou mais subliminar, influenciar as decisões dos tribunais"*.

[30] Na verdade, quer no Estatuto Judiciário de 1944, quer no de 1962, a regulação das competências e funcionamento do CSJ estava incluída na parte sistemática que tratava *"Da disciplina judiciária"* e nela havia sub-partes que cuidavam ora *"Da classificação dos magistrados"*, ora *"Da atividade disciplinar"*. O preâmbulo do DL que aprovou o Estatuto de 1944 resumia essa visão afirmando: *"esta palavra disciplina, numa aceção ampla, abrange todo o complexo de atividades tendentes a conseguir da parte dos seus servidores um maior e melhor rendimento do mecanismo judiciário. Por isso se apresenta*

organizações burocráticas. Assim, a administração da organização da jurisdição estava, antes do CSM, atribuída na sua maior parte ao ministro da justiça, cabendo ao CSJ a administração da disciplina dos juízes naquele sentido amplo. Depois, o CSM manteve a mesma função disciplinar, mas "ganhou" a de nomeação e colocação dos juízes. A somar a estas funções, a lei atribuía quer ao CSJ, quer depois ao CSM, idênticas funções "disciplinares" quanto aos funcionários judiciais – o que sucedeu até 1987 e foi, depois, retomado em 2002, embora de forma mitigada – e atribuía-lhes também competências de detecção e reporte da situação dos tribunais, com destaque para as anomalias funcionais (função mais visível no CSJ, mas também no CSM, na medida em que o EMJ atribui essa atividade ao serviço de inspeção do CSM).

Hoje o CSM tende a evoluir do patamar de mero órgão de gestão e disciplina dos juízes dos tribunais judiciais, para um outro bem mais complexo que se vocaciona com a macro gestão do poder judicial, do seu governo tornando-o um responsável de elevado perfil pela eficiência e eficácia do sistema de justiça.

Esta nova visão para o CSM ganhou reconhecimento, a partir de agosto de 2007, com um novo regime de organização e funcionamento, que consagrou a sua autonomia administrativa e financeira (Lei n.º 36/2007, de 14 de agosto) e o dotou de novas competências e unidades orgânicas e consolidou-se com a Lei n.º 52/2008, de 28 de agosto, uma nova Lei de Organização e Funcionamento dos Tribunais Judiciais, que lhe atribuiu novas competências de gestão, lei substituída pela atual Lei de Organização do Sistema Judiciário (LOSJ), a Lei 62/2013, de 26 de agosto que confirma a atribuição dessas novas competências.

Assim hoje, no sistema português, ao CSM compete a nomeação, colocação, transferência, promoção e exoneração, dos juízes dos tribunais judiciais, assim como o exercício da ação disciplinar. Detém competências para a avaliação do mérito e da disciplina dos funcionários judiciais em exercício nesses tribunais. Mantém importantes competências de gestão e coparticipação na gestão do sistema judiciário, como as de propor ao

sob um duplo aspeto: sob um aspeto preventivo, que vai desde as medidas destinadas a assegurar que cada lugar seja exercido por quem dê melhores garantias do seu bom desempenho (...); e sob um aspeto repressivo, enquanto visa determinar, para a tornar efetiva, a responsabilidade disciplinar destes. É, pois, vasto, o campo de atuação da disciplina judiciária. Vasto e importante, pois bem se pode dizer que o funcionamento da máquina judiciária depende, em grande parte, do modo como a disciplina estiver organizada".

Ministro da Justiça medidas tendentes à eficiência e ao aperfeiçoamento das instituições judiciárias, alterar a distribuição de processos nos tribunais com vista a assegurar a operacionalidade dos serviços, estabelecer prioridades no processamento de causas que se encontrem pendentes por tempo considerado excessivo. Mas passa a deter responsabilidades acrescidas para estabelecer objetivos estratégicos para o desempenho dos tribunais, ponderando os recursos disponíveis, estabelecer valores de referência processual adequados para a produtividade de cada juiz e unidade jurisdicional, bem como de monitorização permanente da atividade de cada tribunal e conjunto de tribunais. Insere-se no topo da nova rede de gestão dos tribunais, passando a ser ele a nomear o presidente de cada tribunal, por escolha sua, podendo fazer cessar as suas funções a qualquer momento. Ao CSM caberá mesmo a apreciação de recursos dos atos do presidente, bem como dos atos do administrador no uso de competências próprias. O presidente terá ainda de desempenhar outras tarefas por orientação ou delegação do CSM. Por tudo isto, quer por via da nomeação, quer por via da delegação de poderes e competências, quer por via do controle recursório, o CSM e o presidente formarão uma hierarquia de controle na organização dos tribunais, controle direto e formal, porque a atividade será sujeita a planejamento em função de objetivos e medida por ações frequentes de monitorização, passará a obedecer a estratégias de âmbito geral previamente concertadas.

O CSM é presidido pelo presidente do Supremo Tribunal de Justiça e é composto por dezesseis vogais, dois designados pelo Presidente da República, sete eleitos pela Assembleia da República e sete juízes eleitos pelos seus pares. Funciona em plenário e em conselho permanente (um órgão mais restrito que funciona com metade dos membros do conselho).

Desde 2007, dispõe de autonomia administrativa e financeira, dispondo de orçamento próprio inscrito nos encargos gerais do Estado, do Orçamento do Estado. Tem previstas, na lei, algumas estruturas de apoio, como sejam as de acompanhamento e ligação aos tribunais, acompanhamento das ações de formação e recrutamento e um gabinete de comunicação, relações institucionais, estudos e planejamento. Dispõe ainda de um serviço de inspeção constituído por inspetores judiciais e por secretários de inspeção, ao qual compete facultar o conhecimento do estado e necessidades dos serviços e, também, recolher informações sobre o desempenho e o mérito dos magistrados, para além do serviço de instrução dos processos disciplinares e da realização das sindicâncias e inquéritos determinados pelo Conselho.

4.1.6.2. O Conselho Superior dos Tribunais Administrativos e Fiscais de Portugal

Em Portugal, a jurisdição administrativa e fiscal foi constituída como ordem jurisdicional distinta da ordem dos tribunais judiciais.

O Conselho dos Tribunais Administrativos e Fiscais (CSTAF) acabaria por coroar a separação da respectiva jurisdição em relação à ordem dos tribunais judiciais. O CSTAF como órgão de autogoverno dos tribunais administrativos e fiscais (TAF) será mesmo um exemplo único, nos sistemas europeus, de conselho judiciário específico para esses tribunais, com exceção do caso francês[31]. A organização judiciária administrativa antes de 1974 era tributária das conceções liberais dos séculos XVIII e XIX sobre a separação de poderes e que só dificilmente aceitavam a possibilidade dos tribunais julgarem a administração. A evolução em Portugal[32], replicando o sistema francês, no rumo para um controlo jurisdicional da administração fez-se muito a partir de conselhos consultivos (tendo no topo o Conselho de Estado, mais tarde substituído pelo Supremo Tribunal Administrativo) dentro da própria administração, cabendo a esta a decisão derradeira sobre a matéria em contencioso.

Em 1974, Portugal tinha duas auditorias administrativas dependentes do Ministério do Interior e o Supremo Tribunal Administrativo (STA) no topo, na dependência da presidência do Conselho de Ministros, sendo que este era também cúpula de tribunais tributários e auditorias fiscais aduaneiras, na dependência do Ministério das Finanças. O presidente do STA era nomeado pelo primeiro ministro e os juízes do STA por aquele presidente. Os titulares das auditorias e tribunais tributários eram livremente nomeados pelos ministros de que dependiam. Sobrevivia, na altura, a discussão doutrinal sobre a natureza administrativa ou autenticamente jurisdicional do STA e das auditorias.

---

[31] V. a este propósito, a referência Dias, João Paulo, 2004, pág. 152.
[32] Sobre este matéria, v. Rangel, Paulo Castro, 2001, pp. 183 e segs., e Oliveira, António Cândido de, 2011.

Os trabalhos dos deputados constituintes, na elaboração da Constituição de 1976, revelam que foi forte a vontade de estabelecer a unidade do sistema judiciário português, com a integração dos TAF nos tribunais comuns ou judiciais. Concretamente, os projetos do PPD e do CDS indicavam explicitamente esse caminho. O professor Jorge Miranda, deputado constituinte, lutou por esse objetivo e na sua declaração de voto, ao não ver consagrado o princípio da unidade, declarou que a Assembleia Constituinte, embora não reconhecendo o princípio como mau, tinha entendido que não haveria possibilidade de o consagrar de imediato (era *"demasiado ambicioso"*), manifestando o desejo que o futuro parlamento pudesse avançar nesse rumo[33]. Não obstante a visão que perpassa dos trabalhos da Assembleia Constituinte, o legislador ordinário não tocou na orgânica dos TAF até 1984, ano em que é publicado o primeiro Estatuto dos Tribunais Administrativos e Fiscais (ETAF), pelo DL n.º 129/84, de 27/4, e que criou o CSTAF. Apenas em 1989, uma revisão constitucional veio estabelecer que a nomeação, colocação e a promoção dos juízes dos TAF, bem como o exercício da ação disciplinar *"competem ao respetivo conselho superior, nos termos da lei"*.

Assim, ao CSTAF são atribuídas competências próximas das que o CSM detém, circunscritas aos juízes dos tribunais administrativos e ficais e à respectiva jurisdição.

É presidido pelo Presidente do Supremo Tribunal Administrativo e é composto por dez vogais, dois designados pelo Presidente da República, quatro designados pela Assembleia da República e quatro juízes eleitos pelos seus pares.

Dispõe também de inspetores recrutados de entre juízes conselheiros com mais de dois anos de serviço. Compete-lhes facultar o conhecimento do estado, necessidades e deficiências dos serviços, propondo as medidas convenientes e, também, recolher informações sobre o desempenho e o mérito dos magistrados, propondo a adequada classificação. Para além dessas atribuições, cabe-lhe a realização das sindicâncias e inquéritos e a instrução dos processos disciplinares.

---

[33] V. *Diário da Assembleia Constituinte*, n.º 97, de 18-12-1975, pág. 1098.

4.1.6.3. Conselho Nacional de Justiça do Brasil

O Conselho Nacional de Justiça (CNJ) foi criado pela Emenda Constitucional nº 45 de 2004 como órgão exclusivamente administrativo, consoante reafirmado pelo Supremo Tribunal Federal na ADI 3.367. É uma instituição pública com sede em Brasília e seu objetivo principal é harmonizar e aperfeiçoar o trabalho do sistema judiciário brasileiro, principalmente no que diz respeito ao controle e à transparência administrativa e processual, bem como promover estudos e pesquisas que possam subsidiar o planejamento estratégico e gestão de todo o judiciário nacional. Nos primeiros anos de atuação, vale destacar que o CNJ exerceu relevante papel uniformizador dos procedimentos e da gestão de temas que demandam relativa unidade de ações de todos dos 91 Tribunais brasileiros espalhados por todo território nacional.[34]

O artigo 98 da Constituição Federal dispõe que o CNJ é um órgão do Poder Judiciário, sendo composto por 15 membros com mandato de 2 anos, podendo ser admitida uma recondução, segundo o artigo 103-B. Nove membros são indicados pelo Judiciário (Presidente do STF, Corregedor Geral do STJ, Ministro do TST, dois representantes da justiça dos Estados, dois representantes da Justiça Federal, dois representantes da Justiça do Trabalho), dois pelo Ministério Público, dois pelo Conselho Federal da OAB, um pela Câmara dos Deputados e um pelo Senado Federal.

As regras da Constituição Federal estabelecem que são indicados pelo Judiciário: três, pelo Supremo Tribunal Federal (presidente, desembargador e juiz estadual) e três pelo Superior Tribunal da Justiça (Corregedor, desembargador e juiz federal) e três pelo Tribunal Superior do Trabalho (Ministro, desembargador e juiz do trabalho). Depois de serem indicados, os nomes dos conselheiros precisam ser aprovados pelo Senado Federal, precedido de uma sabatina e, posteriormente são nomeados pelo Presidente da República.

O CNJ apresenta três funções principais desenvolvidas pela Presidência, Corregedoria e Plenário. A Presidência é exercida pelo Presidente do STF, tendo como principal função presidir as seções plenárias, administrar,

---

[34] Para saber mais a respeito das transformações operadas pelo CNJ no âmbito da Justiça Federal ver: BOCHENEK, Antônio César. Conselho Nacional de Justiça: Avanços e Desafios no Âmbito da Justiça Federal. In: CRUZ, Fabrício Bittencourt da. CNJ 10 anos. Brasília: CNJ. 2015. p. 93-112.

coordenar e controlar as atividades do CNJ e seus servidores. A Corregedoria Nacional de Justiça, dirigida pelo Ministro indicado pelo Superior Tribunal de Justiça, tem como papel essencial receber as reclamações e processar as sindicâncias e processos administrativos relativos à atuação de magistrados e tribunais, serviços judiciários auxiliares, serventias, órgãos prestadores de serviços notariais e de registro. O Plenário, composto pelos 15 integrantes, tem competência para realizar o controle da atuação administrativa e financeira de todo o Poder Judiciário, além do cumprimento dos deveres funcionais dos magistrados, bem como expedir atos normativos para o melhor funcionamento do sistema de justiça.

Dentro do escopo do CNJ há várias atribuições legais e regulamentares para que o órgão de controle externo do judiciário possa desenvolver e cumprir as suas atribuições constitucionais. É possível citar alguns relevantes grupos de trabalho: a Comissão Permanente de Eficiência Operacional e Gestão de Pessoas; a Comissão Permanente de Tecnologia da Informação e Infraestrutura; a Comissão Permanente de Acesso à Justiça e Cidadania e a Comissão Permanente de Gestão Estratégica, Estatística e Orçamento. A dinâmica do órgão permite a criação de comissões, temporárias ou perenes, para atender também demandas esporádicas e de planejamento estratégico.

As primeiras diretrizes fixadas pelo CNJ, logo após a sua instalação, foram de fundamental relevância e podem ser resumidas e exemplificadas[35]: vedação às sessões secretas dos tribunais, aferição do merecimento de juízes para promoção, vedação do nepotismo e do exercício de cargos nos tribunais da justiça desportiva por parte de membros do Poder Judiciário e criação do "Justiça em Números", sistema de coleta e processamento de dados estatísticos de todo o judiciário nacional.

As principais temáticas trabalhadas pelo CNJ desde a sua criação foram bem sintetizadas pelo Presidente 2014/2016, Ministro Ricardo Lewandowski, em artigo comemorativo aos 10 anos de instalação do órgão[36]: planejamento estratégico, processo judicial eletrônico e avanços tecnológicos, política judiciária criminal (audiências de custódia), direitos humanos e

---

[35] SCHMIDT, Paulo Luiz. CNJ. Jovem e já afirmada instituição Republicana. In: CRUZ, Fabrício Bittencourt da. CNJ 10 anos. Brasília: CNJ. 2015. p. 11-18.
[36] LEWANDOWSKI, Ricardo. Conselho Nacional de Justiça: Presente e Futuro. In: CRUZ, Fabrício Bittencourt da. CNJ 10 anos. Brasília: CNJ. 2015. p. 151-166.

cidadania (mutirões carcerários), desjudicialização e justiça restaurativa, combate ao nepotismo nos fóruns e tribunais, política socioambiental, atenção prioritária ao primeiro grau de jurisdição, observância da jurisprudência e celeridade processual, gestão de precatórios, política judiciária de saúde, bem como atua no planejamento estratégico e gestão de políticas públicas judiciárias.

Todavia, há, ainda, uma de grande relevância, que é a Corregedoria Nacional de Justiça. Ao Corregedor Nacional, que é sempre um Ministro indicado e pertencente ao Superior Tribunal de Justiça, cabe procurar alcançar maior efetividade na prestação jurisdicional, orientando e também exercendo funções disciplinares em todos os órgãos do Poder Judiciário do Brasil, exceto do Supremo Tribunal Federal. A Corregedoria Nacional realiza inspeções nos Tribunais, indica medidas que assegurem maior efetividade na aplicação da Justiça e investiga infrações administrativas cometidas por magistrados e servidores, principalmente quando os órgãos com responsabilidade na origem se omitem.

4.1.6.4. Conselho da Justiça Federal do Brasil

O Conselho da Justiça Federal (CJF) foi criado pela Lei nº 5.010, de 1966. Posteriormente, passou a constar do texto constitucional de 1988 e as suas atribuições e competências foram ampliadas com a Emenda Constitucional 45, e 2004. Exerce funções essencialmente administrativas e não possui atribuição ou competência jurisdicional.

O artigo 4º da referida Lei dispõe que "A Justiça Federal terá um Conselho integrado pelo Presidente, Vice-Presidente e três Ministros do Tribunal Federal de Recursos, eleitos por dois anos". Importante salientar, que o surgimento da CJF estava relacionado como uma secretaria do Tribunal Federal de Recursos, e não detinha assim, num primeiro momento, autonomia administrativa. Na Constituição de 1988, com a criação do Tribunais Regionais Federais para a segunda instância do judiciário federal brasileiro e a criação do Superior Tribunal de Justiça, no artigo 105, parágrafo único, foi estabelecida a autonomia administrativa do Conselho em relação a toda a Justiça Federal brasileira, com vinculação ao Tribunal Superior.

Posteriormente, foi editada a Lei nº 8.472 de 1992, que regulamentou uma nova composição e um novo funcionamento do Conselho. A composição passou a contar com cinco ministros do Superior Tribunal de

Justiça como seus membros efetivos, dentre os quais o Presidente, o Vice--Presidente e o Coordenador-Geral da Justiça Federal, e dos desembargadores federais presidentes dos cinco tribunais regionais federais. Esse novo modelo acabou extinguindo o poder correicional do Conselho.

Com a promulgação da Emenda Constitucional nº 45 de 2004, que alterou o artigo 105, novamente contemplou de modo expresso a competência correicional do CJF, também por esse motivo houve a necessidade de edição de uma nova regulamentação quanto à sua composição e competência (Lei nº 11.798, de 29 de outubro de 2008).

Portanto, em síntese, o Conselho da Justiça Federal é um órgão que centraliza as atividades, planejamento e gestão dos recursos administrativos da Justiça Federal. A competência, segundo o artigo 105, parágrafo único, inciso II, da Constituição Federal, é exercer a supervisão administrativa e orçamentária da Justiça Federal de primeiro e segundo graus, como órgão central do sistema e com poderes correicionais, e as decisões terão caráter vinculante.

Integram a sua estrutura orgânica a Corregedoria-Geral da Justiça Federal, o Centro de Estudos Judiciários e a Turma Nacional de Uniformização dos Juizados Especiais Federais.

O Regimento Interno do CJF foi aprovado por meio da Resolução CJF nº 42 de 2008, estabelecendo a composição, a organização e a competência do órgão, bem como as competências do Plenário, da Presidência, da Vice-Presidência, da Corregedoria-Geral da Justiça Federal, do Centro de Estudos Judiciários, da Turma Nacional de Uniformização dos Juizados Especiais e da Secretaria-Geral. O Colegiado do CJF é composto por oito Ministros do STJ, eleitos para um mandato de dois anos, sendo que cinco deles são membros efetivos e três como suplentes. A Presidência e a Vice--Presidência do CJF são exercidas, necessariamente pelo Presidente e pelo Vice-Presidente do STJ, membros natos. Os presidentes dos cinco Tribunais Regionais Federais são membros efetivos do Conselho e na impossibilidade da sua presença são substituídos pelos respectivos vice-presidentes de cada Tribunal. Também integram o Conselho, contudo sem direito a voto, os Presidentes do Conselho Federal da Ordem dos Advogados do Brasil e da Associação dos Juízes Federais do Brasil (Ajufe).

4.1.6.5. Conselho Superior da Justiça do Trabalho do Brasil

O Conselho Superior de Justiça do Trabalho (CSJT) foi criado pela Emenda Constitucional nº 45 de 2004, sendo acrescido o art. 111-A na Constituição Federal. O CSJT tem como atribuições a supervisão administrativa, orçamentária, financeira e patrimonial da Justiça do Trabalho de primeiro e segundo graus. Sendo que suas decisões administrativas têm efeito vinculante (§ 2º, inciso II, do art. 111 da CFB).

Segundo o artigo 2º do Regime Interno do CSJT, de 2012, o Conselho é composto pelo Presidente e Vice-Presidente do Tribunal Superior do Trabalho e pelo Corregedor-Geral da Justiça do Trabalho, que são membros natos; três Ministros do Tribunal Superior do Trabalho, eleitos pelo Tribunal Pleno; cinco Presidentes de Tribunais Regionais do Trabalho, eleito cada um deles por região geográfica do País. Há um revezamento entre os Presidentes dos Tribunais Regionais do Trabalho na composição do CSJT. São Órgãos do Conselho Superior da Justiça do Trabalho: a Presidência, a Vice-Presidência e o Plenário.

4.1.6.6. Proposta de criação do Conselho da Justiça Estadual do Brasil

No 105º Encontro do Conselho dos Tribunais de Justiça (encontro e não órgão administrativo), os Presidentes dos TJs defenderam a criação de um Conselho da Justiça Estadual a semelhança do CJF e CSJT, no sentido de equiparar as estruturas administrativas das justiças mantidas pela União. Um dos argumentos defendidos para a criação de uma nova representação seria a contribuição para reduzir a quantidade de processos que tramitam hoje no Conselho Nacional de Justiça e que estão relacionados à administração judiciária estadual. Contudo, os Tribunais de Justiça são mantidos pelos Estados e, em princípio, na atualidade a maioria dos pontos administrativos são regulados pelo CNJ.

De outro lado, uma parcela defende a extinção ou redução das atribuições dos CJF e CSJT, especialmente, para evitar a sobreposição de decisões administrativas com o CNJ, bem como para otimizar e economizar recursos públicos.

4.1.7. O Ministério da Justiça

O poder judicial é um dos três poderes separados, na configuração constitucional, ao lado do poder legislativo e do poder executivo. Ao poder legislativo cabe o papel de elaborar as mais importantes leis do Estado, ao poder executivo colocar em execução essas leis, estabelecendo e dirigindo as políticas de ação e ao poder judicial cumpre julgar do respeito pelos quadros normativos criados pelos outros poderes. Mas o princípio da separação tem de se ligar a um outro princípio, orientado para a eficácia do Estado democrático, e que é princípio da interdependência dos poderes (v. arts. 2.º e 111.º da CRP).

Na organização e administração dos tribunais interferem a função administrativa, exercida pelo Governo, no que toca à gestão e afetação dos meios, humanos e materiais e a função política e legislativa, partilhada pelo Governo e pelo Parlamento no plano da definição das políticas de justiça e dos quadros normativos gerais e organizativos, por intermédio da elaboração e aprovação do orçamento público e posterior encaminhamento dos valores e recursos para cada Tribunal do Poder Judiciário.

Daí que quando se fala em administração e gestão dos tribunais seja fundamental observar quais as competências e a visão fundamental do ministério da justiça de cada país, pois ele, é em geral, o departamento do Governo que tem por missão intervir, direta ou indiretamente, na área da justiça e dos tribunais. No sistema português, é esse ministério que deve estabelecer as articulações e cooperação com os órgãos de governo próprios da jurisdição na sustentação e desenvolvimento dos mecanismos de apoio à atividade dos tribunais. No sistema brasileiro, a Constituição estabelece a autonomia administrativa e financeira dos Tribunais (art.º 99.º, da CFB) denominada "autogoverno dos Tribunais", em relação a todas as suas atividades desenvolvidas no âmbito das estruturas dos tribunais e voltadas a prestação jurisdicional. Nestes casos, os Tribunais enviam as propostas orçamentárias, que posteriormente são analisadas, ajustadas e aprovadas, em conjunto com todo o orçamento do Estado e debatido e aprovado pelo Poder Legislativo. Posteriormente, no ano seguinte, os valores orçamentários aprovados em lei são encaminhados aos Tribunais, que serão responsáveis pela gestão dos recursos financeiros por seus órgãos e agentes e destinados a manutenção das estruturas físicas e de pessoal. Ao lado da administração de todas as atividades judiciais realizada pelos Tribunais, o Poder Executivo brasileiro é responsável, via Ministério da Justiça, por uma série de atribuições, de políticas públicas que interferem positivamente ou negativamente na atuação do judiciário (cooperação judiciária internacional) e de órgãos (Secretaria Nacional de Justiça, Polícia Federal) necessários para o bom funcionamento de todo o sistema de justiça, para além das funções típicas desenvolvidas pelo judiciário, por exemplo, a organização e o funcionamento de todo o sistema policial, bem como de tarefas correlatas com a segurança pública e organização do sistema prisional.

4.1.7.1. Ministério da Justiça de Portugal

Em Portugal, a mais recente Lei Orgânica do Ministério da Justiça, a Lei n.º 123/2011, de 29/12, estabelece que esse ministério é o departamento governamental que tem por missão a concessão, condução, execução e avaliação da política de justiça definida pela Assembleia da República e pelo Governo, assegurando no âmbito das suas atribuições as relações do Governo com os tribunais e o Ministério Público, o CSM e o CSTAF.

Essa lei orgânica sucedeu a um outro diploma orgânico de 2006 e que, por sua vez, foi antecedido por um outro, o decreto-lei n.º 146/2000, de 18 de julho, que se traduziu, porventura, numa reforma maior, com impacto na concessão da organização da justiça em Portugal, uma vez que mostrou uma nova abertura da administração para as novas necessidades de gestão moderna do setor da justiça. Basta dizer que antes desta última modelação orgânica, o Ministério da Justiça tinha mantido a mesma estrutura durante quase trinta anos, desde o decreto-lei n.º 523/72, de 19 de dezembro.

Com incidência direta na administração e gestão dos tribunais, a atual lei orgânica do Ministério mantém muito das novas estruturas criadas em 2000 para as áreas de planejamento, avaliação, administração, tecnologia e patrimônio, embora ajustadas a novos tempos de contenção financeira. São de realçar pela sua importância os seguintes organismos, integrados na administração direta ou indireta do Estado ou da tutela do ministério: a Direção Geral da Administração da Justiça, a Direção Geral da Política de Justiça, o Instituto de Gestão Financeira e Equipamentos da Justiça, I. P. e o Centro de Estudos Judiciários.

A Direção Geral da Administração da Justiça (DGAJ) tem por missão assegurar o apoio ao funcionamento dos tribunais. É a estrutura do ministério que interage mais proximamente com a gestão dos tribunais. E é por isso que, constantemente, o cargo de diretor geral é entregue a um juiz. Prossegue, entre outras, as atribuições de apoiar a definição das políticas de organização e gestão dos tribunais, propor e executar medidas adequadas à modernização e à racionalização dos meios à disposição do sistema judiciário, programar e executar ações relativas à gestão e administração dos funcionários judiciais, incluindo a programação e a execução das ações de formação, executar e proceder à avaliação da gestão orçamental, financeira e contabilística dos tribunais sem autonomia administrativa, bem como participar na preparação e gestão dos orçamentos, relativamente aos tribunais de 1.ª instância, das magistraturas judicial e do Ministério Público, participar na concessão, desenvolvimento e funcionamento dos sistemas de informação do sistema judiciário, programar as necessidades de instalações dos tribunais e colaborar no planejamento e na execução de obras de construção, remodelação ou conservação nos mesmos, bem como colaborar na recolha, tratamento e difusão da informação estatística relativa aos tribunais. Tem também como atribuição dirigir a atividade dos administradores dos tribunais, embora aqui conflitue, em concorrência, com algumas competências dos presidentes dos tribunais.

A Direção Geral da Política de Justiça (DGPJ) tem, no que toca à atividade dos tribunais, por missão especial acompanhar e monitorizar políticas, organizar e fomentar o recurso aos tribunais arbitrais, aos julgados de paz e a outros meios extrajudiciais de resolução de conflitos, assegurando o planejamento estratégico e a coordenação das relações externas e de cooperação, e é responsável pela informação estatística da área da justiça.

O Instituto de Gestão Financeira e Equipamentos da Justiça, I. P. (IGFEJ, I. P.) tem por missão, designadamente, a gestão do patrimônio afeto à área da justiça, das infraestruturas e recursos tecnológicos, bem como a proposta de concessão, a execução e a avaliação dos planos e projetos de informatização. Nas suas atribuições estão, em especial, as de assegurar a gestão e a administração dos imóveis para instalação de órgãos, serviços e organismos da área da justiça. E, com particular e sensível importância, as da concessão, produção, avaliação e gestão integrada da rede de informação e comunicações da justiça, bem como das bases de dados centrais e a de garantir a permanente e completa adequação e segurança dos sistemas de informação às necessidades de gestão e operacionalidade dos órgãos e serviços integrados na área da justiça e o apoio informático aos respectivos utilizadores.

Outra importante estrutura tutelada pelo Ministério da Justiça é o Centro de Estudos Judiciários (CEJ), um estabelecimento de formação que tem essencialmente por missão a formação inicial e contínua dos juízes e magistrados do Ministério Público. A sua importância nessa missão é tanto mais acrescida quanto a formação inicial está, em Portugal, completamente ligada ao processo de recrutamento e nomeação daqueles magistrados. Se bem que o CEJ tenha também por missão desenvolver ações de formação jurídica e judiciária de advogados, solicitadores e outros profissionais da justiça, esta missão não é na prática tão desenvolvida. Ao CEJ cabe também desenvolver atividades de estudo e de investigação jurídica e judiciária.

Na área de intervenção do Ministério da Justiça relativamente aos tribunais surge, com enorme relevo, a gestão e administração dos funcionários de justiça, através da DGAJ e do seu diretor geral que preside a um órgão privativo de disciplina e avaliação daqueles funcionários: o Conselho dos Oficiais de Justiça (COJ). De certa forma é através dos funcionários de justiça, entendidos como funcionários públicos normais sujeitos à hierarquia administrativa governamental, que o Governo assegura a sua esfera de intervenção própria na administração da organização dos tribunais.

Os funcionários de justiça têm uma carreira, regulamentada pelo seu estatuto próprio (aprovado pelo DL n.º 343/99, de 26 de agosto), evolutiva em função de critérios de antiguidade e mérito. Integra vários grupos de pessoal. O mais importante é o grupo de pessoal oficial de justiça que compreende as categorias de secretário de tribunal superior, secretário de justiça e as carreiras judicial e dos serviços do Ministério Público. Na carreira judicial integram-se as categorias de escrivão de direito, escrivão adjunto e escrivão auxiliar. Na carreira dos serviços do Ministério Público integram-se as categorias de técnicos de justiça, principal, adjunto e auxiliar. Existem ainda outros grupos de pessoal: o pessoal de informática, pessoal técnico-profissional, pessoal administrativo, pessoal auxiliar e pessoal operário.

O Estatuto dos Funcionários de Justiça criou em 1999 o COJ, um órgão mimético dos conselhos superiores de gestão das magistraturas para a apreciação do mérito profissional e para o exercício da ação disciplinar sobre os oficiais de justiça (os restantes grupos de pessoal funcionários de justiça nos tribunais são tutelados nesta área pela DGAJ). O Tribunal Constitucional, pelo Acórdão n.º 73/2002, declarou inconstitucionais, com força obrigatória geral, as normas que suportavam aquelas competências do COJ. Na respectiva fundamentação concluiu-se pela existência de inconstitucionalidade material por violação do art. 218º n.º 3 da Constituição, explicitando-se que esse artigo, ao prescrever que do CSM podem fazer parte funcionários de justiça que intervirão apenas na apreciação do mérito profissional e no exercício da função disciplinar relativa a funcionários de justiça, determina que essa atividade só ao CSM pode ser atribuída e a mais nenhum órgão. Esta declaração de inconstitucionalidade conduziu a uma alteração legal, através da qual, mantendo-se o COJ com as suas competências em matéria disciplinar e de apreciação de mérito, se estabelece que os vários conselhos superiores das magistraturas são quem conhece dos recursos interpostos das decisões do COJ relativamente a funcionários que exerçam funções em tribunais ou serviços do Ministério Público, da respectiva área de atuação, e possam mesmo avocar processos para primeira apreciação.

O COJ é composto pelo diretor geral da Administração da Justiça, que preside, e nove vogais, dois designados por ele (um deles necessariamente magistrado judicial e que assume a vice presidência), três designados, respectivamente, pelo CSM, pelo CSTF e pela Procuradoria-Geral da República e quatro oficiais de justiça, um por cada distrito judicial, eleitos pelos seus pares.

4.1.7.2. Ministério da Justiça do Brasil

O Ministério da Justiça do governo federal brasileiro também é responsável pela articulação e promoção de diversas políticas públicas, direta ou indiretamente, relacionadas ao sistema de justiça, bem como a execução de programas e ações fundamentais para a evolução delas, tais como: o acesso aos direitos e à justiça, o sistema penitenciário, migrações, refugiados, direitos indígenas, movimentos e entidades sociais, diversidade e desigualdade social, anistia política, arquivo nacional e direitos do consumidor. Desenvolve ainda a coordenação de ações voltadas, especialmente, ao combate à pirataria, as drogas, tráfico de pessoas, à corrupção e à lavagem de dinheiro, além da defesa econômica e a cooperação jurídica internacional. Ainda sob a sua pasta estão vinculados a Força Nacional, a Polícia Federal e a Polícia Rodoviária Federal, bem como a rede integrada de bancos de perfis genéticos e de controle de armas.

As ações desenvolvidas pelo Ministério da Justiça são relevantes, especialmente para a concretização ou o resguardo dos direitos e estão intimamente ligadas com as atividades do sistema judiciário, pois, direta ou indiretamente, estão próximas, ou seja, são influenciadas de modo recíproco. O bom funcionamento do sistema judicial depende do bom funcionamento das estruturas de responsabilidade do Ministério e vice-versa.

Um relevante órgão na estrutura do Ministério é a Secretaria de Assuntos Legislativos (SAL) que coordena e supervisiona a elaboração de projetos de lei, decretos de caráter geral e outros atos normativos, além de examinar e opinar sobre a constitucionalidade e juridicidade, bem como promover ações e debates públicos, também acompanha, em conjunto com a Assessoria Parlamentar do Gabinete do Ministro, a tramitação de projetos de interesse do sistema de justiça de responsabilidade do Ministério que estão em debate no Congresso Nacional.

Entre as atribuições do Ministério da Justiça que estão mais próximas e integradas com as atividades do judiciário, é possível citar o Departamento Penitenciário Nacional (DEPEN). É um órgão de suma importância, pois é o braço de executivo que acompanha e controla a aplicação da Lei de Execução Penal e das diretrizes da Política Penitenciária Nacional, emanadas, principalmente, pelo Conselho Nacional de Política Criminal e Penitenciária – CNPCP. Além disso, o Departamento é o gestor do Fundo Penitenciário Nacional – FUNPEN, criado pela Lei Complementar nº 79, de 07 de janeiro de 1994 e regulamentado pelo Decreto nº 1.093, de 23 de março de 1994, e tem por objetivo distribuir as verbas para a melhoria das condições carcerárias e dos programas para o egresso retornar a convivência social. O DEPEN, ainda é o responsável pelo sistema penitenciário federal, cujos principais objetivos são isolamento das lideranças do crime organizado, cumprimento rigoroso da Lei de Execução Penal e custódia de: presos condenados e provisórios sujeitos ao regime disciplinar diferenciado; líderes de organizações criminosas; presos responsáveis pela prática reiterada de crimes violentos; presos responsáveis por ato de fuga ou grave indisciplina no sistema prisional de origem; presos de alta periculosidade e que possam comprometer a ordem e segurança pública; réus colaboradores presos ou delatores premiados. Para tanto, há no Brasil apenas cinco presídios federais, sob a responsabilidade direta do Ministério da Justiça e atuação correicional dos juízes federais. Como coordenador da política penal brasileira, o DEPEN articula-se não apenas com os Estados e o Distrito Federal para o êxito dessas políticas, mas também em nível externo, com organismos internacionais e governos, para alinhamento de práticas e políticas voltadas ao sistema penitenciário brasileiro, em conformidade com os padrões internacionais de tratamento de pessoas privadas de liberdade.

O Departamento de Migrações (DEMIG), antigo departamento de estrangeiros DEEST, integra a Secretaria Nacional de Justiça e Cidadania e é o departamento responsável por processar, opinar e encaminhar os assuntos relacionados com a nacionalidade, naturalização, regime jurídico dos estrangeiros, bem como os assuntos relacionados com as medidas compulsórias. É também de sua competência, instruir os processos relativos à transferência de presos para cumprimento de pena no país de origem, a partir de acordos dos quais o Brasil seja parte; instrui processos de reconhecimento da condição de refugiado e de asilo político; e fornece apoio administrativo ao Comitê Nacional para os Refugiados – CONARE.

O Ministério da Justiça também é o responsável por políticas públicas voltadas aos indígenas, por meio do Conselho Nacional de Política Indigenista – CNPI, instalado no dia 27 de abril de 2016. É um órgão colegiado de caráter consultivo, responsável pela elaboração, acompanhamento e implementação de políticas públicas voltadas aos povos indígenas. Foi criado pelo Decreto n.º 8.593, de 17/12/15 e é composto por 45 membros, sendo 15 representantes do Poder Executivo Federal, todos com direito a voto; 28 representantes dos povos e organizações indígenas, sendo 13 com direito a voto; e dois representantes de entidades indigenistas, com direito a voto. Foi criado com o objetivo de se consolidar enquanto instância de proposição de princípios e diretrizes para políticas públicas voltadas aos povos indígenas, bem como para o estabelecimento de prioridades e critérios na condução da política indigenista.

Ainda, o Ministério da Justiça congrega e dialoga com as entidades sociais, nacionais e estrangeiras, na articulação constante busca da concretização de mudanças imprescindíveis para a modernização da máquina administrativa do Estado brasileiro. A Secretaria Nacional do Consumidor (Senacon), criada pelo Decreto nº 7.738/12, integra o Ministério da Justiça e tem suas atribuições estabelecidas no art. 106 do Código de Defesa do Consumidor e no art. 3º do Decreto nº 2.181/97. A atuação da Senacon concentra-se no planejamento, elaboração, coordenação e execução da Política Nacional das Relações de Consumo.

A Comissão de Anistia foi criada pela Lei 10.559/02 com o objetivo de reparar moral e economicamente as vítimas de atos de exceção, arbítrio e violações aos direitos humanos cometidas entre 1946 e 1988. Ligada ao Ministério da Justiça, a Comissão é composta por 25 conselheiros, em sua maioria agentes da sociedade civil ou professores universitários, sendo um deles indicado pelos anistiados políticos e outro pelo Ministério da Defesa. A Comissão hoje conta com mais de 75 mil pedidos de anistia protocolados. Desde 2007, a Comissão passou a promover diversos projetos de educação, cidadania e memória, levando as sessões de apreciação dos pedidos aos locais onde ocorreram às violações, promovendo chamadas públicas para financiamento a iniciativas sociais de memória, e fomentando a cooperação internacional para o intercâmbio de práticas e conhecimentos, com ênfase nos países do Hemisfério Sul.

Essas são apenas algumas das atribuições do Ministério da Justiça do Brasil para a concretização da sua missão. Como verificado acima, a atuação administrativa dos seus órgãos impacta diretamente, prévia ou posteriormente, nas atividades realizadas pelos tribunais.

4.1.8. O Ministério Público

4.1.8.1. A Procuradoria-Geral da República e o Conselho Superior do Ministério Público em Portugal

O Ministério Público, através dos seus magistrados e serviços próprios, exerce as suas competências junto dos tribunais partilhando os recursos que lhe são afetos, essencialmente as instalações e serviços de pessoal. Da sua atividade, depende também o bom funcionamento da atividade dos juízes e dos serviços de apoio a estes. Daí que a estrutura de gestão de cada tribunal deva dar a devida atenção à articulação necessária com a estrutura do Ministério Público, compreendendo a sua posição, necessidades e organização específica.

Em Portugal, a Procuradoria-Geral da República (PGR) é, constitucionalmente, o órgão superior do Ministério Público, sendo presidida pelo Procurador-Geral da República. A PGR compreende o Conselho Superior do Ministério Público (CSMP), entre outros órgãos, como por exemplo o Conselho Consultivo. É através do CSMP que a PGR exerce a sua competência disciplinar e a sua competência de gestão dos magistrados do Ministério Público, incluindo esta não apenas a sua avaliação, mas também a sua nomeação e colocação nos vários lugares.

O CSMP é composto pelo Procurador-Geral da República, pelos procuradores-gerais-adjuntos nos distritos judiciais, por um procurador-geral-adjunto eleito pelos demais seus pares, por dois procuradores eleitos pelos demais procuradores, por quatro procuradores-adjuntos eleitos pelos demais seus pares da mesma categoria, um por distrito judicial, por cinco membros eleitos pela Assembleia da República e por três personalidades de reconhecido mérito designadas pelo Ministro da Justiça.

A este Conselho compete hoje, pela Lei de Organização do Sistema Judiciário (Lei n.º 62/2013), um importante papel na gestão dos tribunais judiciais de comarca. É ele quem designa o magistrado do Ministério Público coordenador que integra o conselho de gestão de cada comarca e é ele a quem compete a apreciação dos recursos interpostos dos atos administrativos daquele coordenador.

A PGR participa na definição dos objetivos estratégicos trienais para o desempenho dos tribunais judiciais e acompanha, em articulação com o CSM e com os serviços do Ministério da Justiça, a permanente atividade de monitorização desse desempenho. Compete-lhe também aprovar os planos de objetivos processuais (respeitantes ao número de processos findos e ao tempo de duração) formulados anualmente pelo magistrado coordenador de cada comarca, em articulação com o juiz presidente.

4.1.8.2. A Procuradoria-Geral da República e o Conselho Nacional do Ministério Público do Brasil

No Brasil, a Procuradoria Geral da República (PGR) é a sede administrativa do Ministério Público Federal (MPF) e está localizada na capital federal, em Brasília. É na PGR estão lotados os 73 Sub-Procuradores Gerais da República, último grau da carreira de membro do MPF, incluindo o Procurador-Geral da República, chefe da instituição.

A PGR atua perante o Supremo Tribunal Federal (STF), o Superior Tribunal de Justiça (STJ) e o Tribunal Superior Eleitoral (TSE). O Procurador-Geral da República é quem designa os Sub-Procuradores Gerais da República para atuarem nas turmas do STF, no STJ e no TSE.

O Ministério Público brasileiro é composto pelo Ministério Público da União (MPU) que compreende os seguintes ramos: a) O Ministério Público Federal (MPF); b) O Ministério Público do Trabalho (MPT); c) O Ministério Público Militar (MPM); d) O Ministério Público do Distrito

Federal e Territórios (MPDFT); e também pelos Ministérios Públicos dos Estados (MPE), mantidos e organizados por cada um dos Estados da Federação. A organização, as atribuições e o estatuto do Ministério Público da União divergem do Ministério Público dos Estados, em face da autonomia do órgão em cada da unidade federativa. Enquanto o MPU é regido pela Lei Complementar nº 75/1993, o MPE rege-se pela Lei nº 8.625/1993. Ao MPU é assegurada autonomia funcional, administrativa e financeira, em termos semelhantes dos Tribunais, de acordo com a interpretação dos artigos 129, §º 4, combinado com o artigo 93 e 99 da Constituição Federal. Neste sentido, a independência dos membros da instituição, bem como a administração financeira e organizativa do Ministério Público são relevantes para o pleno exercício das atividades.

A Constituição Federal, no artigo 129, estabelece as funções institucionais do Ministério Público: a) promover, privativamente, a ação penal pública; b) zelar pelo efetivo respeito dos Poderes Públicos e dos serviços de relevância pública aos direitos assegurados nesta Constituição, promovendo as medidas necessárias a sua garantia; c) promover o inquérito civil e a ação civil pública, para a proteção do patrimônio público e social, do meio ambiente e de outros interesses difusos e coletivos; d) promover a ação de inconstitucionalidade ou representação para fins de intervenção da União e dos Estados, nos casos previstos nesta Constituição; e) defender judicialmente os direitos e interesses das populações indígenas; f) expedir notificações nos procedimentos administrativos de sua competência, para requisitar as informações e os documentos para instruí-los, na forma da lei complementar respectiva; g) exercer o controle externo da atividade policial, na forma da lei complementar; h) requisitar diligências investigatórias e a instauração de inquérito policial, indicados os fundamentos jurídicos de suas manifestações processuais; i) exercer outras funções que lhe forem conferidas, desde que compatíveis com sua finalidade, sendo-lhe vedada a representação judicial e a consultoria jurídica de entidades públicas.

Retorno ao tema da aplicação subsidiária prevista no artigo 129, §4º que estabelece a organização do Ministério Público as mesmas garantias e direitos do Poder Judiciário. O dispositivo tem por objetivo equiparar as instituições no desempenho das atividades relevantes que desempenham dentro da organização estatal e da separação de poderes do Estado Democrático de Direito.

A reforma constitucional do judiciário de 2004, promovida pela Emenda 45, acrescentou o artigo 130-A, criou o Conselho Nacional do Ministério Público que é composto por quatorze membros nomeados pelo Presidente da República, depois de aprovada a escolha pela maioria absoluta do Senado Federal, para um mandato de dois anos, admitida uma recondução, sendo: a) o Procurador-Geral da República, que o preside; b) quatro membros do Ministério Público da União, assegurada a representação de cada uma de suas carreiras; c) três membros do Ministério Público dos Estados; d) dois juízes, indicados um pelo Supremo Tribunal Federal e outro pelo Superior Tribunal de Justiça; e) dois advogados, indicados pelo Conselho Federal da Ordem dos Advogados do Brasil; f) dois cidadãos de notável saber jurídico e reputação ilibada, indicados um pela Câmara dos Deputados e outro pelo Senado Federal. Os membros do Conselho oriundos do Ministério Público serão indicados pelos respectivos Ministérios Públicos. O Presidente do Conselho Federal da Ordem dos Advogados do Brasil oficiará junto ao Conselho.

Compete ao Conselho Nacional do Ministério Público o controle da atuação administrativa, organizativa, financeira e disciplinar do Ministério Público e do cumprimento dos deveres funcionais de seus membros, cabendo lhe: a) zelar pela autonomia funcional e administrativa do Ministério Público, podendo expedir atos regulamentares, no âmbito de sua competência, ou recomendar providências; b) zelar pela observância do art. 37 e apreciar, de ofício ou mediante provocação, a legalidade dos atos administrativos praticados por membros ou órgãos do Ministério Público da União e dos Estados, podendo desconstituí-los, revê-los ou fixar prazo para que se adotem as providências necessárias ao exato cumprimento da lei, sem prejuízo da competência dos Tribunais de Contas; c) receber e conhecer das reclamações contra membros ou órgãos do Ministério Público da União ou dos Estados, inclusive contra seus serviços auxiliares, sem prejuízo da competência disciplinar e correicional da instituição, podendo avocar processos disciplinares em curso, determinar a remoção, a disponibilidade ou a aposentadoria com subsídios ou proventos proporcionais ao tempo de serviço e aplicar outras sanções administrativas, e sempre é assegurada a ampla defesa; d) rever, de ofício ou mediante provocação, os processos disciplinares de membros do Ministério Público da União ou dos Estados julgados há menos de um ano; e) elaborar relatório anual, propondo as providências que julgar necessárias a respeito da situação do Ministério Público no País e as atividades do Conselho, o qual deve integrar a mensagem do Presidente da República a ser realizada no início da legislatura (artigo 84, XI, da Constituição).

O CNMP também tem a função de controle e transparência administrativa do Ministério Público e de seus membros, ou seja, é uma entidade aberta ao cidadão e às entidades brasileiras, que podem encaminhar reclamações contra membros ou órgãos do Ministério Público, inclusive contra seus serviços auxiliares. Para comandar estes serviços o Conselho escolherá, em votação secreta, um Corregedor nacional, dentre os membros do Ministério Público que o integram, vedada a recondução, competindo-lhe, além das atribuições que lhe forem conferidas pela lei, as seguintes: a) receber reclamações e denúncias, de qualquer interessado, relativas aos membros do Ministério Público e dos seus serviços auxiliares; b) exercer funções executivas do Conselho, de inspeção e correição geral; c) requisitar e designar membros do Ministério Público, delegando-lhes atribuições, e requisitar servidores de órgãos do Ministério Público.

A Emenda Constitucional 45/04, ainda previu a criação e a instalação de ouvidorias do Ministério Público, competentes para receber reclamações e denúncias de qualquer interessado contra membros ou órgãos do Ministério Público, inclusive contra seus serviços auxiliares, representando diretamente ao Conselho Nacional do Ministério Público.

O CNMP criou o Fórum Nacional de Gestão do Ministério Público (FNG-MP) com o objetivo promover o debate, o estudo, a análise, a discussão, a harmonização, a articulação e a implementação de melhores práticas de gestão para suporte à atividade-fim do Ministério Público brasileiro. Criado pela Portaria CNMP/Presi 25/12, o Fórum Nacional de Gestão (FNG) foi reestruturado em 2014, para se constituir como instância superior de deliberação coletiva dos Comitês de Políticas de Tecnologia da Informação do Ministério Público (CPTI-MP); de Políticas de Comunicação Social do Ministério Público (CPCom-MP); de Políticas de Gestão Administrativa do Ministério Público (CPGA-MP); de Políticas de Gestão Orçamentária do Ministério Público (CPGO-MP); e de Políticas de Gestão de Pessoas do Ministério Público (CPGP-MP).

A constante mobilização para a inclusão de projetos da área meio nos Bancos Nacionais de Projetos e Processos culmina com a inscrição de muitos casos de sucesso na área estruturante dos Ministérios Públicos. Com a visão de que o estabelecimento de parcerias possibilitam o vigoroso incremento das potencialidades de resultados e o amadurecimento dos mecanismos de gestão, foram celebrados Termos de Cooperação Técnica com o IPEA e a ENAP. O primeiro objetiva estabelecer parceria entre o CNMP e o IPEA, para a implementação de ações conjuntas que assegurem a realização de estudos e pesquisas de interesse mútuo, principalmente a respeito de temas concorrentes à atuação do Ministério Público brasileiro. O segundo contempla estabelecer cooperação técnica entre a ENAP e o CNMP para a realização de ações conjuntas que promovam o intercâmbio de insumos, informações, experiências e conhecimentos de gestão educacional, visando à criação de uma rede de capacitação no âmbito do Ministério Público brasileiro e ao fortalecimento da atuação de Capacitação do Ministério Público (UCMP), vinculada à Presidência do CNMP. O FNG é extremamente útil para as áreas de gestão envolvidas, em face da transversalidade de variados projetos priorizados para possibilitar maior sinergia entre os atores das áreas de recursos humanos, planejamento e execução orçamentária, tecnologia da informação e comunicação institucionais.

Ainda é relevante destacar que o CNMP já realizou oito congressos de gestão do Ministério Público, sempre com uma temática principal para os debates e ações a serem desenvolvidas. A política institucional esta relacionada com as atividades de Planejamento Estratégico Nacional do Ministério Público com o objetivo de fortalecer o Ministério Público no Brasil, com base na construção de uma agenda estratégica capaz de alinhar aos ramos de toda instituição em torno de objetivos comuns, com foco na melhoria dos serviços prestados à sociedade, sempre para buscar diretrizes convergentes que possam contribuir para a maior eficiência do Ministério Público.

Por fim, o Banco Nacional de Projetos (BNP) do CNMP é ferramenta responsável por coletar e disseminar os projetos bem-sucedidos no âmbito do Ministério Público brasileiro. Seu objetivo é possibilitar que cada unidade inscreva seus projetos para dar ampla publicidade às suas atividades de sucesso, as quais podem ser replicadas em todo o território nacional. Além disso, é importante fonte de memória de um trabalho amplo e eficaz realizado em todo o território nacional, disponível para consulta no link http://bancodeprojetos.cnmp.mp.br. A Resolução 94/04, instituiu o Prêmio CNMP, para possibilitar o reconhecimento com uma premiação dos programas e dos projetos do Ministério Público brasileiro que mais se destacaram na concretização e no alinhamento do Planejamento Estratégico Nacional.

4.1.9. O orçamento da justiça

O "orçamento é o quadro geral básico de toda a atividade financeira", na definição de Sousa Franco (*Direito Financeiro e Finanças Públicas*), sendo através dele que se permite, por um lado, racionalizar os dinheiros públicos e, por outro, definir e executar as políticas financeiras e econômicas que as concretizam. Produto do constitucionalismo liberal, o orçamento público, pode ser definido como uma "previsão de receitas e gastos, preocupando-se com a racionalidade econômica da administração pública e a defesa dos direitos e garantias individuais", na definição de Rafael Campos Soares da Fonseca *(Orçamento Público e suas emergências programadas).*

No orçamento de um Estado, aprovado pelo poder legislativo e para vigorar, em regra, anualmente, estão inscritas todas as receitas e despesas que o Estado assume ou prevê assumir naquele período, de acordo com o princípio da plenitude orçamental. O orçamento do setor "justiça" está incluído no orçamento de Estado.

O orçamento da justiça, envolvendo o seu financiamento, tanto no modo como é concretizado, como no seu conteúdo, assume uma dimensão de enorme efetividade na afirmação do direito e acesso à justiça.

A questão orçamental é reconhecida pelo Conselho da Europa, tanto pelo CEPEJ, como pelo Conselho Consultivo dos Juízes Europeus (CCJE) como questão essencial no âmbito da independência dos Tribunais e, consequentemente, do sistema de justiça. Assim, o CCJE, no seu "Avis" n.º 2 (2001) de 23.10.2001, reconhece uma relação de causalidade direta entre o financiamento dos tribunais e a independência dos juízes, já que isso determina as condições em que os Tribunais desempenham as suas funções.

A análise do orçamento da justiça deve, no entanto, levar em consideração a questão da estrutura poliédrica ou «multinível» do sistema de justiça e as várias dimensões que isso comporta, de um ponto de vista financeiro.

No seu conjunto, no que poderíamos definir como o orçamento no sentido amplo, englobam igualmente o orçamento do sistema de justiça o conjunto de orçamentos de instituições ou serviços que se relacionam diretamente com a justiça, nomeadamente os serviços penitenciários, os conselhos de justiça, o Tribunal Constitucional, os serviços de execução, os serviços notariais, os serviços de perícias legais, os serviços de refugiados, os serviços do Ministério da Justiça ou os serviços de advocacia do Estado.

Nesta visão ampla, estão englobados recursos financeiros públicos, vindos, em regra do orçamento geral do Estado, dedicados ou alocados tanto a serviços públicos como a instituições privadas, como é o caso, em muitos países, do apoio judiciário.

Do orçamento da justiça, num sentido estrito, fazem parte em regra, o orçamento dos tribunais, o orçamento do apoio judiciário e o orçamento do Ministério Público.

Quanto ao seu conteúdo, o orçamento engloba, em regra o financiamento dos recursos humanos disponíveis (salários), o financiamento das instalações e equipamentos (subdivididos em despesas de investimento ou custos de locação), o financiamento da formação dos profissionais, o investimento a realizar nos sistemas de gestão e o financiamento das tecnologias de informação que constituem um suporte essencial no sistema de gestão.

Importa referir que em alguns Estados estão igualmente englobados no orçamento da justiça determinados serviços de polícia, nomeadamente policias especializadas em investigação criminal, dependentes diretamente ou do ministério da justiça ou do Ministério Público, bem como alguns serviços indiretamente ligados à justiça como são os serviços de apoio a vítimas, restituição de bens, recuperação de ativos, etc.

Importa finalmente referir que o orçamento da justiça pode ser distribuído "horizontalmente" em cada Estado de acordo com a sua estrutura constitucional. Existem Estados federais onde alguns serviços de justiça estão na dependência das entidades regionais, por exemplo, os serviços do sistema prisional.

A estrutura complexa do sistema de justiça e a sua condicionante orçamental leva por isso à necessidade de tratamento dos dados orçamentais dos sistemas com algum cuidado, nomeadamente quando se analisa em termos macro, o montante das despesas públicas atribuídas ao funcionamento do sistema de justiça.

Nesta perspectiva e sobretudo face à necessidade de comparar indicadores no âmbito de determinados espaços regionais, como é o caso da União Europeia ou do Conselho da Europa, deve fazer-se a distinção entre o orçamento atribuídos aos tribunais, propriamente ditos, ao Ministério Público e ao apoio judiciário.

A estrutura ou o modelo orçamental destinado à área da justiça, quer pela sua estrutura, quer pelo seu quantitativo quer pelo seu modo de atribuição e aplicação, condiciona inequivocamente a aplicação de qualquer programa de desenvolvimento mas também de racionalização do sistema de justiça.

Por isso o CCJE vem afirmando que a importância dos recursos que um país pode alocar aos seus tribunais depende de uma decisão política. No entanto, "num sistema baseado na separação de poderes é sempre necessário vigiar quer o poder executivo quer o poder legislativo de modo a que não exerçam qualquer pressão sobre a justiça na hora de fixar o seu orçamento". Por isso, conclui o CCJE, "as decisões em matéria de atribuição de meios econômicos aos tribunais têm que ser tomadas dentro do respeito absoluto pela independência dos juízes".

O que se retira dessa injunção é, por um lado, a necessidade do poder legislativo (ou executivo) ter a obrigação de dotar o sistema de justiça de um orçamento adequado ao exercício das suas funções, levando em conta toda a sua especificidade e, por outro, a necessidade desse orçamento não pôr em causa a própria independência do poder judicial.

Para além disso e independentemente do tipo ou modelo orçamental pré-definido, na sua concretização deverá levar-se em consideração o objetivo essencial do programa de qualidade para a justiça onde o fator "custo" assume uma inequívoca centralidade.

Recorde-se que um sistema de justiça de qualidade deve implicar, como objetivo, um sistema de acesso generalizado à justiça a todos os cidadãos, empresas e instituições e essencialmente um sistema de baixo custo para os utentes.

4.1.9.1. O orçamento no sistema de justiça português

A experiência portuguesa, em face das especificidades e peculiaridades distintas da experiência brasileira, revela que o sistema de justiça, como função pública essencial do Estado, comporta um orçamento próprio, ainda que no atual sistema orçamental o mesmo se encontre dividido em duas grandes áreas. De um lado, a parte orçamental estabelecida no âmbito dos "Encargos Gerais do Estado" e, de outro, a parte atribuída e gerida no âmbito do Ministério da Justiça.

No primeiro caso estão englobados os orçamentos do Supremo Tribunal de Justiça, do Tribunal Constitucional, do Supremo Tribunal Administrativo, do Tribunal de Contas e do Conselho Superior da Magistratura.

No âmbito do Ministério da Justiça estão inseridos todas as verbas que se referem aos restantes tribunais e órgãos do sistema de justiça, a par de outros serviços da administração pública que dependem diretamente do Ministério, como é o caso de serviços de investigação policial, prisionais e reinserção, dos serviços de medicina legal, do Centro de Estudos Judiciários ou dos organismos de gestão do próprio ministério. Alguns destes serviços constituem fundos autónomos que como tal são tratados no orçamento de Estado, como é o caso do Instituto de Gestão Financeira e Equipamentos da Justiça, IP, o Instituto Nacional da Propriedade Industrial, IP e o Instituto Nacional de Medicina Legal e Ciências Forenses, IP.

O modelo orçamental da justiça, desde logo pela sua estrutura bicéfala, suscita alguma perplexidade. Sendo os tribunais, nos termos dos artigos 202.º e 203.º da Constituição, órgãos de soberania independentes compreende-se mal que estejam em grande parte condicionados por uma disponibilidade orçamental diretamente vinculada ao Ministério da Justiça, pelo menos em relação aos tribunais judiciais.

Sendo, no entanto, essa a situação de fato, é ao Ministério da Justiça que compete, anualmente, elaborar a proposta de orçamento dos serviços que constituem o sistema de justiça, nomeadamente o orçamento dos tribunais de comarca, mas com exceção dos quatro tribunais supremos (STJ, STA, TC e TContas), CSM e PGR.

A Lei de Enquadramento Orçamental (LEO), Lei n.º 151/2015 de 11 de novembro (que substituiu a Lei n.º 91/2001, de 20 de agosto, esta última republicada pela Lei n.º 41/2014, de 10 de julho e que ainda se mantém em vigor em determinadas matérias), estabelece as disposições gerais e comuns de enquadramento dos orçamentos e contas de todo o setor público administrativo, bem como as regras e os procedimentos relativos à organização, elaboração, apresentação, discussão, votação, alteração e execução do Orçamento do Estado, incluindo o da segurança social, e a correspondente fiscalização e responsabilidade orçamental dos organismos públicos. Aplica-se ao Orçamento do Estado, que abrange, dentro do setor público administrativo, os orçamentos do subsetor da administração central, incluindo os serviços e organismos que não dispõem de autonomia administrativa e financeira, os serviços e fundos autónomos e a segurança social, bem como às correspondentes contas.

Aí se estabelecem os princípios da anualidade, da unidade e universalidade, da não compensação, da não consignação, da especificação, do equilíbrio, da equidade intergeracional, da estabilidade orçamental, da solidariedade recíproca, da transparência orçamental, da sustentabilidade, da economia, eficiência e eficácia e da responsabilidade.

Porque se trata de uma lei reforçada, o seu normativo prevalece, nos termos do n.º 3 do artigo 112.º da Constituição, sobre todas as normas que estabeleçam regimes orçamentais particulares que a contrariem.

Para além da LEO e das leis anuais do orçamento de Estado, a gestão orçamental e contabilística pública está sujeita a um conjunto de normativos que importa referir.

Assim e desde logo a Lei de Bases da Contabilidade Pública, Lei n.º 8/90, de 20 de fevereiro, com as alterações subsequentes, que estabelece os princípios e normas a que devem obedecer o regime financeiro dos serviços e organismos da Administração Central e dos institutos públicos que revistam a forma de serviços personalizados do Estado e de fundos públicos, bem como o controlo orçamental e a contabilização das receitas e despesas.

De igual forma o regime Administrativo e Financeiro do Estado, estabelecido no decreto-lei n.º 155/92, de 28 de julho, sucessivamente alterado, bem como o Regime da Tesouraria Única, estabelecido no decreto-lei 191/99, de 5 de junho.

Deve referir-se, igualmente, o Plano Oficial de Contabilidade Pública (POCP), estabelecido no decreto-lei n.º 232/97, de 3 de setembro, aplicável a todos os serviços e organismos da administração central, regional e local .e não tenham natureza, forma e designação de empresa pública, bem como à segurança social.

4.1.9.2. O orçamento no sistema de justiça do Brasil

No Brasil, a regras constitucionais a respeito do orçamento público estão nos artigos 165 a 169 e seguem a sistemática de edição de leis de iniciativa do Poder Executivo para estabelecer o plano plurianual, as diretrizes orçamentárias e os orçamentos anuais. Os três instrumentos legislativos são responsáveis por condensar as informações e repartir as previsões orçamentárias para atender as demandas públicas de todas as áreas, inclusive do judiciário.[37]

---

[37] Para saber mais a respeito do Orçamento Público nos atos normativos do Brasil ver a obra Orçamento Público e suas emergências programadas, do autor Rafael Campos Soares da Fonseca, publicado pela Editora D'Plácido, páginas 62 a 82.

A lei que institui o plano plurianual (PPA) possui a finalidade de planejamento estratégico do governo a médio prazo, por meio do estabelecimento de diretrizes, objetivos e metas da administração pública federal para as despesas de capital e outras delas decorrentes e para as relativas aos programas de duração continuada. A lei de diretrizes orçamentárias apresenta uma funcionalidade operacional no curto prazo, relativa ao planejamento estratégico esboçado no PPA e compreenderá as metas e prioridades da administração pública federal, incluindo as despesas de capital para o exercício financeiro subseqüente, orientará a elaboração da lei orçamentária anual, disporá sobre as alterações na legislação tributária e estabelecerá a política de aplicação das agências financeiras oficiais de fomento. No plano infraconstitucional, requer a inclusão de anexo de metas e riscos fiscais, com relevância destacada no controle da execução orçamentária.

As obrigações de cumprimento das metas e dos planos são de observação obrigatória e acompanhamento em face de possíveis oscilações do panorama econômico. Desta forma, o Poder Executivo publicará, até trinta dias após o encerramento de cada bimestre, relatório resumido da execução orçamentária, como forma de controle e transparência das suas ações. A Lei de Responsabilidade Fiscal, estabeleceu novos paradigmas de gestão fiscal e exige a atenção aos seus preceitos para uma eficiente administração pública.

A lei orçamentária anual compreenderá o orçamento fiscal referente aos Poderes da União, seus fundos, órgãos e entidades da administração direta e indireta, inclusive fundações instituídas e mantidas pelo Poder Público. Também o orçamento de investimento das empresas em que a União, direta ou indiretamente, detenha a maioria do capital social com direito a voto. Ainda o orçamento da seguridade social, abrangendo todas as entidades e órgãos a ela vinculados, da administração direta ou indireta, bem como os fundos e fundações instituídos e mantidos pelo Poder Público.

O projeto de lei orçamentária será acompanhado de demonstrativo regionalizado do efeito, sobre as receitas e despesas, decorrente de isenções, anistias, remissões, subsídios e benefícios de natureza financeira, tributária e creditícia.

Vale destacar que os orçamentos previstos necessitam ser compatibilizados com o plano plurianual e a entre as suas funções tem a primazia de reduzir desigualdades inter-regionais, segundo critério populacional.

Contudo, no decorrer do exercício financeiro sempre serão necessários fazer ajustes para adequações a fatos extraordinários as previsões orçamentárias. Para tanto, há previsão legal que não proibi a autorização para abertura de créditos suplementares e contratação de operações de crédito, ainda que por antecipação de receita, sempre nos termos da lei. Neste sentido, são comuns os ajustes e a abertura de crédito suplementares, principalmente nos finais de ano.[38] A Constituição estabelece que o veículo legislativo para dispor sobre o exercício financeiro e demais detalhes será feito por lei complementar, bem como para o estabelecimento de normas de gestão financeira e patrimonial da administração direta e indireta bem como condições para a instituição e funcionamento de fundos. Além de dispor sobre critérios para a execução equitativa, além de procedimentos que serão adotados quando houver impedimentos legais e técnicos, cumprimento de restos a pagar e limitação das programações de caráter obrigatório.

Em termos de previsão constitucional, no artigo 166, os projetos de lei relativos ao plano plurianual, às diretrizes orçamentárias, ao orçamento anual e aos créditos adicionais serão apreciados pelas duas Casas do Congresso Nacional. No artigo 167 estabelece vedações as matérias que não podem ser objeto das leis orçamentárias e no artigo 169 prevê as limitações de pagamento de pessoal de modo a viabilizar a reserva de valores para a aplicação em políticas públicas de modo a não inviabilizar as administrações públicas no avanço de estruturas necessárias a vida em coletiva e em sociedade.

4.1.9.3. O orçamento nos tribunais superiores portugueses

No que respeita aos tribunais superiores de Portugal, o decreto-lei n.º 177/2000, de 9 de agosto veio introduzir no ordenamento jurídico a atribuição de autonomia administrativa e financeira aos tribunais superiores da jurisdição comum e administrativa, na linha do que sucedia com o Tribunal Constitucional e o Tribunal de Contas. Nesse sentido previu-se que as despesas dos tribunais superiores referentes ao quadro de magistrados e funcionários, as despesas correntes e as de capital sejam suportadas

---

[38] Sobre o tema ver a obra Orçamento Público e suas emergências programadas, do autor Rafael Campos Soares da Fonseca, publicado pela Editora D'Plácido, páginas 62 a 82.

pelo orçamento próprio dos tribunais superiores, financiado pelo Orçamento do Estado e pelo Instituto de Gestão Financeira e Equipamentos da Justiça (IGFEJ).

Assim, todos os tribunais superiores dispõem de orçamento próprio destinado a suportar as despesas com o quadro de magistrados e funcionários que lhes estão afetos, as demais despesas correntes e as despesas de capital necessárias ao exercício das suas competências.

O orçamento dos tribunais superiores é financiado por receitas próprias, por verbas do Orçamento do Estado e dos cofres geridos pelo Instituto de Gestão Financeira e Equipamentos da Justiça.

Constituem receitas próprias dos tribunais superiores o saldo de gerência do ano anterior, o produto de multas processuais, o produto da venda de publicações editadas e ainda quaisquer outras que lhes sejam atribuídas por lei, contrato ou outro título.

O produto das receitas próprias pode ser aplicado na realização de despesas correntes e de capital que, em cada ano, não possam ser suportadas pelas verbas inscritas no Orçamento do Estado, designadamente despesas de edição de publicações ou de realização de estudos, análises ou outros trabalhos extraordinários.

Os tribunais superiores seguem o regime da contabilidade orçamental que se encontra integrado no Regime de Administração Financeira do Estado e submetem as suas contas ao Tribunal de Contas.

O decreto-lei n.º 177/2000 só foi regulamentado, no que respeita a vários aspetos essenciais, como seja a dotação de órgãos próprios de gestão, para o Supremo Tribunal de Justiça e para o Supremo Tribunal Administrativo.

Os decretos-leis n.ºs 73/2002 e 74/2002, ambos de 26 de março estabelecem a organização dos serviços dos Supremo Tribunal Administrativo e Supremo Tribunal de Justiça, respectivamente. Nestes tribunais o conselho administrativo é um órgão com competência administrativa e financeira, composto pelo presidente do tribunal, que preside, pelo administrador, por dois juízes conselheiros designados anualmente pelo plenário do tribunal, sob proposta do presidente, (no caso do STJ) e por dois vice-presidentes, (no caso do STA) e pelo diretor pelos serviços de apoio administrativo e financeiro dos tribunais.

É ao conselho administrativo que compete aprovar o projeto de orçamento anual e as suas alterações e apresentá-lo ao Governo nos prazos determinados para a elaboração da proposta de lei do Orçamento do Estado, a submeter à Assembleia da República, devendo ainda fornecer os elementos que esta lhe solicite sobre a matéria.

Existe, em cada um dos tribunais supremos, uma Direção de Serviços Administrativos e Financeiros a quem compete, no âmbito orçamental, (a) elaborar a proposta dos orçamentos de funcionamento e de investimento (b) acompanhar a execução orçamental e propor as alterações necessárias; (c) processar as requisições de fundos de contas das dotações consignadas ao Tribunal; (d) elaborar a conta de gerência e preparar o projeto do respectivo relatório; (e) instruir os procedimentos relativos à aquisição de bens e serviços e à realização de empreitadas de obras públicas; (f) assegurar a escrituração e os registros contabilísticos obrigatórios; (g) assegurar o processamento das remunerações e outros abonos, bem como proceder à liquidação dos respectivos descontos e (h) verificar e processar os documentos de despesa.

No que respeita aos tribunais da Relação, porque não existe ainda regulamentação específica para estes tribunais, as competências atribuídas no decreto-lei n.º 177/2000 a um conselho administrativo são executadas pelo presidente do tribunal. Assim, são competência do presidente elaborar os projetos de orçamento do Tribunal e autorizar as despesas e respectivos pagamentos, entre outras.

4.1.9.4. O orçamento nos tribunais superiores brasileiros

No que respeita aos orçamentos dos tribunais brasileiros, a Constituição Federal, artigo 99, estabelece que ao Poder Judiciário é assegurada autonomia administrativa e financeira. Para tanto, é necessário que os tribunais elaborem suas propostas orçamentárias dentro dos limites estipulados conjuntamente com os demais Poderes na lei de diretrizes orçamentárias e lei orçamentária anual. A Constituição ainda prevê a forma de encaminhamento da proposta orçamentária pelos Tribunais Superiores, sempre ouvidos os outros tribunais interessados e afetados da seguinte maneira: no âmbito da União, aos Presidentes do Supremo Tribunal Federal e dos Tribunais Superiores, com a aprovação dos respectivos tribunais regionais federais, trabalhistas e eleitorais; no âmbito dos Estados e no do Distrito Federal e Territórios, aos Presidentes dos Tribunais de Justiça, com a aprovação dos respectivos tribunais. No âmbito da justiça federal e trabalhista, cada Tribunal Regional envia ao órgão central de administração as suas propostas para consolidação após debates. Os Conselhos da Justiça Federal e Justiça do Trabalho, ou mesmo os órgãos competentes nos Tribunais de Justiça, posteriormente enviam as propostas para o parlamento federal ou estadual, que poderão fazer os ajustes dentro do orçamento total da União ou Estado.

Ainda a Constituição Federal prevê o que acontece se algum dos Tribunais não enviar as propostas dentro do prazo estabelecido na lei de diretrizes orçamentárias. Neste caso, o Poder Executivo considerará, para fins de consolidação da proposta orçamentária anual, os valores aprovados na lei orçamentária vigente, ajustados de acordo com os limites estipulados.

Se as propostas orçamentárias de que trata este artigo forem encaminhadas em desacordo com os limites estipulados em conjunto com os demais poderes, o Poder Executivo procederá aos ajustes necessários para fins de consolidação da proposta orçamentária anual. Durante a execução orçamentária do exercício, não poderá haver a realização de despesas ou a assunção de obrigações que extrapolem os limites estabelecidos na lei de diretrizes orçamentárias, exceto se previamente autorizadas, mediante a abertura de créditos suplementares ou especiais.

Os tribunais também precisam repassar para a elaboração das propostas orçamentárias os valores referentes aos pagamentos devidos pelas Fazendas Públicas Federal, Estaduais, Distrital e Municipais, em virtude de sentença judiciária. A liberação de valores devem ser realizados exclusivamente na ordem cronológica de apresentação dos precatórios e à conta dos créditos respectivos, proibida a designação de casos ou de pessoas nas dotações orçamentárias e nos créditos adicionais abertos para esta finalidade.

Para além das previsões constitucionais, as leis de diretrizes orçamentárias, lei orçamentária e lei de plano plurianual estabelecem previsões específicas para os temas de finanças. Uma delas, prevista na Lei 13.408/16, é a necessidade que os órgãos dos Poderes Legislativo e Judiciário, do Ministério Público da União e da Defensoria Pública da União devem encaminhar à Secretaria de Orçamento Federal do Ministério do Planejamento, Desenvolvimento e Gestão, por meio do Sistema Integrado de Planejamento e Orçamento – SIOP, até 15 de agosto de cada ano, suas respectivas propostas orçamentárias, para fins de consolidação do Projeto de Lei Orçamentária.

As propostas orçamentárias dos órgãos do Poder Judiciário e do Ministério Público da União devem ser objeto de parecer, respectivamente, do Conselho Nacional de Justiça e do Conselho Nacional do Ministério

Público, a ser encaminhado à Comissão Mista do Parlamento, com cópia para a Secretaria de Orçamento Federal do Ministério do Planejamento, Desenvolvimento e Gestão. A própria lei prevê a exceção para excluir da aplicação do disposto ao Supremo Tribunal Federal, ao Conselho Nacional de Justiça, ao Ministério Público Federal e ao Conselho Nacional do Ministério Público.

Ainda, nos termos do artigo 102, da Lei 13.408/16, os projetos de lei e medidas provisórias relacionados a aumento de gastos com pessoal e encargos sociais deverão ser acompanhados de: premissas e metodologia de cálculo utilizadas, conforme estabelece o art. 17 da Lei de Responsabilidade Fiscal; demonstrativo do impacto da despesa com a medida proposta, por poder ou órgão referido no art. 20 da Lei de Responsabilidade Fiscal, com destaques para os ativos, inativos e pensionistas; manifestação do Ministério do Planejamento, Desenvolvimento e Gestão, no caso do Poder Executivo, e dos órgãos próprios dos Poderes Legislativo e Judiciário, do Ministério Público da União e da Defensoria Pública da União, sobre o mérito e o impacto orçamentário e financeiro; parecer ou comprovação de solicitação de parecer sobre o atendimento aos requisitos deste artigo, do Conselho Nacional de Justiça e do Conselho Nacional do Ministério Público, tratando-se, respectivamente, de projetos de lei de iniciativa do Poder Judiciário e do Ministério Público da União, excluídas deste dispositivo os projetos do STF, CNJ, CNMP e PGR.

4.1.9.5. O orçamento nos conselhos superiores portugueses

O Conselho Superior da Magistratura, nos termos da Lei n.º 36/2007 de 14 de agosto, é dotado de autonomia administrativa e financeira, dispondo de orçamento próprio, inscrito nos Encargos Gerais do Estado, do Orçamento do Estado, nos termos do n.º 3 do artigo 2.º da Lei n.º 91/2001, de 20 de agosto (Lei de Enquadramento Orçamental).

No seu âmbito, é ao juiz secretário que compete preparar a proposta de orçamento do Conselho e ao conselho administrativo que compete emitir parecer sobre o projeto de orçamento anual e as suas alterações, submetendo-o à aprovação do plenário do Conselho Superior da Magistratura.

Nos termos da Lei n.º 36/2007, o orçamento do CSM destina-se a suportar as despesas com os seus membros, com o quadro de magistrados e funcionários que estão afetos aos seus serviços, com os magistrados judiciais afetos aos tribunais judiciais de 1.ª instância e as demais despesas correntes e de capital necessárias ao exercício das suas competências.

O CSM aprova o projeto de orçamento e apresenta-o ao Governo nos prazos determinados para a elaboração da proposta de lei do Orçamento do Estado, a submeter à Assembleia da República, devendo ainda fornecer os elementos que esta lhe solicite sobre a matéria

Quanto ao Conselho Superior dos Tribunais Administrativos e Fiscais (CSTAF) é dotado de autonomia e financeira, sendo, nos termos do artigo 81º alínea e) da Lei n.º 13/2002, de 19 de fevereiro (ETAF), ao juiz secretário do Conselho que compete preparar a proposta do seu orçamento.

4.1.9.6. O orçamento nos conselhos superiores brasileiros

O CNJ é dotado de autonomia administrativa e financeira, dispondo de orçamento próprio. A lei de diretrizes orçamentárias 13.408/16 estabelece premissas relevantes para observância do Conselho na execução da proposta orçamentária. Em relação a proposta orçamentária do CNJ o regimento interno determina o formato de aprovação e envio ao parlamento. No artigo 4º, do Regimento Interno, atribui ao Plenário do CNJ competência aprovar a sua proposta orçamentária a ser apresentada pela Secretaria-Geral, com no mínimo quinze (15) dias de antecedência da sessão plenária específica em que será votada, encaminhando-a ao Supremo Tribunal Federal para os fins do disposto no art. 99, da Constituição Federal.

Os Conselhos da Justiça Federal e da Justiça do Trabalho consolidam as propostas orçamentárias encaminhadas pelos respectivos Tribunais Regionais, bem como complementam-na com a previsão dos Conselhos, para posterior envio ao governo federal para a consolidação geral antes da apreciação pelo Parlamento brasileiro. Vale lembrar que as despesas gerais e de pagamento de pessoal, além dos investimentos das respectivas unidades judiciárias de primeira e segunda instância da Justiça Federal e Trabalhista estão contempladas nesta previsão orçamentária e quando ocorrer a liberação dos recursos, estes são encaminhados as unidades do poder judiciário para a execução do orçamento, em face da garantia da autonomia prevista na Constituição Federal.

O princípio da simetria entre a organização estatal federal e estadual recomenda a adoção de um procedimento semelhante a ser observado em cada Estado da Federação em relação a formação da previsão e execução orçamentária dos Tribunais de Justiça e da unidades judiciárias de primeira instância.

4.1.9.7. O orçamento nos Tribunais de primeira instância em Portugal

No que respeita aos tribunais de primeira instância, a Lei n.º 62/2013 de 26 de agosto (LOSJ), no seu artigo 108º n.º 2, estabelece que compete ao conselho de gestão da comarca a aprovação do projeto de orçamento para a comarca, a submeter a aprovação final do Ministério da Justiça, com base na dotação por este previamente estabelecida.

A aprovação do orçamento da comarca carece de um parecer prévio do conselho consultivo da comarca, nos termos do artigo n.º 1 alínea d) da LOSJ.

Compete igualmente ao conselho de gestão promover as alterações orçamentais e acompanhar a execução orçamental, executada pelo administrador.

A execução do orçamento dos tribunais de comarca é da competência do administrador judiciário, ainda que em colaboração com o Ministério da Justiça, tendo em conta a inexistência de autonomia financeira dos tribunais de primeira instância.

No entanto, ainda que seja uma competência própria, deve salientar--se que nesta matéria, como noutras o administrador atua sempre sob orientação genérica do presidente do Tribunal, nos termos do artigo 104º n.º 2 da LOSJ.

Sendo a execução orçamental uma competência própria do administrador, se no seu exercício ocorrer qualquer decisão não conforme com os princípios legais, é possível recurso para o Conselho Superior da Magistratura, nos termos do artigo 106.º n.º 6 da LOSJ.

4.1.10. A gestão judicial e as tecnologias da informação e comunicação

Tal como acontece nas diversas organizações públicas e privadas, é um dado assente a utilização, no universo dos tribunais, das ferramentas tecnológicas, bem como a desmaterialização dos processos e a gestão tecnológica das tarefas procedimentais.

O sistema judicial pode e deve ser analisado enquanto um sistema complexo de processamento da informação, que se consubstancia nos vários atos praticados em tribunal, tenham eles um conteúdo dispositivo, enunciativo ou constitutivo, mas sempre de cariz comunicacional e relacional. Num processamento informativo e comunicacional que se dinamiza e articula para culminar no proferimento de uma decisão jurisdicional, que terá de sair reforçada na sua fundamentação e credibilidade pela gestão de informação potenciada pela utilização das ferramentas tecnológicas e pelo conhecimento alargado e apurado que lhe é apanágio.

Para a concretização destes objetivos, em articulação com uma filosofia organizativa do sistema judicial no seu todo, é necessário uma clara definição no que respeita às atribuições e competências relativamente aos sistemas de informação dos tribunais, à sua gestão, supervisão e controlo, tanto administrativo como técnico.

Em face dos pressupostos que devem presidir à administração e gestão do sistema judicial, é desejável a consagração da autonomia e independência da organização dos tribunais no que respeita à gestão, controlo, supervisão e também segurança das suas redes informáticas. Sob pena de se levantarem problemas importantes sobre o domínio dos circuitos informáticos e dos sistemas de informação utilizados pelos tribunais, na contraposição do que é a esfera de influência dos executivos (v.g. Ministério da Justiça), por um lado, e dos órgãos jurisdicionais, pelo outro.

As tecnologias de informação e comunicação (ICT's) podem ser usadas para obter eficiência, acessibilidade, destreza, transparência e escrutínio, auxiliando o judiciário a providenciar serviços e resultados adequados. Contudo, a interação entre as tecnologias e as organizações com um elevado grau de regulação e procedimentalização, como os tribunais, pode conduzir a resultados inesperados.

Um sistema informático dos tribunais, bem articulado e maturado deveria: (i) permitir a prática de todos os atos processuais, por todos os intervenientes do processo (juízes, procuradores, advogados, solicitadores e oficiais de justiça, bem como as próprias partes); (ii) proporcionar ferramentas auxiliares, tais como bases de dados documentais (v.g. jurisprudência de todas as instâncias), aplicações de apoio, consulta de agendas e pautas de distribuição, etc...; (iii) possibilitar o registo digital da prova, bem como a documentação integral das audiências (v.g. através de sistemas de reconhecimento de voz ou estenografia digital); e (iv) garantir a documentação integral do processo, proporcionando o estabelecimento de um arquivo digital de processos (o que permite, após o trânsito em julgado das decisões finais, prescindir de todos os processos em papel que não se revistam de interesse histórico). Um exemplo de processo eletrônico que atende todos os requisitos acima é o caso do e-proc (https://eproc.trf4.jus.br/eproc2trf4/) desenvolvido e gerido pelo Tribunal Regional Federal da 4ª Região da Justiça Federal do Brasil.

Tais preocupações introduzem uma dimensão nova sobre a conformação da realidade processual, tanto enquanto realidade jurídico-normativa como enquanto realidade social e institucional, num jogo recíproco que abarca o novo paradigma instrumental e tecnológico resultante das atuais redes de comunicação público-administrativa e de expansão da informação processual pelos meios eletrônicos.

A questão da gestão processual (genericamente da organização e gestão dos tribunais) encontra-se diretamente conexionada com a crescente utilização dos meios informáticos e das demais tecnologias de informação no tratamento dos processos – o que inclui a digitalização dos processos e a desmaterialização dos atos processuais – e na circulação da informação e dos dados referente à realidade processual e dos tribunais. Sem que com isso se descure a elaboração de peças processuais ou ofícios tipificados e com os circuitos telemáticos de informação.

A área das ICT's e os aspectos da sua inovação e implementação são particularmente sensíveis, pois enquanto instrumentos diretos de trabalho dos juízes e dos tribunais afetam radicalmente não só a organização e a administração dos tribunais como também o exercício da jurisdição, podendo redundar num problema de autonomia e independência jurisdicional.

Na análise da dimensão processual que envolve o percurso, tramitação, fluxo e regulação dos atos inerentes à atividade dos tribunais, não pode descurar-se a preservação de um justo equilíbrio entre os diversos compromissos aqui em presença. Designadamente, percebendo se as soluções encontradas, mais ou menos gestionárias, mais ou menos racionais em termos econômicos ou eficientes, aptas a resolver as disfunções do sistema, podem e devem ser conciliadas com o respeito das garantias procedimentais e, fundamentalmente, do direito a um processo equitativo.

Essa observação sobre a realidade processual nos tribunais tem de equacionar-se em função dos objetivos pretendidos. Isto é, cumpre saber, também, como esta dimensão processual se encontra assimilada pela vertente organizativa e sistêmica da justiça e como se pode enquadrar da melhor forma no processo decisional e na obtenção da resolução jurisdicional dos casos judiciários segundo os padrões de garantia de qualidade, de equidade e de justeza, mas também de eficiência e eficácia, que são característicos da teleologia atual do processo judicial.

Para além do processo judicial eletrônico é relevante que as administrações dos tribunais mantenham processos administrativos eletrônicos para as atividades meio, com o objetivo de facilitar as atividades de prestação jurisdicional. Cada vez mais recai na administração, gestão e planejamento estratégico dos tribunais a tarefa primordial de desempenhar papéis relevantes para a rápida e adequada tramitação dos processos. Desta forma, é possível reservar ao magistrado tempo para a solução das demandas que são submetidas ao Poder Judiciário. Um exemplo de processo eletrônico administrativo em funcionamento nos tribunais brasileiros é o SEI – Sistema Eletrônico de Informações, também implantado em vários órgãos e instituições da administração pública brasileira.

Os principais objetivos do SEI são gerenciar o conhecimento institucional de forma totalmente eletrônica, eliminando-se a tramitação de procedimentos em meio físico, promover a celeridade dos processos de trabalho, valorizar a coerência das decisões administrativas e favorecer a gestão dos recursos humanos. O sistema abrange todo e qualquer procedimento de trabalho na área administrativa, sem a necessidade da utilização de papel, reduzindo drasticamente o tempo de realização das atividades administrativas, com organização e enxugamento dos fluxos de trabalho, além de promover a atualização das informações administrativas em tempo real. O sucesso do SEI é tão grande que o Ministério do Planejamento adotou-o e assinou um convênio de parceria para disponibilizar o sistema para órgãos do executivo. Com isto ele se espraiou em todos os Ministérios e até em outras esferas de poder, como a Prefeitura Municipal de São Paulo, Universidade públicas. Para saber mais detalhes a respeito do SEI – www2.trf4.jus.br/trf4/controlador.php?acao=pagina_visualizar&id_pagina=740.

4.1.11. O sistema de justiça e a comunicação

Na abordagem daquilo a que podemos chamar da dimensão externa da atividade da justiça, com implicações relevantes na sua legitimação e, sobretudo, no seu controlo externo, a matéria da comunicação oferece particular relevo.

A boa reputação da administração da justiça muito depende do sucesso da atividade de comunicação, nomeadamente aquela que se dirige à sociedade e ao cidadão tendo em vista o escrutínio externo e a prestação de contas.

É sobretudo nesta vertente que o sistema de justiça, pela sua dispersão e, sobretudo, os tribunais sentem maiores dificuldades de afirmação. As sondagens periódicas publicadas nos meios de comunicação revelam invariavelmente baixos níveis de reputação ou de confiança em relação a eles.

Também aqui a natureza orgânica "multinível" do sistema de justiça evidencia as suas fragilidades. Não é possível identificar uma dimensão unitária do modo como o sistema se relaciona com o cidadão em geral.

A pluralidade de "fontes de informação" que subsistem no sistema, muitas vezes sem qualquer canal de interligação deve por isso ser a primeira condicionante a reter.

Num segundo momento, o próprio sistema de justiça, por via da sua atomização institucional, pode evidenciar interesses nem sempre congruentes entre si.

É necessário, por isso, que cada unidade em si e cada entidade responsável assuma um conjunto de princípios comuns que, por sua vez, deve desenvolver e concretizar, de acordo com a sua própria natureza.

Assim e para além da natureza de serviço público que assume, o sistema de justiça tem, sobretudo na sua dimensão jurisdicional, uma ligação legitimadora direta ao cidadão. Recorde-se que a justiça é exercida, pelos juízes, em nome do povo.

Num segundo tópico, para além das obrigações legais de transparência que são exigidas quer à jurisdição, quer à administração, é útil integrar na comunicação externa preocupações de responsabilidade social, abrindo as portas dos tribunais aos cidadãos para que conheçam o seu funcionamento, de forma didática. Organizar visitas de estudo a escolas ou outras organizações sociais, manter um serviço de informação e esclarecimento sobre o que são os tribunais, o seu papel e até o seu patrimônio histórico, por exemplo, melhora a proximidade com os cidadãos e contribui de forma positiva para a reputação organizacional.

É também fundamental assegurar uma boa relação com os meios de comunicação social e veículos de imprensa. Os argumentos do dever de resguardo (em alguns casos de segredo) dos tribunais e do seu próprio tempo de decisão, que conduzem geralmente a um distanciamento dos órgãos de comunicação social, não anulam a necessidade da organização judicial manter e divulgar a sua imagem institucional e em fornecer informações corretas sobre o seu funcionamento e sobre as decisões jurisdicionais.

Assim, é essencial estabelecer boas regras de acesso à informação e, também, procedimentos de apoio à comunicação social no seu trabalho quer junto dos órgãos de gestão das magistraturas, dos órgãos de administração da justiça como dos tribunais, sendo fundamental a facilitação do esclarecimento de questões legais pertinentes.

Esse trabalho impõe a organização de gabinetes de comunicação ou de imprensa e a definição de porta-vozes capazes. No caso dos tribunais, esses gabinetes devem ser organizados pelos conselhos judiciários e os porta-vozes devem ser preferencialmente os presidentes dos tribunais, quando capacitados, ou quem eles designarem por razões de melhor comunicação.

Contudo, nenhum plano de comunicação externa pode melhorar o ambiente reputacional e criar uma melhor imagem (uma melhor *corporate identity*), se os níveis de comunicação interna não forem exemplares.

Se esses níveis forem fluidos, compreensíveis, simplificados, rápidos, conseguir-se-ão melhores resultados não só na prestação processual, mas também na afirmação de uma identidade institucional de referência, com valor e com valores.

A boa comunicação serve a transparência da atividade processual, a legitimação da justiça e facilita o trabalho.

4.2. Gerir o Tribunal

4.2.1. O planeamento/planejamento estratégico

Como em qualquer atividade de gestão, o planejamento é um instrumento fundamental no funcionamento dinâmico duma organização, a partir do momento que a mesma disponha de uma liderança clara. O líder verdadeiramente não orienta, dirige ou controla se não agir em função da prévia atividade de planificação.

Na organização local "tribunal" a visão e a missão (a missão é o ponto de referência de qualquer organização) que importam desenvolver e prosseguir não merecem grandes questionamentos, no quadro constitucional e legal, e a isso já nos referimos antes. Mas, na prática, não há estratégia sem planejamento estratégico. Este gera orientação e linhas de ação congregadoras, motiva e fornece uma perspectiva de futuro. Trata-se da definição dos objetivos e dos passos adequados para os alcançar, da identificação, constante e sistemática, do que se faz e do que se vai fazer, incluindo objetivos a longo, médio e curto prazo, sempre com uma orientação de futuro.

Na administração e gestão do tribunal, na nova visão que valoriza a liderança para a maior eficiência e melhores resultados, o juiz que exercer as funções de administrador tem de dar uma atenção especial ao planejamento estratégico. Significa isso que deve estabelecer com os seus pares e funcionários de apoio no tribunal uma ideia firme do que é necessário fazer e também como fazer. Só assim conseguirá a adesão de toda a estrutura do tribunal para uma ação transformadora.

Para planejar corretamente é necessário analisar com exigência qual a situação atual do tribunal e, essencialmente, os pontos em que manifestamente existe mau funcionamento e porque é que tal ocorre. Esses pontos exigem necessariamente uma atenção prioritária, mas também é importante identificar ao mesmo tempo os pontos em que, apesar de não traduzirem uma percepção imediatamente negativa de funcionamento, é possível introduzir procedimentos mais eficientes e conseguir melhores resultados. Esse trabalho deve contar com a audição e as sugestões de todos os que trabalham no tribunal, sobretudo os outros magistrados e os que tiverem tarefas de gestão.

A partir daí deve ser possível estabelecer objetivos estratégicos e também operacionais a concretizar num determinado período de tempo e identificar as ações adequadas e os meios ou recursos que devem ser mobilizados.

Para o estabelecimento de objetivos é muito importante recorrer a indicadores de atividade presentes e passados que sejam fiáveis e controláveis e também à concertação de procedimentos de monitorização permanentes que envolvam todos os interessados. Esses indicadores podem ser, por exemplo, indicadores quantitativos, como os estatísticos, mas também indicadores de qualidade obtidos por graus de satisfação geral. Por outro lado, é necessário, para o constante calibramento dos objetivos, um adequado controle da gestão, mediante a evolução e análise dos resultados.

Em Portugal, a Lei de Organização dos Sistema Judiciário atribui a definição de objetivos estratégicos ao CSM, à PGR e ao Ministério da Justiça, convocando as estruturas de gestão de cada comarca para a definição daquilo a que chama objetivos processuais.

No Brasil, o Conselho Nacional de Justiça, aprovou a Estratégia Nacional do Poder Judiciário, para o período de 2015-2020, por meio da Resolução CNJ 198/14. Esse ato normativo prevê, em seu art. 3º, que a Estratégia Judiciário 2020 seja desdobrada nos planos estratégicos dos órgãos do Judiciário, sem prejuízo de inclusão de especificidades. A linha adotada pelo CNJ, como órgão de controle da atuação administrativa e financeira dos tribunais, também reflete na atribuição de coordenar o planejamento e a gestão estratégica do Poder Judiciário.

Os principais objetivos do planejamento estratégico decorrem da unicidade do Poder Judiciário que exige a implementação de diretrizes nacionais para nortear a atuação institucional de seus órgãos, bem como a harmonização de propostas apresentadas por todos os segmentos de justiça. O planejamento estratégico é baseado nos Macrodesafios do Poder Judiciário, formulados pela Rede de Governança Colaborativa e aprovados nos Encontros Nacionais do Judiciário.

No CNJ, o Departamento de Gestão Estratégica é o responsável para coordenar as atividades de planejamento e gestão estratégica do Poder Judiciário, a preparação e a realização dos Encontros Nacionais. A Rede de Governança Colaborativa do Poder Judiciário, expressa na Resolução 198/14 é coordenada pelos integrantes do CNJ e com representação de todos os segmentos de justiça, com competência para apresentar propostas de aperfeiçoamento da Estratégia Judiciário 2020, bem como auxiliar a execução, o monitoramento dos trabalhos e a divulgação dos resultados.

Mas isso não quer dizer que o gestor do tribunal não possa fixar objetivos estratégicos ou que os objetivos processuais não sejam objetivos estratégicos. Um objetivo estratégico no tribunal, por exemplo, será sempre o de reduzir o tempo de duração da resolução dos casos e ele deve convocar um planejamento estratégico e, naturalmente, um planejamento operacional.

Certamente, o juiz que exerce as atividades de administrador deve estar conectado com os vários níveis de governação judiciária. Mas isso não retira margem à sua iniciativa criadora, antes pelo contrário. As melhores práticas têm efeitos inspiradores e podem alterar positivamente as percepções e orientações dos outros parceiros de governação.

4.2.2. A gestão do orçamento

O orçamento é o instrumento de gestão fundamental em qualquer organização que comporta as receitas e as despesas que permitem o seu funcionamento.

A sua elaboração e a sua execução consubstanciam os dois momentos fundamentais no processo de gestão orçamental em qualquer organização.

Como foi referido em capítulo anterior, a organização "tribunal", enquanto entidade incluída na "rede" justiça, tem um orçamento dotado de algumas especificidades que o condicionam tanto na sua elaboração como na sua execução.

Sendo o conteúdo do orçamento constituído pelas receitas e despesas, deve sublinhar-se que, por regra, a proveniência das receitas do tribunal decorrem diretamente do orçamento do sistema de justiça. Embora sejam admissíveis receitas próprias, trata-se, em regra de receitas cuja dimensão é residual. O orçamento do tribunal é, assim, um orçamento subordinado ou dependente.

Por outro lado, deve salientar-se que, também por regra, as despesas com salários ou remunerações de pessoal, exceto nos casos em que os tribunais têm autonomia financeira, não integram o orçamento do tribunal.

O orçamento deve obedecer a todas as regras que disciplinam a execução orçamental, nomeadamente anualidade, a plenitude, incluindo as regras da unidade e universalidade, da discriminação, pluralidade e equilíbrio.

Assim o orçamento tem uma vigência anual, em regra equivalente ao ano civil.

Obedecendo às regras da universalidade e especificidade, o orçamento deve conter e discriminar todas as receitas e todas as despesas previsíveis. Finalmente o orçamento deve ser equilibrado, ou seja devem ser previstas todas as receitas que cubram todas as despesas.

Na preparação do orçamento do tribunal, por regra da competência de uma entidade ou órgãos com competência específica na área de gestão, a entidade encarregada da sua elaboração e posterior execução tem que contar com a colaboração direta do juiz presidente, tendo em atenção o papel fundamental deste na orientação e gestão global do sistema.

Na gestão previsional, há sempre uma parte das despesas do tribunal que estão normalmente predefinidos, como é o caso das despesas com pessoal ou com investimentos em instalações.

Há, no entanto, investimentos a fazer nos períodos orçamentais cuja prioridade só o juiz que exerce atividades administrativas terá possibilidade de indicar em função do próprio plano anual de atividades que desenvolve para o tribunal. Não será indiferente optar-se por adquirir mais ou menos livros sem a indicação ou mesmo a escolha prévia de quem deles vai precisar. Não será indiferente optar por adquirir determinado *software* ou *hardware* sem a indicação do seu utilizador principal. Não será indiferente substituir mobiliário sem a informação precisa de quem o utiliza e como o utiliza. Não será indiferente modernizar e adaptar espaços que servem a prática de atos judiciais sem a consulta e a informação daí decorrente de quem vai realizar e presidir a esses atos. Ao juiz que administra as unidades jurisdicionais cabe, por isso, um papel fundamental na orientação na laboração do orçamento do tribunal, sempre com apoio dos agentes administrativos que laboram e auxiliam nestas atividades tipicamente da administração pública.

Na execução orçamental, o presidente do tribunal, como autoridade responsável pela gestão, deve acompanhar a execução do orçamento, ainda que as competências para o executar sejam atribuídas a um órgão ou entidade diferenciada, normalmente o administrador.

Em sede de orçamento, no âmbito do judiciário dos Estados, quase todos eles aprovaram leis de organização judiciária com a criação de Fundo de Custas, Fundo de Aparelhamento Judicial ou Fundo de Aperfeiçoamento da Justiça. Em regra, estes Fundos são compostos por verbas originárias do pagamento de valores recolhidos pelas partes para o processamento de demandas e tem por objetivo prover os recursos orçamentários e financeiros necessários à execução das despesas para o funcionamento dos serviços judiciários, de forma a assegurar melhores condições para a expansão e aperfeiçoamento da prestação jurisdicional.

No âmbito da Justiça Federal, o CJF aprovou em 2013 e o Plenário do STJ aprovou em 2017, o anteprojeto de lei para a criação do Fundo de Custas da Justiça Federal. O processo pende de apreciação na Câmara dos Deputados. O projeto de lei é de suma relevância em face da recente Emenda Constitucional que estabelece a vedação de gastos públicos e o aumento de qualquer despesa pública pelos próximos vinte anos, pois os valores arrecadados para o fundo de custas não são considerados para efeitos de limitações orçamentárias e permitirão a continuidade das atividades de aperfeiçoamento dos serviços prestados, principalmente na melhoria das estruturas físicas e tecnológicas necessárias a prestação das atividades dos serviços de justiça. De outro lado, o valor hoje cobrado no âmbito federal a título de custas judiciais é extremamente baixo e está defasado. A criação do Fundo de Custas representará, sobretudo, a reafirmação da autonomia financeira e organizativa dos tribunais consoante os valores definidos pela Constituição.

A criação e a manutenção dos fundos para aparelhamento do judiciário foi previsto a nível constitucional em 2004 na reforma do judiciário, no artigo 98, §2º: "as custas e emolumentos serão destinados exclusivamente ao custeio dos serviços afetos às atividades específicas da Justiça". Certamente, a nível federal é urgente a criação deste fundo de modo a concretizar o dispositivo constitucional, mas também para aperfeiçoar e aprimorar as estruturas judiciárias para prestar melhores serviços a toda a sociedade.

4.2.3. A gestão dos recursos humanos

Os tribunais são essencialmente organizações onde desempenham funções, sendo os seus destinatários igualmente pessoas.

O que os cidadãos esperam quando acedem à justiça é, não um qualquer objeto produto ou meio, mas o resultado de uma prestação pessoal, nomeadamente a decisão de uma causa proferida por um juiz.

Por isso, as pessoas, os recursos humanos, são afinal o elemento fundamental em torno do qual deve sustentar-se uma gestão adequada da organização do sistema. A gestão de recursos humanos assume um papel preponderante na atividade organizacional do tribunal.

Na gestão de recursos humanos do tribunal ou das unidades judiciárias deve desde logo atentar-se na circunstância de se estar perante uma organização onde existem e executam funções profissionais diferenciados que, no entanto, conformam a sua atividade no cumprimento de um objetivo comum.

Trata-se de várias categorias profissionais cujos conteúdos funcionais estão legalmente estabelecidos em diversos estatutos onde, ou não existem relações de hierarquia ou estas são muito tênues. Este é um problema fundamental que qualquer dimensão gestionárias deve constatar.

Não obstante a pouca articulação hierárquica entre os diversos profissionais e mesmo as diversas funções que desempenham, a *"ratio"* do seu desempenho funcional impõe-lhes que "trabalhem" em conjunto, respeitando sempre a sua individualidade profissional.

As estruturas organizativas a estabelecer devem permitir a responsabilidade de cada um dos intervenientes no tratamento dos processos, levando a informação e uma maior capacidade de decisão de toda a estrutura, permitindo também um planejamento individual do trabalho.

Por outro lado, é essencial possibilitar a todos quanto trabalham na organização condições de trabalho que permitam uma alta motivação no exercício de funções.

Uma dimensão ideal para a gestão dos recursos humanos impõe, assim, condições de trabalho adequadas, tanto do ponto de vista das condições "físicas" como remuneratórias, um grau de autonomia profissional bem determinado, ainda que inserido numa cultura de grupo e o estabelecimento de objetivos comuns a todos os profissionais.

A dimensão variável da "procura" judicial impõe alguma dimensão de flexibilização dos recursos humanos, na medida em que importe prevenir flutuações menos previsíveis. Para além disso, ocorrem alterações conjunturais decorrentes da existência de sobrecargas de trabalho ou mesmo de situações extraordinárias – veja-se o caso da distribuição de megaprocessos, que contrariam, em regra, a predeterminação das regras de distribuição processual.

O conhecimento previsível de tais situações e seu tratamento diferenciado é assim importante para uma boa gestão dos recursos.

No domínio dos recursos humanos, assume ainda especial relevo a possibilidade de delegação de competências por parte do juiz a quem cabe a decisão judicial, quando possível, em funcionários especializados, corresponsabilizando-os numa atividade diferenciada.

Por último deve enfrentar-se o desafio da existência de funcionários adstritos ao serviço do próprio juiz, assumindo a realização de tarefas que são da sua competência própria, mas que não se prendem com a "*legis artis*" própria da judicatura, desafio que se torna hoje de grande importância. Libertando-se o juiz deste tipo de atividades contribui-se para uma política de gestão correta de recursos humanos no sistema, na medida em que se liberta o juiz para desempenhar as funções para as quais está efetivamente determinado, ou seja as funções de julgar.

4.2.4. A monitorização da atividade do tribunal.

Conhecer o funcionamento do tribunal na sua globalidade é hoje fundamental para uma adequação da capacidade de resposta do sistema judicial às crescentes "solicitações" que são pedidos ao próprio sistema. Para esse conhecimento parece evidente a necessidade de ter meios para apreender o que se passa no tribunal a todo o momento e permitir uma intervenção corretiva, quando necessária.

É assim evidente a necessidade de empreender uma monitorização do tribunal, ainda que este seja uma instituição integrada num sistema amplo de justiça.

A monitorização conjunta e agregada do tribunal, que identifica a sua capacidade de resposta na globalidade e igualmente a de cada um dos elementos da "cadeia de trabalho", permite obter uma visão mais global do desempenho do tribunal (*helicopter view*), de modo a que se possa prever e antecipar desvios e anomalias.

Cada interveniente deve ter conhecimento exato e claro em cada instante sobre a atividade que vem desenvolvendo, na globalidade. Ou seja cada interveniente deve ter perfeito conhecimento, em primeiro lugar, do conjunto de atividades que tem em mão e também do momento preciso em que as pode concluir. Por outro lado deve, em permanência, saber quais as atividades que tem em mão em relação às quais se verifica algum atraso. Por último deve saber precisamente qual a previsão do trabalho futuro em função do volume e carga de trabalho verificada.

Por outro lado, a atividade do tribunal deve ser conhecida pelo juiz responsável pela administração, especial àqueles ligados as Corregedorias, de modo a que seja capaz de ter uma visão global e permanente do estado do tribunal.

A título de exemplo importa efetuar a monitorização dos atrasos com detecção precoce e indicação das causas, bem como acompanhar eventuais estrangulamentos e apuramento das causas.

A concretização de qualquer sistema de monitorização impõe que se identifiquem um conjunto de indicadores de gestão.

Foram já referidos, em capítulo antecedente, um conjunto de indicadores no âmbito dos modelos de gestão *conhecidos*. Sublinha-se, a necessidade do tribunal e dos seus órgãos de gestão terem presentes indicadores como o tempo de resolução dos processos, a percentagem de atos da secretaria praticados em prazo, a percentagem de atos do juiz praticados fora de prazo, a duração das fases processuais, o número de diligências efetuadas, o número de diligências adiadas em relação às marcadas.

Trata-se de indicadores específicos do tribunal que permitem ter essa capacidade de atuar na organização, ainda que em conexão com os órgãos de gestão situados num nível superior que permitem não só fazer funcionar de modo eficaz o tribunal como também concretizar os objetivos previamente fixados.

Uma experiência iniciada na Justiça Federal brasileira revela um potencial enorme para a melhoria da gestão dos tribunais. O Conselho da Justiça Federal, por meio da Portaria 369/2017, instituiu o Centro Nacional e os Centros Locais de Inteligência da Justiça Federal, após estudos realizado pelos integrantes do grupo de estudos das demandas repetitivas – projeto estratégico da Justiça Federal. Os Centros de Inteligência tem por objetivo monitorar e racionalizar a identificação de demandas repetitivas ou com potencial de repetitividade, além de aperfeiçoar o gerenciamento de precedentes judiciais, de acordo com as novas diretrizes do processo civil brasileiro. A ideia é estimular a resolução de conflitos massivos ainda na origem e, assim, evitar a judicialização indevida.

Na prática, o Centro Nacional realizará o monitoramento das demandas repetitivas a partir de relatórios elaborados pelos Centros Locais, que funcionaram junto aos Centros de Conciliação. Entres as atividades principais estão a emissão de notas técnicas para a uniformização de procedimentos administrativos e jurisdicionais e o aperfeiçoamento da legislação; a propositura aos órgãos recursais de mutirões de julgamentos de processos sobre matérias idênticas; a realização de estudos sobre as causas e consequências do excesso de litigiosidade na Justiça Federal; e o fomento de medidas preventivas e de projetos de soluções alternativas de conflitos.

4.2.5. Gestão dos recursos materiais.

Na gestão dos recursos materiais assume especial relevância o controlo e a disponibilidade de infraestruturas e instalações adequadas em termos de dimensão, funcionalidade e conforto para o desenvolvimento da organização "tribunal".

A atividade desenvolvida nos tribunais centra-se, essencialmente numa prestação de serviços multipolar, desenvolvida por juízes, magistrados, advogados, servidores judiciais, órgãos auxiliares e serviços de apoio.

No entanto são os cidadãos os destinatários diretos da atividade,[39] na medida que, por via das suas intervenções como partes processuais, testemunhas, arguidos ou réus, peritos ou outras categorias processuais, os cidadãos participam diretamente em muitos atos que decorrem nos tribunais. No Brasil há, ainda, a previsão constitucional de jurados, juízes de fato que julgam os denunciados por crime doloso contra a vida, no Tribunal do Júri.

Torna-se, por isso, necessário dispor de um conjunto de infraestruturas e meios materiais que permitam concretizar essa prestação de serviços de forma adequada, tanto para quem exerce funções no tribunal como para quem a ele acede.

Instalações, equipamentos e sistemas informáticos constituem assim a dimensão substancial dos meios utilizados pelos tribunais para desenvolverem as suas funções.

No caso dos edifícios é na sua adequação às múltiplas funções desempenhadas que importa atentar. Desde logo é importante atentar na adequação e estruturação da arquitetura judicial à função dos tribunais. Cláudia Patterson observa com acerto que "Poucos edifícios públicos têm um significado tão forte quanto os que abrigam a Justiça". Neste âmbito, a visibilidade e acessibilidade exterior, a circulação interna, a uniformização da imagem institucional, a segurança e o conforto são índices a levar em consideração.

A dispersão, em termos de competências, que assume a matéria de infraestruturas e patrimônio no sistema de justiça exige uma maior ênfase na articulação dos vários titulares de poderes de gestão no tribunal. Em Portugal, a manutenção e a conservação dos edifícios e infraestruturas estão, por regra, atribuídas a órgãos dependentes do Ministério da Justiça. Aos órgãos de gestão do tribunal estão, por regra apenas atribuídas competências complementares relacionadas com a monitorização da conservação, exigindo-se, por isso a tais órgãos uma capacidade de cooperação reforçada nesta dimensão gestionárias. No Brasil esta atividade fica a cargos dos próprios Tribunais.

A gestão dos equipamentos, estando, também condicionada a uma "tutela multinível", implica por parte dos órgãos de gestão do tribunal

---

[39] BOCHENEK, Antônio César. A interação entre tribunais e democracia, por meio do acesso aos direitos e à Justiça. Análise de experiências dos juizados especiais federais cíveis brasileiros. Brasília: Conselho da Justiça Federal. 2013.

a atenção não só à sua adequação quantitativa e qualitativa aos serviços, como também a sua variabilidade em função de alguma modificação da procura judicial.

Quanto ao papel da estrutura informática e ao seu controle e adequação, trata-se de matéria estruturante no âmbito da gestão judicial. A existência de redes de comunicações e redes informáticas (locais e globais) são hoje mecanismos fundamentais no sistema de justiça. No entanto e também por regra, trata-se de competências atribuídas, de forma partilhada ou não, nos diversos níveis de gestão do sistema de justiça.

Também a existência e a gestão de outros meios de apoio se tornam hoje essenciais ao desempenho útil e eficaz de qualquer função a desempenhar no tribunal. Assim a disponibilidade de viaturas ao serviço do tribunal ou meios de comunicação pessoais adstritos aos magistrados são alguns exemplos que podem ser gerenciados, através de mecanismos de aquisição ou locação adequados à tipologia de utilização necessária.

4.2.6. A distribuição de processos

A distribuição dos processos deve ser um instrumento indispensável na gestão do tribunal e, do ponto de vista da eficiência, tem uma importante ligação à gestão processual.

Nesta medida, as regras legais e regulamentares não podem alhear-se da dimensão de eficiência, embora estejam subordinadas a garantias procedimentais fundamentais respeitantes à independência e imparcialidade do juiz, como as inerentes ao princípio de juiz natural ou legal (ou da predeterminação do concreto juiz do processo) ou mesmo da inamovibilidade dos juízes (que restringe a possibilidade de transferência administrativa de um juiz para outra unidade jurisdicional para lhe serem distribuídos novos processos, exceto, no Brasil, os casos excepcionais previstos no artigo 92, VIII, da Constituição Federal, para o ato de remoção, disponibilidade e aposentadoria do magistrado, por interesse público, fundada em decisão por voto da maioria absoluta do respectivo tribunal ou do Conselho Nacional de Justiça, assegurada ampla defesa).

A eficiência determina a necessidade de obter equilíbrio na distribuição a cada juiz ou unidade jurisdicional, ou seja a uma distribuição apropriada e tendencialmente igual das cargas de serviço. Isso tem efeitos internos moralizadores (nenhum destinatário da distribuição se sentirá penalizado em relação a outro), mas também efeitos externos tranqüilizadores (nenhum cidadão sentirá que o seu caso será avaliado com menor qualidade do que outros por causa da maior sobrecarga de processos que tenha a formação judiciária que se ocupe dele).

Para alcançar maior eficiência nesta atividade de gestão, consentindo-o as regras legais e regulamentares, existem múltiplos fatores que devem ser atendidos, como a maior ou menor complexidade dos processos, a especialização do juiz ou dos funcionários de apoio que não esteja coberta já pelas regras de repartição de competências do tribunal, mas também outros, como as do impedimento ou incapacidade temporária do juiz e que podem conduzir até à necessidade de redistribuição de processos. O que exige flexibilidade na condução da distribuição e o afastamento de regras totalmente cegas a esses fatores.

A distribuição de processos não é, contudo, apenas uma questão de repartição interna. Pode interferir com o princípio do juiz natural e pode intuir-se facilmente que a manipulação *ad hoc* na atribuição de um processo a um juiz é na distribuição que encontra a sua primeira facilidade, se não obedecer a regras gerais, abstratas e predeterminadas. Por isso, distribuição não pode obedecer apenas a finalidade da igualação das cargas de trabalho, mas também deve obedecer a uma regra de aleatoriedade havendo mais de um juiz em funções na unidade jurisdicional que detenha a competência para o processo.

No caso português o princípio do juiz natural resulta diretamente dos artigos 32.º n.º 9 (na dimensão negativa de proibição de desaforamento, mas também positiva no que toca à definição prévia do juiz competente) e 203.º da Constituição

No caso brasileiro o princípio do juiz natural resulta diretamente do artigo 5º, XXXVII, da Constituição, quando estabelece que "não haverá juízo ou tribunal de exceção" (dimensão negativa de proibição de criação de tribunal para julgamento de um determinado fato depois deste ter ocorrido). Os valores fundamentais estão em sintonia com o direito a um tribunal independente e imparcial, determinado legalmente, consagrado nos mais fundamentais instrumentos internacionais nesta matéria (nomeadamente no art.º 10.º da Declaração Universal dos Direitos do Homem, art.º 6.º n.º 1 da Convenção Europeia dos Direitos do Homem, art.º 14.º n.º 1 do Pacto sobre os Direitos Civis e Políticos e art.º 47.º n.º 2 da Carta dos Direitos Fundamentais da União Europeia). Como se afirmou no importante Acórdão n.º 614/03 do Tribunal Constitucional português, o princípio do juiz natural não se limita à predeterminação do tribunal, impedindo a atribuição *ad hoc* de um processo a um tribunal, mas também à predeterminação do juiz ou à da formação judiciária que se ocupe de um caso concreto, impondo-se a mesma objetividade e generalidade dos prévios critérios que são exigíveis na definição do tribunal/juiz competente, ou seja aquele a quem deva caber a apreciação de um determinado processo. Critérios que podem ser estabelecidos diretamente pela lei ou, em mediação normativa, por via regulamentar.

Em Portugal podem identificar-se dois modelos muito distintos de distribuição processual.

Um deles, o mais rígido, é o que aplica aos tribunais judiciais com a expressão matriz contida no Código de Processo Civil. Este formata imperativamente a distribuição em função de espécies tipificadas de processos, agarrando-se essencialmente à forma que cada processo assume. O Código de Processo Penal não contém normas semelhantes no que toca à definição de espécies de distribuição, mas a convocação do outro Código (de Processo Civil) como lei subsidiária conduz a que também os processos criminais sejam distribuídos por espécies definidas pela forma de cada processo.

Para "temperar" a rigidez do modelo, o Conselho Superior da Magistratura detêm a competência de alterar aquela distribuição tabelar para assegurar a *"igualação e a operacionalidade dos serviços"*. A prática seguida revela, contudo, uma intervenção modesta ou residual no exercício desta competência.

O outro modelo aplica-se aos tribunais administrativos e fiscais de Portugal e convoca diretamente uma atividade regulamentar do Conselho Superior dos Tribunais Administrativos e Fiscais, à semelhança do que se passa noutros países europeus, como Itália e Alemanha. O Código de Processo nos Tribunais Administrativos estabelece que a distribuição de processos é assegurada pelo presidente do tribunal, no respeito pelo princípio da imparcialidade e do juiz natural, mediante espécies de processos fixadas segundo critérios a definir por aquele Conselho Superior, sob proposta do mesmo presidente. Este deve observar ainda na distribuição, como critérios, a carga de trabalho que os juízes já tenham e a respectiva disponibilidade para o serviço, bem como o tipo de matéria a apreciar, desde que, no tribunal, haja um mínimo de três juízes afetos à apreciação de cada tipo de matéria. Por sua vez a lei que regula o Estatuto desses tribunais (o Estatuto dos Tribunais Administrativos e Fiscais) estabelece as respectivas competências regulamentares do presidente e do Conselho nessas matérias.

No Brasil, a partir da reforma do judiciário de 2004, promovida pela Emenda Constitucional 45/04, a distribuição imediata dos feitos, inclusive nos tribunais de segunda instância e superiores, foi elevada a preceito fundamental (artigo 93, XV) para extirpar qualquer dúvida quanto a demora na distribuição das demandas ou recursos em todos os graus de jurisdição.

O Código de Processo Civil estabelece as regras de distribuição dos processos (artigos 285 a 290), que será alternada e aleatória, obedecendo-se rigorosa igualdade numérica entre os juízos. A lista de distribuição deverá ser publicada no Diário de Justiça. Todas as demandas serão distribuídas de forma eletrônica ou manual. Contudo, no artigo 286 há previsão de distribuição por dependência para as causas de qualquer natureza: a) quando se relacionarem, por conexão ou continência, com outra já ajuizada; b) quando, tendo sido extinto o processo sem resolução de mérito, for reiterado o pedido, ainda que em litisconsórcio com outros autores ou que sejam parcialmente alterados os réus da demanda; c) quando houver ajuizamento de ações que requeiram a reunião para julgamento conjunto para evitar de gerar risco a prolação de decisões conflitantes ou contraditórias caso os processos sejam decididos separadamente. As regras de dependência são para reunir processos que possam influenciar um outro nos termos das regras processuais ou ainda para evitar qualquer tipo de manipulação da distribuição, nos casos de ajuizamento anterior de um processo extinto sem julgamento do mérito, com o objetivo de fraudar o sistema de distribuição dos processos.

Ainda, em processo relacionados com incidentes ou fatos como a intervenção de terceiro, reconvenção ou outra hipótese de ampliação objetiva do processo, o juiz, de ofício, mandará proceder à respectiva anotação pelo distribuidor e ordenará a distribuição por dependência àqueles processos. No artigo 288 há previsão legal para o juiz, de ofício ou a requerimento do interessado, corrigir o erro ou compensar a falta de distribuição. Ainda, a distribuição poderá ser fiscalizada pela parte, por seu procurador, pelo Ministério Público e pela Defensoria Pública, nos termos do artigo 289. E será cancelada a distribuição do feito se a parte, intimada na pessoa de seu advogado, não realizar o pagamento das custas e despesas de ingresso em 15 (quinze) dias, consoante o artigo 290.

As disposições acima são aplicadas aos tribunais judiciais com a expressão matriz contida no Código de Processo Civil. Este formata imperativamente a distribuição em função de espécies tipificadas de processos, agarrando-se essencialmente à forma que cada processo assume. O Código de Processo Penal não contém normas semelhantes no que toca à definição de espécies de distribuição, mas o seu artigo 3º permite a aplicação do outro Código como lei subsidiária conduz a que também os processos criminais sejam distribuídos por espécies definidas pela forma de cada processo.

Neste modelo de distribuição os tribunais brasileiro são chamados a exercer diretamente um poder de gestão pleno, por via regulamentar interna, que atende de forma flexível às circunstâncias de cada tribunal, ponderando os distintos fatores relevantes, com sejam os da matéria e complexidade de cada processo, bem como as cargas de trabalho diferenciadas de cada juiz, os seus impedimentos e indisponibilidades concretas. Os tribunais no exercício da autonomia e organização de suas atividades, define de forma clara os limites dessa atuação – os que decorrem da imparcialidade e do princípio do juiz natural. Desta forma, por via organização dos serviços judiciários, com critérios predeterminados, gerais, abstratos e objetivos é possível o juiz designado para a tarefa de distribuir os processos agir plenamente numa eficiente e eficaz gestão dos fluxos processuais, sendo possível conceber até como regulares (lícitas) situações de justificada distribuição diferenciada, redistribuição ou suspensão de distribuição a juízes.

A ferramenta de gestão dos fluxos processuais através da distribuição é uma das mais importantes que o presidente do tribunal pode dispor.

Nos tribunais judiciais portugueses, sem disporem do mesmo modelo dos tribunais administrativos, os presidentes dos tribunais podem contudo propor ao respectivo conselho judiciário a adoção de regulamentos que lhes concedam melhores ferramentas de distribuição uma vez que, sem dúvida, ele detém suficiente competência nessa matéria.

4.2.7. O juiz presidente ou juiz diretor do foro

Assumir a estrutura sistêmica do tribunal, com a consequente dimensão organizativa impõe a estabilização de um conjunto de mecanismos que possibilitem gerir adequadamente essa estrutura múltipla.

Em termos de gestão, a liderança por um juiz obedece a uma racionalidade evidente, compreendida pela especificidade do poder judicial. Na verdade, no funcionamento interno do tribunal, o juiz desempenha uma posição chave para articular duas dimensões de administração que têm de conviver entre si: a da administração da justiça e a da administração da organização que a suporta. A organização do tribunal deve estar estruturada de forma a evitar a influência indevida não só direta mas também indireta por parte das autoridades públicas estranhas ao poder judicial ou qualquer outro interesse exterior no exercício das funções jurisdicionais e é um juiz presidente ou diretor do foro quem melhor garante essa "blindagem". Por outro lado, para o exterior, é o juiz o "rosto" do tribunal e, no desenho constitucional, é ele um titular desse concreto órgão de soberania. Finalmente, é o juiz, também por tudo isso, o que melhor pode ser responsabilizado pelo bom ou mau funcionamento do seu serviço.

Assim, como em cada tribunal deve existir um responsável direto pela sua gestão, esse responsável deve ser um juiz presidente ou juiz diretor do foro. As suas funções e áreas de competência devem ser objetivamente definidas para poder atuar com total independência de interesses exteriores. E porque se trata de um juiz, é quem melhor pode compreender que os presidentes dos tribunais não devem exercer as suas funções administrativas de forma a comprometer a independência dos outros juízes ou a influenciá-los indevidamente no exercício das suas funções jurisdicionais.

O juiz presidente ou juiz diretor do foro assume funções de representação e direção geral dos serviços do tribunal e ainda competências funcionais que devem assegurar o funcionamento de toda a atividade que envolve o tribunal. Por regra, essas funções de gestão do tribunal são partilhadas com funções de gestão processual e mesmo com funções jurisdicionais próprias (em acumulação).

Nas suas funções de representação e coordenação geral, assume relevância a capacidade de articular o funcionamento dos vários órgãos que podem integrar o tribunal e sobretudo a sua coordenação com os órgãos do sistema de justiça.

Deve planejar e organizar os recursos humanos do tribunal e deve solicitar quando necessário o suprimento de capacidade de respostas adicionais.

As suas funções não podem deixar de ser concatenadas com as funções do administrador do tribunal, como executivo principal não jurisdicional, na cadeia funcional do conjunto de profissionais que "giram" na máquina judiciária.

Por regra o juiz presidente ou diretor do foro assume pessoalmente ou designa outros juízes para realizar as tarefas administrativas, igualmente as funções de natureza processual, que devem ser claramente diferenciadas das restantes funções referidas.

Como coordenador e também no exercício do seu dever de representação, a sua disponibilidade para um relacionamento adequado com todos os profissionais que trabalham na organização tribunal impõe-lhe responsabilidades acrescidas. Por isso a sua formação em matéria de gestão de recursos humanos deve ser objeto de especial cuidado. Os tribunais, por todo lado, tem investido na qualificação, capacitação e formação dos juízes para que adquiram conhecimentos e saberes para exercer as funções administrativas e obtenham assim melhores resultados nas atividades meio e também da prestação jurisdicional.

A necessidade de conhecimento, por parte dos juízes, de noções de administração, inclusive reconhecidas em metas do Conselho Nacional de Justiça (http://www.cnj.jus.br/gestao-e-planejamento/metas), é também um do objetivos das Escolas de Magistraturas e das Escolas Nacionais de Formação e Aperfeiçoamento de Magistrados (ENFAM e ENAMAT).

4.2.8. O administrador

A crescente complexidade da organização tribunal e a necessidade da sua gestão não são nem sempre são compatíveis com a cumulação de funções estritamente de soberania, como são as funções do juiz no processo, com funções específicas de gestão e administração.

Porque os tribunais são organizações complexas, o exercício das múltiplas funções que impõe o desenvolvimento eficiente e eficaz da organização "tribunal" torna necessária a existência de uma estrutura profissional diversificada, nomeadamente um gestor administrativo da organização.

A competência para a gestão na área administrativa do tribunal, onde se englobam a gestão de equipamentos, instalações, recursos humanos e orçamento, organização da estatística deve estar inequivocamente na órbita de um profissional com capacidade técnica e formação adequada. Estando sob a alçada do juiz presidente ou juiz diretor do foro, o administrador deve exercer as suas funções com autonomia e com a consequente responsabilização funcional das áreas e tarefas que lhe são adstritas, mas sempre reportando tudo ao juiz diretor do foro ou administrador da unidade.

O administrador do tribunal coadjuva o presidente do tribunal no exercício das suas competências em matéria administrativa, apoiando-o em todas as tarefas em que tal lhe seja solicitado, agindo neste âmbito sob a sua orientação e direção.

No entanto porque também pode ser visto como um órgão desconcentrado da administração pública, assegura as tarefas de gestão de instalações e equipamentos, recursos humanos e orçamentais, funções essas delegadas pelos órgãos do poder executivo ou da administração que tenham essa competência.

Pode questionar-se e mesmo defender-se que seja possível, hoje, atribuir outras tarefas ao administrador. Assim estão neste domínio as chamadas funções externas, ou seja contatos com outras organizações governamentais ou institucionais, bem como o relacionamento com o cidadão e/ou com a comunicação social.

Em vários países o desempenho do administrador tem sido igualmente importante no âmbito das funções de intermediação entre o cidadão e a atividade do tribunal, explicando as complexidades técnicas menos compreensíveis para a opinião pública e para os interessados, nomeadamente através da prestação de informação pública de decisões judiciais proferidas no tribunal, ainda que sob a coordenação do juiz presidente ou juiz diretor do foro ou responsável pelas atividades administrativas por qualquer modo de delegação.

Neste ponto cabe uma nota sintética para diferenciar o administrador do sistema brasileiro e português, do administrado do sistema americano que conta com Escritório Administrativo dos Tribunais (*Administrative Office of the U.S. Courts*) e o Centro Judicial Federal (*Federal Judicial Center – FJC*). Consta do endereço eletrônico das instituições americanas de administração da justiça[40] que o Escritório Administrativo é uma agência dentro do judiciário que fornece os serviços legislativos, legais, financeiros, de tecnologia, de gestão, administrativos e de apoio a programas para Tribunais Federais Americanos. Os comitês da conferência judiciária, com a contribuição dos tribunais, aconselham o Escritório Administrativo à medida que desenvolve o orçamento anual do judiciário para aprovação pelo Congresso e pelo Presidente.

---

[40] Disponível em www.uscourts.gov/about-federal-courts/judicial-administration. Acesso em 21.09.17.

Neste formato, a principal responsabilidade do Escritório Administrativo é fornecer apoio e conselho de funcionários à Conferência Judicial e seus comitês. Por sua vez, o Centro Judicial Federal (FJC) fornece formação e pesquisa para o poder judicial federal. O FJC desenvolve programas de orientação e educação continuada para juízes e outros funcionários judiciais, além de estudar as operações judiciárias e recomenda à Conferência Judicial como melhorar a administração dos tribunais federais. As operações do FJC são supervisionadas por um conselho de administração cujos membros são o Presidente do Tribunal, o diretor do Escritório Administrativo e sete juízes escolhidos pela Conferência Judicial.

4.2.9. A comunicação no tribunal

A gestão adequada e eficaz de um sistema de justiça implica desde logo que o fator comunicação seja encarado como prioridade.

Na sociedade de informação a comunicação assume uma perspectiva essencial em qualquer processo de decisão.

O que se referiu a propósito da comunicação no domínio da gestão no sistema de justiça, tem, na vertente do tribunal, ou seja num âmbito "intermédio", igualmente todo o sentido, embora com algumas especificidades. Trata-se de encarar a comunicação de uma forma autônoma, como valor próprio, no tribunal e fora dele mas sempre sobre o que se passa na instituição.

Uma primeira nota para referir que a integração do tribunal numa rede sistêmica impõe desde logo que existam mecanismos diretos de intercomunicação entre tribunal e órgãos de gestão das magistratura e mesmo em relação a outros poderes, caso esteja em causa matéria não jurisdicional que se relacione com matérias que envolvam a articulação entre poderes.

No que respeita à transmissão de informação, âmbito da comunicação com o exterior, a mesma deve ser efetuada estrategicamente tendo em conta os grupos alvo previamente definidos. O recurso a consultores externos ou a entidades não diretamente envolvidas no sistema, mas dele dependentes, pode e deve ser uma solução.

Grande parte das técnicas de relações públicas hoje aplicadas em qualquer sistema de comunicação, como *press release*, conferências de imprensa, *information desks*, vídeos, etc, podem ser adaptadas às necessidades de comunicação externa do tribunal.

No âmbito de matérias relacionadas com o sistema penal importa levar em consideração a questão da gestão de assuntos processuais que estão protegidos pelo segredo de justiça. A necessidade de compatibilizar em muitos processos a exigência do segredo de justiça, por motivos ligados em regra à eficácia da investigação, e a exigência pública de informação que decorre de tais processos, impõe uma coordenação entre os titulares dos processos em causa, seja o Ministério Público, seja o juiz de instrução e o presidente do tribunal.

No que respeita à comunicação no tribunal, nos serviços e interserviços, parece evidente que o entendimento da mesma como fator estruturante no sistema, assume um papel extraordinariamente relevante na concretização dos objetivos referidos.

Desde logo a comunicação eletrônica entre todos os intervenientes internos (funcionários, magistrados, assessores) é fator determinante para que possam ser transmitidos documentos em suporte eletrônico, enviadas mensagens formatadas automática ou manualmente. Também a solicitação de todo o tipo de informação a entidades oficiais externas ao tribunal deve ser efetuada eletronicamente.

A garantia de confidencialidade bem como a força probatória dos elementos transmitidos deverão ser estabelecidos na lei, deixando-se sempre a possibilidade de o juiz poder determinar a todo o tempo, oficiosamente ou a requerimento, a apresentação do original transmitido pelos agentes encarregados do ato de comunicação em causa.

4.2.10. Gestão da agenda do tribunal e dos juízes

A relevância pública da atividade jurisdicional decorre da prática consecutiva de atos processuais onde intervêm os cidadãos, como utilizadores do serviço público de justiça.

Uma grande parte dos utilizadores dos serviços do tribunal, em muitas situações, está acompanhada por advogados. Por outro lado, muitas vezes, os advogados são os destinatários diretos e únicos do próprio serviço. Também em muitos dos atos processuais intervêm pessoas ou instituições que colaboram com o tribunal no exercício das suas funções. Trata-se de peritos, instituições sociais, órgãos de polícia, serviços prisionais, entidades coletivas públicas e privadas, etc., que, pelas mais variadas razões são utilizadores diários dos tribunais e têm que relacionar-se com a instituição.

A atividade do tribunal surge por isso sempre em cooperação com terceiros, sendo essencial a compreensão dessa atividade como ato não atomístico mas relacional. Por regra, os atos processuais envolvem vários intervenientes que têm funções e agendas próprias. Neste sentido inclusive, o Código de Processo Civil, no artigo 6º, estabeleceu expressamente o princípio da cooperação ou colaboração com um dos valores fundamentais da legislação processual: "todos os sujeitos do processo devem cooperar entre si para que se obtenha, em tempo razoável, decisão de mérito justa e efetiva", bem como é esperado dos participantes do processo a boa-fé e dos magistrados a paridade de tratamento, sempre atendo aos fins sociais e às exigências do bem comum, resguardando e promovendo a dignidade da pessoa humana e observando a proporcionalidade, a razoabilidade, a legalidade, a publicidade e a eficiência.

No desempenho múltiplo de várias atividades, onde o relacionamento dos vários sujeitos processuais se cruza permanentemente, assume especial relevância o papel da gestão das agendas do tribunal e dos magistrados, nomeadamente do juiz e dos atos que pratica.

Assim importa concretizar soluções que consigam articular os interesses do tribunal com interesses de outros intervenientes.

Para isso podem identificar-se soluções como pré marcações de atos judiciais, julgamentos ou outras diligências mais complexas em dias certos e definidos.

De igual modo podem-se pré-fixar dias e horas determinados para a prática de atos não exclusivamente da competência dos magistrados, mas de relevância essencial no processo.

Por outro lado, importa flexibilizar os modos de comunicação entre todos os intervenientes e utilizadores dos serviços do tribunal, de modo que seja possível agilizar o agendamento ou o reagendamento de atos processuais, em função de quaisquer contingências que possam ocorrer, ainda que não sejam previsíveis. A informalidade nos sistemas de comunicação entre os principais protagonistas do processo é um método que pode ser seguido.

Ainda em relação a agenda dos tribunais o novo Código de Processo Civil brasileiro estabeleceu três pontos interessantes e de impacto na agenda dos juízes: a) impossibilidade de designar audiências sem um intervalo mínimo, ou seja, a pauta das audiências de conciliação ou de mediação será organizada de modo a respeitar o intervalo mínimo de 20 (vinte) minutos entre o início de uma e o início da seguinte (artigo 334, §12) e as pautas deverão ser preparadas com intervalo mínimo de 1 (uma) hora entre as audiências (artigo 357, §9º); b) incentivo a conciliação e a mediação em grau máximo, inclusive incentiva a instalação de Câmaras Privadas (artigos 165 a 175); c) possibilidade das partes negociar e alterarem as regras processuais nos casos de processo sobre direitos que admitam autocomposição, para ajustá--lo às especificidades da causa e convencionar sobre os seus ônus, poderes, faculdades e deveres processuais, antes ou durante o processo (artigo 190).

A previsibilidade é no entanto a regra fundamental e nesse sentido importa criar um sistema que sirva de referência ao tribunal, às partes e aos seus advogados, bem como à administração judiciária, a fim de assegurar a gestão dos recursos humanos, prevendo escalas de juízes e funcionários disponíveis para em qualquer circunstância poderem dar resposta às solicitações e necessidades que um tribunal tem que responder.

4.2.11. Gestão do espaço comum

Os tribunais, como espaços públicos e como espaços de utilização dos cidadãos são, em regra infraestruturas públicas, onde se encontram instalados todos os serviços que o sistema de justiça dispõe, nomeadamente os serviços do tribunal *stricto sensu*, englobando gabinetes de juízes, secretaria, arquivo e salas de audiência, os serviços de Ministério Público e espaços destinados a advogados. Para além disso os tribunais devem ser dotados de espaços comuns, que são utilizados quer pelos profissionais quer pelos cidadãos que se deslocam ao tribunal.

Muitos dos espaços comuns do tribunal são utilizados nas várias atividades profissionais diferenciadas que decorrem no tribunal, nomeadamente por advogados, magistrados do Ministério público e juízes.

Na gestão do espaço "tribunal", comumente designado por "foro", são refletidas as diversas condicionantes que se verificam na "gestão multinível" do próprio tribunal, nomeadamente o representante do poder executivo, por regra o "proprietário" do edifício, o juiz presidente ou juiz diretor do foro, o Ministério Público e os advogados. Neste particular, cabe registrar que no Brasil, ao contrário de Portugal, os edifícios da Justiça são administrados, exclusivamente, pelo Poder Judiciário.

Nos espaços do tribunal assumem uma centralidade evidente as salas de audiência disponíveis que, quando utilizadas de forma partilhada, exigem uma "gestão da sala" coordenada e eficiente. Por isso, é importante criar um mapa pré-definido da utilização das salas pelos vários juízes, peritos, conciliadores e mediadores, ou ainda para a realização das audiências por videoconferência. A previsibilidade de determinação de salas de audiência por cada juiz deve, no entanto, permitir que o juiz presidente ou juiz diretor do foro tenha a possibilidade de gerir a disponibilidade das salas, articulando-se com as agendas dos juízes, independentemente das pré--marcações, tendo em atenção circunstâncias conjunturais, nomeadamente julgamentos decorrentes de processos complexos, por um lado ou, por outro, do possível adiamento na realização de julgamentos pré-agendados e consequente libertação das salas pré definidas. Flexibilização e comunicação são assim, também, conceitos fundamentais neste domínio.

Numa organização com o grau de complexidade e simultaneamente de rigor e mesmo pouca maleabilidade funcional entre os vários intervenientes do sistema, a interiorização de conceitos como a flexibilização torna-se assim decisiva à boa concretização das finalidades do sistema. A comunicação interna é um agente capaz de facilitar a interação e evitar eventuais desentendimentos que podem dificultar a melhor prestação jurisdicional.

O papel do juiz presidente ou juiz diretor do foro, em colaboração com o administrador, nos casos em que exista, é determinante para a resolução destas questões.

Mas não só o espaço comum "sala de audiência" é essencial. De igual modo a existência e gestão de salas ou locais onde se efetuem interrogatórios de testemunhas, seja de um modo personalizado, seja através de videoconferência. Mas também a existência no tribunal de salas de testemunhas que permitam o acesso adequado e separado em função das qualidades processuais que assumam. Nos dois últimos anos proliferam a criação de centros judiciais de solução de conflitos, em especial, depois da previsão legal no Código de Processo Civil. De acordo com o artigo 165, os tribunais criarão centros judiciários de solução consensual de conflitos, responsáveis pela realização de sessões e audiências de conciliação e mediação e pelo desenvolvimento de programas destinados a auxiliar, orientar e estimular a autocomposição. A composição e a organização dos centros serão definidas pelo respectivo tribunal, observadas as normas do Conselho Nacional de Justiça. Neste sentido, novas salas dos foros judiciais foram destinadas para a autocomposição das partes e estes espaços, as vezes escassos, também integram a relação de atividades a serem coordenadas pelos juízes diretores de foro.

Esses espaços poderão ser geridos de acordo com a necessidade de atendimento ao público, subsequentes à atividade do Ministério Público. No âmbito da gestão do espaço comum é necessário adequar todos os espaços do tribunal à sua função de destinatários do cidadão. Por isso, os tribunais têm que ser dotados de condições de dignidade e segurança adequados às diferentes tipologias de cidadãos que a eles acedem. Mas devem ser espaços amigáveis a quem se dirige, impondo-se condições de acesso adequadas e sinalética que permita a rápida identificação de todas as zonas. Neste último ponto é fundamental efetuar a sinalização de zonas reservadas, tanto a magistrados como a funcionários ou advogados e as zonas de acesso generalizado ao público. De igual modo é fundamental assegurar áreas que respondam às necessidades de cidadãos com especiais exigências de mobilidade, devidamente assinaladas e dotadas de todas as condições.

Leitura fundamental

Abreu, João Paulo Pirôpo de, 2014. *Autonomia Financeira do Poder Judiciário: limites traçados pelo princípio da independência e harmonia dos poderes*. Salvador: Editora Dois de Julho.

Acuña, Israel Rivas. 2007, "Los Conceptos, Teorias y Modelos de la Administración Judicial en el Estado Constitucional", in *Reforma Judicial. Revista Mexicana de Justicia*, Número 9, Enero-Junio 2007, pp. 95-113, disponível em http://www.juridicas.unam.mx/publica/librev/rev/refjud/cont/9/rjf/rjf5.pdf.

Ackermann, Werner, e Bastard, Benoit. 1988, «Efficacité et gestion dans l'institution judiciaire, in *Revue Interdisciplinaire d'Etudes Juridiques*, nº 20 1988, pp. 19-48.

---//--- 1992. «Les jeux organisationnels dans l'activité de justice», in François Ost et Michel van de Kerchove (dir.), *Le jeu: un paradigme pour le droit*, Paris: Librairie Générale de Droit et de Jurisprudence.

---//--- 1993, *Innovation et gestion dans l'institution judiciaire*, Paris: Librairie Générale de Droit et de Jurisprudence.

Aikman, Alexander B.. 2007, *The Art and Practice of Court Administration*, Boca Raton / London / New York: CRC Press.

ASJP – Associação Sindical dos Juízes Portugueses. 2007, *A Construção do Novo Mapa dos Tribunais: Enraizamento, Efectividade e Mudança*, Lisboa: GEOT /Associação Sindical dos Juízes Portugueses, disponível em http://www.asjp.pt/wp-content/uploads/2010/05/Estudo-Constru%C3%A7%C3%A3o-do-novo-mapa-dos-tribunais.pdf.

---//--- 2010, *Relatório de Avaliação – Impacto, no primeiro ano de execução em regime experimental, da nova Lei de Organização e Funcionamento dos Tribunais Judiciais nas novas comarcas do Alentejo Litoral, Baixo Vouga e Grande Lisboa Noroeste*, Outubro de 2010, Lisboa: GEOT

/ Associação Sindical dos Juízes Portugueses, disponível em http://www.asjp.pt/wp-content/uploads/2010/12/Relatorio-comarcas-piloto.pdf.
---//--- 2013, *Análise e Comentário Críticos da Proposta de Lei N.º 522/2012*, Janeiro de 2013, Lisboa: GEOT / Associação Sindical dos Juízes Portugueses, disponível em http://www.asjp.pt/wp-content/uploads/2013/01/LOSJparecerGEOT-v4.pdf.
Baar, Carl. 1999, "The development and reform of court organization and administration", in *Public Administration and Development*, Volume 19, Issue 4, pp. 339-351.Bache, Ian, e Flinders, Matthew (eds.). 2005, *Multi-Level Governance*, Oxford: Oxford University Press.
Bache, Ian, e Flinders, Matthew (eds.). 2005, *Multi-Level Governance*, Oxford: Oxford University Press.
Barros, João Miguel, 2017, *Sistema Judiciário Anotado*, Lisboa: AAFDL.
Bochenek, Antônio César. *Conselho Nacional de Justiça: Avanços e Desafios no Âmbito da Justiça Federal*. In: CRUZ, Fabrício Bittencourt da. *CNJ 10 anos*. Brasília: CNJ. 2015. p. 93-112.
Centro de Estudos Judiciários. 2014, *O Juiz Presidente e a Gestão Processual*, Lisboa: Centro de Estudos Judiciários, disponível em http://www.cej.mj.pt/cej/recursos/ebooks/outros/Juiz_Presidente_Gestao_Processual.pdf?id=9&username=guest.
---//--- 2014a, *Orçamento e Contabilidade dos Tribunais*, Lisboa: Centro de Estudos Judiciários, disponível em http://www.cej.mj.pt/cej/recursos/ebooks/outros/Guia_Orcamento_Contabilidade_Tribunais.pdf?id=9&username=guest.
----//--- 2014b, *Gestão de Recursos Orçamentais, Materiais e Tecnológicos*, Lisboa: Centro de Estudos Judiciários, disponível em http://www.cej.mj.pt/cej/recursos/ebooks/outros/Guia_Gestao_Orcamental.pdf?id=9&username=guest.
CEPEJ. 2003, *Territorial Jurisdiction*, Report prepared at the request of the Delegation of the Netherlands in the CEPEJ, as provided by Article 2.1d of the Statute of the CEPEJ, disponível em http://www.coe.int/T/E/Legal_Affairs/Legal_cooperation/Operation_of_justice/Efficiency_of_justice/Documents/18%202003%20E%20%20D3%20Territorial%20Jurisdiction%205.pdf.
Commaille, Jacques. 2000, *Territoires de Justice – Une Sociologie Politique de la Carte Judiciaire*, Paris: Presses Universitaires de France.
---//--- 2003, "Les réformes de la justice entre commissions et missions: les «rapports» sur la justice", *in* Loïc Cadiet e Laurent Richer (dirs.) *Réforme de la justice, réforme de l'État*, Paris: Presses Universitaires de France.
---//--- 2004, "Carte Judiciaire", *in* Loïc Cadiet (dir.) *Dictionnaire de la justice*, Paris: Presses Universitaires de France, pp. 152.
Coelho, Nuno. 2014, "A reforma da justiça entre a crise e o sistema", *in Educar, Defender, Julgar – Funções essenciais do Estado – Contributos para a sua reforma*, Coimbra: Almedina, pp. 277-317.
Cruz, Fabrício Bittencourt da. 2015. *CNJ 10 anos*, Brasília: CNJ.
Deolindo, Vanderlei. 2010, *Planejamento estratégico em comarca do Poder Judiciário*. Dissertação (Mestrado Profissional em Poder Judiciário) – FGV. Orientador: João Felipe Rammelt Sauerbronn.
Dias, João Paulo. 2004, *O Mundo dos Magistrados – A evolução da organização e do autogoverno judiciário*, Coimbra: Livraria Almedina.

Garoupa, Nuno. 2011, *O Governo da Justiça*, Lisboa: Fundação Francisco Manuel dos Santos.
Fabri, Marco; Contini, Francesco (eds.). 2001, *Justice and Technology in Europe: How ICT is changing the judicial business*, The Hague: Kluwer Law International.
Fabri, Marco; Langsbrook, Philip M.. 2008, *Existirá um Juiz Adequado para Cada Processo? Um Estudo Comparativo Para a Distribuição de Processos em Seis Países Europeus*, in Julgar, n.º 4, pp. 11.
Freitas, Vladimir Passos de. 2010, *Os Dez Mandamentos do Juiz Administrador*, disponível em www.ibrajus.org.br. Acesso em 18.07.17.
Garoupa, Nuno; Simões, Ana Maria, e Silveira, Vítor. 2006, "Ineficiência do Sistema Judicial em Portugal: Uma Exploração Quantitativa", *Sub Judice* Janeiro-Março 2006, Nº 34, pp. 127-144.
Istituto di Ricerca sui Sistemi Giudiziari, *Information and communication technologies for justice systems*, disponível em http://www.irsig.cnr.it/index.php?option=com_content&view=article&id=105%3Atecnologie-dellinformazione-e-della-comunicazione-per-lamministrazione-della-giustizia&catid=53%3Aorganizzazione-funzionamento-e-innovazione-tecnologica-nellamministrazione-della-giustizia&Itemid=73&lang=en.
Kornhauser, Lewis A.. 1999, "Judicial Organization and Administration", in Boudewijn Bouckaert e Gerrit De Geest (eds.) *Encyclopedia of Law & Economics*, University of Ghent / Edward Elgar Publishing Limited / FindLaw, 7100, pp. 27-44, disponível em http://encyclo.findlaw.com/7100book.pdf.
Legomsky, Stephen H.. 1990, *Specialized Justice. Courts, Administrative Tribunals, and a Cross-National Theory of Specialization*, Oxford: Clarendon Press.
Leme, Rogério. 2005. *Aplicação Prática de Gestão de Pessoas por Competências*. 2ª ed. Rio de Janeiro: Qualitymark.
Lewandowski, Ricardo. 2015, *Conselho Nacional de Justiça: Presente e Futuro*. In: CRUZ, Fabrício Bittencourt da. CNJ 10 anos. Brasília: CNJ. p. 151-166.
Lopes, José Mouraz. 2017. «A dimensão do autogoverno da magistratura na gestão e administração da justiça" in AAVV, *40 Anos de Politicas de Justiça em Portugal*, Almedina, Coimbra pp. 465-480.
Machado, Helena; Silva, Susana; e Santos, Filipe. 2008, *Justiça Tecnológica – Promessas e Desafios*, Porto: Edições Ecopy.
Mariscal, Nicolás. 2002, «La Gobernanza de la Unión», *in Cuadernos Europeos de Deusto*, Número 27, 2002 pp. 108.
Mak, Elaine. 2008, "Balancing Territoriality and Functionality; Specialization as a Tool for Reforming Jurisdiction in the Netherlands, France and Germany" *in International Journal For Court Administration*, Vol. 1, N.º 2, October 2008, pp. 1-8.
Mendes, Luís Azevedo. 2003, "O Modelo Gestionário, os Juízes Presidentes dos Tribunais Judiciais e o Conselho Superior da Magistratura", in *Boletim Informativo*, Janeiro 2003, Lisboa: Conselho Superior da Magistratura, pp. 31-36.
---//--- 2010, "Uma linha de vida: Organização judiciária e gestão processual nos tribunais judiciais", *in Julgar*, N.º 10, Janeiro-Abril 2010, pp. 105-122.
Observatório Permanente da Justiça Portuguesa. 2001, *A Administração e Gestão da Justiça – Análise comparada das tendências de reforma*, direcção científica de Boaventura Sousa Santos e coordenação de Conceição Gomes, Coimbra: Centro de Estudos Sociais,

Faculdade de Economia da Universidade de Coimbra, disponível em http://opj.ces.uc.pt/pdf/5.pdf.

---//--- 2002, *Os tribunais e o território: um contributo para o debate sobre a reforma da organização judiciária em Portugal*, direcção científica de Boaventura Sousa Santos e coordenação de João Pedroso e Conceição Gomes, Coimbra: Centro de Estudos Sociais, Faculdade de Economia da Universidade de Coimbra, disponível em http://opj.ces.uc.pt/pdf/11.pdf.

---//--- 2005, *Os Actos e os Tempos dos Juízes: Contributos para a construção de indicadores da distribuição processual nos juízes cíveis*, direcção científica de Boaventura Sousa Santos e coordenação de Conceição Gomes, Coimbra: Centro de Estudos Sociais, Faculdade de Economia da Universidade de Coimbra, disponibilizado em http://opj.ces.uc.pt/pdf/Os_actos_e_os_tempos.pdf

---//--- 2006, *A Geografia da Justiça – Para um novo mapa judiciário*, direcção científica de Boaventura Sousa Santos e coordenação de Conceição Gomes, Coimbra: Centro de Estudos Sociais, Faculdade de Economia da Universidade de Coimbra, disponibilizado em http://opj.ces.uc.pt/pdf/A_Geografia_da_Justica_Relatorio.pdf.

---//--- 2006ª, *Como gerir tribunais? Análise comparada de modelos de organização e gestão da justiça*, direcção científica de Boaventura Sousa Santos e coordenação de Conceição Gomes, Coimbra: Centro de Estudos Sociais, Faculdade de Economia da Universidade de Coimbra, disponibilizado em http://opj.ces.uc.pt/pdf/Como_gerir_os_tribunais.pdf.

---//--- 2008, *Para um Novo Judiciário: qualidade e eficiência na gestão dos processos cíveis*, direcção científica de Boaventura Sousa Santos e coordenação de Conceição Gomes, Coimbra: Centro de Estudos Sociais, Faculdade de Economia da Universidade de Coimbra, disponibilizado em http://opj.ces.uc.pt/pdf/para_um_novo_judiciario.pdf.

---//--- 2010, *A Gestão nos Tribunais – Um olhar sobre a experiência das comarcas piloto*, direcção científica de Boaventura Sousa Santos e coordenação de Conceição Gomes, Coimbra: Centro de Estudos Sociais, Faculdade de Economia da Universidade de Coimbra, disponibilizado em http://opj.ces.uc.pt/pdf/RelatorioA_gestao_dos_tribunais_01_04_2010.pdf.

Pastor, Santos Pastor. 2003, "Los nuevos sistemas de organización y gestión de la justicia: ¿Mito o realidad?", *Tercera Conferencia sobre Justicia y Desarrollo en América Latina y el Caribe: Principales tendencias de la última década y hacia donde vamos*, Quito: Banco Interamericano para el Desarrollo, pp. 9-10, disponível em http://www.iadb.org/sds/doc/SGC-Panel-III-ES.pdf.

Patterson, Cláudia. *Ilustre desconhecida: Arquitetura Judiciária*. Curitiba: IBRAJUS, disponível em www.ibrajus.org.br/revista/artigo.asp?idArtigo=12. Acesso em 02/06/17.

Posner, Richard A.. 1999, *The Federal Courts – Challenge and Reform, Cambridge*, Massachusetts/ London, England: Harvard University Press.

Rangel, Paulo Castro. 2001, *Repensar o Poder Judicial – Fundamentos e Fragmentos*, Porto: Publicações Universidade Católica.

Rolla, Giancarlo. 2007, "El desarollo del regionalismo assimétrico y el principio de autonomía en los nuevos sistemas constitucionales: un acercamiento comparativo", in *Revista de Derecho Constitucional Europeo*, n.º 8, julio-diciembre 2007, pp. 248.

Schmidt, Paulo Luiz. 2015, *CNJ. Jovem e já afirmada instituição Republicana*. In: CRUZ, Fabrício Bittencourt da. CNJ 10 anos. Brasília: CNJ. p. 11-18.

Shore, Chris. 2006, "Government Without Statehood? – Anthropological Perspectives on Governance and Sovereignty in the European Union", *European Law Journal*, Volume 12, Issue 6, November, 2006.
Silva, Claudia Dantas Ferreira da. *Administração judiciária: planejamento estratégico e a reforma do Judiciário brasileiro*, disponível em: http://jus2.uol. com.br/doutrina/texto. asp?id-8062.
Rolb Filho, Ilton Norberto, 2013. *Conselho Nacional de Justiça.Estado Democrático de Direito e Accountability*. São Paulo: Saraiva.
Voermans, Win; e Albers, Pim. 2003, *Councils for the Judiciary in EU Countries*, Strasbourg: European Commission for the Efficiency of Justice, disponível em http://www.coe. int/t/dgl/legalcooperation/cepej/textes/CouncilOfJusticeEurope_en.pdf

Outra bibliografia

Barendrecht, J. Maurice. 2012, "Courts, competition and innovation", *in The Romanian Judges' Forum Review*, 2012, vol. 7, nr. 4, pp. 44-48, disponível em https://pure.uvt. nl/portal/files/1509991/Barendrecht_Courts_competition_and_innovation_1_.pdf.
Bell, John. 2006, *Judiciaries within Europe – A Comparative Review*, Cawbridge/New York/ Melbourn/Madrid/Cape Town/Singapore/São Paulo: Cambridge University Press.
Burgo y Marchán, Ángel Martín del. 2001 (republicação do artigo de 1967), "La administración de la Jurisdicción", *in La justicia como problema. El juez como administrador del derecho*, Barcelona: Editorial Bosch.
Canadian Judicial Council / Conseil Canadien de la Magistrature. 2006, *Modèles d'Administration des Tribunaux Judiciaires*, Septembre 2006, Ottawa : Conseil canadien de la magistrature, disponível em http://www.cjc-ccm.gc.ca/cmslib/general/news_pub_ other_Alternative_fr.pdf.
Coelho, Nuno. 2007, "A organização do sistema judiciário e a administração judiciária: os tópicos actuais do debate da reforma da justiça", *in Novas Exigências do Processo Civil – Organização, Celeridade e Eficácia*, Associação Jurídica do Porto, Coimbra: Coimbra Editora, pp. 19-73.
---//--- 2007ª, "A economia, a organização do sistema judicial e a administração judiciária. Uma proposta de abordagem sistémica e organizativa", *in Funcionamento do Sistema Judicial e Desenvolvimento Económico*, Conselho Superior de Magistratura, IV Encontro Anual – 2006, Coimbra: Coimbra Editora, pp. 77-148.
Conselho Nacional de Justiça. *Resolução 15, de 20 de abril de 2006. Dispõe sobre a regulamentação do Sistema de Estatística do Poder Judiciário, fixa prazos e dá outras providências*, disponível em www.cnj.jus.br
_____. *Resolução 76, de 12 de maio de 2009. Dispõe sobre os princípios do Sistema de Estatística do Poder Judiciário, estabelece seus indicadores, fixa prazos, determina penalidades e dá outras providências*, disponível em www.cnj.jus.br
_____. *Resolução 198/14. Dispõe sobre o Planejamento e a Gestão Estratégica no âmbito do Poder Judiciário e dá outras providências*, disponível em www.cnj.jus.br/busca-atos--adm?documento=2733.

Conselho Superior da Magistratura. 2012, *Ensaio para a Reorganização Judiciária – Análise*, Grupo de Trabalho para Acompanhamento das Comarcas Experimentais, Lisboa: Conselho Superior da Magistratura, disponível em http://www.csm.org.pt/ficheiros/mapajudiciario/mapajudiciario_ensaio_analisecsm.pdf.

Consortium for Court Excellence. 2009, *International Framework for Court Excellence*, Williamsburg: National Center for State Courts, disponível em http://www.courtexcellence.com/.

Dixon, Jo. 1995, "The Organizational Context of Criminal Sentencing", in *American Journal of Sociology*, Volume 100, Number 5, March 1995, pp. 1157-1198.

Dovey, Ken. 1997, "The Learning Organization and the Organization of Learning", *in Management Learning*, Vol. 28, Nº 3, pp. 331-349.

Durham, Christine M.; e Becker, Daniel J.. 2011, "A Case for Court Governance Principles", *in Perspectives on State Court Leadership*, Williamsburg: National Center for State Courts.

ENCJ – European Network of Councils for the Judiciary. 2014, *Independence and Accountability of the Judiciary*, ENCJ Report 2013-2014, Bruxelas: European Union.

---//--- 2014a, *Minimum Judicial Standards IV – Allocation of Cases*, ENCJ Report 2013-2014, Bruxelas: European Union.

Federal Judicial Center. 2003, *Deskbook for Chief Judges of U.S. District Courts*, third edition, Washington: Federal Judicial Center, disponível em http://www.fjc.gov/public/pdf.nsf/lookup/deskbook.pdf/$file/deskbook.pdf.

Fix-Fierro, Héctor. 2003, *Courts, Justice & Efficiency – A Socio-Legal Study of Economic Rationality in Adjudication*, Oxford and Portland, Oregon: Hart Publishing.

Flango, Victor E., e Ostrom, Brian J. 1996, *Assessing the need for judges and court support staff*, Williamsburg: National Center for State Courts, disponível em http://www.courtexcellence.com/Resources/~/media/Microsites/Files/ICCE/AssessingNeed.ashx

Fonseca, Rafael Campos Soares da Fonseca. 2017, *Orçamento Público e suas emergências programadas*. Belo Horizonte: Editora D'Plácido.

Kornhauser, Lewis A.. 1999, "Judicial Organization and Administration", in Boudewijn Bouckaert e Gerrit De Geest (eds.) *Encyclopedia of Law & Economics*, University of Ghent / Edward Elgar Publishing Limited / FindLaw, 7100, pp. 27-44, disponível em http://encyclo.findlaw.com/7100book.pdf.

Langbroek, Philip M. 2013, "Quality Management in Courts and in the Judicial Organisations" *in 8 Council Of Europe Member States – A qualitative inventory to hypothesise factors for success or failure, European Commission for the Efficiency of Justice*, Belgium: Council of Europe, disponível em https://wcd.coe.int/com.instranet.InstraServlet?command=com.instranet.CmdBlobGet&InstranetImage=1716655&SecMode=1&DocId=1666264&Usage=2.

Martin, John A.; e Maron, Nancy C.. 1991, "Courts, Delay and Interorganisational Networks: Managing an Essential Tension", in *Justice System Journal*, Vols 14/3 e 15/1, pp. 268-288.

Millar, Perry S.; e Baar, Carl. 1981, "Thinking about Courts, Organization Theory and Judicial Distinctiveness", *in Judicial Administration in Canada*, Montréal: Queens University Press, pp. 21-42, disponível em http://www.uow.edu.au/law/LIRC/CourtResources/PDF/Millar&Baar.pdf.

Ng, Gar Yein. 2007, *Quality of Judicial Organisation and Checks and Balances*, Antwerp: Intersentia.

Oliveira, António Cândido de. 2011, "A Organização Judiciária Administrativa em Portugal", *in* Vasco Pereira da Silva (coord.) *Temas e Problemas de Processo Administrativo*, 2.ª edição, Lisboa: Instituto de Ciências Jurídico-Políticas, pp. 9-39.

Ostrom, Brian J.; e Hanson, Roger A.. 2009, *Understanding and Changing Court Culture*, intervenção na Conferência Internacional «Estado, sociedade e justiça no XXI século: democracia, qualidade e eficiência nos tribunais judiciais", Universidade de Coimbra, 26 de Setembro 2008.

Ostrom, Brian J.; Ostrom, Jr., Charles W.; Hanson, Roger A.; e Kleiman, Matthew.. 2007, *Trial Courts as Organizations*, Philadelphia: Temple University Press (sobretudo Capítulo 2, pp. 22-45)

Pastor, Santos. 2003, "Los nuevos sistemas de organización y gestión de la justicia: ¿Mito o realidad?", *Tercera Conferencia sobre Justicia y Desarrollo en América Latina y el Caribe: Principales tendencias de la última década y hacia donde vamos*, Quito: Banco Interamericano para el Desarrollo, pp. 9-10, disponível em http://www.iadb.org/sds/doc/SGC-Panel--III-ES.pdf.

---//--- 2004, *Cifrar e Descifrar – Manual para Generar, Recopilar, Difundir y Homologar Estadísticas e Indicadores Judiciales*, Volumen I, Santiago do Chile: Centro de Estudios de Justicia de las Américas (CEJA), disponível em http://www.cejamericas.org/portal/index.php/es/biblioteca/biblioteca-virtual/doc_details/3297-cifrar-y-descifrar-vol1-manual-para--generar-recopilar-difundir-y-homologar-estadisticas-e-indicadores-judiciales-2005.

Peters, Guy B. e Pierre, Jon. 2001, "Developments in intergovernmental relations: towards multilevel governance", in *Policy & Politics*, Volume 29, n.º 2, 2001, p. 135.

Posner, Richard A.. 1999, *The Federal Courts – Challenge and Reform*, Cambridge, Massachusetts/ London, England: Harvard University Press.

Saari, David J.. 1982, *American Court Management: Theories and Practices*, Westport: Connecticut Quorum Books.

Schweizerische Parlament, 2001, *Gestione moderna della giustizia – Rapporto all'attenzione della Comissione della gestione del Consiglio degli Stati*, Berna: Servizi del Parlamento (Organo parlamentari di controllo dell'amministrazione), disponível em http://www.parlament.ch/i/dokumentation/berichte/berichte-aufsichtskommissionen/geschaeftspruefungskommission-gpk/berichte-2002/Documents/6809.pdf.

Senge, Peter M.. 1990, *The Fifth Discipline. The Art and Pactice of the Learning Organization*, New York: Doubleday Currency.

. World Bank, *Performance Measures Topic Brief*, disponível em http://web.worldbank.org/WBSITE/EXTERNAL/TOPICS/EXTLAWJUSTINST/0,,contentMDK:20756997~menuPK:2025688~pagePK:210058~piPK:210062~theSitePK:1974062~isCURL:Y,00.html.

Capítulo 5

Parte 1
O Modelo Português de Gestão nos Tribunais Judiciais

5.1. A Lei n.º 52/2008, de 28 de agosto e os seus antecedentes

A conjugação de alguns fatores, como a persistência de um sistema de justiça que não responde de forma eficaz às solicitações, o conhecimento de experiências ocorridas noutros sistemas jurídicos e os primeiros apelos de uma ténue dogmática sobre a emergência da prática gestionária nos tribunais, determinou que em Portugal, diplomas recentes viessem consagrar na ordem jurídica uma dimensão normativa da gestão judicial.

Sem uma delimitação ainda muito precisa, mas já com referências pragmáticas concretas, surgiram normas que concretizam as duas grandes áreas da gestão judicial: a gestão dos tribunais (*court management*) e a gestão de casos ou gestão de processos (*case management*).

Assim, o decreto-lei n.º 108/2006, de 8 de junho, a Lei n,º 52/2008, de 28 de agosto, a portaria n.º 114/2008, de 6 de fevereiro, na redação dada pela portaria n.º 1538/2008, de 30 de dezembro (no âmbito da tramitação eletrónica dos processos judiciais), o decreto-Lei n.º 25/2009, de 26 de janeiro e o decreto-lei n.º 28/2009, de 28 de janeiro, trouxeram à superfície um conjunto de "conceitos quase em branco" suscitando, por isso, a emergência duma delimitação conceptual que possibilite a sua aplicação concreta de modo a responder às finalidades que estiveram na sua origem.

Gestão por objetivos, implementação de métodos de trabalho, poderes de acompanhamento da atividade do tribunal, avaliação do serviço, informação ao cidadão, acompanhamento dos processos, controlo do tempo processual, racionalização, cooperação, simplificação e agilização processual são alguns dos tópicos que pertencem hoje ao léxico da justiça.

Modificou-se, assim uma dimensão dogmática sustentada no processualismo, como cultura estrutural da tradição jurídica portuguesa, sistematicamente utilizada para tentar resolver os problemas recorrentes no sistema de justiça.

Historicamente, num primeiro momento, o decreto-lei n.º 108/2006, de 8 de junho, estabeleceu um dever "genérico" de gestão processual, inserido no âmbito do processo civil concretizado em quatro aspetos fundamentais: a) adoção e tramitação processual adequada às especificidades da causa; b) adaptação do conteúdo e da forma dos atos processuais ao fim que visam atingir; c) garantia da não praticabilidade de atos inúteis, nomeadamente através da recusa na prática de atos impertinentes ou dilatórios; d) adoção de mecanismos de agilidade processual.

Por sua vez a Lei n.º 52/2008, de 28 de agosto (e também o decreto-lei n.º 28/2009, de 28 de janeiro, que regulamenta, "com caráter experimental e provisório" aquela Lei), no âmbito da novíssima matéria relacionada com a gestão dos tribunais, veio concretizar nos seus artigos 88.º n.º 1 e n.º 4 e 89.º um conjunto de competências de gestão processual próprias atribuídas ao juiz presidente ou ao magistrado coordenador. Sublinhe-se que na atribuição de competências ao magistrado do Ministério Público coordenador, estabelecidas no artigo 90º daquela Lei, algumas situações constituem efetivamente poderes de gestão processual, ainda que tais atos não tenham sido expressamente identificados pelo legislador como atos de gestão processual.

Neste primeiro quadro normativo, as competências próprias no domínio da gestão processual atribuídas ao juiz presidente ou ao Conselho Superior da Magistratura são independentes das competências de cada juiz no âmbito das leis de processo, não as prejudicam e devem compatibilizar-se entre si, sem hierarquizações conceptuais. Pela primeira vez, no ordenamento jurídico português sublinhava-se a individualidade das matérias gestionárias assumindo-se que não se estava no âmbito de uma dogmática processualista, mas sim no domínio da gestão processual.

Por outro lado, as competências próprias do juiz presidente no âmbito da gestão processual estavam delimitadas para serem executadas sem prejuízo das competências e atribuições do Conselho Superior da Magistratura, que assume, no novo quadro normativo, um relevante papel de coordenação no que concerne ao papel que cada um dos juízes presidentes assume nas várias circunscrições.

No domínio da qualidade do serviço o artigo 88.º n.º 1 e n.º 4, alíneas a) da Lei n.º 52/2008, de 28 de agosto, estabelecia e atribuía ao juiz presidente poderes próprios de acompanhamento da atividade do tribunal, da avaliação do serviço e de informação ao cidadão.

No domínio da celeridade, talvez naquele que seja um dos poderes com maior potencialidade que emergiam do artigo 88.º n.º 1 e n.º 4, alínea c) da Lei n.º 52/2008, esta estabelecia um dever de acompanhamento dos processos, o controlo do tempo processual e a prestação de informação ao Conselho Superior da Magistratura. A monitorização dos processo passou, por força desta lei, a ser efetuada por uma entidade próxima de quem pratica os atos processuais, sem neles poder interferir, mas com a possibilidade de prestar em qualquer momento toda e qualquer informação ao Conselho Superior da Magistratura sobre o "estado das coisas" e possibilitar a este último órgão intervir, se necessário, através da tomada de posição adequada à situação.

Neste âmbito assumia especial relevância o acesso à informação, em tempo real, que permite conhecer o volume e o tipo de litígios a tramitar por cada tribunal/juízo, distribuídos a cada juiz. Estes dados, acompanhados da existência de indicadores estatísticos e de informação específica sobre a tipologia concreta de processos distribuídos a cada juiz, configuram um procedimento essencial para a concretização do dever de acompanhamento referido.

No domínio da simplificação e agilização processuais (n.º 1 e n.º 4, alínea d) da Lei n.º 52/2008) atribuía-se apenas ao juiz presidente um vago poder/dever de promoção de medidas de simplificação e agilização. As medidas de promoção podem ter como destinatários desde logo os juízes mas também os funcionários judiciais. Neste caso surgem como exemplo concreto todas as medidas de impulso na implementação de novos procedimentos e a concertação de agendas dos juízes de acordo com os recursos disponíveis do tribunal ou da comarca.

As medidas podem ter, também, como destinatário direto o próprio Conselho Superior da Magistratura, na medida em que este tem o poder de, nesta matéria, tomar decisões que afetem, de um ponto de vista positivo a agilização e simplificação de procedimentos.

No domínio da racionalização (n.º 1 e n.º 4, alíneas e), f), g) e h) da Lei n.º 52/2008) foram estabelecidos poderes/deveres – apenas para o juiz presidente – de promoção perante o Conselho Superior da Magistratura e poderes diretos de reafetação de funcionários.

No que respeita aos poderes de promoção de medidas de racionalização perante o Conselho tratava-se de um conjunto de atos percecionados e estudados pelo juiz presidente de forma a que a gestão processual da comarca se tornasse mais racional, proposto por este ao Conselho.

No que respeita aos poderes de reafetação de funcionários, tínhamos um poder efetivamente relevante, na medida em que ao juiz presidente era atribuída a possibilidade de movimentar funcionários de acordo com as competências profissionais de cada um e em função do tipo de trabalho que executam, salvaguardadas as suas categorias profissionais, sempre de acordo com as necessidades e exigências conjunturais de cada tribunal/juízo que compõem a comarca.

A Lei n.º 52/2008, ainda que circunscrita às comarcas piloto, foi o primeiro diploma que, de forma inovadora, introduziu um modelo de gestão judicial e processual. Vigorou até 30 de setembro de 2014.

5.1.1. O regime da Lei n.º 62/2013, de 26 de agosto.

A publicação e entrada em vigor da Lei n.º 62/2013, de 26 de agosto, Lei de Organização do Sistema Judiciário (LOSJ) que estabelece as normas de enquadramento e de organização do sistema judiciário e o Decreto--Lei n.º 49/2014 de 27 de março (RLOSJ), que regulamentou a referida Lei, vieram introduzir no ordenamento jurídico nacional, pela primeira vez de uma forma genérica e extensiva a todo o país, a matéria da gestão processual, quer enquanto instrumento de organização e gestão do sistema, quer enquanto instrumento de gestão processual.

A Lei nº 40-A/2016, de 22 de Dezembro, veio proceder a várias alterações ao regime legal vigente sendo a intenção anunciada a de assegurar uma maior proximidade recíproca da justiça e dos cidadãos em particular no plano dos julgamentos criminais e no domínio da jurisdição de família e menores; neste sentido, o Decreto-Lei nº 49/2014, de 27 de Março foi igualmente alvo de mudanças promovidas pelo Decreto-Lei nº 86/2916, de 27 de Dezembro.

A secção III do Capítulo V do Título V da LOJS, com a epígrafe "Gestão dos tribunais de primeira instância", estabelece de forma extensiva, ainda que por vezes não distinguindo matérias de gestão processual de matérias de gestão dos tribunais, o quadro legal que enquadra o novo regime.

Na subsecção secção I, está estabelecida toda a matéria relacionada com os "objetivos", aqui se incluindo os objetivos estratégicos dos tribunais de primeira instância e os "objetivos" processuais das comarcas e dos tribunais de competência territorial alargada aí sediados.

A subsecção II refere-se ao presidente do tribunal da comarca e constitui o seu quadro regulador, quer em termos de legitimidade, nomeação, competências, estatuto remuneratório e formação. No artigo 95.º está prevista a figura do magistrado judicial coordenador que exerce competências delegadas pelo presidente do tribunal.

A subsecção III refere-se ao magistrado do Ministério Público coordenador da comarca e a subsecção IV refere-se ao administrador judiciário, em termos similares à da subsecção II.

A subsecção V refere-se à composição e competências do conselho de gestão da comarca.

Numa outra secção (secção IV) estão regulamentadas a composição, o funcionamento e as competências do conselho consultivo da comarca, órgão pluridisciplinar composto por representantes dos vários intervenientes no setor da justiça e cujas competências são essencialmente consultivas, no âmbito das políticas que afetam as comarcas.

O RLOJ comporta igualmente uma secção III, que trata da «Gestão dos tribunais de primeira instância», englobando três subsecções referentes à formação específica dos presidentes do tribunal e magistrado do Ministério Público coordenador (subsecção I), recrutamento, formação, horário de trabalho, avaliação de desempenho e outros items relativos ao administrador judiciário (subsecção II), introdução do princípio da cooperação entre os responsáveis pelas diversas matérias da gestão nos tribunais e fixação das despesas de representação do presidente e magistrado do Ministério Público coordenador (subsecção III).

5.1.2. Os objetivos estratégicos e processuais

Os artigos 90.º e 91.º da LOSJ tratam da questão essencial dos objetivos estratégicos e processuais, da sua definição e monitorização.

Trata-se de conceitos diferenciados que por isso mesmo devem ser analisados separadamente.

Os "objetivos estratégicos" são instrumentos de gestão do sistema de justiça, da competência dos órgãos de gestão Conselho Superior da Magistratura e Procurador-Geral da República, estabelecidos em articulação com o membro do Governo responsável pela área da justiça.

Tratam-se de objetivos organizativos nomeadamente de atribuição e distribuição de meios que permitem identificar a atividade, o desempenho e o desenvolvimento da atividade de gestão dos tribunais.

Estes objetivos plurianuais, para três anos, necessitam de ser articulados anualmente, o que envolve a realização de reuniões trimestrais entre representantes do Conselho Superior da Magistratura, da Procuradoria-Geral da República e do competente serviço do Ministério da Justiça, na ponderação dos meios afetos, dos valores de referência estabelecidos e dos resultados registados em cada um dos tribunais.

Os "objetivos processuais" são instrumentos de gestão da comarca, da competência do presidente da comarca e do magistrado do Ministério Público coordenador, ouvido o administrador judiciário e homologados pelos Conselhos Superior da Magistratura e Procurador-Geral da República.

Os objetivos processuais reportam-se, designadamente, ao número de processos findos na comarca e ao seu tempo de duração. Na sua determinação levar-se-á e conta, entre outros fatores, a natureza do processo ou o valor da causa, os recursos humanos disponíveis, e os meios afetos ao funcionamento da comarca, sempre por referência aos valores de referência processual estabelecidos. Estes "objetivos processuais", não podendo "impor, limitar ou condicionar as decisões a proferir nos processos em concreto, quer quanto ao mérito da questão, quer quanto à opção pela forma processual entendida como mais adequada", não deixarão de ser ponderados, inevitavelmente, nos critérios de avaliação dos magistrados e dos funcionários judiciais.

Na definição dos objetivos, "estratégicos" e "processuais", não pode deixar de se levar em conta a cultura de independência e autonomia dos juízes, na sua esfera de liberdade de atuação. Por isso esse espaço de autonomia e independência tem que ser devidamente gerido e organizado de forma a robustecer o núcleo incindível e imperturbável de exercício da função jurisdicional, tanto no domínio processual estrito, de condução do processo para o proferimento da decisão jurisdicional, como na maturação e prolação desta mesma decisão.

No domínio jurisdicional há um núcleo procedimental e decisório que não pode ser invadido ou condicionado de forma direta, mesmo que seja pelos mecanismos de gestão dos tribunais e de gestão processual heterónoma (diferenciada da gestão processual que pode e deve ser realizada pelo próprio juiz do caso) que são produzidos pelos órgãos de governação e gestão do judiciário, nomeadamente pelo Conselho Superior da Magistratura e pelos juízes presidentes.

Por isso, qualquer relação hierárquica ou dever de atuação responsável em obediência a aspetos de organização e gestão dos tribunais não pode ter direta e imediatamente incidência sobre o exercício da função jurisdicional.

É isso que se refere no artigo 91.º, n.º 4 da LOSJ que considera que os objetivos processuais não podem impor, limitar ou condicionar as decisões a proferir nos processos em concreto, quer quanto ao mérito da questão, quer quanto à opção pela forma processual entendida como mais adequada.

Também no que respeita à gestão processual, o artigo 94.º, n.º 4, da LOSJ, estipula que os poderes de gestão processual do juiz presidente são exercidos com observância dos artigos 90.º e 91.º, incluindo o mencionado n.º 4 do artigo 91.º.

5.1.3. Os valores de referência processual

Os valores de referência processual (VRP) consubstanciam um dos conceitos chave do modelo de gestão (artigo 90.º n.ºs 4, 5 e 6 da LOSJ) sendo que em Portugal, a dimensão quantitativa da prestação jurisdicional foi sendo reconduzida apenas à definição dos denominados Valores Processuais de Referência.

Como se alcança dos critérios usados na determinação dos VRP's, emanados inicialmente do Ministério da Justiça (MJ)[41], foram, essencialmente,

---

[41] Na verdade, em Portugal, a primeira incursão normativa no âmbito da denominada contingentação processual ocorreu com o Despacho do Ministro da Justiça, n.º 9961/2010,

usados o "Delphi Method" e o "Normative Method", com ênfase crescente deste.

O MJ definiu estes valores, a propósito da experiência de instalação de três comarcas experimentais sujeitas a um novo modelo de gestão, e conferiu-lhes densidade normativa, por via de um despacho ministerial. Anteriormente, haviam sido, porém, já desenvolvidos esforços no sentido de uma mensuração quantitativa do volume de trabalho adequado para um juiz – aludimos designadamente ao trabalho feito pelo Observatório Permanente para a Justiça Portuguesa e pelos serviços de inspeção do Conselho Superior da Magistratura (CSM) ou ainda pela Associação Sindical dos Juízes Portugueses.

O CSM procurou recuperar as competências devidas nesta área central de gestão do judiciário vindo a aprovar, após estudo interno, novos VRP's definidos não num número único mas através de uma tabela com valores mínimos e máximos, admitindo variações em função de especificidades regionais de cada comarca; tal tabela foi sujeita a uma reavaliação decorrido um ano após a sua fixação.[42] Esta indicação de tabelas, e a ductilidade decorrente das mesmas, era exigida, como se sublinhou sempre nesse estudo, pela impossibilidade de considerar, por insuficiência de recursos disponíveis, elementos como os da ponderação organizativa dos tribunais visados e da diferenciação processual (complexidade e saturação processuais).

A indicação pelo CSM destes valores processuais induz uma outra conclusão relevante. Não deve ser cometida ao poder executivo a responsabilidade pela fixação de indicadores atinentes com o trabalho jurisdicional levado a cabo por juízes; tal incumbência cabe, necessariamente, num plano da organização do Estado, ao poder judicial.

---

publicado no DR, 2ª série, nº 113, de 14 de junho de 2010, página 32.315, utilizado para a previsão dos quadros das três comarcas-piloto experimentais então existentes, onde se indicavam valores de referência da produtividade para juízes e procuradores. Tais valores enfermavam de problemas vários e, em particular na definição dos quadros humanos, foram, várias vezes, ignorados pelos próprios serviços do MJ.

[42] Este estudo de contingentação processual aprovado pelo Plenário do CSM foi elaborado em várias etapas, tendo sido alvo de um relatório intercalar, e procedeu à audição de todas as entidades, internas e externas, envolvidas no fenómeno em causa. Abarcou igualmente a definição de um volume processual adequado para os juízes dos tribunais de Relação. Todo o trabalho desenvolvido foi publicitado no sítio do CSM e pode ser analisado em http://www.csm.org.pt/atividade/estudos/349-estudo-vpr sendo da autoria de José Igreja Matos.

Na nova definição normativa, pretende-se que, através da sua densificação, como valores de produtividade calculados em abstrato para cada magistrado, se identifique o indicador estabelecido para todo o país utilizado como medida de gestão, nomeadamente para efeitos de equacionar os objetivos estratégicos dos tribunais e das comarcas.

Trata-se de um conceito «elástico» que é revisto com periodicidade trianual e pode ser estabelecido de forma única para todo o território ou adaptado em função das realidades de cada comarca, em função das suas próprias especificidades.

A dimensão quantitativa da avaliação da qualidade no desempenho nos tribunais foi já analisada em sede própria.

No caso português, porém, importa sublinhar algumas especificidades. As mesmas entroncam numa cultura do judiciário que, há largas dezenas de anos, vem exigindo a adoção de mecanismos da denominada "contingentação processual". Desse modo, estando cometidos à generalidade dos magistrados judiciais um número de processos superior à concreta capacidade do sistema em poder decidi-los de modo expedito e qualificado, a adoção de um número limite de processos a atribuir a cada juiz permitiria, finalmente, confrontar os poderes do Estado perante um problema real. Porém, essa reivindicação antiga dos juízes depara-se com uma dupla dificuldade: por um lado, uma eventual e decorrente massificação das magistraturas, com um aumento significativo dos quadros, acarretaria uma inevitável degradação da qualidade dos juízes e procuradores e do grau de exigência que se pretende elevado no recrutamento e, por outro, os custos financeiros associados a esse investimento tornariam inexequível tal solução cujos bons resultados sempre seriam, de todo o modo, discutíveis.

Certo será, igualmente, que sempre que foi possível concluir estudos que iam ao encontro dessa aspiração concernente a uma delimitação quantitativa da atividade jurisdicional, com base nos valores de referência processual ou outros, a sua efetiva implementação não tem sido levada à prática, ainda que se sublinhe a necessidade de uma constante monitorização e revisão dos valores apurados, expressos sempre com especial atenção às diversidades regionais nas diferentes comarcas.

Essa ineficiência operativa decorre, no essencial, de uma perceção errónea quanto às finalidades prosseguidas por este instrumento de gestão e que pretende justificar o uso destes valores processuais de referência como forma de avaliar o desempenho dos magistrados e, no limite, de os sancionar disciplinarmente.

A definição, monitorização e revisão dos valores processuais de referência, enquanto instrumento de gestão, exige uma tripla abordagem metodológica: separação inequívoca relativamente ao processo de avaliação dos magistrados; participação de todos os interessados, emulando uma corresponsabilização pela fiabilidade dos dados obtidos; utilização dos resultados obtidos, designadamente, na deteção de estrangulamentos e bloqueios, para a adoção de soluções concretas em função dos circunstancialismos locais.

5.1.4. O princípio da cooperação

Num processo de gestão partilhada ou governação "multinível", como se referiu, a existência de princípios é fundamental para permitir o funcionamento coordenado de instâncias ou órgãos com poderes dotados de acentuados graus de autonomia ou independência.

O sistema de gestão, dos tribunais e processual, estabelecido no quadro legal vigente obedece especificamente ao princípio da cooperação entre todos os intervenientes com funções e poderes estabelecidos na lei.

É isso que estabelece, de forma perentória o artigo 24.º do ROFTJ: "o exercício das funções dirigentes atribuídas ao presidente do tribunal, ao magistrado do Ministério Público coordenador, aos magistrados judiciais coordenadores, aos procuradores da República com funções de coordenação setorial, ao administrador judiciário e restantes membros do conselho consultivo e aos serviços competentes do Ministério da Justiça, reger-se pelo princípio da cooperação".

Quer isto dizer que todo o processo decisório que envolva matérias de gestão, tanto dos tribunais, como processual, quando partilhado, deve obedecer a uma prévia conformação entre quem exerce esses poderes, para que sejam, sempre que possível, levados em consideração todos os interesses, nem sempre compatíveis entre si.

O princípio da cooperação assume, no quadro da gestão do judiciário, uma dimensão decisiva atentas as características de autonomia e independência que constituem a dimensão funcional das profissões jurídicas.

Cooperar significa partilhar conhecimento e informação com vista a um processo de decisão. É importante salientar que no exercício de funções gestionárias sujeito ao princípio da cooperação não se está no âmbito das funções jurisdicionais. Por isso o princípio da cooperação estabelecido na lei é imperativo no processo de tomada de decisão que envolve a matéria gestionária.

5.1.5. Os poderes de gestão do Conselho Superior da Magistratura

O Conselho Superior da Magistratura detém um papel na coordenação da administração e gestão dos tribunais judiciais e também, de algum modo, na gestão mais abstrata ou generalista dos processos, podendo delinear diretrizes com impacto na distribuição, movimentação e dinâmica dos processos judiciais, sem atropelo da esfera de competência própria da atividade jurisdicional.

Ou seja, de alguma forma e com maior visibilidade no desenho da atual LOSJ, os seus poderes são também poderes de gestão do tribunal e de gestão processual, ainda que nesta dimensão fundamentalmente apenas intervenha na ordenação e equilíbrio de fluxos processuais.

Em primeiro lugar, na gestão do tribunal, o CSM tem o poder fundamental de colocar mais ou menos juízes em funções, no caso dos tribunais de 1.ª instância e nos de Relação, consoante as necessidades de resposta processual. No caso dos tribunais de Relação pode fazer essa colocação dentro dum quadro fixado entre um mínimo e um máximo. Nos outros dispõe da possibilidade de colocação de juízes auxiliares ou de juízes de um quadro complementar, vulgarmente designado como "bolsa de juízes".

A gestão dos recursos humanos juízes é, como se compreende, fundamental na gestão do tribunal e dentro dela as questões da mobilidade são sempre colocadas. Nestas, porém, o CSM está muito limitado nas suas opções, pelas restrições que decorrem do princípio do juiz natural ou da predeterminação legal do juiz e que co-habita – outra dificuldade – com o princípio constitucional da inamovibilidade dos juízes, o qual é um componente necessário do princípio da independência dos tribunais e dos juízes. O princípio do juiz natural não se limita à predeterminação do tribunal, mas também à do juiz ou à da formação judiciária que se ocupe de um caso concreto (v. Ac. n.º 614/03 do Tribunal Constitucional) e impõe que as mesmas objetividade e generalidade dos critérios que são exigíveis na definição do tribunal/juiz competente, exista na colocação e na substituição dos juízes nas suas faltas ou impedimentos, quaisquer que sejam – ou seja, contém a proibição de arbítrio e da determinação ad hoc da formação judiciária. Assente que um tribunal ou, melhor, uma formação jurisdicional exige a prévia determinabilidade do juiz responsável pelo caso, a colocação do juiz num lugar tem de ser transparente e mediante procedimento controlável pelas partes processuais – em regra por concurso.

Mas ocorrem situações de urgência que não se compadecem com as delongas do concurso. Na prática, nos tribunais de 1.ª instância, o CSM recorre aos mecanismos da bolsa de juízes, dos destacamentos como auxiliares, das substituições e das acumulações. Estes mecanismos são usados não só para fazer face às faltas e impedimentos de juízes, mas também para responder a sobrependências processuais registadas nos lugares do quadro, o qual foi ficando desajustado à realidade.

A LOSJ prevê a possibilidade de uma aparente nova figura para a mobilidade de juízes, a designada "reafectação". O juiz presidente poderá propor ao CSM a reafectação dos juízes na comarca, mudando de secção, exercendo funções em mais de uma secção, ou mesmo a atribuição de processos a um juiz que não o seu titular. Contudo, um poder de "reafectação" de juízes e de processos concebido sem determinação de regras gerais, abstratas e objetivadas, subordinado apenas a um critério de subordinação a um objetivo como o que é enunciado na LOSJ (art. 94.º n.º 4, als. f) e g) – *"tendo em vista o equilíbrio da carga processual uma distribuição racional e eficiente do serviço"* ou *"ponderadas as necessidades de serviço e o volume processual existente"* – introduziria uma discricionariedade gestionária insuficientemente balizada e, por isso, não respeitaria os princípios do juiz natural e da inamovibilidade dos juízes. Daí que na alteração promovida pela Lei n.º 40-A/2016, de 22/12 se tenha, acertadamente, aduzido no n.º 6 do art. 94.º que "a reafetação de juízes ou a afetação de processos têm como finalidade responder a necessidades de serviço, pontuais e transitórias, e devem ser fundadas em critérios gerais, definidos pelo Conselho Superior da Magistratura...".

De todo modo, sempre o CSM estará obrigado, nos casos dos mecanismos de colocação que dispensam procedimento concursório, a estabelecer previamente regulamentos que explicitem critérios objetivos, suficientemente detalhados, que permitam a transparência e o controlo externo das colocações e a observância estrita dos princípios assinalados.

Em segundo lugar, o CSM dispõe hoje do poder de fixar objetivos estratégicos para o conjunto dos tribunais de 1.ª instância e de objetivos processuais para cada tribunal, estes sob proposta do respetivo presidente. Estes objetivos são importantes porque o CSM estará então obrigado a mobilizar os meios necessários ao seu cumprimento e a uma atividade dinâmica de monitorização e acompanhamento dos tribunais. E, nesse âmbito, cabe--lhe fixar os indicadores do volume processual adequado a cada juiz, para todo o território ou para cada comarca, um instrumento fundamental de racionalização do trabalho e da gestão do tribunal.

Em terceiro lugar, o CSM assume, também hoje, um papel de coordenação dos presidentes dos tribunais, cuja nomeação lhe compete, podendo mesmo delegar-lhes determinadas competências, que permite congregar uma dinâmica de ação transformadora que não existia antes. Esta nova capacidade, se exercida, permite identificar e resolver disfunções, implementar e encorajar as melhores práticas, formar, responsabilizar e motivar todos os intervenientes. A orientação da atividade dos presidentes é fundamental. Mas o CSM pode até, sob proposta do presidente, intervir no funcionamento da secretaria judicial, criando unidades especializadas. E pode indiretamente intervir na ação administrativa do administrador judiciário, balizando o seu exercício, uma vez que é a ele a quem cabe apreciar os recursos dos seus atos, ainda que em matéria de competências próprias. O CSM, a quem o presidente passa a reportar, poderá desenvolver, através deste, uma nova capacidade de afetação de todos os recursos humanos (juízes e, também, funcionários) em função de objetivos de gestão processual integrada, como sejam os de conjugação efetiva do trabalho dos juízes com a secretaria, no respeito pelo controlo dos prazos processuais e mediante prévia fixação do volume processual adequado a cada um.

Em quarto lugar, o CSM dispõe de um poder relevante na gestão dos fluxos processuais e que é o de poder intervir na distribuição de processos, alterando a distribuição tabelar (aquela que resulta da aplicação de regras legais fixas e gerais) tendo em vista assegurar a igualação e a operacionalidade dos serviços, bem como estabelecendo prioridades para processos pendentes por tempo que considere excessivo. Este poder, se devidamente exercido, pode gerar dinâmicas de gestão do tribunal e mesmo de gestão processual assinaláveis. Na priorização do tratamento dos processos, o CSM poderá desenvolver uma atividade pró-ativa na definição dos tempos de duração razoável dos processos (para além dos quais serão considerados excessivos), dos tempos de duração dos atos e das fases processuais. Mas é na distribuição dos processos que reside um campo largo de inovação na gestão processual e na gestão do tribunal. A gestão dos fluxos processuais através de regras equilibradas de distribuição constitui um instrumento indispensável. Uma distribuição equilibrada passa seguramente pela distribuição a cada juiz ou unidade jurisdicional de um número igual de processos. A distribuição justa (igualizadora) deve atender não só à quantidade de casos, mas também à sua complexidade. É no afinamento e regulamentação destas situações, definindo critérios gerais e abstratos que poderão afastar-se das categorias (espécies) de distribuição previstas na lei, ajustando-as à complexidade efetiva das matérias e de modo a distribuir equitativamente as cargas de serviço, que o CSM melhor poderá servir uma boa gestão dos fluxos processuais.

Por outro lado, o CSM dispõe de uma atribuição na avaliação do desempenho dos tribunais e dos juízes que lhe permite definir padrões de qualidade, até pela comparação de desempenhos, indutores de melhores práticas.

Este poder gestionário permite-lhe, nalgumas situações, intervir num domínio compósito que se poderá designar de administrativo-jurisdicional. Aqui se insere o seu papel naquela que pode ser a sua função de formular recomendações ou diretrizes em matérias processuais de maior sensibilidade ou impacto sistémico, vistas sempre como "boas práticas" recomendáveis (*guidelines*) mas que não serão dotadas de obrigatoriedade (*soft law*).

Podem ser apresentadas determinadas situações controversas sobre a relação entre os poderes de gestão do CSM ou mesmo dos juízes presidentes, e os poderes de gestão processual que são atribuídos aos próprios juízes dos respetivos processos que detêm o indelével poder jurisdicional: provimentos, calendarização dos diligências e dos julgamentos, e tempos de duração dos atos, por exemplo. Neste campo é preciso atuar e regulamentar com clareza e com o discernimento do impacto nas várias dimensões do sistema judicial aqui convocadas.

O modelo de gestão dos tribunais não deve isolar os juízes da responsabilidade de supervisão, de coordenação ou fiscalização dessa organização e gestão, tanto relativamente a cada um dos órgãos de *per si* como relativamente ao conjunto da organização judicial.

5.1.6. Os poderes de gestão da Procuradoria-Geral da República

Integrado na Procuradoria-Geral da República, nos termos da Constituição, o Conselho Superior do Ministério Público é o órgão superior de gestão (e disciplina) da magistratura do Ministério Público.

Tratar-se-ia, por isso, do órgão a quem deveriam ser atribuídas as competências funcionais totais na área da gestão processual, na medida que é este órgão que deve exercer tais competências (cf. artigos 164.º a 170.º da LOSJ).

A LOSJ sobre tal matéria assumiu uma perspetiva diferenciada, atribuindo, não ao CSMP mas ao Procurador-Geral da República, (cf. artigos 90.º e 91.º da LOSJ), a competência para estabelecer no âmbito das suas competências os objetivos estratégicos para o desempenho dos tribunais judiciais de primeira instância para o triénio subsequente, para participar na monitorização da atividade dos tribunais e para homologar os objetivos processuais, definidos pelo magistrado do Ministério Público.

A divisão de competências gestionárias entre o Procurador-Geral da República e o CSMP, como órgão integrado na PGR, ficou agora estabelecida de forma que este último assume as competências da gestão dos recursos humanos, nomeadamente a nomeação, colocação, transferência, exoneração, apreciação do mérito profissional e exercício de ação disciplinar de quem deve exercer funções de magistrado do Ministério Público (conforme decorre do artigo 11.º da LOSJ).

Quanto às competências de gestão processual e dos serviços do Ministério Público no tribunal, as mesmas são exclusivas do Procurador-Geral da República. Assumiu-se, por isso e de forma clara uma dimensão mais "presidencialista" da magistratura do Ministério Público (tanto mais que numa versão inicial da lei esses poderes estavam na competência do CSM). Assim, praticamente todos os poderes, no domínio da gestão que para os juízes estão atribuídos ao CSM, para os magistrados do Ministério Público estão atribuídos à PGR.

5.1.7. Os poderes de gestão do Governo

O estabelecimento de objetivos estratégicos para o sistema de justiça, nomeadamente para a jurisdição comum introduzido na LOSJ, veio introduzir na ordem judiciária portuguesa, pela primeira vez no regime constitucional vigente, a possibilidade do poder executivo intervir na organização e gestão do sistema de justiça.

E veio fazê-lo de um duplo ponto de vista, nomeadamente na fixação dos objetivos estratégicos para o desempenho dos tribunais e na monitorização da atividade de cada tribunal.

Assim, o artigo 90.º n.º 1 da LOSJ atribui ao CSM e ao Procurador-Geral da Republica, em articulação com o membro do Governo responsável pela área da justiça, o poder de estabelecerem, no âmbito das respetivas competências, os objetivos estratégicos para o desempenho dos tribunais judiciais de primeira instância para o triénio subsequente.

O princípio da independência dos tribunais encontra-se consagrado constitucionalmente no artigo 203.º da Constituição da Republica Portuguesa, correspondendo, a par do princípio da separação de poderes, um adquirido essencial do Estado de Direito.

É, pois, muito difícil compatibilizar as duas dimensões da intervenção governativa na fixação de objetivos estratégicos e monitorização do sistema com o princípio da independência dos tribunais.

Recorde-se que os objetivos estratégicos são instrumentos de gestão do sistema de justiça da competência dos órgãos de gestão das magistraturas e que são estabelecidos, legalmente, em articulação como membro do Governo responsável pela área da justiça.

Desde logo e no que respeita à fixação dos objetivos estratégicos, há sempre a possibilidade do executivo condicionar o modo como aqueles são fixados, nomeadamente tendo em conta a sua finalidade de servirem para o desempenho dos tribunais, que naturalmente se refletem no exercício concreto da judicatura em cada tribunal e para cada juiz.

Por outro lado, a dimensão de monitorização, que concretiza de forma clara o princípio da prestação de contas que deve existir para o sistema de justiça, só pode ser efetuada pelo órgão de gestão da magistratura, que na sua composição já engloba membros eleitos pelo Parlamento e indicados pelo Presidente da República. A prestação de contas não deve, no entanto, ser efetuada com intervenção do poder executivo, na medida em que, também aqui, ainda que de forma indireta, pode ser por ele condicionada.

Não obstante a colisão constitucional com o princípio da separação de poderes, o novo regime vem permitir essa intervenção do executivo na atividade dos tribunais. Trata-se de uma intromissão que suscita dúvidas constitucionais, como foi referido e que, por isso, deve ser assumida com redobrada cautela. Em todo o caso, a intervenção do poder executivo apenas poderá ser impositiva na estrita medida em que colha o respaldo ativo dos conselhos superiores que gerem as estruturas das magistraturas, impedindo-se qualquer intromissão do governo no modo de fixar os objetivos estratégicos.

5.1.8. Os poderes de gestão do presidente do tribunal

A figura do juiz presidente funciona tanto como um papel diretivo nos aspetos de administração e gestão dos tribunais como agente representativo da governação mais central e institucionalizada dos tribunais, nomeadamente o Conselho Superior da Magistratura.

Por regra desenvolve competências específicas no domínio da gestão do tribunal, da gestão processual e em outros domínios residuais de cariz administrativo e funcional.

Assim, de acordo com a LOSJ (artigo 94º) o presidente do tribunal possui competências de representação e direção, de gestão processual, administrativas e funcionais que devem ser exercidos de acordo com os princípios estabelecidos na lei.

Recorde-se que é através do modo como é efetuado o exercício dos seus poderes de gestão durante o mandato, bem como dos resultados obtidos na comarca durante o exercício, que o CSM pode renovar a comissão de serviço do presidente da comarca por igual período (artigo 93.º da LOSJ).

Assim, ainda, o cumprimento dos princípios de boa gestão bem como o princípio da cooperação (artigo 24º do RLOSJ), sempre de acordo com a definição dos objetivos estratégicos e objetivos processuais pré-definidos (artigo 94º n.º 4 da LOSJ) deve ser levado em conta no exercício da função.

No âmbito dos poderes de gestão processual o que está em causa é um poder autónomo de direção ativa da função do juiz presidente (e não de qualquer processo em concreto), que determina a adoção dos mecanismos de simplificação e de agilização orgânica que garantam a composição dos litígios em prazo razoável.

A delimitação e divisão de competências estabelecida no artigo 94.º da LOSJ, pretendeu efetuar uma divisão normativa das referidas competências nos vários números que o artigo comporta.

Em relação a algumas matérias, nomeadamente na função de representação, não se suscitam dúvidas sobre o seu âmbito.

Assim no âmbito dos seus poderes de representação, o presidente representa o tribunal da comarca e também os tribunais de competência territorial alargada que se encontrem sediados na mesma.

No âmbito dos poderes de direção o presidente acompanha a realização dos objetivos fixados para os serviços judiciais do tribunal (artigo 94.º n.º 2 alínea b), da LOSJ), promove a realização de reuniões de planeamento e de avaliação dos resultados dos serviços judiciais da comarca (94.º n.º 2 alínea c), pronuncia-se, sempre que seja ponderada a realização de sindicâncias à comarca pelo CSM (artigo 94.º n.º 2, alínea e), pronuncia-se, sempre que seja ponderada pelo Conselho dos Oficiais de Justiça a realização de sindicâncias relativamente aos serviços judiciais e à secretaria (94.º n.º 2 alínea f) e elabora um relatório semestral sobre o estado dos serviços e a qualidade da resposta (artigo 94.º n.º 2, alínea g).

Noutras áreas há sobreposições e equívocos que devem ser analisados.

Assim a alínea d) do artigo 94.º, n.º 2, que refere o poder de adotar ou propor às entidades competentes medidas de desburocratização, simplificação de procedimentos, utilização de tecnologias de informação e transparência do sistema de justiça e que tanto se enquadram no âmbito do poder de direção como de gestão processual, consoante forem as medidas propostas.

No que respeita às competências "funcionais" atribuídas ao presidente, a lei estabelece o ato de dar posse aos juízes e ao administrador judiciário (artigo 94.º, n.º 3 alínea a)), a elaboração dos mapas de turno e de férias dos juízes e a sua submissão à aprovação pelo CSM (artigo 94º, n.º 3, alínea b)), o exercício da ação disciplinar sobre os oficiais de justiça, relativamente a pena de gravidade inferior à de multa, e, nos restantes casos, ordenar a instauração de processo disciplinar, com exceção daqueles a que se reporta a alínea k) do n.º 1 do artigo 101.º [oficiais de justiça em funções nos serviços do Ministério Público, relativamente a pena de gravidade inferior à de multa] (artigo 94.º n.º 3, alínea c)), a nomeação de juiz substituto, em caso de impedimento do titular ou do substituto designado, de acordo com orientações genéricas do CSM (artigo 94.º. n.º 3 alínea d)), assegurar a frequência equilibrada de ações de formação pelos juízes do tribunal, em articulação com o CSM (artigo 94.º, n.º 3, alínea e)) e participar no processo de avaliação dos oficiais de justiça, nos termos de legislação específica aplicável, com exceção daqueles a que se reporta a alínea l) do n.º 1 do artigo 101.º [oficiais de justiça em funções nos serviços do Ministério Público], (artigo 94.º n.º 3, alínea f)).

No que respeita às competências de gestão processual, o legislador refere desde logo que as mesmas são exercidas sempre em observância dos objetivos estratégicos e dos objetivos processuais pré-definidos e que condicionam, por isso toda a atividade de gestão processual do juiz presidente.

De igual modo deve sublinhar-se que as competências de gestão processual do juiz presidente não podem impor, limitar ou condicionar as decisões a proferir nos processos em concreto, quer quanto ao mérito da questão, quer quanto à opção pela forma processual entendida como mais adequada. Do mesmo modo, o presidente do tribunal não tem, não pode ter, quaisquer competências ou atribuições em sede de avaliação da "performance" individual de cada juiz ou de uma eventual dimensão disciplinar da atuação destes. Essa tarefa está cometida exclusivamente ao CSM através do seu serviço de inspeção.

Uma nota quanto à nomeação dos presidentes dos tribunais de comarca.

A capacitação técnica nos temas de gestão dos tribunais constitui requisito evidente, a montante ou a jusante da nomeação de cada presidente. Todavia, um outro facto deve ser intensamente ponderado: o da aceitação pelos seus pares. Mecanismos como os da eleição direta, vigentes nos tribunais superiores e em discussão atual no Brasil, constituem procedimentos seguros de legitimação clara. Ainda que não tenha sido essa a opção, sempre a escolha deverá ter obrigatoriamente em conta o conhecimento da realidade da comarca e do universo de recursos, incluindo os humanos, que a constituem. Donde, em conclusão, vislumbra-se como assaz pertinente a auscultação prévia dos juízes da comarca e a escolha de um juiz próximo da realidade a gerir, primacialmente escolhido entre juízes de primeira instância ou com uma vivenciação recente e concreta dessa realidade.

5.1.9. Os poderes de gestão do administrador judiciário

O administrador judiciário, nos tribunais judiciais de 1.ª instância, exerce funções genéricas de auxílio ao juiz presidente no exercício das suas funções em matéria administrativa, mas também como órgão desconcentrado, com competências próprias em matérias de gestão de instalações e equipamentos, de recursos humanos e orçamento da competência do Ministério da Justiça. Trata-se de uma importante figura no desenho de um modelo de gestão profissional e desconcentrada dos tribunais.

Em todo o caso, atua sempre sob a orientação do juiz presidente, ainda que no exercício de competências própria, de acordo com o art. 104.º da LOSJ, com exceção dos assuntos que respeitem exclusivamente ao funcionamento dos serviços do Ministério Público, caso em que atua sob orientação genérica do magistrado do Ministério Público coordenador.

Tem as seguintes competências próprias nos termos do art. 106.º da LOSJ: a) dirigir os serviços da secretaria; b) autorizar o gozo de férias dos oficiais de justiça e dos demais trabalhadores e aprovar os respetivos mapas anuais; c) recolocar transitoriamente oficiais de justiça dentro da respetiva comarca mediante decisão fundamentada; d) gerir, sob orientação do juiz presidente, a utilização das salas de audiência; e) assegurar a existência de condições de acessibilidade aos serviços do tribunal e a manutenção da qualidade e segurança dos espaços existentes; f) regular a utilização de parques ou lugares privativos de estacionamento de veículos; g) providenciar, em colaboração com os serviços competentes do Ministério da Justiça, pela correta gestão, utilização, manutenção e conservação dos espaços e equipamentos do tribunal; h) providenciar, em colaboração com os serviços competentes do Ministério da Justiça, pela conservação das instalações e dos bens e equipamentos comuns, bem como tomar ou propor medidas para a sua racional utilização; i) assegurar a distribuição do orçamento, após a respetiva aprovação; j) executar, em colaboração com o Ministério da Justiça, o orçamento da comarca; k) divulgar anualmente os dados estatísticos da comarca.

Algumas destas competências próprias só podem ser cabalmente exercidas se houver delegação de competências dos órgãos próprios do Ministério da Justiça, possibilidade prevista nos n.ºs 3 e 4 do art.º 106.º. Tais órgãos podem ainda delegar outras competências (nomeadamente em matéria de gestão patrimonial e financeira), ficando a dúvida se nestas o administrador ainda atua sob as orientações do presidente ou terá que se submeter às orientações do delegante (ainda que sob pena de lhe ser retirada a delegação).

São nestas áreas de competências próprias ou delegadas que podem ocorrer situações de não concordância ou conflito entre o juiz presidente e o Ministério da Justiça. A LOSJ parece antever essa possibilidade ao permitir apenas a nomeação de candidatos a administrador, pelo juiz presidente, previamente selecionados pelo Ministério da Justiça e ao permitir apenas a renovação das suas comissões de serviço (com a duração de três anos) desde que seja obtida a concordância daquele Ministério. Deste modo, assegura um mínimo de "lealdade" para com as orientações do Governo, induzindo quase impositivamente uma cooperação entre os órgãos do poder judicial e os órgãos da administração pública.

5.1.10. Os poderes de gestão do Magistrado do Ministério Público coordenador

Por decorrência constitucional e à luz do enquadramento normativo português, exigir-se-ia que a estrutura gestionária reservasse um espaço de autonomia para o Ministério Público. Uma estrutura própria, de índole hierarquizada mais convocaria essa necessidade. Nessa perspetiva, surge a figura do magistrado do Ministério Público coordenador que dirige e coordena a atividade do Ministério Público na comarca (101.º).

As tarefas de direção são executadas através da emissão de ordens e instruções, competindo a este magistrado, designadamente, acompanhar o movimento processual dos serviços do Ministério Público, em particular as situações de atraso excessivo, as quais deve procurar resolver, sem prejuízo de dever alertar o superior hierárquico para a situação anómala; acompanhar o desenvolvimento dos objetivos fixados; desenvolver modelos de planeamento e de avaliação em ordem à otimização de resultados; proceder à distribuição de serviço entre os procuradores da República e entre procuradores -adjuntos, sem prejuízo do disposto na lei; adotar ou propor medidas de desburocratização, simplificação de procedimentos e transparência do sistema de justiça; propor ao Conselho Superior do Ministério Público a reafetação de magistrados do Ministério Público, respeitado o princípio da especialização dos magistrados, a outra secção da mesma comarca; afetar processos ou inquéritos, para tramitação, a outro magistrado que não o seu titular, tendo em vista o equilíbrio da carga processual e a eficiência dos serviços; finalmente, propor ao Conselho Superior do Ministério Público o exercício de funções de magistrados em mais de uma Procuradoria, secção ou departamento da mesma comarca, respeitado o princípio da especialização dos magistrados, ponderadas as necessidades do serviço e o volume processual existente.

Somam-se ainda outras tarefas, elencadas no art.º 101.º, onde se destacam competências de índole disciplinar mas com duas ressalvas a reter: as mesmas são exercidas apenas em relação aos oficiais de justiça e mesmo estes apenas àqueles que exerçam funções nos serviços do Ministério Público e apenas é possível a aplicação de penas de gravidade inferior à de multa.

Registe-se o enfoque na monitorização da qualidade do serviço de justiça prestado aos cidadãos pelo Ministério Público, tomando por referência as reclamações ou as respostas a questionários de satisfação.

5.1.11. O Conselho de Gestão

O Conselho de Gestão materializa o órgão que permite, formalmente, a reunião daqueles que integram o topo da pirâmide na gestão dos tribunais: o juiz presidente do tribunal, que preside a este conselho, o magistrado do Ministério Público coordenador e o administrador judiciário (vide art.108.º).

A lei comete a este órgão, obrigatoriamente, a deliberação sobre um conjunto de matérias, decisivas para a administração da comarca, "de forma a garantir a plena articulação entre os órgãos de gestão": assim, temos, em exemplificação normativa, não necessariamente exaustiva, o relatório semestral sobre o estado dos serviços, o projeto de orçamento para a comarca ou eventuais alterações ao mesmo, o planeamento e a avaliação dos resultados da comarca, as alterações à conformação inicialmente estabelecida para ocupação dos lugares de oficial de justiça e o relatório anual de gestão onde é explicitada a informação respeitante ao grau de cumprimento dos objetivos estabelecidos, indicando as causas dos principais desvios.

Justificam-se três notas breves sobre este órgão, cuja relevância e operacionalidade apenas poderemos aferir em concreto. A primeira envolve a obrigatoriedade de uma coordenação ativa e efetiva entre os membros que integram o conselho para permitir a eficácia do mesmo. Em segundo lugar, a referência à legitimação acrescida que as aprovações feitas pelo Conselho Consultivo representam para a gestão da comarca e que devem desencadear uma dimensão executória iniludível em especial no que respeita à mobilidade dos recursos humanos e, neste contexto, à ocupação de lugares, em diferentes tribunais, pelos oficiais de justiça. Finalmente, a importância deste conselho impõe e justifica uma ampla transparência de procedimentos e de publicitação das respetivas decisões; neste sentido, a possibilidade conferida por lei (art.108.º, n.º 6) de reunir com membros do Conselho Consultivo deve ser estimulada de modo a possibilitar essa visibilidade da pirâmide gestionária, numa lógica inclusiva e cooperante.

A transparência da atuação da estrutura gestionária, aliada à sua efetiva implantação na comarca, apenas pode ser afirmada a partir da capacidade que revele na relação com um elemento decisivo para a qualidade do judiciário: a advocacia. Designadamente a Ordem dos Advogados, através do seu representante no Conselho Consultivo, terá que funcionar, numa base continuada, como parceiro privilegiado na gestão dos tribunais. Esse imperativo, que a lei poderia ter concretizado de forma mais detalhada e assertiva, não poderá, em qualquer caso, ser descurado.

5.1.12. O Conselho Consultivo

O artigo 109.º impõe a existência de um Conselho Consultivo em cada comarca. Presidido pelo presidente do tribunal, é composto também pelos demais elementos da tríade responsável pela gestão da comarca: o magistrado do Ministério Público coordenador e o administrador judiciário.

A sua dimensão representativa é reforçada, induzindo a importância deste conselho, pela participação de representantes dos juízes, dos magistrados do Ministério Público e dos oficiais de justiça da comarca, na medida em que os mesmos têm que ser eleitos pelos seus pares. Conta ainda com a presença de um representante da Ordem dos Advogados, com escritório na comarca, de um representante da Câmara dos Solicitadores, com escritório na comarca, de dois representantes dos municípios integrados na comarca e, finalmente, de representantes dos utentes dos serviços de justiça, cooptados pelos demais membros do conselho, no máximo de três.

Este conceito de "utentes da justiça" reconduz-nos à participação dos cidadãos na gestão do tribunal; naturalmente, que essa intervenção pressupõe um enquadramento formal devendo escolher-se, neste segmento, instituições que representem fações alargadas da vida comunitária. Assim, teremos aqui um espaço de excelência para a participação de associações, corporações, instituições de solidariedade social ou outras ligadas à atividade empresarial da comarca.

A presença destas últimas permitirá, numa lógica cooperante e inclusiva, que o tribunal vá ao encontro das expetativas transmitidas pelas empresas, comerciais, industriais ou de serviços, em ordem a uma maior produtividade económica.

Reunindo ordinariamente uma vez por trimestre pode o Conselho Consultivo ser convocado extraordinariamente pelo presidente do tribunal ou por um terço dos seus membros.

Nos termos do artigo 110.º, o conselho consultivo emite parecer sobre os planos de atividades, regulamentos internos, questões administrativas e de funcionamento da comarca, incluindo as necessidades de recursos humanos do tribunal e do Ministério Público e sobre o orçamento, propondo, se for caso disso, alterações. Pode ainda pronunciar-se designadamente sobre a evolução da resposta do tribunal às solicitações e expectativas da comunidade e a resolução de problemas de serviço por exemplo a partir de reclamações ou queixas recebidas do público em geral.

Saliente-se que o Conselho Consultivo não deve funcionar apenas como um repositórios de queixas. A própria lei impõe que este apresente à entidade concretamente responsável – presidente do tribunal, magistrado coordenador do Ministério Público, diretor-geral da Administração da Justiça ou representante da Ordem dos Advogados – sugestões ou propostas destinadas a superar deficiências e a fomentar o seu aperfeiçoamento. Esta dimensão pró-ativa deve ser estimulada, constituindo um fator essencial de autolegitimação.

Um dos aspetos que deve ser estimulado no processo de reforma judiciária assenta na capacidade acrescida que os novos órgãos de gestão possam desencadear no sentido de envolver a sociedade civil na atividade dos tribunais. A comunidade, a quem se dirige a atividade jurisdicional, deve ter um "interface" expedito e eficaz a quem possa transmitir as situações negativas que ocorram, trazendo ao interior do sistema as preocupações e anseios dos cidadãos em geral; essa plataforma pode vir a ser este Conselho, estimulando a lei esta leitura pela positiva o que se saúda.

5.1.13. A articulação entre os órgãos de gestão

A estrutura de gestão tripartida, composta pelo presidente do tribunal, centrada na figura do juiz presidente, pelo magistrado do Ministério Público coordenador e pelo administrador judiciário é uma das características simbólicas do novo modelo de gestão dos tribunais judiciais.

Na gestão da comarca a compatibilidade e coordenação entre as funções do juiz presidente, do magistrado do Ministério Público coordenador, do administrador judicial e até do secretário judicial é um dos problemas mais complexos que a nova lei comporta.

Em primeiro lugar é preciso sublinhar que a implementação dos seus "estatutos" não pode dar origem a uma policefalia no quadro de administração e gestão dos tribunais, traduzida nas diferentes fontes de legitimação das figuras em causa.

O modelo gestionário, ainda que garantido por uma gestão tripartida, composta pelo presidente do tribunal, pelo magistrado do Ministério Público coordenador e pelo administrador judiciário, assenta claramente na prevalência funcional do juiz presidente como "primus inter pares".

Por isso, a correta densificação das competências administrativas do juiz presidente é fundamental.

Como se referiu, o art.º 94.º da LOSJ indica que o presidente terá competências de direção e representação, funcionais, de gestão processual e administrativas, elencando depois o catálogo dessas competências.

Ou seja, o juiz presidente funciona como figura diretiva nos aspetos de administração e gestão dos tribunais, mas também como agente de coordenação com a governação mais central e institucionalizada dos tribunais, desenvolvendo depois competências específicas no domínio da gestão do tribunal, da gestão processual e em outros domínios residuais de cariz administrativo e funcional.

Sem prejuízo desta prevalência do papel do juiz presidente nas funções de administração e gestão do tribunal, não pode esquecer-se a exigência de gestão integrada que decorre do principio da cooperação e a articulação necessária que o mesmo impõe no exercício dos poderes atribuídos aos vários detentores de poderes de gestão.

Como se referiu, a imposição legal do princípio da cooperação como fio condutor no processo de decisão na gestão tripartida, sendo matriz vinculativa, tem que modelar o funcionamento da gestão do tribunal.

Parte 2
O Modelo Brasileiro de Gestão nos Tribunais Judiciais

5.2. Gestão dos tribunais e gestão processual

A redemocratização brasileira, no campo do judiciário, teve como mote o enfrentamento da precariedade do acesso aos direitos e à justiça. Nos últimos 30 anos é possível afirmar que este desafio quantitativo foi vencido e nos últimos anos com a tramitação aproximada de 100.000.000 de processos judiciais, de acordo com o Justiça em Números do CNJ. Contudo, ainda é necessário avançar no aspecto qualitativo.

Aqui, também é importante referir a alteração da temática e foco principal do acesso à justiça para a administração da justiça brasileira. É preciso apresentar a sociedade uma resposta satisfatória aos desafios e obstáculos da sobrecarga, morosidade e ineficiência. Para tanto, a gestão é imprescindível, principalmente no campo das novas práticas e experiências, tecnológicas, criativas e alternativas.

A conjugação de alguns fatores, como a persistência de um sistema de justiça que não responde de forma eficaz às solicitações, a sobrecarga excessiva de processos ajuizados nos tribunais, o conhecimento de experiências ocorridas noutros sistemas jurídicos e os primeiros apelos sobre a emergência de práticas modernas e tecnológicas de administração nos tribunais, são fatores relevantes, além de antecedentes históricos e atuais, de um cenário que reclama mais gestão em todo sistema de justiça.

No campo da gestão dos tribunais é possível separar as duas grandes áreas da gestão judicial: a gestão dos tribunais (*court management*) e a gestão de casos ou gestão de processos (*case management*). Ambas são relevantes para o estudo da gestão dos tribunais e muitas vezes estão imbricadas nos instrumentos legislativos e nas atividades administrativas realizadas pelos gestores.

5.2.1. A gestão processual

Na experiência brasileira, por determinação constitucional, legislar a respeito de procedimentos em matéria processual sempre esteve a cargo da competência concorrente da União, Estados e Distrito Federal (atual artigo 24). Os primeiros atos normativos de gestão processual (*case management*) são extraídos das regras processuais da legislação federal. Contudo, as especificidades dos atos normativos processuais são atribuições concorrentes dos Estados e do Distrito Federal, especialmente para gerir as peculiaridades que lhe são inatas, neste caso aplicadas ao judiciário estadual ou distrital, responsável pelo processamento e julgamento da grande maioria das demandas que ingressam no judiciário brasileiro. Neste ponto específico da gestão processual é necessário ressaltar que os gestores administrativos não detém de ampla liberdade de atuação, em face da necessidade de seguir os preceitos normativos pré-estabelecidos. Contudo, isto não significa que não seja possível avançar e aprimorar a gestão processual, seja por meio de práticas inovadoras e alternativas de aplicação das normas, seja pela via de propositura de alterações legislativas que compete aos gestores dos sistemas judiciais ou, até mesmo, atos administrativos, que sem ferir a legislação, a tornem mais ágil e eficiente.

Também as novas tecnologias são excelentes formas e exemplos de emprego de técnicas que auxiliam melhoria de resultados da gestão processual, além das modernas, inovadoras e criativas maneiras de gerir os recursos e processos, com as atuais normas processuais, que despontam por toda parte, mas ainda não difundidas amplamente. Por exemplo, em pouco tempo teremos provas oriundas de drones (e..g., fotos ou filmes) e sem lei que as regule. Os Tribunais terão um papel importante a respeito, seja através de atos normativos, seja por meio da jurisprudência.

De outro lado, as experiências de gestão dos tribunais (*court management*) não precisam necessariamente de atos normativos para serem empregadas, mas sim da capacidade, vontade e interesse dos gestores em bem gerir e empregar os recursos públicos materiais e pessoais na execução das atividades. Neste ponto, na experiência brasileira, em face dos 91 Tribunais[43] que integram todo o sistema de justiça, temos níveis diferenciados de gestão administrativa, ou seja, alguns mais avançados, outros menos

---

[43] Há 61 tribunais na esfera federal: 1 Supremo Tribunal, 4 Tribunais Superiores, 27 Tribunais Regionais Eleitorais (um em cada unidade federativa), 24 Tribunais Regionais do Trabalho (um por unidade federativa, exceto São Paulo, que tem dois – um na capital e outro em Campinas – e Acre, Roraima, Amapá e Tocantins, que estão sob a jurisdição dos Tribunais baseados Rondônia, Pará, Amazonas e DF, respectivamente) e 5 Tribunais Regionais Federais. Já na esfera estadual, há 30 Tribunais: 27 Tribunais de Justiça (um por unidade federativa) e três Tribunais de Justiça Militar Estaduais (apenas São Paulo, Minas Gerais e Rio Grande do Sul).

desenvolvidos, com graus diferenciados de inovação, criatividade ou implementação. Na experiência brasileira, o Conselho Nacional de Justiça, criado apenas em 2004, assumiu um papel central de coordenação, harmonização e uniformização das práticas de gestão de modo a aperfeiçoar e planejar melhor a administração de todo o sistema de justiça, pois anteriormente não havia um órgão centralizador das atividades dos Tribunais.

A gestão processual definida pelas leis brasileiras, de modo geral e abstrato, e também do ponto de vista teórico, sempre contou com bons instrumentos. Contudo, da teoria para a prática, nem sempre a interpretação e a aplicação corresponderam aos preceitos normativos da contemporaneidade. Para o presente estudo, o recorte histórico proposto é o processo de redemocratização da década de 1980 a 1990, e as evoluções posteriores, pois a partir delas o sistema de justiça sofreu inúmeras transformações. Anteriormente, na vigência do Código de Processo Civil de 1939 ou do editado em 1973, sob o regime militar, prevaleciam as soluções para conflitos individuais e em sintonia com os valores e ideias vigentes a época.[44]

Os avanços na implementação dos direitos e da legislação processual foi sentido com maior intensidade na década de 1990. Com a edição do Código de Defesa do Consumidor foram previstas normas processuais de resolução coletiva de conflitos, para a defesa dos direitos individuais, coletivos e difusos. Posteriormente, pequenas reformas processuais foram implementadas, sempre focadas na redução da morosidade e ampliação do acesso à justiça. Apenas em 1995, com a aprovação da Lei 9.099/95, foram efetivados os juizados especiais estaduais com procedimento simplificado para a resolução de conflitos de menor complexidade, com a prevalência de critérios orientadores voltados para a conciliação, mediação e com valores e critérios de simplicidade, oralidade, informalidade, economia processual, equidade, bom senso. Após, em 2001, os juizados especiais foram também previstos no âmbito da Justiça Federal, com o mesmo propósito. Neste interregno de tempo, as reformas no sistema ordinário avançaram e muitas delas foram feitas com espectro nas inovações e alternativas antes

---

[44] Sobre esse período ver: FREITAS, Vladimir Passos de et alli, *O Poder Judiciário no Regime Militar (1964-1985)*, disponível em: https://books.google.com.br/books?id=3naHuakdlIc C&pg=PT38&hl=pt-BR&source=gbs_toc_r&cad=3#v=onepage&q&f=false, acesso em 10/09/2017.

implementadas nos juizados, conduzidas pelas novas tendências do processo civil neoconstitucionalista e colaborativo.

O ponto de destaque foi a aprovação da Lei 11.419/16 que estabeleceu as bases dogmáticas da informatização do processo judicial e os meios de utilização de meios eletrônicos na tramitação de processos judiciais, comunicação de atos e transmissão de peças processuais. A partir de então, aumentou a utilização de ferramentas tecnológicas no processo judicial com resultados significativos para a eficiência e economia de recursos pessoais e materiais. De outro lado, a nova legislação trouxe à superfície um conjunto de novos e abertos "conceitos quase em branco" suscitando, por isso, a emergência de delimitações conceituais que possibilite a sua aplicação concreta de modo a responder às finalidades que estiveram na sua origem. Ainda, houve a possibilidade de cada Tribunal de segunda instância ou Superior desenvolver o seu processo eletrônico. Se por um lado, restou preservada a autonomia dos tribunais, por outro, a proliferação de sistemas diversos e a falta de uniformidade gera sensíveis perdas, especialmente quando os processos ascendem as instâncias superiores, sem contar os desperdícios de recursos materiais e financeiros em manter diversos sistemas eletrônicos, seja por parte do judiciário, seja por parte dos operadores que utilizam vários aplicativos, quando deveria ter sido pensado na uniformização para a melhor gestão.

O grande desafio do CNJ ainda é ampliar a oferta de interoperabilidade entre os sistemas e estabelecer os padrões para intercâmbio de informações de processos judiciais e assemelhados entre os diversos órgãos de administração de justiça, e além de servir de base para implementação das funcionalidades pertinentes no âmbito do sistema processual. Os trabalhos neste sentido iniciaram em 2009[45] e avançam com a recente implementação do escritório digital Escritório Digital do Processo Eletrônico, que é um software desenvolvido pelo CNJ para integrar os sistemas processuais dos tribunais brasileiros e permitir ao usuário a possibilidade de centralizar em um único endereço eletrônico a tramitação dos processos de seu interesse no Judiciário.[46]

---

[45] http://www.cnj.jus.br/tecnologia-da-informacao/comite-nacional-da-tecnologia-da--informacao-e-comunicacao-do-poder-judiciario/modelo-nacional-de-interoperabilidade/arquivos-do-modelo-nacional-de-interoperabilidade. Acesso em 08.08.17.

[46] http://www.cnj.jus.br/tecnologia-da-informacao/escritorio-digital. Acesso em 08.08.17.

Após 2010, os debates a respeito de um novo Código de Processo Civil foram intensificados. Em 2015 foi aprovado um novo marco legislativo do processo civil brasileiro que entrou em vigor em março de 2016. O foco do processo civil e da gestão processual deslocou-se da corrente instrumentalista para o neoprocessualismo ou formalismo-valorativo, no qual o processo se realiza pela colaboração e cooperação desejada entre os atores envolvidos. Em síntese, bem anotou Vicente de Paula Ataíde Junior,[47] neste momento, a gestão processual é de pensar a construção de um novo estágio metodológico para o processo, mais empirista e pragmático, que leve mais a sério a experiência e que consiga superar as insuficiências anteriormente verificadas. Os ajustes necessários à legislação, ante a impossibilidade de previsão de todas as situações práticas e concretas, passam pela ação interpretativa dos operadores do direito e a aplicação dos instrumentos desenvolvidos pela academia e jurisprudência, em sintonia com o princípio da cooperação e colaboração entre as partes como instrumento impulsionador das ações processuais. Todos os atores e operadores do direito são agentes transformadores do processo e responsáveis pela prestação jurisdicional eficiente, rápida e justa.

Desta forma, as bases do processualismo contemporâneo foram transformadas e estão simbolizadas na dimensão dogmática sistematicamente utilizada para tentar resolver os problemas recorrentes no sistema de justiça. O novo modelo reforça as concepções de um dever "genérico" de gestão processual, inserido no âmbito do processo civil concretizado em quatro aspectos fundamentais: a) adoção e tramitação processual adequada às especificidades da causa; b) adaptação do conteúdo e da forma dos atos processuais ao fim que visam atingir; c) garantia da não praticabilidade de atos inúteis, nomeadamente por meio da recusa na prática de atos impertinentes ou dilatórios; d) adoção de mecanismos de agilidade processual.

As concepções acima descritas, bem com as diretrizes normativas constituem efetivamente poderes de gestão processual, ainda que tais atos não tenham sido expressamente identificados pelo legislador como atos de gestão processual. Deste modo, é possível extrair do Código de Processo

---

[47] ATAÍDE JR. Vicente de Paula. Os estágios metodológicos do direito processual civil. In: CAZZARO, Kleber (org.). Estudos de Direito Processual Civil à luz da Constituição Federal – em homenagem ao professor Luiz Rodrigues Wambier. Erechim: Editora Deviant. p. 294.

Civil as linhas mestras a respeito das competências próprias no domínio da gestão processual atribuídas aos tribunais e aos juízes.

Os primeiros artigos do CPC apontam as diretrizes relacionadas a gestão processual a ser perseguida pelo sistema de justiça. E inicia com máxima de que o Estado promoverá, sempre que possível, a solução consensual dos conflitos (artigo 3º e 139, IV, 165 a 175), inclusive com a determinação legal para a realização de uma audiência de conciliação e mediação, antecedente a instrução do processo (artigo 334). Deste modo, o CPC assegura assim, ao lado do monopólio da jurisdição estatal, as formas alternativas de resolução de conflitos e expressamente consigna a primazia para solução consensual dos conflitos por quaisquer das formas de autocomposição. A conciliação, a mediação e os outros métodos de solução consensual de conflitos devem ser estimulados por juízes, advogados, defensores públicos e membros do Ministério Público a todo momento, inclusive no curso do processo judicial. Ainda, a Lei 13.140/15 prevê a mediação entre particulares como meio de solução de controvérsias, para além de estabelecer a forma de autocomposição de conflitos no âmbito da administração pública. As Leis dos juizados especiais estadual (9.099/95), federal (10.259/01) e da Fazenda Pública (12.153/09) também estão repletas de dispositivos que incentivam e promovem a mediação, a conciliação e a transação.

Outro ponto de destaque na gestão processual conferido pelo legislador constituinte (artigo 5º, LXXIII) e ordinário (artigo 4º, 139, II e 685, do CPC) é a afirmação de que as partes têm o direito de obter em prazo razoável a solução integral do mérito, incluída a atividade satisfativa, ou seja, o resultado integral e pleno do processo para evitar qualquer atraso, ineficiência, além de buscar sempre a menor onerosidade possível por meio de celeridade dos procedimentos e da tramitação das demandas.

O Código de Processo Civil ainda estabelece outras diretrizes diretamente relacionadas a gestão processual, como o princípio da colaboração entre as partes, ou seja, todos os sujeitos do processo devem cooperar entre si para que se obtenha, em tempo razoável, decisão de mérito justa e efetiva (artigo 6º); a paridade de tratamento em relação ao exercício de direitos e faculdades processuais, aos meios de defesa, aos ônus, aos deveres e à aplicação de sanções processuais, competindo ao juiz zelar pelo efetivo contraditório (artigo 7º); o juiz atenderá aos fins sociais e às exigências do bem comum, resguardando e promovendo a dignidade da pessoa humana e observando a proporcionalidade, a razoabilidade, a legalidade, a publicidade e a eficiência (artigo 8º); e a determinação para que os juízes e os tribunais observem, preferencialmente, à ordem cronológica de conclusão dos processos para proferir sentença ou acórdão. A referida lista de processos aptos a julgamento deverá estar permanentemente à disposição de qualquer interessado para consulta pública em cartório e na rede mundial de computadores (artigo 12).

A utilização de novas tecnologias também é prevista pela legislação processual e avançou no atual Código de Processo Civil. Admite-se a prática de atos processuais por meio de videoconferência ou outro recurso tecnológico de transmissão de sons e imagens em tempo real (artigo 236, §3º, do CPC). Sem dúvida, é uma relevante ferramenta para a agilização dos processos. O depoimento pessoal da parte ou de oitiva de testemunha, que residir em comarca, seção ou subseção judiciária diversa daquela onde tramita o processo poderá ser colhido por meio de videoconferência ou outro recurso tecnológico de transmissão de sons e imagens em tempo real, o que poderá ocorrer, inclusive, durante a realização da audiência de instrução e julgamento (artigo 385, §3º e artigo 453, §3º, ambos do CPC). Neste sentido, também há previsão para a acareação (artigo 461, §2º, do CPC). E ainda, é permitido ao advogado com domicílio profissional em cidade diversa daquela onde está sediado o tribunal realizar sustentação oral por meio de videoconferência ou outro recurso tecnológico de transmissão de sons e imagens em tempo real, desde que o requeira até o dia anterior ao da sessão (artigo 937, §4º, do CPC).

A evolução da gestão processual foi significativa na experiência brasileira, principalmente nos últimos anos e como apontado nas linhas acima, especialmente na elaboração de leis mais consentâneas com o atual momento e também pela ampliação da utilização de novas tecnologias, essenciais ao avanço da administração da justiça brasileira.

5.2.2. A gestão dos tribunais e das unidades judiciárias

A gestão das unidades judiciárias são realizados em diversos níveis. O macrodesafio está a cargo do CNJ e do CNMP, como órgãos plurais e de controle externo da magistratura e do ministério público, respectivamente. Ainda na estrutura interna dos Tribunais, de caráter geral, no âmbito da justiça federal e da justiça laboral, existe o Conselho da Justiça Federal – CJF e o Conselho Superior da Justiça do Trabalho – CSJT, como órgãos harmonizadores e de administração central das justiça mantida pela União Federal. No âmbito de cada Tribunal, além da responsabilidade e competências de cada magistrado que atua nas funções administrativas, existem órgãos colegiados para a tomada de decisões como os Conselhos de Administração e a Corte Administrativa, formada por alguns ou todos os integrantes do respectivo Tribunal.

O Conselho Nacional de Justiça foi criado pela Emenda Constitucional 45, de 2004. O artigo 103B da Constituição estabelece as competências do CNJ, entre elas, as funções disciplinares, revisoras dos atos administrativos dos tribunais para preservar a legalidade, levantamento de dados, controle da atuação administrativa e financeira do Poder Judiciário e do cumprimento dos deveres funcionais dos juízes, além de outras atribuições que lhe forem conferidas pelo Estatuto da Magistratura. Em relação à gestão, nos incisos, VI e VII, do §4º, da Constituição, há expressa determinação para o CNJ elaborar semestralmente relatório estatístico sobre processos e sentenças prolatadas, por unidade da Federação, nos diferentes órgãos do Poder Judiciário; e também para elaborar relatório anual, propondo as providências que julgar necessárias, sobre a situação do Poder Judiciário no país e as atividades do Conselho, o qual deve integrar mensagem do Presidente do Supremo Tribunal Federal a ser remetida ao Congresso Nacional, por ocasião da abertura da sessão legislativa. Estes são dois vetores relevantes que constam expressamente da Carta Maior, mas representam apenas parte de todas as atribuições de gestão, planejamento e organização do judiciário nacional a cargo do CNJ.

No domínio da qualidade do serviço, o artigo 103B, §7º, da Constituição, ao descrever as competências do CNJ, estabelece que a União, inclusive no Distrito Federal e nos Territórios, criará ouvidorias de justiça, competentes para receber reclamações e denúncias de qualquer interessado contra membros ou órgãos do Poder Judiciário, ou contra seus serviços auxiliares, representando diretamente ao CNJ. Tal medida, apesar de não ser diretamente um comando de gestão, indiretamente é uma ferramenta relevante para apurar eventuais deficiências e responsabilidades, e consequentemente, corrigir os equívocos e falhas. Há uma relação imbricada em diversos segmentos e a efetividade das ouvidorias também auxilia na da prestação jurisdicional.

No âmbito da legislação ordinária, o CPC, de modo inovador e em vários dispositivos, estabelece diretrizes administrativas e encarrega o Conselho

Nacional de Justiça pela execução e controle de diversas atividades fundamentais para gestão dos serviços judiciários. O CNJ detém a atribuição constitucional de planejamento e organização do judiciário nacional e agora, pela primeira vez na legislação ordinária, estão previstos comandos determinados para o cumprimento deste mister constitucional. A previsão não impede nem limita outras competências e atribuições do CNJ no campo da gestão dos tribunais.

Pela relevância do tema para a gestão dos tribunais é preciso apontar os dispositivos legais e as suas correlações na gestão e administração da justiça. O artigo 165 do CPC, prevê que os tribunais criarão centros judiciários de solução consensual de conflitos, responsáveis pela realização de sessões e audiências de conciliação e mediação e pelo desenvolvimento de programas destinados a auxiliar, orientar e estimular a autocomposição. A composição e a organização dos centros judiciários serão definidas pelo respectivo tribunal, observadas as normas do Conselho Nacional de Justiça. Há expressa previsão legal no artigo 165 para que o CNJ exerça seu papel de planejamento, organização e harmonização do sistema de justiça. Também no CPC, artigo 167, o legislador atribui ao CNJ a organização do cadastro nacional de conciliadores, mediadores e câmaras privadas de conciliação e mediação. Ainda, o curso para estas funções será realizada por entidade credenciada, conforme parâmetro curricular definido pelo Conselho Nacional de Justiça em conjunto com o Ministério da Justiça. E no artigo 169, o CNJ também será responsável para estabelecer os parâmetros de remuneração para o trabalho do conciliador e o mediador. As atribuições tem uma função de harmonizar e padronizar as atividades de autocomposição a serem exercidas por todos os tribunais brasileiros.

Na gestão processual atribuída ao CNJ, o artigo 196 é um balizador relevante ao fixar a competência do Conselho Nacional de Justiça e, supletivamente, aos tribunais, para regulamentar a prática e a comunicação oficial de atos processuais por meio eletrônico e velar pela compatibilidade dos sistemas, disciplinando a incorporação progressiva de novos avanços tecnológicos e editando, para esse fim, os atos que forem necessários, respeitadas as normas fundamentais deste Código. Como acima visto o CNJ é o responsável por um projeto denominado PJE - Processo Judicial Eletrônico, mas existem outros processos eletrônicos criados e mantidos pelos tribunais, em face da permissão administrativa e a falta de unificação dos sistemas. Em contrapartida, o CNJ trabalha para que ocorra a interoperabilidade entre os sistemas, além de inúmeras outras atividades relacionadas para harmonizar os sistemas eletrônicos de processo judicial. Todas elas podem ser conferidas no endereço eletrônico www.cnj.gov.br.

No plano administrativo do sistema judicial, o destaque é para o Sistema Eletrônico de Informação – SEI, implantado em grande parte dos Tribunais brasileiros, inclusive os Superiores, além do Ministério do Planejamento, que o transmitiu a vários Ministérios, Universidades, Autarquias e também para diversos municípios, inclusive o de São Paulo, que é o maior do país. A ferramenta consiste num programa desenvolvido por servidores do Tribunal Regional Federal da 4ª Região, com funcionalidades operacionais simples e abrangentes, que possibilitam a tramitação de dados exclusivamente pela via eletrônica, com a eliminação do papel em todas as atividades administrativas. No Brasil, é o único caso de uma iniciativa de gestão do Poder Judiciário ser adotada pelo Poder Executivo.

Ainda, em relação as diretrizes estabelecidas no CPC para cumprimento de ações por parte do Conselho, há o artigo 257 que determina que o CNJ mantenha uma plataforma de editais para que os tribunais, juízes, partes e interessados tenham acesso eletrônico as informações referentes aos editais expedidos por todo o judiciário nacional. A recomendação é uma norma de relevante interesse social, pois visa sobretudo obter eficiência na prestação jurisdicional, bem como evitar eventual proliferação de demandas. Sobretudo, é uma medida de gestão para ordenar e reunir informações para o pleno desenvolvimento das atividades direta ou indiretamente relacionadas à prestação jurisdicional. A aplicação deste dispositivo terá maior efeito no processo de cumprimento das decisões judiciais e nos processos de execução de títulos judiciais. Neste mesmo sentido, a determinação foi reforçada nos artigos 741, 745 e 746, todos do CPC, que estabelecem regras a respeito do edital de arrecadação e também no artigo 755 que trata dos editais do processo de interdição.

Por sua vez, o comando legislativo do artigo 837, do CPC, é dirigido ao CNJ para a regulamentação de normas de segurança instituídas sob critérios uniformes pelo Conselho, quanto a penhora de dinheiro e as averbações de penhoras de bens imóveis e móveis podem ser realizadas por meio eletrônico. Mais uma vez a determinação foi para que o órgão central possa direcionar a utilização de meios eletrônicos para a atividade jurisdicional e conferir melhor gestão processual e eficiência na prestação jurisdicional. E ainda, no artigo 882, do CPC, há previsão de que não sendo possível a sua realização por meio eletrônico, o leilão será presencial. A alienação judicial, por meio eletrônico, será realizada, observando-se as garantias processuais das partes, de acordo com regulamentação específica do Conselho Nacional de Justiça, justamente para harmonizar e uniformizar as eventuais diferenças de gestão para a obtenção de melhores resultados com o emprego das novas tecnologias.

Ainda na gestão dos tribunais com enfoque na efetividade processual, um dos grandes empecilhos a rápida satisfação do direitos é o cumprimento das decisões judiciais, especialmente aquelas que demandam a realização de cálculos e atualizações do valores devidos e expressos nas decisões judiciais. Neste sentido, o CPC, o artigo 509, estabelece uma relevante medida de gestão processual, com o comando para que o CNJ desenvolva e coloque à disposição dos interessados um programa de atualização financeira. A finalidade é oferecer as partes uma ferramenta segura e uniforme que possibilite efetuar os cálculos relacionados a liquidação dos valores em cumprimento de sentença ou execução de títulos judiciais.

Outra medida de gestão dos tribunais notabilizada pelas normas de processo está no CPC (artigo 979). É a determinação para que o CNJ mantenha um banco de dados eletrônicos com as informações a respeito dos incidentes de resolução de demandas repetitivas. De acordo com o dispositivo, a instauração e o julgamento do incidente serão sucedidos da mais ampla e específica divulgação e publicidade, por meio de registro eletrônico no Conselho Nacional de Justiça. Os Tribunais manterão banco eletrônico de dados atualizados com informações específicas sobre questões de direito submetidas ao incidente, comunicando-o imediatamente ao Conselho Nacional de Justiça para inclusão no referido cadastro. A medida de gestão consignada é extrema relevância pois visa dar a mais ampla publicidade aos incidentes a serem apreciados pelos Tribunais, de modo a dar efetividade ao instituto processual, bem como evitar a sobreposição de tarefas e ações por parte dos operadores do sistema de justiça.[48] A relevância do cadastro é potencializada pela adoção recente do sistema de precedentes

---

[48] Painel de consulta ao banco nacional de demandas repetitivas e precedentes: http://paineis.cnj.jus.br/QvAJAXZfc/opendoc.htm?document=qvw_l%2FPainelCNJ.qvw&host=QVS%40neodimio03&anonymous=true&sheet=shDRGraficos. A Resolução 235/16, do CNJ, dispõe sobre a padronização de procedimentos administrativos decorrentes de julgamentos de repercussão geral, de casos repetitivos e de incidente de assunção de competência previstos no CPC.

do processo civil brasileiro e a observação deles por parte dos tribunais e juízos (artigo 927, especialmente o inciso III, do CPC).

Ainda, há um comando geral e de aplicação relevante para a gestão processual estratégica no artigo 1069, do CPC. O dispositivo estabelece uma norma programática ao Conselho Nacional de Justiça para promover, periodicamente, pesquisas estatísticas para avaliação da efetividade das normas previstas no Código, com o objetivo de verificar as deficiências e as falhas que possam ser corrigidas ou adaptadas na busca de maior efetividade e resultados. É sobretudo uma medida de gestão acompanhada e participativa para servir de subsídio para futuros ajustes e alterações das normas processuais.

Sem prejuízo da determinação legal, desde 2004 (http://www.cnj.jus.br/programas-e-acoes/pj-justica-em-numeros), o relatório Justiça em Números do CNJ, divulga os dados e informações das atividades dos tribunais brasileiros, com detalhes da estrutura organizacional e da litigiosidade, além dos indicadores e das análises essenciais para subsidiar a gestão judiciária brasileira. O relatório visa à ampliação do processo de conhecimento do judiciário por meio da coleta e sistematização dos dados estatísticos, cruzamento dos dados relevantes capazes de retratar o desempenho dos tribunais. O CNJ ainda realiza um acompanhamento mensal da litigiosidade e da produtividade dos magistrados, unidades judiciárias e tribunais. As medidas facilitam a adoção de práticas de gestão pelo CNJ ou pelos Tribunais ao longo do período.

Para além das leis processuais a respeito da gestão, o Conselho Nacional de Justiça desenvolve diversas atividades de gestão com objetivo de dar aplicabilidade a conceitos de maior eficiência a administração judiciária. As medidas promovidas pelo CNJ são independentes das competências de cada juiz no âmbito das leis de processo, não as prejudicam e devem compatibilizar-se entre si, sem hierarquizações conceptuais.

É destaque neste campo a Estratégia Nacional do Poder Judiciário coordenado pelo CNJ. O ano de 2015 representou o primeiro ciclo (2015-2020) com a finalidade de alcançar a visão, a missão e os macrodesafios previstos na Estratégia (Resolução CNJ 198/2014 – dispões a respeito do planejamento e a gestão estratégica no âmbito do Poder Judiciário), o CNJ instituiu políticas judiciárias, por meio dos seus atos normativos, para todo Poder Judiciário. Na mesma Resolução instituiu o Banco de Boas Práticas e Ideias para o Judiciário – BPIJus, para promover a divulgação e o compartilhamento das práticas e ideais inovadoras, bem como para aperfeiçoar os serviços de justiça. Estão previstos encontros nacionais anuais do Poder Judiciário para avaliar a estratégia nacional, aprovar as metas nacionais, diretrizes e iniciativas estratégicas para o biênio subsequente, bem como para revisitar e eventualmente ajustar as deliberações anteriores.

O acompanhamento da Estratégia do Judiciário 2020, a partir do segundo ano (2016-2107), será bianual, permitindo um período maior para conferir a maturidade dos projetos/iniciativas. Ao final do biênio será enviado o questionário "Execução da Estratégia Nacional 2016-2017" aos Tribunais e demais envolvidos com a finalidade de verificar o desenvolvimento e os resultados de projetos que tenham tido maior impacto para o alcance dos Macrodesafios. O questionário será reaplicado para o ciclo 2018-2019. A Estratégia Nacional também é avaliada por meio do desempenho da Metas Nacionais do Poder Judiciário. O ano de 2020 será o último ano da Estratégia Nacional do Poder Judiciário 2015-2020. Ao final do ciclo será aplicado o quarto questionário "Execução da Estratégia Nacional", com o objetivo de avaliar a Estratégia como um todo.

Para desenvolver a Estratégia do Judiciário foram escolhidos atributos de valor para a sociedade: credibilidade, celeridade, modernidade, acessibilidade, transparência e controle social, responsabilidade social e ambiental, imparcialidade, ética, probidade. Os macrodesafios do Poder Judiciário: efetividade na prestação jurisdicional, garantia dos direitos de cidadania, combate à corrupção e à improbidade administrativa, celeridade e produtividade na prestação jurisdicional, adoção de soluções alternativas de conflito, gestão das demandas repetitivas e dos grandes litigantes, impulso às execuções fiscais, cíveis e trabalhistas, aprimoramento da gestão da justiça criminal, fortalecimento da segurança do processo eleitoral, melhoria da gestão de pessoas, aperfeiçoamento da gestão de custos, instituição da governança judiciária, melhoria da infraestrutura e governança de tecnologia da informação. Ainda, como cenário futuro a ser buscado é possível citar as seguintes práticas de gestão: justiça mais acessível, descongestionamento do judiciário, tempestividade, racionalização, melhoria da qualidade do gasto público, equalização das estruturas do 1º e o do 2º grau de jurisdição, disseminação da justiça eletrônica.

Outro ponto de atuação relevante do CNJ é na verificação dos obstáculos do sistema de justiça e no estabelecimento de objetivos a serem perseguidos pelos tribunais para a melhor gestão. O emprego da metodologia por parte do CNJ em relação as metas do judiciário nacional ocorreu a primeira pela vez no 2º Encontro Nacional do Judiciário e tiveram como objetivo identificar gargalos e finalizar os processos mais antigos em tramitação, efetivar o princípio da duração razoável do processo, agilidade, eficiência, disseminar a informatização, proporcionar mais controle e transparência à sociedade. Para consultar as metas e os resultados anuais obtidos com as ações do CNJ (http://www.cnj.jus.br/gestao-e-planejamento/metas).

Em que pese as consideráveis críticas apontadas por diversos operadores, entidades e instituições, quanto ao modelo pouco participativo adotado para a definição das metas, é possível apontar que os resultados são considerados satisfatórios e positivos para o sistema de justiça, pois pontos sensíveis foram solucionados com o julgamento de processos coma mais tempo de tramitação e o julgamento das ações coletivas. O estabelecimento de parâmetros após as análises estatísticas é uma das principais técnicas de gestão administrativa e produz resultados evolutivos para o sistema de justiça. De outro lado, é relevante pontuar que os critérios e as formas podem ser aprimorados, mas já não são aceitáveis retrocessos nesta senda administrativa. Como parte da evolução a respeito do tema foram editadas Resoluções sobre a organização de núcleo de estatística de gestão estratégica nos órgãos do poder judiciário (CNJ 49/07) e a gestão participativa e democrática na elaboração das metas (CNJ 221/16), além da priorização das atividades do primeiro grau de jurisdição.

Também no CNJ há um setor responsável Gestão de Projetos Institucionais. O gerenciamento de projetos consiste na aplicação de conhecimentos, habilidades, ferramentas e técnicas com objetivo de proporcionar aos gestores condições de melhor dimensionar as demandas de trabalho, gerenciar pessoas, administrar o tempo e alocar recursos em prol do alcance dos objetivos estratégicos institucionais.

Além destas práticas de gestão, o CNJ instituiu, por meio da Portaria 85/16, o plano estratégico de tecnologia da informação e comunicação para o quinquênio 2016-2020. O Escritório Digital do Processo Eletrônico é uma destas práticas. Consiste num software desenvolvido pelo CNJ para integrar os sistemas processuais informatizados dos tribunais brasileiros e permitir ao usuário centralizar em um único endereço eletrônico a tramitação dos processos de seu interesse no Judiciário. A ideia é que o usuário não precise entrar no sistema do Processo Judicial Eletrônico (PJe) ou nos outros sistemas processuais dos diversos tribunais. O Escritório

Digital funcionará como um mensageiro, usando o Modelo Nacional de Interoperabilidade (MNI), estabelecido na Resolução Conjunta 3/13, para buscar novas intimações ou comunicações nos processos dentro dos tribunais conectados.

Ainda no campo do emprego de novas tecnologias para a solução de conflitos é relevante destacar o programa de mediação pela via virtual desenvolvido pelo CNJ. O Sistema de Mediação Digital foi criado pela Emenda 2, que atualizou a Resolução n. 125/10, adequando-a às novas leis que preconizam as buscas pelas soluções consensuais do conflito – a Lei de Mediação (Lei n. 13.140/15) e o novo Código de Processo Civil (Lei n. 13.105/15). O fomento à desjudicialização por meio de formas alternativas de solução de conflitos foi estabelecido como uma das doze prioridades na gestão da Presidência do CNJ para o biênio 2015-2016. A mediação digital é uma alternativa rápida e econômica de solução de conflitos, de forma gratuita para as partes, com o objetivo de facilitar o diálogo para a realização de um acordo que poderá ser homologado por um juiz. As etapas do programa são as seguintes: cadastro no endereço eletrônico (http://www.cnj.jus.br/mediacaodigital/), descrever o conflito, diálogo entre as partes, avaliação da proposta, acordo realizado.

Ainda, há outras experiências no judiciário brasileiro de emprego de tecnologias para aproximar as partes para uma solução alternativa dos seus conflitos. Por exemplo, o projeto Equipe de Trabalho Remoto – Benefício por Incapacidade (ETR-BI), idealizado pela Procuradoria Geral Federal e executado pela Procuradoria Regional Federal da 4ª Região em parceria com o Tribunal Regional Federal da 4ª Região, analisa processos previdenciários em primeiro grau, em que foi negada a concessão ou o restabelecimento de benefícios por incapacidade (auxílio-doença e aposentadoria por invalidez). Implantado na Justiça Federal do Rio Grande do Sul, em agosto de 2016, já foram homologadas mais de 4.833 conciliações virtuais. O projeto foi premiado pelo CNJ, na sétima edição do premio Conciliar é Legal.

Para além dos atos de gestão ora expressos nos atos normativos acima referidos ora nas funções e responsabilidades administrativas, o juiz no âmbito da gestão de cada unidade jurisdicional tem o dever de executar, sem prejuízo das competências e atribuições dos Conselhos ou dos Tribunais, todas as medidas para a adequada e efetiva prestação jurisdicional. É relevante o papel de coordenação, individual ou coletiva, de cada um dos juízes nas várias unidades de atividade espalhadas pelas comarcas ou subseções.

As experiências e as práticas multiplicam-se por todo o país e ótimos exemplos de gestão processual e administrativa despontam para melhorar as atividades dos sistema judicial. Não é possível citar ou exemplificar todas as práticas nestes trabalho em face da extensão delas. Contudo, é imprescindível citar dois concursos que reúnem, avaliam, propagam e difundem as experiências, como os prêmios INNOVARE[49] e AJUFE Boas Práticas[50]. Para além das entidades públicas ou privadas que promovem ações e levantamentos de boas ações no âmbito do sistema de justiça, é relevante anotar que o CNJ, bem como alguns tribunais, possuem bancos de boas iniciativas também com o objetivo de propagá-las para todo o judiciário nacional.

Em síntese conclusiva, a gestão por objetivos, implementação de métodos de trabalho, poderes de acompanhamento da atividade do tribunal, avaliação do serviço, informação ao cidadão, acompanhamento dos processos, controle do tempo processual, racionalização, cooperação, simplificação e agilização processual são alguns dos tópicos que pertencem hoje ao léxico da administração da justiça. A implementação de quase todas estas práticas e ações não depende de autorização legislativa, mas da vontade e capacidade dos agentes da justiça, bem como das estruturas

---

[49] Desde 2004, já passaram pela comissão julgadora do Innovare mais de cinco mil práticas, vindas de todos os estados do país. Elas são a prova de que a nossa justiça passa por uma "revolução silenciosa", nas palavras do professor Joaquim Falcão, um dos fundadores do Prêmio. O INSTITUTO INNOVARE é uma associação sem fins do acesso, a efetividade e a racionalização do Sistema Judicial lucrativos que tem como objetivos principais e permanentes a identificação, premiação e divulgação de práticas do Poder Judiciário, do Ministério Público, da Defensoria Pública e de advogados que estejam contribuindo para a modernização, a democratização Brasileiro. Para atendimento de seus objetivos, o Instituto Innovare realiza anualmente o Prêmio Innovare, promove palestras e eventos gratuitos, publica livros e artigos, produz documentários e realiza pesquisas sobre temas da Justiça. Sobre o prêmio Innovare consulte: www.premioinnovare.com.br.

[50] O Prêmio Ajufe: Boas Práticas tem o objetivo de conhecer e reconhecer ações no âmbito do trabalho judicial ou administrativo da Justiça Federal. É promovido pela Associação dos Juízes Federais do Brasil em parceria com o Instituto de Administração da Justiça – IBRAJUS. O prêmio tem quatro categorias: Boas práticas dos magistrados na Justiça Federal, Boas práticas dos servidores na Justiça Federal, Boas práticas para a eficiência da Justiça Federal para todos os operadores e atores do sistema de justiça e Sugestões de estudantes universitários de graduação para Boas Práticas para a Justiça Federal.

físicas e materiais colocadas à disposição, para avançarem em intensidade desejada para a melhoria das condições de trabalho de todos os operadores, com resultados positivos, especialmente para as pessoas que estão na centralidade do sistema de justiça e são os destinatários destes serviços.

Neste âmbito, assume especial relevância a transparência e o acesso à informação (Lei 12.527/11) em tempo real, que permite conhecer o volume e o tipo de litígios a tramitar por cada tribunal/juízo, além do número de processos distribuídos a cada juiz. Estes dados, acompanhados da existência de indicadores estatísticos e de informações específicas sobre a tipologia concreta de processos distribuídos a cada juiz, configuram um procedimento essencial para a concretização do dever de acompanhamento referido.

No domínio da simplificação e agilização processuais, no passado, atribuía-se apenas ao juiz um poder/dever de promoção de medidas de simplificação e agilização. Com a afirmação do princípio da cooperação e da colaboração das parte, expressamente consignado no CPC, altera-se o foco de atenção para todos os atores participarem ativamente do processo de solução da demanda e de entrega de uma resposta efetiva e adequada àqueles que procuram o judiciário para a solução de conflitos. No meio legislativo, as demandas processadas e julgadas sob os ritos dos juizados especiais estaduais, federais e de Fazenda Pública, são ótimos exemplos de simplificação e agilização do processo. Sem prejuízo ainda, é possível citar outras reformas processuais com normativas diretas para a simplificação e agilização da tramitação das demandas, em cumprimento ao princípio da razoável duração do processo.

A medida legislativa mais significativa em termos normativos foi a adoção, por Emenda Constitucional, do princípio da duração razoável do processo, como um dogma e direito fundamental a ser perseguido pelo Estado brasileiro (Constituição Federal, art. 5º, LXXIII). Na essência, não seria necessário a elevação a nível constitucional, pois os feitos deveriam ser solucionados em tempo adequado para o bom funcionamento do sistema de justiça. Contudo, contínuos desrespeitos, morosidade excessiva, sobrecarga de trabalho e a fragilidade do judiciário como um todo, foram fatores relevantes para a promoção da concretização por parte do legislador constituinte derivado.

As medidas de promoção a razoável e adequada resolução dos processos tiveram como destinatários desde logo os juízes, mas também os funcionários judiciais, os advogados e todos os integrantes dos sistema de justiça.

Neste caso, surgem como exemplo concreto, todas as medidas de impulso processual e também na implementação de novos procedimentos, sempre atentas aos recursos disponíveis do tribunal ou da comarca.

As medidas também tem como destinatário direto o próprio Conselho Nacional de Justiça, pois este tem o poder de, nesta matéria, tomar decisões que afetem, de um ponto de vista positivo a agilização e simplificação de procedimentos. A título de exemplo, os bancos de dados desenvolvidos e mantidos pelo Conselho são medidas indiretas que afetam diretamente os resultados positivos da prestação jurisdicional.

No domínio da celeridade, objeto de muitas críticas, esta compreendido um dever de acompanhamento diligente dos processos, o controle do tempo processual e a prestação de informação ao Conselho Nacional de Justiça. A monitorização dos processos é uma ferramenta preciosa dos tribunais e dos conselhos para estudar e propor medidas para efetividade da jurisdição.

No domínio da racionalização, delegação de serviços, informatização, o avanço é para o estabelecimento de poderes/deveres para o juiz conduzir um processo de transformação e otimização das tarefas assim reconhecidas como burocráticas. Sob dois aspectos é necessário estudar a otimização, seja pela racionalização e restrição as atividades consideradas essenciais, seja pela informatização e implementação de tecnologias nas atividades de prestação de jurisdição. A conjugação dos dois vetores é essencial para a modernização e racionalização das atividades do sistema de justiça.

No que respeita aos poderes de promoção de medidas de racionalização perante o Conselho Nacional de Justiça, é possível dizer que há experiências interessantes, mas ainda é preciso avançar muito mais de modo substancial. A interação entre os juízes e os tribunais com o CNJ é fundamental para avanços mais significativos e há espaço para construir mecanismos inovadores e criativos. A adoção de políticas públicas no modelo *top/down* já não são adequadas ao pleno desenvolvimento e a construção de ações *bottow/top*, participativas, democráticas, distributivas, integradas e inclusivas, revela-se um instrumento extremamente útil para o avanço da gestão processual e principalmente para a gestão administrativa.

No que respeita aos poderes de redistribuição da força de trabalho de funcionários, o juiz diretor de foro pode promover as adequações necessárias, na medida em que é possível movimentar funcionários de acordo com as competências profissionais de cada um e em função do tipo de trabalho que executam, salvaguardadas as suas categorias profissionais, sempre de acordo com as necessidades e as exigências conjunturais de cada tribunal ou juízo. Entretanto, o regime único do servidores públicos brasileiros, muitas vezes, dificulta as adequações em face das disposições legais a serem observadas. Observe-se que as atividades típicas da administração requerem doses inovadores e criativas de gestão, especialmente em tempos de crises e ajustes econômicos que denotam escassez de recursos públicos suficientes para atender a todas as demandas.

As práticas de gestão dos operadores e instituições do sistema judiciário brasileiro produziram avanços significativos nos últimos anos. É inegável a contribuição de todos no processo de desburocratização e otimização das atividades. Contudo, os desafios a serem enfrentados ainda são enormes e nisto reside a relevância deste estudo para efetivar uma gestão eficiente e de qualidade no judiciário brasileiro.

5.2.3. Organização judiciária

O modelo brasileiro de organização judiciária apresenta a característica principal do autogoverno dos tribunais divididos em dois pontos. Primeiro, a autonomia administrativa e financeira (artigo 99 da Constituição) que consiste na elaboração das propostas orçamentárias pelos Tribunais, dentro dos limites estipulados conjuntamente com os demais Poderes (Executivo e Legislativo) na Lei de Diretrizes Orçamentárias – LDO. Os valores aprovados no orçamento, pelo respectivo Legislativo Federal ou Estadual, são repassados aos Tribunais para a gestão e aplicação dos recursos nas atividades do Poder Judiciário.

Num segundo momento, para dar cumprimento as atribuições, competências e responsabilidades, o artigo 96 da Constituição, estabelece que compete privativamente aos Tribunais atos de gestão do Judiciário: a) eleger seus órgãos diretivos e elaborar seus regimentos internos, com observância das normas de processo e das garantias processuais das partes, dispondo sobre a competência e o funcionamento dos respectivos órgãos jurisdicionais e administrativos; b) organizar suas secretarias e serviços auxiliares e os dos juízos que lhes forem vinculados, velando pelo exercício da atividade correicional respectiva; c) prover os cargos de juiz de carreira da respectiva jurisdição; d) propor a criação de novas varas judiciárias; e) prover, por concurso público de provas, ou de provas e títulos, obedecido o disposto no art. 169, parágrafo único, da Constituição, os cargos necessários à administração da justiça, exceto os de confiança assim definidos em lei; f) conceder licença, férias e outros afastamentos a seus membros e aos juízes e servidores que lhes forem imediatamente vinculados. Ainda, compete ao Supremo Tribunal Federal, aos Tribunais Superiores e aos Tribunais de Justiça propor ao Poder Legislativo respectivo, observado o disposto no art. 169: a) a alteração do número de membros dos Tribunais Inferiores; b) a criação e a extinção de cargos e a remuneração dos seus serviços auxiliares e dos juízos que lhes forem vinculados, bem como a fixação do subsídio de seus membros e dos juízes, inclusive dos Tribunais Inferiores, onde houver; c) a criação ou a extinção dos Tribunais Inferiores; d) a alteração da organização e da divisão judiciárias.

Para atender ao comando constitucional da autonomia administrativa e financeira e também das competências privativas, os Tribunais necessitam estruturar as atividades e executar o orçamento previamente elaborado e aprovado pelo respectivo Legislativo. No âmbito do judiciário federal, os Conselhos da Justiça Federal e da Justiça do Trabalho são responsáveis por organizar e apresentar os suportes necessários à organização judiciária, sempre ouvindo os Tribunais Regionais. No âmbito da Justiça Estadual, os Tribunais de Justiça encaminham aos legislativos dos Estados as suas propostas para a elaboração de leis de divisão e organização judiciária, em atendimento aos ditames constitucionais (princípio da simetria) para realizar a organização dos serviços a serem prestados por todos os magistrados e servidores da Justiça Estadual. As leis de Organização do Sistema Judiciário (LOSJ) estabelecem as normas de enquadramento e de organização do sistema judiciário, especialmente em matéria da gestão administrativa e processual, quer enquanto instrumento de organização e administração do sistema, quer enquanto instrumento de gestão processual.

No âmbito da Justiça Federal "O Conselho da Justiça Federal é o órgão central das atividades sistêmicas da Justiça Federal, cabendo-lhe a supervisão administrativa e orçamentária, com poderes correcionais, cujas decisões possuem caráter vinculante, ou seja, são de observância obrigatória por todas as unidades da Justiça Federal de primeiro e segundo graus, conforme estabelece o art. 105, parágrafo único, inc. II, da Constituição Federal e no art. 3º da Lei n. 11.798/2008".[51] Também, por meio de atos

---

[51] Disponível em http://www.cjf.jus.br/cjf/conheca-o-cjf/, acesso em 11/09/2017.

administrativos o CJF zela pelo aprimoramento da Justiça Federal. Por exemplo, o programa de estudos e pesquisas é regulado pela Resolução CJF 83/2009 e tem por meta apoiar o desenvolvimento de estudos e pesquisas necessários ao aprimoramento das atividades das unidades do Conselho e da Justiça Federal de primeiro e segundo graus. A Resolução 233/13, dispõe sobre o Plano Nacional de Aperfeiçoamento e Pesquisa para Juízes Federais – PNA.

Na Justiça do Trabalho, o Conselho Superior da Justiça do Trabalho – CSJT é previsto na Constituição Federal e tem por finalidade exercer a supervisão administrativa, orçamentária, financeira e patrimonial da Justiça laboral de primeira e segunda instâncias, sendo as suas decisões vinculantes, conforme artigo 111, § 2º, II da Carta Magna. Referido órgão edita atos normativos de relevância, aos quais estão submetidos os 24 (vinte e quatro) Tribunais Regionais do Trabalho. Por exemplo, a Resolução CSJT 145/14, que prevê o monitoramento dos Regionais na aplicação dos indicadores no "Sistema de Gestão Estratégica da Justiça do Trabalho".

5.2.4. Os objetivos estratégicos do CNJ

Os conceitos de objetivos estratégicos e objetivos processuais são diferenciados e por isso mesmo devem ser analisados separadamente. Os estratégicos são objetivos organizativos nomeadamente de atribuição e distribuição de meios que permitem identificar a atividade, o desempenho e o desenvolvimento da atividade de gestão dos tribunais.

O CNJ no papel primordial de planejamento do judiciário nacional estabelece os objetivos estratégicos em diversas áreas, os quais são relevantes para direcionar as estratégias de todos os tribunais brasileiros.

Na seara da fiscalização e correição, o CNJ visa controlar a atuação administrativa e financeira do Poder Judiciário para garantir a conformidade com os princípios constitucionais administrativos e a legislação. Também visa prevenir e corrigir desvios de conduta dos membros e órgãos do Poder Judiciário. Ainda realiza ações de prevenção e correição no cumprimento dos deveres funcionais dos membros e órgãos do Poder Judiciário, além de observar Lei Orgânica da Magistratura e Código de Ética da Magistratura Nacional.

No setor de alinhamento e integração de todas as unidades do judiciário o objetivo é garantir que as unidades do Judiciário tenham seu planejamento estratégico e sua gestão alinhados à estratégia do Poder Judiciário Nacional, respeitando as particularidades locais e visando resultados no curto, médio e longo prazos (continuidade). Também visa garantir que todas as deliberações do CNJ sejam cumpridas pelos órgãos do Poder Judiciário. Ainda, visa garantir a precisão no diagnóstico da realidade do Judiciário. Para tanto, realiza pesquisas com a intenção de levantar dados que apresentem a realidade do judiciário para a elaboração de políticas públicas e diretrizes nacionais. Modernizar, de forma inovadora, todos os segmentos do judiciário brasileiro por meio de implantação de projetos de tecnologia da informação, especialmente o processo eletrônico, com o objetivo de aumentar a agilidade e a cobertura da prestação jurisdicional, bem como a transparência nos atos, decisões e de informações de interesse da sociedade. Também, fomentar a interação e a troca de experiências entre Tribunais e buscar a unicidade e a integração de todo o sistema de justiça por meio da troca de experiências entre Tribunais, para o compartilhamento do conhecimento, práticas e soluções jurídicas e administrativas. Um campo de alinhamento e atuação é a jurimetria que é a aplicação de métodos quantitativos, especialmente a estatística, no Direito. Sobre o tema há uma obra denominada Jurimetria – Como a estatística pode reinventar o direito, de autoria de Marcelo Guedes Nunes, publicado pela editora Revista dos Tribunais.

No campo da atuação institucional, o CNJ tem por objetivo estratégico fortalecer e harmonizar as relações entre os Poderes, setores e instituições e desenvolver parcerias para viabilizar o acesso à justiça, o cumprimento das decisões judiciais, a prevenção de grandes demandas, a conciliação e a solução coletiva de processos judiciais. Conscientizar cada órgão e instituição sobre sua responsabilidade no atendimento à população é um objetivo relevante a ser alcançado. Para tanto, o CNJ coordena as ações convergentes para melhor administração da justiça. Também, busca aprimorar a comunicação com públicos externos disponibilizando, com uma linguagem clara e acessível, informações sobre: papel, ações e iniciativas do Conselho, andamento processual, atos judiciais e administrativos, dados orçamentários. Também a Ouvidoria é uma ferramenta a ser utilizada como forma de aproximação com a sociedade e recolha de dados e informações relevantes que são fundamentais para subsidiar e adequar os objetivos estratégicos.

Ainda, como objetivo de atuação institucional, de acordo com o CNJ é preciso promover a cidadania e disseminar valores éticos e morais por meio de atuação institucional ativa, ampla e efetiva. Também, promover a inclusão social e o desenvolvimento por meio de ações que contribuam para o fortalecimento da educação e da consciência dos direitos, dos deveres e valores do cidadão. Também fomentar a incorporação de valores éticos e morais (imparcialidade, ética, probidade) nos magistrados e servidores, nos integrantes de organizações ligadas à atividade judiciária (OAB, AMB, AGU, Defensorias, Ministério Público, sindicatos, associações) e nos estudantes de Direito e dos Centros de Pesquisa.

No setor da eficiência operacional, o principal objetivo estratégico é garantir a agilidade na tramitação dos processos judiciais e administrativos para assegurar a razoável duração do processo. A busca constante da excelência na gestão de custos operacionais é uma medida relevante como forma de garantir a economicidade dos recursos por meio da racionalização na aquisição e utilização de todos os materiais, bens e serviços e da melhor alocação dos recursos humanos necessários à prestação jurisdicional. Por exemplo, a Resolução CNJ 201/15[52] que trata da "criação e competências das unidades ou núcleos socioambientais nos órgãos e conselhos do Poder Judiciário e implantação do respectivo Plano de Logística Sustentável (PLS-PJ)", inclusive serve de modelo a órgãos do Poder Executivo.

No campo da gestão de pessoas, o CNJ visa garantir que os Conselheiros, magistrados e servidores possuam conhecimentos, habilidades e atitudes essenciais para o alcance dos objetivos estratégicos. Para tanto, é necessário sempre motivar e comprometer os envolvidos e elevar o nível de comprometimento e motivação de todos para viabilizar a execução da estratégia.

Recentemente, o CNJ lançou a primeira edição da revista digital Gestão por Competências no Judiciário. A publicação detalha o histórico, os resultados e as conclusões das experiências de Tribunais com o modelo de gestão de pessoas a partir das orientações incentivadas pelo Conselho. O objetivo é difundir boas práticas e apontar os obstáculos à adoção do modelo de gestão, a fim de facilitar a adesão em outros Tribunais. A Resolução 240/2016 do CNJ, define a Política Nacional de Gestão de Pessoas no Judiciário e prevê o uso da gestão por competências (conjunto de

---

[52] Disponível em http://www.cnj.jus.br/busca-atos-adm?documento=2795, acesso em 11/09/2017.

conhecimentos, habilidades e atitudes necessários ao desempenho de cada função) para avaliar o trabalho de servidores.[53]

No setor de infraestrutura e tecnologia é objetivo estratégico prover os recursos materiais e tecnológicos (instalações, mobiliários, equipamentos de informática) que permitam o bom desempenho do CNJ, garantindo aos Conselheiros, magistrados e servidores condições de saúde e segurança, além da proteção e manutenção dos sistemas. Além de garantir a disponibilidade de sistemas essenciais de tecnologia de informação e estruturá-los para que o seu gerenciamento ocorra de forma a garantir o desenvolvimento, aperfeiçoamento e a disponibilidade dos sistemas essenciais à execução da estratégia.

Em relação ao orçamento, o CNJ tem por objetivo estratégico assegurar recursos financeiros e garantir a sua disponibilização para a execução dos seus projetos estratégicos, de acordo com os cronogramas estabelecidos para cada iniciativa. Para tanto, é fundamental a coordenação integrada com os Tribunais do envio das propostas, bem como as articulações com os demais poderes para que os valores sejam aprovados no Plano Plurianual, na Lei de Diretrizes Orçamentárias e na Lei Orçamentária Anual, e posteriormente sejam repassados, sem cortes ou contigenciamentos.

Primeiramente, os objetivos plurianuais e anuais, necessitam de ser articulados constantemente com a ponderação dos meios afetos, valores de referência estabelecidos e resultados registrados em cada um dos Tribunais, respectivamente junto a União Federal (justiça federal, do trabalho, militar e eleitoral) ou Estados Membros no caso da Justiça Estadual. O orçamento público é sobretudo integrado e compartilhado entre os Poderes para posterior distribuição dos recursos, sempre atendo as receitas e prioridades de atendimento dos serviços e necessidades públicas.

Para auxiliar na melhor e adequada distribuição dos recursos é necessário um levantamento detalhado e preciso de dados estatísticos pelos Tribunais. Um bom trabalho prévio é uma das principais ferramentas para a verificação e posterior alocação de recursos orçamentários, pois reportam-se ao número de processos existentes, ao seu tempo de duração e ao número de processos findos, entre tantas outras variáveis que dimensionam as necessidades públicas. Na sua determinação levar-se-á e conta, entre outros

---

[53] http://www.cnj.jus.br/files/conteudo/arquivo/2017/08/ecd9b02d1d1a0447cc88cad7cda247d0.pdf. Acesso em 18.09.2017.

fatores, a natureza do processo ou o valor da causa, os recursos humanos disponíveis, e os meios afetos ao funcionamento dos tribunais, sempre por referência aos valores de referência processual estabelecidos. Neste sentido, os dados do CNJ dispostos no Justiça em Números são relevantes instrumentos para verificação das necessidades quando da elaboração das propostas orçamentárias, bem como para eventuais contingenciamentos de valores e adequações orçamentárias.

Para finalizar este tópico, ponderar é imprescindível para dizer que na definição dos objetivos, "estratégicos" e "processuais", não pode deixar de se levar em conta a cultura de independência e autonomia dos juízes, na sua esfera de liberdade de atuação. Por isso esse espaço de autonomia e independência tem que ser devidamente gerido e organizado de forma a robustecer o núcleo incindível e imperturbável de exercício da função jurisdicional, tanto no domínio processual estrito, de condução do processo para o proferimento da decisão jurisdicional, como na maturação e prolação desta mesma decisão.

No domínio jurisdicional há um núcleo procedimental e decisório que não pode ser invadido ou condicionado de forma direta, mesmo que seja pelos mecanismos de gestão dos tribunais e de gestão processual heterônoma (diferenciada da gestão processual que pode e deve ser realizada pelo próprio juiz do caso) que são produzidos pelos órgãos de governação e gestão do judiciário, nomeadamente pelo Conselho Nacional de Justiça e pelos órgãos de administração dos tribunais, incluídos os juízes diretores de foro.

Por isso, qualquer relação hierárquica ou dever de atuação responsável em obediência a aspectos de organização e gestão dos tribunais não pode ter direta e imediatamente incidência sobre o exercício da função jurisdicional.[54]

5.2.5. Os valores de referência processual – o IPC-Jus do CNJ

No modelo brasileiro, não há um instrumento de medida ou referência da atuação processual, para além do levantamento de dados estatísticos

---

[54] No exemplo de Portugal, no artigo 91.º, n.º 4 da LOSJ que considera que os objetivos processuais não podem impor, limitar ou condicionar as decisões a proferir nos processos em concreto, quer quanto ao mérito da questão, quer quanto à opção pela forma processual entendida como mais adequada. Também no que respeita à gestão processual, o artigo 94.º, n.º 4, da LOSJ, estipula que os poderes de gestão processual do juiz presidente são exercidos com observância dos artigos 90.º e 91.º, incluindo o mencionado n.º 4 do artigo 91.º.

realizados pelos Tribunais e condensados pelos Conselhos e o IPC-Jus – Índice de Produtividade Comparada da Justiça do Conselho Nacional de Justiça (Resolução 184/13).

A autonomia financeira e administrativa dos Tribunais, até o momento, parece ser o obstáculo principal para a adoção de ferramentas de gestão mais abrangentes e eficientes na organização e distribuição da unidades judiciárias e por consequência da carga de trabalho. As redistribuições e a reorganização, em regra, são feitas de modo a estancar eventuais gargalos, mas não podem ser considerados relevantes instrumentos de gestão processual ou administrativa condizentes com o avanço da ciência no campo dos tribunais.

Como acima referido, no caso brasileiro, não há medida semelhante ao valor de referência de Portugal. Há apenas a Resolução 184/13, do CNJ, que fixa diretrizes e regras, a serem observados pelos Tribunais, quanto a criação de novas unidades judiciárias e de cargos ou funções no Poder Judiciário. A aplicação do ato normativo é destinado para o balizamento do CNJ em relação a emissão de pareceres contra ou a favor dos anteprojetos de lei de ampliação de estrutura elaborados pela Justiça da União (Federal, Laboral, Eleitoral e Militar).

A proposta da Resolução 184/13 foi elaborada e baseada nos estudos da Comissão Permanente de Gestão Estratégica, Estatística e Orçamento do CNJ. O IPC-Jus (Índice de Produtividade Comparada da Justiça) é divulgado no Relatório Justiça em Números como principal critério da nova metodologia de análise dos anteprojetos de lei elaborados pelos tribunais para criar cargos, funções ou unidades judiciárias. Por esta regra, o CNJ emitirá parecer favorável, apenas as solicitações em que os tribunais que alcançarem a eficiência medida no primeiro quartil (até 25%) da avaliação do IPC-Jus no seu segmento da Justiça, em comparação com os tribunais do mesmo porte e ramo. A Resolução relaciona também as condições para o encaminhamento dos anteprojetos de lei ao CNJ, ao apontar quais elementos técnicos devem ser observados pelos tribunais e os documentos que devem anexar às propostas legislativas. E estipula critérios para a ampliação dos cargos ou funções comissionadas. Com relação à criação, extinção ou transformação de unidades judiciárias, a norma exige dos tribunais a comprovação da necessidade de cargos de magistrados ou de servidores; a apresentação de estimativa quanto ao número de casos novos que poderão chegar à base territorial da unidade no local que se pretende criar o novo juízo; e informações quanto à distância da unidade judiciária mais próxima com outra da mesma competência.

As dificuldades operacionais para a implantação do índice num país de dimensões continentais e diversidades, abriu espaço para a aprovação de um artigo com a previsão de excepcionalidade de situações desde que devidamente justificadas.

A adoção de parâmetros para a eficiência da gestão dos tribunais é medida a ser aplaudida. A Resolução 184/13, pela primeira vez, sistematizou e adotou balizas para a criação de unidades e cargos. Em que pese seja louvável a adoção de instrumentos de gestão é relevante anotar que os critérios precisam ser estruturados de modo a não criar disparidades ou perpetuar diferenças injustificáveis como fez a Resolução 184/13. Na prática, o ato normativo não consegue observar as diferenças e peculiaridades entre os ramos da Justiça (federal, trabalhista ou militar), nem as suas especificidades. E como resultado geral, as unidades jurisdicionais mais eficientes acabam sendo penalizadas pela aplicação das normas da Resolução.

Na prática, após a vigência da Resolução e em análise da sua aplicação é possível observar que o Conselho aprovou os pareceres para a criação de cargos e unidades, sempre pela regra da excepcionalidade, notadamente no momento anterior a crise econômica e financeira instaurada no período de 2015 a 2018.

As associações de magistrados interpuseram ações declaratórias de inconstitucionalidade perante o Supremo Tribunal Federal em relação a Resolução 184/13, por entenderem que a medida não atende os dispositivos constitucionais, principalmente pelo fato da sua aplicabilidade ser desconexa com a realidade vivenciada nos tribunais, generaliza a aplicação de dados para os diversos segmentos diferenciados da justiça brasileira e, em alguns casos, inviabiliza por completo qualquer aplicabilidade do ato normativo. A Ação Declaratória de Inconstitucionalidade (ADI) proposta pela Associação dos Juízes Federais – AJUFE em 30 de abril de 2015, recebeu o número 5221, tendo sido sorteado relator o ministro Gilmar Mendes, a quem os autos foram conclusos em 17 de setembro de 2015.[55]

---

[55] Disponível em http://www.stf.jus.br/portal/processo/verProcessoAndamento.asp?incidente=4698401
http://www.cnj.jus.br/busca-atos-adm?documento=2493
http://www.migalhas.com.br/Quentes/17,MI214180,61044-Associacoes+de+magistrados+q uestionam+resolucao+do+CNJ+sobre+criacao, Acesso em 14/09/2017.

Desta forma, é possível sintetizar a experiência sobre dois pontos de vista. Primeiro, elogiar a primeira tentativa de sistematizar e buscar eficiência na aplicação de recursos públicos no meio da justiça da União. Segundo, as deficiências das normas da Resolução 184/13 inviabilizam a sua aplicação, ou ainda, que distorcem os resultados para a sua aplicação e inviabilizam o pretendido avanço. Ademais, não houve uma participação democrática e inclusiva dos tribunais, associações de magistrados, sindicato de servidores e da sociedade no processo de elaboração da Resolução.

As críticas são acentuadas e neste sentido, o Departamento de Pesquisas e Estatística do CNJ, estuda a revisão do IPC-Jus, de modo eliminar as discrepâncias e inconsistências do texto normativo, que acabam por inviabilizar a aplicação de uma ferramenta que poderia ser uma excelente aliada da gestão administrativa dos Tribunais.

Em que pese as disparidades e as incongruências da Resolução 184/13, do CNJ, é necessário repetir que a medida de gestão foi aplicada e revela um passo para a adoção de novas medidas no campo do judiciário de modo a conferir maior eficiência na aplicação dos recursos públicos e de gestão dos tribunais.

5.2.6. O princípio da cooperação ou da colaboração das partes

Num processo de gestão partilhada ou governação "multinível", como se referiu, a existência de princípios orientadores é fundamental para permitir o funcionamento coordenado de instâncias ou órgãos com poderes dotados de acentuados graus de autonomia ou independência.

O sistema de gestão, dos tribunais e processual, no quadro legal vigente obedece especificamente ao princípio da cooperação entre todos os intervenientes com funções e poderes no sistema operacional da prática judiciária. É isso que estabelece, de forma peremptória o artigo 6º, do CPC.[56]

Em interpretação ampliativa, aplicada ao modelo brasileiro, significa dizer que todo o processo decisório que envolva matérias de gestão, tanto

---

[56] No sistema português, o princípio da cooperação está expresso no artigo 24.º do ROFTJ: "o exercício das funções dirigentes atribuídas ao presidente do tribunal, ao magistrado do Ministério Público coordenador, aos magistrados judiciais coordenadores, aos procuradores da República com funções de coordenação setorial, ao administrador judiciário e restantes membros do conselho consultivo e aos serviços competentes do Ministério da Justiça, reger--se pelo princípio da cooperação".

dos tribunais, como processual, quando partilhado, deve obedecer a uma prévia conformação entre quem exerce esses poderes, para que sejam, sempre que possível, levados em consideração todos os interesses que nem sempre são compatíveis entre si. Cabe a todos os "atores processuais" atuar e colaborar no sentido de conferir a maior eficácia e eficiência possível, sempre com o foco voltado à função social do processo.

O princípio da cooperação assume, no quadro da gestão do judiciário, uma dimensão decisiva atenta as características de autonomia e independência que constituem a dimensão funcional das profissões jurídicas.

Cooperar significa partilhar conhecimentos e informações com vista a contribuir e colaborar com o trabalho e o esforço de um processo de decisão. É importante salientar que no exercício de funções de gestão sujeito ao princípio da cooperação ou da colaboração não se está no âmbito das funções jurisdicionais. Por isso, o princípio estabelecido na lei é imperativo no processo de tomada de decisão que envolve a matéria de gestão.

O processo cooperativo é construído com ideias de participação, diálogo e contraditório.[57] A partir desta concepção foi elaborado o Código de Processo Civil brasileiro, com diversos dispositivos que atendem a proposta de colaboração de todos os envolvidos no processo judicial. No artigo 190, está prevista a possibilidade das partes estabelecerem convenções ou negócios jurídicos processuais, ou seja, é lícito às partes plenamente capazes estipular mudanças no procedimento para ajustá-lo às especificidades da causa e convencionar sobre os seus ônus, poderes, faculdades e deveres processuais, antes ou durante o processo. No disposto no artigo 191, é possível as partes estabelecerem um calendário processual para a realização dos atos processuais.

A colaboração ou cooperação das partes, altera e transforma a mentalidade e cultura do processo, para que o foco seja alterado na busca constante da eficiência e excelência da prestação jurisdicional. Na tradição processual civil brasileira jamais houve iniciativa em tal sentido e por isso prevê-se certa dificuldade na sua aplicação e operacionalização. Todavia, é um avanço importante e a ser conquistado passo a passo, conscientizando-se

---

[57] ATAÍDE JR. Vicente de Paula (2016). Os estágios metodológicos do direito processual civil. In: CAZZARO, Kleber (org.). Estudos de Direito Processual Civil à luz da Constituição Federal – em homenagem ao professor Luiz Rodrigues Wambier. Erechim: Editora Deviant. p. 293.

todos os partícipes da relação processual sobre a importância de aderirem ao novo método.

5.2.7. Os poderes de gestão do Conselho Nacional de Justiça

O Conselho Nacional de Justiça detém um papel central na coordenação da administração e gestão de todos os tribunais judiciais brasileiros e também, de algum modo, na gestão mais abstrata ou generalista dos processos. Entre as diversas atribuições estabelecidas na Constituição, é relevante observar o regimento interno e os atos normativos expedidos pelo Conselho, sempre na linha de atuação macro de organização e planejamento de atividades dos diversos ramos de justiça brasileiros. Ainda, apresenta objetivos de delinear diretrizes com impacto na distribuição, movimentação e dinâmica dos processos judiciais, sem atropelo da esfera de competência própria da atividade jurisdicional. Mais recentemente o Código de Processo Civil, expressamente ampliou o rol de atividades organizativas e harmonizadoras do sistema de justiça brasileiro, para avançar no desempenho das funções administrativas e gestão, com o intuito de revelar unicidade e uniformidade.

Desta forma e com maior visibilidade no desenho do atual CPC, os poderes do CNJ foram ampliados no que toca a gestão do tribunal e de gestão processual, ainda que nesta dimensão fundamentalmente apenas intervenha na ordenação e equilíbrio de fluxos processuais, respeitada sempre a independência judicial.

Em primeiro lugar, na gestão dos tribunais, o CNJ tem a atribuição de levantar os dados e as informações essenciais do todo o judiciário (Constituição, artigo 103B, §4º, VI e VII). Com elas, o CNJ analisa, planeja, orienta e executa as políticas públicas do judiciário. Uma destas tarefas consiste no poder fundamental de estabelecer metas para os tribunais e juízes, bem como elaborar e manter cadastros nacionais para dar uniformidade e harmonização nos temas correlatos e comuns entre os diversos braços da justiça brasileira. São vários exemplos recentemente positivados no CPC com atribuições e competências para o CNJ uniformizar e organizar sistemas de controle e eficiência do judiciário, como acima já citados no início deste capítulo.

Outro ponto fundamental é a gestão dos recursos humanos no judiciário, seja dos magistrados, seja dos funcionário. Os agentes públicos, como se compreende, são fundamentais na gestão de todos os tribunais e dentro dela as questões da mobilidade são sempre colocadas. Nestes pontos, porém, o CNJ está muito limitado nas suas opções, pelas restrições que decorrem do princípio do juiz natural ou da predeterminação legal do magistrado e que co-habita – outra dificuldade – com o princípio constitucional da inamovibilidade dos juízes, o qual é um componente necessário do princípio da independência dos tribunais e dos juízes. O princípio do juiz natural não se limita à predeterminação do tribunal, mas também à do juiz ou à da formação judiciária que se ocupe de um caso concreto e impõe que as mesmas objetividade e generalidade dos critérios que são exigíveis na definição do tribunal ou juiz competente, exista na colocação e na substituição dos juízes nas suas faltas ou impedimentos, quaisquer que sejam – ou seja, contém a proibição de arbítrio e da determinação *ad hoc* da formação judiciária. Assente que um tribunal ou, melhor, uma formação jurisdicional exige a prévia determinabilidade do juiz responsável pelo caso, a colocação do juiz num lugar tem de ser transparente e mediante procedimento controlável pelas partes processuais – em regra por concurso realizados no âmbito de cada Tribunal. O CNJ atua quando provocado por qualquer interessado que entenda ter sido prejudicado por qualquer decisão dos tribunais, para além das diretrizes gerais e abstratas conferidas pelo órgão por meio de atos normativos expedidos pelo colegiado a ser seguido pelos tribunais.

No âmbito de cada Tribunal, em observância a autonomia administrativa destes órgãos, o Pleno ou seus órgãos fracionários, se deparam com situações de urgência que não se compadecem com as delongas. Em regra, as Corregedorias ou os órgãos diretivos dos Tribunais aplicam o bom senso para realizar os chamados destacamentos como auxiliares, das substituições e das acumulações de juízos e unidades judiciárias. Estes mecanismos são usados não só para fazer face às faltas e impedimentos de juízes, mas também para responder a pendências processuais registradas nos lugares do quadro, o qual foi ficando desajustado à realidade.

Ainda, na experiência brasileira são comuns ações designadas de "mutirões", ou seja, mobilizações coletivas para lograr um fim, sempre baseadas na ajuda mútua prestada com a participação de diversos integrantes e membros do sistema de justiça, em atos concentrados e coordenados, com o objetivo de apresentar respostas eficazes e rápidas a eventuais sobrecargas de processos ou audiências a serem apreciados por algum juiz ou Tribunal.

É relevante salientar que há experiências interessantes de designações e mobilizações para atender situações peculiares e esporádicas, no intuito de equilibrar a divisão da carga de trabalho e principalmente atender eventuais sobrecargas ou excessos de demandas.

Contudo, muitas vezes, ao evocar o princípio da inamovibilidade dos magistrados, as administrações não fazem os ajustes necessários na distribuição de processos, servidores e estruturas. Nestes casos, simples soluções de gestão não são praticadas em nome de princípios e em detrimento de melhores e mais adequados resultados.

É relevante citar a experiência do modelo português que recentemente inseriu, pela Lei de Organização Judiciária, um novo modelo de gestão denominado de "reafectação" com o objetivo de proporcionar ao sistema de justiça mais flexibilidade, além de atender o equilíbrio da carga de trabalho. Na experiência brasileira, em face da autonomia administrativa dos Tribunais expressa na Constituição, a forma criativa de apresentar soluções aos principais problemas revelam formas interessantes e alternativas de aplicação de critérios maleáveis para solucionar pontos de carência e de estrangulamento das atividades jurisdicionais, sempre com o objetivo de apresentar uma solução para o caso concreto objeto de deliberação. Em regra os Conselhos de Administração dos Tribunais, Presidentes ou Corregedores são responsáveis diretos por estas ações de adequação. Nesta linha e na prática é possível dizer que esta atuação é correlata, semelhante ou similar a dos encaminhamentos propostos recentemente pelo modelo português da "reafectação", apesar de não coincidir na essência a mesma sistemática legal portuguesa.

5.2.8. Os poderes de gestão do Conselho Nacional do Ministério Público

Nos termos da Constituição Federal (artigo 130A), o Conselho Nacional do Ministério Público (CNMP) é o órgão superior de gestão e disciplina dos membros do Ministério Público da União (Federal, Trabalhista e Militar) e dos Estados. Compete ao CNMP o controle da atuação administrativa e financeira do Ministério Público e do cumprimento dos deveres funcionais de seus membros, cabendo lhe: zelar pela autonomia funcional e administrativa do Ministério Público, podendo expedir atos regulamentares, no âmbito de sua competência, ou recomendar providências; zelar pela observância dos princípios constitucionais da administração pública (artigo 37 da Constituição) e apreciar, de ofício ou mediante provocação, a legalidade dos atos administrativos praticados por membros ou órgãos do Ministério Público da União e dos Estados, com poder para desconstituí-los, revê-los ou fixar prazo para que se adotem as providências necessárias ao exato cumprimento da lei, sem prejuízo da competência dos Tribunais de Contas; receber e conhecer das reclamações contra membros ou órgãos do Ministério Público da União ou dos Estados, inclusive contra seus serviços auxiliares, sem prejuízo da competência disciplinar e correicional da instituição, podendo avocar processos disciplinares em curso, determinar a remoção, a disponibilidade ou a aposentadoria com subsídios ou proventos proporcionais ao tempo de serviço e aplicar outras sanções administrativas, assegurada a ampla defesa; rever, de ofício ou mediante provocação, os processos disciplinares de membros do Ministério Público da União ou dos Estados julgados há menos de um ano; elaborar relatório anual, propondo as providências que julgar necessárias sobre a situação do Ministério Público no país e as atividades do Conselho, o qual deve integrar a mensagem do Presidente da República encaminha ao Congresso Nacional por ocasião da abertura da sessão legislativa (artigo 84, XI da Constituição).

Em síntese, as atribuições do CNMP assemelham-se as do CNJ, observadas as peculiaridades e as diferenças das atividades dos juízes e dos membros do Ministério Público. Na prática, as principais atribuições estão relacionadas com os objetivos estratégicos para o desempenho dos seus membros, revisão da legalidade dos atos administrativos, funções disciplinares e correcionais, participação na monitorização da atividade e homologação dos objetivos processuais definidos pelos integrantes do Ministério Público.

No âmbito interno, cabe aos Conselhos de Administração das unidades do Ministério Público estabelecer as competências da gestão dos recursos humanos, nomeadamente a nomeação, colocação, transferência, exoneração, apreciação do mérito profissional e exercício de ação disciplinar de quem deve exercer funções de integrantes do Ministério Público, sempre atentos aos atos normativos e as leis. Quanto às competências de gestão processual e dos serviços do Ministério Público, as mesmas são do Conselho Superior do Ministério Público, no âmbito do Ministério Público da União, e dos Conselhos de Administração do Ministérios Públicos dos Estados, na esfera estadual.

O Conselho Superior do Ministério Público também exerce as funções de revisão das decisões administrativas dos gestores do Ministérios Públicos da União e dos Estados, sempre que provocado a atuar para corrigir eventual entendimento.

O CNMP também organiza um Fórum Nacional de Gestão do Ministério Público (FNG-MP) e tem por objetivo promover o debate, o estudo, a análise, a discussão, a harmonização, a articulação e a implementação de melhores práticas de gestão para suporte à atividade-fim do Ministério Público brasileiro. O Fórum foi criado pela Portaria CNMP/Presi 25, de 2/12 e reestruturado em 2014, por meio das Portarias CNMP/Presi 70 e 144, passando a se constituir como instância superior de deliberação coletiva dos Comitês de Políticas de Tecnologia da Informação do Ministério Público (CPTI-MP); de Políticas de Comunicação Social do Ministério Público (CPCom-MP); de Políticas de Gestão Administrativa do Ministério Público (CPGA-MP); de Políticas de Gestão Orçamentária do Ministério Público (CPGO-MP); e de Políticas de Gestão de Pessoas do Ministério Público (CPGP-MP). A configuração do FNG é útil para a integração, sobretudo, entre as próprias áreas de gestão envolvidas, tendo em vista a interdisciplinaridade e transversalidade dos projetos priorizados, com maior sinergia entre os envolvidos.[58]

5.2.9. Os poderes de gestão do Governo

No modelo brasileiro vige a autonomia e a independência dos Tribunais em grau máximo, ou seja, há o autogoverno e a disponibilidade orçamentária e financeira para a realização das atividades dos juízes e servidores, sempre e previamente deliberados em momento anterior a execução das medidas (previsão orçamentária) e atentas as realidades sociais e econômicas (contexto global). Neste sentido, não há interferência direta do executivo, nem mesmo do Ministério da Justiça, na execução das atividades específicas dos Tribunais.

De outro lado, há várias atividades correlatas ou indiretas que são atribuídas, legal ou constitucionalmente, ao Ministério da Justiça e aos órgãos que estão sob a sua supervisão no âmbito da União, como detalhadas no

---

[58] Para obter mais informações: www.cnmp.mp.br/portal/institucional/forum-nacional-de--gestao. Acesso em 19.09.17.

capítulo anterior. Por exemplo, a esse Ministério cabe a política nacional de Segurança Pública, inclusive estando, a ele subordinado, o Departamento de Polícia Federal. No Brasil não há um Ministério da Segurança Pública. Da mesma forma as diretrizes relacionadas com os Presídios, sendo certo que para tanto foi criado o Departamento Penitenciário Federal – DEPEN[59] Também são de responsabilidade dos órgãos executivos a coordenação de políticas públicas de acesso à justiça, desigualdades, hipossificientes, vulneráveis e todas as ações voltadas a concretização de direitos humanos e fundamentais, que transcendem a litigação judicializada.

Nos 26 estados que compõe a Federação Brasileira e no Distrito Federal, existem as Secretarias da Segurança Pública. A estes órgãos do executivo estadual compete a coordenação e a manutenção das atividades policiais repressiva e investigativa, bem como o controle das delegacias. Há, também, Departamentos destinados à administração dos Presídios, sendo que no Estado de São Paulo, por exemplo, há uma Secretaria de Administração dos Presídios.[60]

Portanto, a organização estatal estabelece atribuições e competências ao executivo para gerir e administrar atividades que estão ligadas às decisões do judiciário, mas não se confundem com as atividades típicas dos tribunais. Por exemplo, uma condenação criminal com recolhimento de um condenado ao sistema prisional pode ensejar a participação de diversos órgãos estatais de coordenação do executivo, tais como: a polícia repressiva, polícia investigativa, delegacia de polícia, defensor público, casa de custódia, estabelecimento prisional, destinação de bens apreendidos, assistência social ao pró-egresso, políticas públicas e sociais, entre outras. Logo, é preciso repetir que não são atividades típicas dos juízes ou dos tribunais, mas com elas apresentam níveis de proximidade e integração relevantes para o funcionamento adequado de todo o sistema de justiça.

Desta forma, as limitações ou as restrições das políticas públicas de governo podem afetar diretamente o judiciário, seja prévia ou posteriormente a sua atuação. Por exemplo na seara criminal, se não houver uma polícia equipada e qualificada, as investigações dos delitos não chegam ao judiciário para a responsabilização dos agentes infratores. De outra banda, ainda que haja uma efetiva atuação na seara criminal judicial é

---

[59] Disponível em http://www.cespe.unb.br/concursos/DEPEN_15/. Acesso em 14/09/2017.
[60] Disponível em http://www.sap.sp.gov.br/common/sap.html. Acesso em 14/09/2017.

necessário que o governo mantenha estabelecimentos prisionais para o adequado cumprimento da penas impostas nas diferentes vertentes. Se os atores do governo ou dos tribunais não apresentarem respostas satisfatórias e carecerem de sintonia e coerência, restará capenga a atuação estatal, especialmente do judiciário, e restarão comprometidos os resultados. De fato, há imbricação entre as atividades e o sucesso dependerá da conjugação de esforços e ações tanto do judiciário como do responsáveis do executivo.

No modelo português é diferente, pois a LOSJ, veio introduzir na ordem judiciária, pela primeira vez no regime constitucional vigente, a possibilidade do poder executivo intervir na organização e gestão do sistema de justiça. E veio fazê-lo de um duplo ponto de vista, nomeadamente na fixação dos objetivos estratégicos para o desempenho dos tribunais e na monitorização da atividade de cada tribunal.[61]

Os modelos com autonomia dos Tribunais mitigada de acordo com organização legal e administrativa, em regra, também adotam o princípio da independência dos tribunais e ou o princípio da separação de poderes, um adquirido essencial do Estado de Direito. É, pois, muito difícil compatibilizar as duas dimensões da intervenção governativa na fixação de objetivos estratégicos e monitorização do sistema com o princípio da independência dos tribunais.

Independente do modelo adotado, como nos exemplos do Brasil e Portugal, é preciso recordar que os objetivos estratégicos são instrumentos de gestão do sistema de justiça da competência dos órgãos de gestão do judiciário e Ministério Público e que são estabelecidos, legalmente, em articulação como membro do Governo responsável pela área da justiça, pois a correlação de atividades e dependência delas exige a sintonia para que o sistema funcione de modo adequado.

Desde logo e no que respeita à fixação dos objetivos estratégicos do sistema de justiça, há sempre a possibilidade do executivo condicionar o modo como aqueles são fixados, nomeadamente tendo em conta a sua finalidade de servirem para o desempenho das atividades dos tribunais, que naturalmente se refletem no exercício concreto da judicatura em cada tribunal e para cada juiz.

---

[61] Cf. Parte I deste capítulo.

Por outro lado, a dimensão de monitorização, que concretiza de forma clara o princípio da prestação de contas que deve existir para o sistema de justiça, só pode ser efetuada pelo órgão de gestão da magistratura, ou seja, o Conselho Nacional de Justiça, que na sua composição já engloba membros de diversas classes e representações. A prestação de contas não deve, no entanto, ser efetuada com intervenção do poder executivo, na medida em que, também aqui, ainda que de forma indireta, pode ser por ele condicionada.

5.2.10. Os poderes de gestão do juiz diretor do foro

Inicialmente, faz-se necessário um registro. Em Portugal, chama-se tribunal da comarca a unidade territorial destacada para as funções do juiz presidente, enquanto que no Brasil a designação tribunal é utilizada exclusivamente para as atividades de segunda ou superior instância. As unidades territoriais locais, de primeira instância, são designadas de fórum, foro, edifício sede, justiça de primeiro grau, comarca (Justiça Estadual), Subseção Judiciária (Justiça Federal).

A figura do juiz diretor do foro (ou do fórum) funciona tanto como um papel diretivo nos aspetos de administração e gestão de um grupo mínimo de unidades judiciárias reunidas e denominadas de varas (menor unidade de divisão de trabalho dos juízes de primeira instância), e também como agente representativo da governação mais central e institucionalizada. Por regra, desenvolve competências específicas no domínio da gestão do judiciário, da gestão processual e em outros domínios residuais de cariz administrativo e funcional. O juiz diretor do foro compete o acompanhamento da atividade das unidades judiciárias sob sua responsabilidade, da avaliação do serviço e de informação ao cidadão, ou seja, exerce o papel de representação do judiciário nos limites territoriais definidos pelos Tribunais.

Assim, em regra, o Presidente do Tribunal possui competências de representação e direção, de gestão processual, administrativas e funcionais que devem ser exercidos de acordo com os princípios estabelecidos na lei. As funções podem ser delegadas a outros membros do Tribunal, magistrados, servidores ou auxiliares.

Assim, ainda, o cumprimento dos princípios de boa gestão bem como o princípio da cooperação (artigo 6º do CPC), sempre de acordo com a definição dos objetivos estratégicos e objetivos processuais pré-definidos, deve ser levado em conta e aplicado no exercício da função de direção das unidades judiciárias.

No âmbito dos poderes de gestão processual do juiz administrador o que está em causa é um poder autônomo de direção ativa da função do juiz (e não de qualquer processo em concreto), que determina a adoção dos mecanismos de simplificação e de agilização orgânica que garantam a composição ou tramitação dos litígios em prazo razoável.

Em relação a algumas matérias, nomeadamente na função de representação, não há dúvidas sobre o seu âmbito e o juiz diretor do foro representa os juízes e servidores da unidade territorial, sempre nas atividades administrativas, pois na função judicial cada magistrado é responsável pela atuação nos processos e unidades jurisdicionais de sua competência.

No âmbito dos poderes de direção do foro, o juiz designado pelo Presidente do Tribunal acompanha a realização dos objetivos fixados para os serviços judiciais, promove a realização de reuniões de planejamento, aplicação e avaliação dos resultados dos serviços judiciais, pronuncia-se, sempre que seja ponderada a realização de sindicâncias, e também sempre que seja ponderada a realização de sindicâncias relativamente aos serviços judiciais e à secretaria. Há, em regra, uma centralidade das atividades administrativas nos Tribunais de Segunda Instância e Superiores que tem o papel de harmonizar e uniformizar os procedimentos. As demais ações são descentralizadas para as unidades territoriais locais designadas de comarca (Justiça Estadual) ou Subseção Judiciária (Justiça Federal), mas o enfoque maior sempre neste caso é o jurisdicional, ou seja, restam menos atividades administrativas para as unidades locais ou regionais.

No âmbito da Justiça Federal, os diretores de foro das capitais dos Estados tem uma autonomia maior para gerir o judiciário federal brasileiro nos temas administrativos, inclusive com orçamentos próprios, sempre sob a supervisão dos respectivos Tribunais Regionais Federais que estão vinculados, bem como do Conselho da Justiça Federal. Nas unidades da Federação mais populosas e com maior volume de atividades, os juízes diretores do foro ficam afastados da jurisdição pelo tempo de seu mandato (dois anos).

Ainda, no âmbito do parlamento brasileiro foi constituída no Senado Federal uma Comissão de Juristas, presidida pelo Ministro Mauro Campbell Marques, do Superior Tribunal de Justiça, destinada a desburocratizar a administração pública, melhorar a relação com as empresas e o trato com os cidadãos.[62] O objetivo da equipe de trabalho é apresentar soluções legislativas para a excessiva burocratização, com a atribuição de propor às entidades competentes medidas de desburocratização, simplificação de procedimentos, utilização de tecnologias de informação e transparência do sistema de justiça e que tanto se enquadram no âmbito do poder de direção como de gestão processual, consoante forem as medidas propostas. Algumas medidas administrativas que relatam experiências nesta linha também são desenvolvidas pelos tribunais e CNJ, mas ainda sem um poder de contagiar e dominar as ações para todo o sistema de justiça. Ainda, excelentes práticas podem ser observadas pela participação de diversos atores do sistema de justiça que inscrevem projetos nos Prêmios Innovare (www.premioinnovare.com.br) e Ajufe Boas Práticas de Gestão (www.ajufe.org.br).

No que respeita às competências "funcionais" atribuídas ao juiz diretor do foro não há uma uniformidade das funções estabelecidas pelos Tribunais, ou seja, é variável de acordo com a natureza e complexidade das atividades de cada gestão. Em linhas gerais, estão entre as principais atividades administrativas do juiz diretor do foro para além das funções típicas administrativas: o ato de dar posse aos servidores (ao presidente do Tribunal de Segunda instância é também responsável por dar posse aos juízes e aos servidores da sua unidade); a elaboração dos mapas de turno e de férias dos juízes plantonistas, muitas vezes esta função é delegada as Corregedorias; o exercício da ação disciplinar sobre os servidores sob sua direção como ordenar a instauração de processo disciplinar; participar no processo de avaliação dos servidores, nos termos de legislação específica aplicável.

No que respeita às competências de gestão processual, as mesmas são exercidas sempre em observância dos objetivos estratégicos e dos objetivos processuais pré-definidos pela legislação, do respectivo Tribunal a que o juiz estiver vinculado e aos Conselhos Superiores (âmbito da justiça da União), e todos sob os comandos e as orientações do CNJ. Os atos normativos destes órgãos condicionam toda a atividade de gestão do juiz diretor do foro. Sem prejuízo, aliás é recomendável, a interlocução constante com os operadores e instituições que atuam, direta ou indiretamente, nos processos judiciais e administrativos de responsabilidade das unidades administradas.

---

[62] Sobre os trabalhos desenvolvidos e apresentados pela Comissão de Juristas nomeada pelo Senado: http://legis.senado.leg.br/comissoes/comissao;jsessionid=9CB05B5A5622EB3EC46AE449BF6E4396?0&codcol=1955. Acesso em 19.09.17.

Uma atribuição funcional do juiz diretor do foro, ou mediante delegação deste, é a organização e a manutenção de Centros Judiciais de Solução de Conflitos, para estimular e desenvolver a prática de autocomposição do litígios, por meio da conciliação e mediação ou qualquer outra forma alternativa de solução consensual dos conflitos, nas linhas diretivas do Código de Processo Civil (artigos 3º, 165 a 175). Outro exemplo de atribuição funcional do juiz diretor do foro, diretamente ou sob a sua delegação, é a gestão das centrais de atermação para recebimento dos pedidos das partes que não possuem advogado, nem necessitam ter o acompanhamento do procurador, em relação às demandas dos juizados especiais nos termos dos instrumentos legais que regulamentam a matéria. Estes serviços também funcionam como grandes centros de orientação e informação jurídica e judicial, ainda que não seja está a principal missão dos servidores do judiciário. De igual modo, são de atribuição do juiz diretor do foro, as funções administrativas das Centrais de Mandados, que reúnem os oficiais de justiça para a otimização e divisão igualitária de trabalho para o cumprimento das ordens dos juízes.

De igual modo deve sublinhar-se que as competências de gestão processual do juiz diretor do foro não podem impor, limitar ou condicionar as decisões dos demais juízes a serem proferidas nos processos em concreto, quer quanto ao mérito da questão, quer quanto à opção pela forma processual entendida como mais adequada. Do mesmo modo, o juiz diretor do foro não tem, não pode ter, quaisquer competências ou atribuições em sede de avaliação da "performance" individual de cada juiz ou de uma eventual dimensão disciplinar da atuação destes. Essa tarefa está cometida apenas as Corregedorias dos Tribunais de Segunda Instância, dos Conselhos da Justiça Federal e do Trabalho, em relação aos Tribunais Federais e do Trabalho[63] e do Conselho Nacional de Justiça, por meio dos seus serviços de correição, cujo alcance é de toda a magistratura nacional, inclusive Tribunais Militares, excetuando-se apenas o Supremo Tribunal Federal, que a ele não se sujeita.

Uma nota quanto à nomeação dos juízes diretores do foro. Atualmente, a nomeação é de livre escolha pelo Presidente do Tribunal de Segunda Instância. Há algumas iniciativas, ainda isoladas, de consultas informais realizadas

---

[63] Os Tribunais de Justiça Estaduais, que são os sucessores dos antigos Tribunais da Relação na época da Colônia, não possuem um Conselho Nacional específico, sujeitam-se apenas ao Conselho Nacional de Justiça.

pelas associações de magistrados, para que os juízes administrados pelo futuro juiz diretor do foro indiquem um ou três nomes de preferência. O resultado da pesquisa é encaminhado aos Presidentes dos Tribunais para avaliação prévia a nomeação, mas não há obrigatoriedade de nomeação de nomes desta lista. Destaco as palavras do juiz federal Júlio Rodrigues Coelho Neto, Presidente da Rejufe – Associação dos Juízes Federais da 5ª Região: "o objetivo da Associação é fomentar e consolidar o processo democrático, com a participação efetiva dos juízes na indicação dos dirigentes, que serão responsáveis pela gestão da Justiça Federal". E arremata que: "a participação dos colegas também é interessante para os Diretores do Foro, pois dá maior legitimidade às decisões e às condutas da futura gestão".

A capacitação técnica nos temas de gestão dos tribunais constitui requisito evidente, a montante ou a jusante da nomeação de cada juiz diretor do foro. Todavia, um outro fato deve ser intensamente ponderado: o da aceitação pelos seus pares. Mecanismos como os da eleição direta, em discussão atual no Brasil, constituem procedimentos seguros de legitimação clara. Ainda que não tenha sido essa a opção, sempre a escolha deverá ter em conta o conhecimento da realidade da comarca ou subseção judiciária e do universo de recursos, incluindo os humanos, que a constituem. Donde, em conclusão, vislumbra-se como pertinente a auscultação prévia dos juízes da comarca ou subseção judiciária e a escolha de um juiz próximo da realidade a gerir, primacialmente escolhido entre juízes de primeira instância ou com uma vivenciação recente e concreta dessa realidade.

5.2.11. Os poderes de gestão dos servidores do judiciários

No sistema brasileiro não há a figura do administrador judiciário independente ou com competências próprias diretas, a exemplo do que acontece nos EUA[64] ou Portugal.[65] A autonomia dos Tribunais estabelecida na Cons-

---

[64] Nos EUA, Administrative Office of the U.S. Courts e Federal Judicial Center, são responsáveis, respectivamente, pela administração dos bens materiais, físicos, estruturais dos tribunais e da formação, aperfeiçoamento, qualificação dos juízes. Há um grande desenvolvimento de estudos sobre o papel e as atividades do "Court Administrator", servidor especializado em administração pública e que não atua nas atividades das secretarias ou cartórios do Juízo.

[65] Sobre o administrador judiciário, nos tribunais judiciais de 1.ª instância em Portugal, cf. Part I deste capítulo.

tituição Federal orienta que todas as atividades judiciárias são coordenadas e organizadas pelos respectivos Tribunais, por meio de servidores e com a condução dos presidentes e demais juízes gestores, nos termos do regimento interno de cada Tribunal, obedecidas as legislações que disciplinam os servidores públicos (Lei 8.112/90 – Estatuto do Servidor Público).

Desta forma, os Tribunais organizam os concursos para ingresso na carreira, bem como a gestão e a administração dos recursos pessoais e materiais para a manutenção e funcionamento da estrutura administrativa. No âmbito de cada Estado, existem leis de organização judiciária para orientar as atividades da Justiça Estadual. No âmbito federal, a Constituição Federal estabelece no inciso II, do parágrafo único, do artigo 105, que funcionará junto ao Superior Tribunal de Justiça, o Conselho da Justiça Federal, com a competência para exercer a supervisão administrativa e orçamentária da Justiça Federal de primeiro e segundo graus, como órgão central do sistema e com poderes correicionais, cujas decisões terão caráter vinculante.

Os servidores, recebem por meio da delegação dos juízes gestores, atribuições e competências para a realização de diversas atividades administrativas, desde as elementares para o funcionamento diário das unidades judiciárias, como as complexas de planejamento, organização do judiciário, sempre com o enfoque inovador, criativo, alternativo, no intuito de cumprir a missão e os objetivos do judiciário na excelência da prestação jurisdicional.

As contribuições dos servidores são fundamentais para o desenvolvimento e os resultados alcançados pelo judiciário, pois são inúmeras tarefas e ações a ser trabalhadas pelos integrantes do judiciário, especialmente àqueles que acumulam as atividades de gestão com as jurisdicional. De outro lado, a continuidade dos trabalhos realizados pelos servidores públicos é também um registro da memória das ações de cada órgão administrativo, além de ser relevante no contexto brasileiro dos tribunais, principalmente pela rotatividade (em regra, dois anos) dos juízes nos cargos de administração e gestão.

5.2.11.1. Conselho da Justiça Federal – CJF

A Lei 11.798/08 estabelece e detalha as atribuições e as competências do Conselho da Justiça Federal (CJF), com atuação em todo o território nacional, a quem cabe a supervisão orçamentária e administrativa da Justiça Federal de primeiro e segundo graus, como órgão central do sistema, conforme estabelecido no inciso II do parágrafo único do art. 105 da Constituição Federal. O CJF é um órgão central que tem por objetivo harmonizar e uniformizar os procedimentos da administração da Justiça Federal brasileira, além de ter um relevante papel no planejamento estratégico das atividades de toda a estrutura administrativa.

O artigo 3º, da Lei 11.798/08, estabelece que as atividades de administração judiciária, relativas a recursos humanos, gestão documental e de informação, gestão orçamentária e financeira, controle interno e informática, além de outras que necessitem coordenação e padronização, no âmbito da Justiça Federal de primeiro e segundo graus, são organizadas e centralizadas no Conselho da Justiça Federal.

A mesma Lei, no artigo 5º, ainda relaciona uma série de atividades de competência do CJF. Compete ao Conselho examinar e encaminhar ao Superior Tribunal de Justiça: a) proposta de criação ou extinção de cargos e fixação de vencimentos e vantagens dos juízes e servidores da Justiça Federal de primeiro e segundo graus; b) proposta de criação ou extinção de Tribunais Regionais Federais e de alteração do número de seus membros. Também cabe ao CJF: a) aprovar sugestões de alteração da legislação relativa às matérias de competência da Justiça Federal; b) expedir normas relacionadas ao sistema de administração judiciária da Justiça Federal de primeiro e segundo graus; c) apreciar, de ofício, ou a requerimento de magistrado federal, as decisões administrativas dos Tribunais Regionais Federais que contrariarem a legislação vigente e as normas editadas pelo Conselho; d) homologar, na forma regimental, como condição de eficácia, as decisões dos Tribunais Regionais Federais que implicarem aumento de despesas; e) aprovar as propostas orçamentárias e os pedidos de créditos adicionais do Conselho da Justiça Federal, dos Tribunais Regionais Federais e da Justiça Federal de primeiro grau; f) prover, por concurso público, os cargos necessários à sua administração, ressalvados os cargos em comissão, declarados em lei de livre nomeação e exoneração; g) avocar processos administrativos em curso; h) julgar processos administrativos disciplinares relativos a membros dos Tribunais Regionais Federais, imputando, quando for o caso, as penalidades cabíveis, assegurados a ampla defesa e o contraditório; i) representar ao Ministério Público para a promoção das ações judiciais cabíveis contra magistrados, inclusive com vistas na propositura de ação civil para a decretação de perda de cargo ou de cassação de aposentadoria; j) decidir, em grau de recurso, as matérias relacionadas aos direitos e deveres dos servidores de sua Secretaria e dos juízes, quando a esses for aplicada sanção em processo disciplinar decidido pelo Tribunal Regional Federal; k) zelar pelo cumprimento das decisões do Conselho Nacional de Justiça, no âmbito da Justiça Federal.

Ainda, o Conselho da Justiça Federal possui poder correicional e as suas decisões terão caráter vinculante, no âmbito da Justiça Federal de primeiro e segundo graus, ou seja, a Corregedoria-Geral da Justiça Federal é um órgão de fiscalização, controle e orientação normativa da Justiça Federal de primeiro e segundo graus. O artigo 6º, da Lei 11.978/08, estabelece a sua competência para: a) exercer a supervisão técnica e o controle da execução das deliberações do Conselho da Justiça Federal; b) encaminhar ao conhecimento dos Presidentes dos Tribunais Regionais Federais propostas de ações relativas aos sistemas que integram a Justiça Federal e submetê-las à aprovação do Conselho da Justiça Federal; c) realizar inspeção e correição permanentes ou periódicas, ordinárias ou extraordinárias, gerais ou parciais, sobre os Tribunais Regionais Federais, conforme o Regimento Interno do Conselho da Justiça Federal; d) promover sindicâncias, inspeções e correições para apurar reclamações, representações e denúncias fundamentadas de qualquer interessado, relativas aos magistrados de segundo grau, submetendo ao Plenário para deliberação; e) submeter ao Conselho da Justiça Federal provimentos destinados a disciplinar condutas a serem adotadas pelos órgãos judiciários da Justiça Federal de primeiro e segundo graus.

5.2.11.2. Conselho Superior da Justiça do Trabalho – CSJT

No âmbito da Justiça do Trabalho não há uma Lei que regulamente as funções do Conselho Superior da Justiça do Trabalho. Não obstante, o artigo 6º da EC 45/04 outorgou ao Tribunal Superior do Trabalho, em caráter extraordinário, a atribuição de regulamentar o funcionamento do Conselho Superior da Justiça do Trabalho, definindo, inclusive, a composição necessária, enquanto não promulgada a lei federal descrita no artigo 111-A, § 2º, II, da Constituição. Apesar disto, a Lei 12934/13 criou 44 cargos de servidores para atender as atividades do CSJT.

As informações e atos administrativos do CSJT estão no endereço eletrônico (www.csjt.jus.br/), inclusive com detalhamentos de gestão. Em que pese ainda não haver uma legislação específica, na prática as atividades do servidores do CSJT são similares aquelas dos CJF, acima descritas.

5.2.12. O Conselho de Administração

No modelo brasileiro de administração do sistema judiciário ainda não há uniformidade nem regramento legal determinado para uma gestão administrativa das unidade judiciárias dos Tribunais. Diferentemente, por exemplo, do que ocorre no modelo português, por meio de um Conselho Deliberativo. A linha adotada pelo judiciário brasileiro aproxima-se de um modelo presidencialista para a tomada de decisões deliberativas, na maioria das vezes, de acordo com o entendimento do juiz designado para o exercício das funções administrativas de cada unidade judiciária, ou seja, sem a ampliação democrática dos debates e deliberações para um número maior de participantes, que são necessários e fundamentais para gerar o envolvimento dos administrados. No âmbito dos Tribunais de segunda instância, a quantidade e relevância de decisões administrativas são maiores e, em regra, existe um Conselho de Administração, formado por integrantes do órgão judiciário de segundo grau, com o objetivo de compartilhar as tomadas de decisões administrativas mais relevantes.

A nomenclatura utilizada no judiciário brasileiro para designar os Conselhos de Administração não são uniformes. Por exemplo, no Tribunal Regional Federal da 3ª Região, o órgão de gestão é designado de Conselho de Justiça. Na Justiça dos Estados é comum que se chamem Conselho Superior da Magistratura. O nome não é o principal, mas sim é preciso observar os Regimentos Internos de cada Tribunal, bem como o que é estabelecido como diretriz de organização para a prática de atos administrativos no âmbito de cada unidade. Referidos Conselhos, em todos os níveis, podem praticar atos de grande relevância para a administração judiciária. Entre as suas atribuições é possível citar a edição de Súmulas além de fixar regras para matéria relevantes, como a remoção de servidores de uma para outra unidade judiciária, algo no Brasil muito comum em razão da extensão territorial e do grande número de funcionários que trabalham em local distante de sua origem.

5.2.13. O Conselho Consultivo

O modelo brasileiro de administração dos tribunais ou das unidades judiciárias não apresenta formalmente um órgão de Conselho Consultivo de Gestão. Entretanto, existem espaços democráticos de debate e também oportunidades de participação dos atores e operadores do sistema de justiça. Contudo, é preciso avançar ainda mais em relação à implantação efetiva de Conselhos Consultivos que representem a integralidade dos atores envolvidos e principalmente dos usuários do sistema de justiça, que são os destinatários finais da prestação jurisdicional e sempre deveriam estar na centralidade das ações, ou seja, sem eles não há razão de existir um judiciário ou tribunal.[66]

O modelo de administração de justiça de Portugal apresenta um sistema interessante de Conselho Consultivo, impondo a existência de um Conselho Consultivo em cada comarca.

O modelo português acima referido é de suma importância para a legitimação do judiciário e uma ferramenta poderosa de gestão das unidades judiciárias. Sem dúvida é um modelo a ser desenvolvido e propagado, especialmente para a experiência brasileira, até momento carecedora desta amplitude na gestão das atividades do sistema de justiça.

5.2.14. A articulação entre os órgãos de gestão

No Brasil a articulação entre os Tribunais e os órgãos de gestão não tem avançado como seria desejado. Em uma época em que as empresas se unem visando economizar despesas, compartilhando espaços e práticas, o judiciário continua isolado em seus diversos ramos. Por exemplo, cursos para servidores poderiam ser compartilhados entre servidores da Justiça Estadual, Federal e do Trabalho. Também espaços físicos para o desenvolvimento de atividades poderiam ser compartilhados, entre tantas outras medidas simples e eficientes. O individualismo ainda persiste, porém a evolução da consciência dos gestores e as dificuldades orçamentárias, com certeza acabarão tornando-a cada vez menor.

A articulação entre os órgãos de gestão ainda é incipiente e há muito espaço para avanços. Um novo programa de gestão e inovação, chamado INOVAJUSP (www.jfsp.jus.br/inovajusp/), foi recentemente inaugurado

---

[66] Para aprofundar no tema aqui exposto, principalmente em relação as pessoas na centralidade das ações dos tribunais apresentamos a sugestão de leitura da tese de doutorado de Antônio César Bochenek, defendida na Universidade de Coimbra: "A interação entre tribunais e democracia por meio do acesso aos direitos e à justiça. Análise de experiências dos juizados especiais federais cíveis brasileiros. Disponível em: https://estudogeral.sib.uc.pt/bitstream/10316/21359/3/Intera%C3%A7%C3%A3o%20entre%20tribunais%20e%20democracia%20por%20meio.pdf. Acesso 08.08.17.

na Seção Judiciária de São Paulo com o objetivo de romper os paradigmas e propiciar novas ferramentas para a gestão de todos os setores administrativos do judiciário. Os fundamentos do programa de gestão estão baseados na construção coletiva e inovadora de ações que promovam mudanças na operacionalidade das atividades administrativas, propiciando melhores resultados ao serviço público prestado.

As premissas analisadas e estudadas foram que o serviço público com visão estratégica é uma realidade em todos segmentos de Justiça, por meio de departamentos de Gestão Estratégica e Escritórios de Projetos capazes de conduzir os trabalhos da estrutura necessária à governança da estratégia. Nos últimos anos, tem sido realizado um amplo trabalho de levantamento de dados estatísticos que possibilitam o mapeamento quantitativo das atividades do judiciário. Esses números têm subsidiado a construção anual do Planejamento Estratégico. Contudo, isso nem sempre reflete os reais problemas a serem enfrentados, não produzindo, então, os efeitos almejados em termos de melhora no serviço público.

Então, cientes destes pontos, o Tribunal Regional Federal desenhou um modelo de Governança Colaborativa da Justiça Federal da 3ª Região, com estabelecimento dos princípios da rede colaborativa, estratégia e sistemas gestores, destacando que a "rede colaborativa corresponderá à estrutura viva da governança da Justiça Federal da 3ª Região, por meio da qual ocorrem as articulações para realização do planejamento e avaliação da estratégia, bem como a comunicação institucional nos vários níveis internos (pessoas, unidades, grupos formalmente constituídos, entre outros) e externos a fim de promover condições e gerar subsídios para a execução e monitoramento dos planos de ação.

Em que pese o pouco tempo de atividades o INOVAJUSP já produziu inúmeros resultados, além de ter sido premiado no prêmio Ajufe Boas Práticas de Gestão. Também os criadores fizeram uma exposição do programa no Congresso mundial da IACA, em Washington, D.C. Posteriormente, uma nova prática foi lançada na Seção Judiciária do Rio Grande do Norte, o Laboratório de Inovação.[67]

---

[67] Para maiores informações a respeito do Laboratório de Inovação é possível consultar o endereço eletrônico da Seção Judiciária do Rio Grande do Norte: https://www.jfrn.jus.br/noticia.xhtml?idNoticia=12787. Acesso em 19.09.17.

Ainda, outra boa iniciativa nesta área é a do Tribunal de Justiça do Paraná, que promove visitas de estudantes de escolas públicas às suas instalações, com aulas sobre as atividades do Poder Judiciário. Trata-se do Programa "Justiça e Cidadania Também se Aprendem na Escola", desenvolvido pela 2ª Vice-Presidência da Corte Estadual, iniciativa do desembargador Roberto Portugal Bacellar.[68]

A articulação entre os órgãos públicos, privados, do sistema de justiça ou da administração pública, bem como com as entidades da sociedade civil em geral, é fundamental para o avanço da excelência da gestão no âmbito do judiciário.

Leitura recomendada

ASJP – Associação Sindical dos Juízes Portugueses. 2007, *A Construção do Novo Mapa dos Tribunais: Enraizamento, Efectividade e Mudança*, Lisboa: GEOT /Associação Sindical dos Juízes Portugueses, disponível em http://www.asjp.pt/wp-content/uploads/2010/05/Estudo-Constru%C3%A7%C3%A3o-do-novo-mapa-dos-tribunais.pdf.

---//--- 2010, *Relatório de Avaliação – Impacto, no primeiro ano de execução em regime experimental, da nova Lei de Organização e Funcionamento dos Tribunais Judiciais nas novas comarcas do Alentejo Litoral, Baixo Vouga e Grande Lisboa Noroeste*, Outubro de 2010, Lisboa: GEOT / Associação Sindical dos Juízes Portugueses, disponível em http://www.asjp.pt/wp--content/uploads/2010/12/Relatorio-comarcas-piloto.pdf.

---//--- 2013, *Análise e Comentário Críticos da Proposta de Lei N.º 522/2012*, Janeiro de 2013, Lisboa: GEOT / Associação Sindical dos Juízes Portugueses, disponível em http://www.asjp.pt/wp-content/uploads/2013/01/LOSJparecerGEOT-v4.pdf.

Barros, João Miguel. 2017, *Sistema Judiciário Anotado*, Lisboa: AAFDL.

Centro de Estudos Judiciários. 2014, *O Juiz Presidente e a Gestão Processual*, Lisboa: Centro de Estudos Judiciários, disponível em http://www.cej.mj.pt/cej/recursos/ebooks/outros/Juiz_Presidente_Gestao_Processual.pdf?id=9&username=guest.

---//--- 2014a, *Orçamento e Contabilidade dos Tribunais*, Lisboa: Centro de Estudos Judiciários, disponível em http://www.cej.mj.pt/cej/recursos/ebooks/outros/Guia_Orcamento_Contabilidade_Tribunais.pdf?id=9&username=guest.

----//--- 2014b, *Gestão de Recursos Orçamentais, Materiais e Tecnológicos*, Lisboa: Centro de Estudos Judiciários, disponível em http://www.cej.mj.pt/cej/recursos/ebooks/outros/Guia_Gestao_Orcamental.pdf?id=9&username=guest.

---

[68] Disponível em https://www.tjpr.jus.br/destaques/-/asset_publisher/1lKI/content/tj-pr--recebe-a-visita-de-estudantes-de-escolas-publicas/18319?inheritRedirect=false, acesso em 13/09/2017.

Ataíde Jr. Vicente de Paula, 2017. *Os estágios metodológicos do direito processual civil*. In: CAZZARO, Kleber (org.). *Estudos de Direito Processual Civil à luz da Constituição Federal – em homenagem ao professor Luiz Rodrigues Wambier*. Erechim: Editora Deviant.

Coelho, Nuno. 2014, "A reforma da justiça entre a crise e o sistema", *in Educar, Defender, Julgar – Funções essenciais do Estado – Contributos para a sua reforma*, Coimbra: Almedina, pp. 277-317.

Conselho Superior da Magistratura. 2012, *Ensaio para a Reorganização Judiciária – Análise*, Grupo de Trabalho para Acompanhamento das Comarcas Experimentais, Lisboa: Conselho Superior da Magistratura, disponível em http://www.csm.org.pt/ficheiros/mapajudiciario/mapajudiciario_ensaio_analisecsm.pdf.

Costeira, Maria José. 2015, "*O novo modelo de gestão dos Tribuanis. Um ano depois*", *JULGAR*, n.º 27, Setembro-Dezembro.

Dias, João Paulo. 2004, *O Mundo dos Magistrados – A evolução da organização e do autogoverno judiciário*, Coimbra: Livraria AlmedinaGaroupa, Nuno. 2011, *O Governo da Justiça*, Lisboa: Fundação Francisco Manuel dos Santos.

ENCJ – European Network of Councils for the Judiciary. 2014, *Independence and Accountability of the Judiciary*, ENCJ Report 2013-2014, Bruxelas: European Union.

---//--- 2014a, *Minimum Judicial Standards IV – Allocation of Cases*, ENCJ Report 2013-2014, Bruxelas: European Union.

Freitas, Vladimir Passos de et alli, *O Poder Judiciário no Regime Militar (1964-1985)*, disponível em: https://books.google.com.br/books?id=3naHuakd1IcC&pg=PT38&hl=pt-BR&source=gbs_toc_r&cad=3#v=onepage&q&f=false, acesso em 10/09/2017

Garcia, Sofia Amaral; Garoupa, Nuno; e Vilaça, Guilherme Vasconcelos. 2008, *A Justiça Cível em Portugal: Uma Perspetiva Quantitativa*, Lisboa: Fundação Luso-Americana para o Desenvolvimento.

Garoupa, Nuno. 2011, *O Governo da Justiça*, Lisboa: Fundação Francisco Manuel dos Santos.

Garoupa, Nuno; Simões, Ana Maria, e Silveira, Vítor. 2006, "Ineficiência do Sistema Judicial em Portugal: Uma Exploração Quantitativa", *Sub Judice* Janeiro-Março 2006, Nº 34, pp. 127-144.

Gomes, Conceição. 2011, *Os Atrasos na Justiça*, Lisboa: Fundação Francisco Manuel dos Santos

Machado, Helena; Silva, Susana; e Santos, Filipe. 2008, *Justiça Tecnológica – Promessas e Desafios*, Porto: Edições Ecopy.

Mendes, Luís Azevedo. 2003, "O Modelo Gestionário, os Juízes Presidentes dos Tribunais Judiciais e o Conselho Superior da Magistratura", in *Boletim Informativo*, Janeiro 2003, Lisboa: Conselho Superior da Magistratura, pp. 31-36.

---//--- 2010, "Uma linha de vida: Organização judiciária e gestão processual nos tribunais judiciais", *in Julgar*, N.º 10, Janeiro-Abril 2010, pp. 105-122.

Observatório Permanente da Justiça Portuguesa. 2001, *A Administração e Gestão da Justiça – Análise comparada das tendências de reforma*, direcção científica de Boaventura Sousa Santos e coordenação de Conceição Gomes, Coimbra: Centro de Estudos Sociais, Faculdade de Economia da Universidade de Coimbra, disponível em http://opj.ces.uc.pt/pdf/5.pdf.

---//--- 2002, *Os tribunais e o território: um contributo para o debate sobre a reforma da organização judiciária em Portugal*, direcção científica de Boaventura Sousa Santos e coordenação de

João Pedroso e Conceição Gomes, Coimbra: Centro de Estudos Sociais, Faculdade de Economia da Universidade de Coimbra, disponível em http://opj.ces.uc.pt/pdf/11.pdf.

---//--- 2005, *Os Actos e os Tempos dos Juízes: Contributos para a construção de indicadores da distribuição processual nos juízes cíveis*, direcção científica de Boaventura Sousa Santos e coordenação de Conceição Gomes, Coimbra: Centro de Estudos Sociais, Faculdade de Economia da Universidade de Coimbra, disponibilizado em http://opj.ces.uc.pt/pdf/Os_actos_e_os_tempos.pdf

---//--- 2006, *A Geografia da Justiça – Para um novo mapa judiciário*, direcção científica de Boaventura Sousa Santos e coordenação de Conceição Gomes, Coimbra: Centro de Estudos Sociais, Faculdade de Economia da Universidade de Coimbra, disponibilizado em http://opj.ces.uc.pt/pdf/A_Geografia_da_Justica_Relatorio.pdf.

---//--- 2006[a], *Como gerir tribunais? Análise comparada de modelos de organização e gestão da justiça*, direcção científica de Boaventura Sousa Santos e coordenação de Conceição Gomes, Coimbra: Centro de Estudos Sociais, Faculdade de Economia da Universidade de Coimbra, disponibilizado em http://opj.ces.uc.pt/pdf/Como_gerir_os_tribunais.pdf.

---//--- 2008, *Para um Novo Judiciário: qualidade e eficiência na gestão dos processos cíveis*, direcção científica de Boaventura Sousa Santos e coordenação de Conceição Gomes, Coimbra: Centro de Estudos Sociais, Faculdade de Economia da Universidade de Coimbra, disponibilizado em http://opj.ces.uc.pt/pdf/para_um_novo_judiciario.pdf.

---//--- 2010, *A Gestão nos Tribunais – Um olhar sobre a experiência das comarcas piloto*, direcção científica de Boaventura Sousa Santos e coordenação de Conceição Gomes, Coimbra: Centro de Estudos Sociais, Faculdade de Economia da Universidade de Coimbra, disponibilizado em http://opj.ces.uc.pt/pdf/RelatorioA_gestao_dos_tribunais_01_04_2010.pdf.

Oliveira, António Cândido de. 2011, "A Organização Judiciária Administrativa em Portugal", *in* Vasco Pereira da Silva (coord.) *Temas e Problemas de Processo Administrativo*, 2.ª edição, Lisboa: Instituto de Ciências Jurídico-Políticas, pp. 9-39.

Pinto, Rui. 2009, "Gestão Processual, Tribunais de competência específica em razão da forma e da oralidade. Quatro reflexões avulsas diante da Lei 52/2008, de 23 de agosto", *Revista do CEJ*, XII, 2009, pp. 27 e ss.

Referências bibliográficas Brasileiras

ATAÍDE JR. Vicente de Paula (2016). Os estágios metodológicos do direito processual civil. In: CAZZARO, Kleber (org.). Estudos de Direito Processual Civil à luz da Constituição Federal – em homenagem ao professor Luiz Rodrigues Wambier. Erechim: Editora Deviant.

AZKOUL, Marco Antonio (2006). Justiça itinerante. São Paulo: Editora Juarez de Oliveira.

BACELLAR, Roberto Portugal (2016). Administração Judiciária com Justiça. Curitiba: Intersaberes, 2016.

BACELLAR, Roberto Portugal (2004). A mediação, o acesso à justiça e uma nova postura dos Juízes. Revista de Doutrina 4ª Região, 2. Em http://www.revistadoutrina.trf4.gov.br. Acesso em 12/12/2011.

BOCHENEK, Antônio César (2004). Competência cível da justiça federal e dos juizados especiais cíveis. São Paulo: Editora Revista dos Tribunais.

_____ (2010). Os modelos de controle de constitucionalidade: a hibridação do tradicional sistema bipolar. In BOCHENEK, Antônio César; TAVARES, José Querino, Neto; MEZZAROBA, Orides (Orgs.). Diálogo entre culturas: Direito a ter direitos. Curitiba: Editora Juruá.

CASTILHO, Eva Wiecho Volkemer de; SADEK, Maria Tereza (2010). O Ministério Público Federal e a Administração da Justiça no Brasil [online]. Rio de Janeiro: Centro Edelstein de Pesquisa Social, 2010, 40 p. Disponível em SciELO Books <http://books.scielo.org>. Acesso em 17.08.17.

COSTA, Flávio Dino de Castro (2004). A função realizadora do poder judiciário e as políticas públicas no Brasil. Direito Federal – Revista da AJUFE, 78, 73-106.

_____ (2006). O Conselho Nacional de Justiça: competências e aspectos processuais. In FREITAS, Vladimir Passos de; FREITAS, Dario Almeida Passos de (Orgs.). Direito e Administração da Justiça (pp. 77-95). Curitiba: Editora Juruá.

CUNHA, Luciana Gross (2007). Juizado Especial: criação, instalação, funcionamento e a democratização do acesso à justiça. São Paulo: Saraiva.

FREITAS, Vladimir Passos de (2003). Justiça Federal: histórico e evolução no Brasil. Curitiba: Juruá.

_____ (2006). Eficiência em pauta. Considerações sobre a administração da justiça. Revista Consultor Jurídico. Em http://conjur.estadao.com.br/static/text/49944?display. Acesso em 05.10.07.

_____ (2009). O Poder Judiciário brasileiro no regime militar. Revista Consultor Jurídico. Em http://www.conjur.com.br/2009-dez-20/segunda-leitura-poder--judiciariobrasileiro-regime-militar. Acesso em 18.01.2010.

_____ (2017). Estudar a administração da Justiça sob olhares de países diversos. Revista Consultor Jurídico. Em http://www.conjur.com.br/2017-abr-23/segunda-leitura--estudar-administracao-justica-olhares-paises-diversos. Acesso em 16.08.2017.

PISKE, Oriana (2010). A função social da magistratura na contemporaneidade. Revista Centro de Estudos Judiciários – CEJ, 49. 42-50.

PUHL, Camila (2016). O desempenho da justiça federal em Florianópolis a partir da percepção de seus autores utilizando o método delphi. Tese de mestrado defendida na Universidade do Estado de Santa Catarina, Centro de Ciências da Administração e Socioeconômicas em 31/10/2016. Disponível em http://sistemabu.udesc.br/pergamumweb/vinculos/000024/00002466.pdf. Acesso em 18.09.2017.

NUNES, Marcelo Guedes (2016). Jurimetria – Como a estatística pode reinventar o direito. São Paulo: Editora Revista dos Tribunais.

ROVER, Aires José (org.) (2016). Engenharia e gestão do judiciário brasileiro: Estudos sobre E-Justiça. ebook. Erechim: Editora Deviant.

SADEK, Maria Tereza. (1995). A Organização do Poder Judiciário no Brasil. In SADEK Maria Tereza. Uma Introdução ao Estudo da Justiça. São Paulo: Editora Sumaré.

_____ (2001). Acesso à justiça. São Paulo: Fundação Konrad Adenauer. 536

_____ (2002). Estudos sobre o sistema de justiça. In MICELI, Sérgio (Org). O que ler na ciência social brasileira: 1970-2002, 4 (pp. 233-265). São Paulo: ANPOCS Editora Sumaré.

_____ (2005). Efetividade de direitos e acesso à justiça. In: RENAULT, Sérgio Rabello Tamm; BOTTINI, Pierpaolo (Orgs.) Reforma do Judiciário. São Paulo: Saraiva.

SILVA, Ivo Barcelos da (2006). A motivação dos juízes e servidores como técnica de eficiência. In FREITAS, Vladimir Passos de; FREITAS, Dario Almeida Passos de (Orgs.). Direito e Administração da Justiça (pp. 113-124). Curitiba: Editora Juruá.

SILVA, Luiz Marlo de Barros (2006a). O Acesso Ilimitado à Justiça através do Estágio nas Faculdades de Direito. Rio de Janeiro: Renovar.

SINHORETTO, Jacqueline (2006). Ir até onde o povo está: etnografia de uma reforma da justiça. Tese de doutorado, Universidade de São Paulo, São Paulo, SP, Brasil.

Parte II

Gestão Processual/Gestão para a decisão

Capítulo 6

A Gestão do Processo (*case management*)

6.1. Enquadramento

Foi na superação de um ultrapassado discurso dogmático-processualista da gestão processual que, ao longo dos últimos anos, foi emergindo um novo discurso jurídico que procura enquadrar uma nova "arte" de gestão processual, agora configurada como um conjunto prático de regras e procedimentos que consolidam um "sistema de gestão" de processos que permite tornar mais rápido e eficiente o trabalho nos tribunais.

Trata-se de uma nova atenção, na gestão de processos, para um conjunto de atividades que englobam a recolha, a organização, o processamento, a guarda e a distribuição de informação essencial a um processo de modo a que o mesmo seja processado de uma forma eficaz em função das suas particularidades. Mas também para as decisões de índole jurisdicional mais acertadas a cada caso para obter a decisão final.

O que está em causa é uma pretensão finalística ou seja uma pretensão que tem como objetivo a chegada à sentença judicial e à sua compreensibilidade pelos seus destinatários.

O que se pretende é, por isso, "eficácia" e "eficiência" no processo de chegada à sentença, empregando de uma forma correta todos os recursos disponíveis, do início do processo até à sua resolução, fazendo emergir o *case management* como elemento adstrito às soluções legislativas e normativas que sustentam o procedimento.

Sublinhando a dimensão finalística da gestão processual, pode-se dizer que a mesma gestão processual compreende a direção ativa e dinâmica do processo, tendo em vista, quer a rápida e justa resolução do litígio, quer a melhor organização do trabalho do tribunal.

Mas, como dissemos de início, essa gestão processual (que compreende tanto o *case management* como o *caseflow management*) pode ser vista – ou deve ser vista – como uma parcela (parte integrante) da gestão dos tribunais (*court management*). A distinção dessas definições (e das realidades) é importante não só porque os conceitos em causa podem congregar diferentes problemas e soluções, mas também porque disponibilizam diversos graus de relevância nas diferentes tradições jurídicas (v.g. *civil law* e *common law*).

A gestão processual, repete-se, pode ser definida como a intervenção conscienciosa dos atores jurisdicionais no tratamento dos casos ou processos, através da utilização de variadas técnicas com o propósito de dispor as tarefas processuais de um modo mais célere, equitativo e menos dispendioso.

Na abordagem eficiente, impõe-se uma "meta" ao juiz que dirige o processo, recorrendo a práticas inteligentes de ordenação e ao uso também mais eficiente dos meios legais e operacionais disponíveis.

O que é fácil de dizer mas, em regra, segundo a experiência de cada juiz, não é fácil de praticar quando não existe uma suficiente preparação e quando o número de processos a tratar é demasiado elevado para o tempo disponível. E também porque uma gestão processual eficiente não depende apenas do juiz, mas também da gestão do próprio tribunal e dos recursos que lhe estão afetos.

Mas é no contexto de dificuldade de resposta (volume elevado de processos e escassez de meios auxiliares) que a necessidade da boa gestão processual mais se evidencia, contrariando a tentação mais fácil do perverso recurso ao movimento processual "aparente" (aquele em que o processo se move, por atos "para ganhar tempo", mas não sai do mesmo "sítio" processual). O movimento "aparente" estimula incidentes que doutra forma não ocorreriam, os atos multiplicam-se, o trabalho aumenta e os custos de funcionamento também. Gera morosidade e a insatisfação dos intervenientes processuais.

É também neste contexto que a chamada direção pró-ativa do juiz surge como arte própria que suscita a nova atenção.

Num livro "de bolso" muito ilustrativo (*The Elements of Case Management: A Pocket Guide for Judges*, de William W. Schwarzer e Alan Hirsch) e muito citado em Portugal, publicado em 2006 pelo *Federal Judicial Center* (que desenvolve formação e investigação nos tribunais federais americanos), a propósito das boas práticas de gestão processual de acordo com as *Federal Rules of Civil Procedure*, enunciam-se algumas regras dessa arte dizendo-se que a gestão processual significa *coisas diferentes para pessoas diferentes*, ou seja a flexibilidade na utilização, com equidade e bom senso, de todos os instrumentos à disposição dos juízes de forma a alcançar uma resolução justa, rápida e econômica do litígio. O que supõe uma aproximação criativa às tarefas processuais e uma permanente abertura para a sua adaptação às situações de cada caso.

Um juiz que assim atue tem, evidentemente, que assumir poderes acrescidos por contraponto a uma forma meramente tabelar de intervenção, ao sabor da cadência da iniciativa das partes e uma aplicação mais abstrata (menos diferenciadas) das normas dos códigos de processo.

6.2. Gestão processual, transparência e legitimação

Aquilo a que chamamos de gestão processual relaciona-se com o conjunto de decisões do juiz na direção dos processos e também com a sua decisão final.

A atividade gestionária de matriz processual tem um enquadramento legitimador necessário que a suporta e, também, a justifica. Desde logo, na necessidade da transparência. A transparência das instituições e dos procedimentos é um elemento estrutural que identifica o sistema democrático. O seu reflexo no subsistema justiça impõe que o controlo externo das decisões dos tribunais deva estar sujeito a um controlo social exercido pelos cidadãos.

Este é um ponto de partida para conferir perspectiva a outros mecanismos de controle relacionados com a organização interna ou a gestão dos juízes e dos tribunais, nomeadamente através da atuação dos conselhos judiciários, bem como dos ministérios da justiça.

No entanto o controle externo da administração da justiça, torna-se concretamente possível através do conhecimento e sobretudo da fundamentação das decisões judiciais.

Seria demasiado fácil circunscrever esse controle e conhecimento às decisões finais dos casos submetidos a tribunal, afinal as decisões aparentemente mais relevantes para o cidadão que procura a justiça.

Não pode ser inteiramente assim, como bem se percebe. Todas as decisões proferidas num processo até que tenha lugar a decisão final podem contar para a compreensão e aceitabilidade desta última. Deste modo, toda a atividade do juiz e do tribunal deve ser objeto de escrutínio público ou externo, sem zonas ocultas, e assim a responsabilidade interna deve orientar-se pela construção e seguimento dos melhores padrões de desempenho desde o início da apreciação de cada caso judicial.

A boa gestão processual, aquela que procure seguir os melhores padrões, deve seguir constantemente uma ideia concreta de mais eficiência no uso pelo juiz dos instrumentos legais (geralmente as leis de processo) e dos instrumentos (ou meios) materiais ou meramente operacionais que tenha ao seu dispor.

Geralmente, por mais eficiência dizemos sempre mais depressa para todos, menos custos para todos, melhor cooperação entre todos, mais comunicação e compreensibilidade das decisões judiciais.

Neste particular, tudo vai depender de cada juiz e das características de sua personalidade, ou seja, se é uma pessoa de ações simples e diretas, ou se o seu temperamento inclina-se à prática de atos múltiplos simultâneos e, por vezes, sem direção certa. De outro lado, cabe às Escolas da Magistratura em seus cursos de formação e aperfeiçoamento, indicar medidas práticas que levem o processo a andamento célere. Não devem ser desprezados, também, manuais com modelos de despachos, decisões e medidas a serem tomadas em audiência.

6.3. Os condicionamentos da organização judiciária às tarefas da gestão processual

Na atividade da gestão processual há coisas "complicadas" que cercam o juiz quando quer gerir de forma eficiente o seu serviço.

A preparação da organização das tarefas processuais não está, nem pode estar desligada da organização judiciária que as enquadra. Esta e as leis de processo devem estar alinhadas entre si e desenhar-se de modo a estimular positivamente a eficiência do serviço que suportam.

A modernidade impôs o procedimentalismo como instrumento fundamental de legitimidade das decisões jurídicas (legislativas, administrativas e judiciais). É o processo equitativo, participado, heterocontrolado, que constrói o discurso argumentativo (legitimador) que há de conduzir a uma decisão juridicamente racional e aceitável pela comunidade dos interessados. Para que assim suceda, o procedimentalismo não pode alhear-se da comunidade de valores que validam um Estado de justiça. Não pode ser autorreferencial e desligado das exigências externas de eficiência social no quadro do Estado de direito democrático.

Assim, também o processo judicial não pode viver desligado da organização que o possibilita e que há de sinalizar e corporizar aqueles objetivos de eficiência social. Sob pena de sucumbir a um perigo de mecanização formalista e alienar o conforto do poder mobilizador e identificador que as instituições da justiça devem ter.

A organização judiciária de um país é, portanto, a primeira envolvente procedimental que há de servir a legitimação da jurisdição. Tem de ser próxima, atualizada, apreensível, amigável, eficiente e eficaz. Se a organização judiciária for "kafkiana", também o processo e as condutas processuais serão "kafkianos". Nesta situação a doença contagiosa é evidente e o juiz, na sua solidão, pouco poderá fazer para a contrariar.

Se na lucidez dessa análise se perceber que na atividade da organização judiciária (que não se limita à atividade legislativa *tout court*) estão incluídas as decisões respeitantes ao ajustamento da administração judiciária (ou das várias administrações judiciárias), compreenderemos que nela se encontram as determinantes, formais e materiais, objetivas e subjetivas, para a atividade da gestão do tribunal (*court management*) e para a atividade da gestão processual (*case management* e *caseflow management*), ainda mais quanto é fácil intuir que estas duas são gêmeas siamesas e mais ainda quando elas, tendo aplicação em unidades jurisdicionais individualizadas com necessária autonomia de decisão, dependem de decisões macro, quer da administração judiciária central, quer de conformações legais adjetivas que reclamam e são reclamadas a alinhamentos concordantes.

Explicitando, no caso da gestão processual, sendo esta uma atividade para a eficiência, ela não pode ser prosseguida em função de sérios objetivos mensuráveis e avaliáveis se não for estimulada pela organização judiciária (em sentido amplo) numa linha de vida persistente e esclarecida. Cargas de serviço adequadas, ferramentas de reengenharia da distribuição processual (*caseflow management*), ferramentas tecnológicas, espaços para diligências, comunicações e secretariado eficientes, formação em métodos de trabalho, avaliação e política de reconhecimento do mérito, espaços para comparação de práticas e resultados, por exemplo, são passos para uma boa cultura de gestão processual, mas esta atividade depende da política geral de organização. Mesmo os aspectos da gestão para a decisão, um trabalho aparentemente individual e uma das vertentes do *case management* a que não se dá normalmente a devida atenção, dependem muito dum trabalho coletivo quando se procuram objetivos de qualidade geral.

Ou seja, o juiz diretor do processo não pode dispensar a coordenação com o juiz gestor do tribunal. Ambos têm que utilizar em conjunto as ferramentas que tenham ao seu dispor para que os processos judiciais sejam decididos da melhor forma, no mais curto tempo possível. E o juiz gestor não pode dispensar a coordenação com múltiplas outras instituições interferentes, bem como com parcerias úteis.

6.4. Evolução da abordagem ao dever do juiz na gestão processual

As questões da arte de gestão processual, dos poderes acrescidos do juiz, da direção pró-ativa, chegaram à Europa sobretudo final do século passado, também por força do cenário de contração dos recursos disponíveis e pelo aumento insustentável da morosidade processual e, também, pelo impulso das novas ideias nos EUA com aquilo a que se chamou a Nova Administração Pública (*new public management*)[69].

Mas deve sublinhar-se, como muito importante e inspirador, o salto no sistema processual inglês em 1999, com o *Civil Procedure Rules* (CPR) que, em ruptura com a tradição inglesa do direito processual não escrito (diversa, como sabe, do sistema continental), impôs regras escritas, retirou às partes a iniciativa e composição dos termos processuais (o que gerava inúmeras disputas processuais antes do julgamento e, consequentemente, muita morosidade) e atribuiu ao juiz a atividade essencial da gestão processual, impondo-lhe o conhecimento detalhado do litígio desde o início do processo, ao contrário do que sucedia antes em que o juiz só tomava contacto com os assuntos do processo no momento do julgamento. A partir

---

[69] No desenho desta evolução, v. José Igreja de Matos, *Um Modelo de Juiz para o Processo Civil Atual*, onde salienta justamente que concessão de poderes acrescidos ao juiz no âmbito da "common law" surgiu com a discussão preparatória das Federal Rules of Procedure nos EUA, citando A.A.S. Zuckerman & Rodd Cranston, *Reform of Civil Procedure*, Oxford University Press, 1995, a pp. 61

desse novo sistema processual inglês os novos poderes do juiz, no âmbito da atividade de gestão processual, incluíram a identificação desde cedo das questões em litígio, a calendarização dos atos e diligências, a determinação da ordem pela qual as questões são apreciadas, poderes oficiosos do juiz em matéria probatória (até no âmbito da prova pericial, podendo controlá-la atendendo aos custos e atrasos que provoca), bem como a limitação da possibilidade de recurso das decisões de gestão processual.

Em Portugal, o início do debate real sobre esta questão apenas ocorreu por volta do ano 2000, associado ao debate da reforma da organização judiciária e à introdução de múltiplos mecanismos de gestão moderna, visando a maior responsabilização de cada interveniente no sistema de justiça. O conceito de gestão processual, dito dessa forma, surgiu na lei em 2006, num diploma que regulava um modelo experimental de processo civil a aplicar apenas num pequeno número de tribunais. Sob a epígrafe "dever de gestão processual", o art.º 2.º do decreto-lei n.º 108/2006, de 8 de junho, atribuiu ao juiz a obrigação de dirigir o processo, *devendo* adotar a tramitação processual adequada às especificidades da causa e adaptar o conteúdo e a forma dos atos processuais ao fim que visam atingir, garantindo que não são praticados atos inúteis, impertinentes ou dilatórios e devendo ainda adotar os mecanismos de agilização processual que a lei preveja.

Ao juiz português impôs-se assim um poder-dever de dirigir o processo, não de forma rotineira, tabelar ou burocrática, observando as normas processuais abstratamente definidas, mas, sobretudo, encontrando, de forma criativa, a solução mais adequada para cada caso.

De alguma forma, em reforço desta visão gestionária que se afirmou transnacional, este dever de gestão processual teve também a sua fonte de inspiração no Princípio 14 dos Princípios do Processo Civil Transnacional adotados em 2004 pelo *American Law Institute* e pelo *Unidroit* (Instituto Internacional para a Unificação do Direito Privado[70]), onde precisamente

---

[70] O Instituto Internacional para a Unificação do Direito Privado (UNIDROIT) é uma organização intergovernamental independente, com sede em Roma, para estudar os meios de harmonizar e de coordenar o direito privado entre os Estados e de preparar gradualmente a adoção por estes de uma legislação de direito privado uniforme. Foi criado em 1926 como órgão auxiliar da Sociedade das Nações, tendo sido objeto de reformulação em 1940, após dissolução desta organização. Tem, entre os seus membros, Estados dos cinco continentes.

se declara que *"o mais cedo possível o tribunal dirige ativamente o processo, exercendo um poder de decisão com vista à eficaz, justa e rápida resolução do litígio"*.

O novo Código de Processo Civil português, que entrou em vigor em 2013, acabou por estabelecer (art.º 6.º) expressamente o dever de gestão processual dispondo que *"cumpre ao juiz, sem prejuízo do ónus de impulso especialmente imposto pela lei às partes, dirigir ativamente o processo e providenciar pelo seu andamento célere, promovendo oficiosamente as diligências necessárias ao normal prosseguimento da ação, recusando o que for impertinente ou meramente dilatório e, ouvidas as partes, adotando mecanismos de simplificação e agilização processual que garantam a justa composição do litígio em prazo razoável"*.

A decisão proferida ao abrigo deste dever de gestão é irrecorrível, salvo se contender com os princípios da igualdade ou do contraditório, com a aquisição processual ou com a admissibilidade de meios probatórios (art.º 630.º, n.º 1 do novo Código de Processo Civil). O que acentua o poder e a responsabilidade do juiz.

O Código de Processo Civil brasileiro, em diversos pontos, também assinala os deveres de gestão processual do juiz (artigo 139): a) assegurar às partes igualdade de tratamento; b) velar pela duração razoável do processo; c) prevenir ou reprimir qualquer ato contrário à dignidade da justiça e indeferir postulações meramente protelatórias; d) determinar todas as medidas indutivas, coercitivas, mandamentais ou sub-rogatórias necessárias para assegurar o cumprimento de ordem judicial, inclusive nas ações que tenham por objeto prestação pecuniária; e) incentivar e promover, a qualquer tempo, a autocomposição, preferencialmente com auxílio de conciliadores e mediadores judiciais; f) dilatar os prazos processuais e alterar a ordem de produção dos meios de prova, adequando-os às necessidades do conflito de modo a conferir maior efetividade à tutela do direito; g) exercer o poder de polícia e requisitar, quando necessário, força policial, além da segurança interna dos fóruns e tribunais; h) determinar, a qualquer tempo, o comparecimento pessoal das partes, para inquiri-las sobre os fatos da causa, hipótese em que não incidirá a pena de confesso; i) determinar o suprimento de pressupostos processuais e sanear outros vícios processuais; j) quando se deparar com diversas demandas individuais repetitivas, oficiar o Ministério Público, a Defensoria Pública e, na medida do possível, outros legitimados a que se referem o art. 5º da Lei da Ação Civil Pública (7.347/85, e o art. 82 da Lei 8.078/90), para, se for o caso, promover a propositura da ação coletiva respectiva.

Ainda, o mesmo Código aponta valores fundamentais para uma boa gestão processual que devem nortear todos os atos processuais, com enorme responsabilidade atribuída aos juízes para cumprir a determinação legal de desenvolvimento processual, em regra, por impulso oficial (artigo 2º). Além destes, são valores: a) a conciliação, a mediação e outros métodos de solução consensual de conflitos deverão ser estimulados por juízes, advogados, defensores públicos e membros do Ministério Público, inclusive no curso do processo judicial; b) aquele que de qualquer forma participa do processo deve comportar-se de acordo com a boa-fé (artigo 5º); c) todos os sujeitos do processo devem cooperar entre si para que se obtenha, em tempo razoável, decisão de mérito justa e efetiva (artigo 6º); d) e o juiz deverá atender aos fins sociais e às exigências do bem comum, para resguardar e promover a dignidade da pessoa humana e observar a proporcionalidade, a razoabilidade, a legalidade, a publicidade e a eficiência (artigo 8º).

Ainda, é fundamental observar os preceitos de gestão processual estrita contida nas determinações legais do processo: a) os juízes e os tribunais atenderão, preferencialmente, à ordem cronológica de conclusão para proferir sentença ou acórdão (artigo 12); b) a pauta das audiências de conciliação ou de mediação será organizada de modo a respeitar o intervalo mínimo de 20 (vinte) minutos entre o início de uma e o início da seguinte (artigo 334, §12) e as pautas deverão ser preparadas com intervalo mínimo de 1 (uma) hora entre as audiências (artigo 357, §9º). Estes dois dispositivos revelam, sobretudo, a preocupação sistemática, inclusive do legislador, em ordenar e organizar as atividades judiciais de modo a aplicar técnicas e métodos de gestão para o aperfeiçoamento das atividades jurisdicionais de todos os operadores da justiça, em atenção e respeito a todos os usuários.

6.5. Gestão dos processos e garantias procedimentais do processo equitativo (*due process of law*)

No exercício do seu dever de gestão processual, o juiz tem limites gerais de atuação que deve observar, desde logo na ponderação do direito fundamental de acesso aos tribunais e do processo equitativo.

A garantia do direito de acesso aos tribunais traduz-se na possibilidade de requerer uma medida jurisdicional e de obter, em tempo razoável, a decisão do tribunal.

O art.º 20.º, n.º 4 da Constituição portuguesa, estipula que *"todos têm direito a que uma causa em que intervenham seja objeto de decisão em prazo razoável e mediante processo equitativo"*. Também o artigo 6.º da Convenção Europeia dos Direitos do Homem assinala esse princípio.

A Constituição Federal Brasileira, estabelece no artigo 5º, LXXVIII: *"a todos, no âmbito judicial e administrativo, são assegurados a razoável duração do processo e os meios que garantam a celeridade de sua tramitação"*. E ainda, no Código de Processo Civil, no artigo 4º, *"as partes têm o direito de obter em prazo razoável a solução integral do mérito, incluída a atividade satisfativa"*, e no artigo 7º, está *"assegurada às partes paridade de tratamento em relação ao exercício de direitos e faculdades processuais, aos meios de defesa, aos ônus, aos deveres e à aplicação de sanções processuais, competindo o juiz zelar pelo efetivo contraditório (artigo 7º)*.

Na sua fundamentalidade, as garantias do processo equitativo (*due process of law*) são um limite incontornável na direção e gestão do processo.

No conceito do processo equitativo, devem considerar-se diversos princípios e direitos essenciais, como os da igualdade das partes, equilibrando-se a sua participação sem diferenciações injustificadas, da defesa e do contraditório, assegurando-se a efetiva oportunidade de contestação e de pronúncia sobre questões de direito ou de fato antes de ser proferida uma decisão judicial, do prazo razoável, dependente da complexidade da causa, da adequada fundamentação das decisões, permitindo o controlo da atividade do juiz, da apresentação da prova, assegurando-se a possibilidade da parte intervir, dentro da razoabilidade, com os elementos relevantes para a apreciação dos fatos, da orientação do processo para a justiça material, procurando-se uma decisão final não ancorada em injustificados formalismos, uma decisão materialmente justa.

6.5.1. Gestão no processo civil – os princípios organizadores

Para além do respeito das regras fundamentais do processo equitativo, no processo civil existem outros princípios orientadores essenciais para a organização do processo e que com aquelas devem ter uma relação instrumental.

O princípio do dispositivo é um deles e decorre do princípio da autonomia privada, sendo os casos regulados pelo processo civil de natureza essencialmente privada. O artigo 2º do Código do Processo Civil brasileiro estabelece que o *"processo começa por iniciativa da parte e se desenvolve por impulso oficial, salvo as exceções previstas em lei*". O art.º 3.º, n.º 1 do Código de Processo Civil português estabelece que "*o tribunal não pode resolver o conflito de interesses que a ação pressupõe sem que a resolução lhe seja pedida por uma das partes*". Este princípio organizador é um princípio de raiz, mas que no desenvolvimento do processo pode sofrer desvios no confronto com outros princípios que imponham uma iniciativa inquisitória e oficiosa da parte do juiz.

Outro importante princípio organizador, fundamental para a economia da atividade processual, é o princípio da preclusão, do qual resultam para as partes um conjunto de consequências no incumprimento de determinados ônus de exercício processual, designadamente do ônus de contestar ou de responder e do ônus de cumprir prazos. Este princípio vinca a autorresponsabilidade das partes na sua participação processual e deve ligar-se às regras do processo equitativo, que sempre imporá que essas consequências sejam proporcionadas.

O Código do Processo Civil brasileiro é farto de exemplos da aplicação do princípio da preclusão: a) "*citado, incumbe ao réu alegar a abusividade da cláusula de eleição de foro na contestação, sob pena de preclusão*" (artigo 63, §4º); b) "*o advogado não será admitido a postular em juízo sem procuração, salvo para evitar preclusão, decadência ou prescrição, ou para praticar ato considerado urgente*" (artigo 104); c) "*eventuais contradições na transcrição deverão ser suscitadas oralmente no momento de realização do ato, sob pena de preclusão*" (artigo 209, §2º); d) "*a nulidade dos atos deve ser alegada na primeira oportunidade em que couber à parte falar nos autos, sob pena de preclusão*" (artigo 278); e) "*o réu poderá impugnar, em preliminar da contestação, o valor atribuído à causa pelo autor, sob pena de preclusão*" (artigo 293); f) "*é vedado à parte discutir no curso do processo as questões já decididas a cujo respeito se operou a preclusão*" (artigo 507); g) "*as questões resolvidas na fase de conhecimento, se a decisão a seu respeito não comportar agravo de instrumento, não são cobertas pela preclusão e devem ser suscitadas em preliminar de apelação*" (artigo 1009, §1º).

Nessa ponderação de proporcionalidade devem situar-se outros princípios ou deveres processuais, a utilizar pelo juiz na direção do processo, como sejam os da cooperação e boa fé processual. A sua inobservância pelas partes pode trazer-lhes penalizações, compreensíveis quando o processo é orientado para a verdade material e para uma decisão em prazo razoável.

O Código de Processo Civil brasileiro, para além do princípio da colaboração entre as partes (artigo 6º), estabelece relevantes regras de cooperação internacional e nacional. Destaco na cooperação nacional as diretrizes que determinam aos órgãos do Poder Judiciário, estadual ou federal, especializado ou comum, em todas as instâncias e graus de jurisdição, inclusive aos tribunais superiores, incumbe o dever de recíproca cooperação, por meio de seus magistrados e servidores (artigo 67), para prática de qualquer ato processual (artigo 68).

O Código avança para prever que o pedido de cooperação jurisdicional deve ser prontamente atendido, além de prescindir de forma específica e pode ser executado de diversas formas: a) auxílio direto; b) reunião ou apensamento de processos; c) prestação de informações; d) atos concertados entre os juízes cooperantes. Ainda, o Código direciona que os atos concertados entre os juízes cooperantes poderão consistir, além de outros, no estabelecimento de procedimento para: a) a prática de citação, intimação ou notificação de ato; b) a obtenção e apresentação de provas e a coleta de depoimentos; c) a efetivação de tutela provisória; d) a efetivação de medidas e providências para recuperação e preservação de empresas; e) a facilitação de habilitação de créditos na falência e na recuperação judicial; f) a centralização de processos repetitivos; g) a execução de decisão jurisdicional.

Ainda outros princípios ordenadores relevantes e irrecusáveis na atividade de gestão processual são os princípios da imediação, da oralidade, da concentração e da livre apreciação da prova. Do princípio da imediação decorre que o juiz que julga os fatos deva, em regra, ter um contacto direto com os elementos de prova e que, para isso, faça atuar a oralidade no contato com os elementos de prova, essencialmente nos depoimentos de pessoas, e a concentração nesse contato, evitando intervalos longos nessas audições orais. Essa atuação é fundamental para a formação, compreensibilidade e aceitação da livre apreciação da prova atribuída ao juiz, da inerente convicção que estabelece, no que toca aos meios de prova não tabelares (ou que fazem prova plena, como se passa em determinados meios de prova documental).

6.6. Gestão e orientação dos processos e as fases processuais no processo civil declarativo

Na atividade da gestão processual civil, assume particular relevo a gestão do processo declarativo. É neste que o reconhecimento e efetivação dos direitos privados se opera mais frequentemente e é também nele que a arte de gestão processual mais se acentua como necessária.

A GESTÃO DO PROCESSO (*CASE MANAGEMENT*)

Um dos mais importantes instrumentos de estudo e investigação quanto à identificação de regras úteis e necessárias para essa atividade de gestão pode ser encontrado (também pelo seu relevo transnacional) nos *"Princípios de Processo Civil Transnacional"*[71], estabelecidos em 2004 pelo Ali (*American Law Institute*) e o *Unidroit* (*Institut International pour l'unification du Droit Privé*).

De acordo com esse documento, a percepção orientadora do juiz diretor do processo deve considerar um quadro de princípios com duas vertentes estruturantes: uma relativa ao estatuto geral do tribunal e das partes; outra relativa à tramitação do processo e das suas fases matriciais.

Na primeira vertente desse quadro e no que se refere aos princípios relativos ao estatuto de atuação do tribunal são fundamentais os que se relacionam com a independência e imparcialidade do tribunal. São os primeiros princípios enunciados como garantia essencial dum julgamento isento de influências interiores e exteriores injustificadas. Ambas as qualidades (independência, pelo lado objetivo, e imparcialidade, pelo subjetivo) estão ligadas e devem ser rodeadas de outras garantias como a da observância séria do contraditório antes de qualquer decisão e da observância das condições que não devam conduzir a impedimento razoável do juiz.

Destaca-se neste conjunto de princípios os que se relacionam com o *dever de promoção da extinção amigável do litígio*, a transação e a conciliação. Este dever é enunciado num ponto específico (*"A conciliação, a mediação e outros métodos de solução consensual de conflitos deverão ser estimulados por juízes, advogados, defensores públicos e membros do Ministério Público, inclusive no curso do processo judicial"* -artigo 3, §3º, bem como os dispositivos constante dos artigos 165 a 175, todos do Código de Processo Civil), salientando-o como essencial na correta gestão processual, atentas as evidentes vantagens nessa forma de extinção dos casos. Enuncia-se como importante o encorajamento para essa via desde que ela surja como razoavelmente possível e que isso não contenda com o direito das partes ao impulso processual. Em paralelo

---

[71] Documento consultável em http://www.unidroit.org/fr/instruments/procedure-civile-transnationale; sobre uma descrição detalhada do mesmo documento, pode observar-se o estudo promovido pela Fundação Francisco Manuel dos Santos, *A Justiça Económica em Portugal, O Sistema judiciário: sistema processual, organização judiciária e profissões forenses*, 2012, consultável em http://www.ffms.pt/upload/docs/justica-economica-relatorio-juridico_H0iESmSgz0WGEJo2E6ixhw.pdf.

enuncia-se o dever das partes de cooperarem de boa fé com as tentativas de conciliação prosseguidas pelo tribunal.

E ainda um outro conjunto de regras relacionadas com o dever de direção da instância (princípios 14) de acordo com os quais o tribunal deve exercer essa direção ativamente o mais cedo possível no processo, para colocar termo ao litígio de forma leal, eficaz e em tempo razoável, podendo contar com a colaboração das partes. E nesse exercício deve estabelecer, o mais cedo possível um calendário para os atos a realizar e para prazos a cumprir nas diversas etapas processuais, embora as respectivas decisões possam ser objeto de posterior alteração e adaptação pelo tribunal.

Na vertente que se refere aos princípios relativos ao estatuto de atuação das partes são importantes os princípios que se ligam à igualdade de tratamento, ao direito a audiência, ao contraditório, a ampla defesa, ao direito a obter decisão em prazo razoável e ainda à publicidade do processo.

No direito de audiência às partes garante-se o direito a produzir prova de forma razoavelmente ampla e de alegar em matéria de fato e de direito. No que toca ao contraditório sobre a prova de produção oral, as partes têm o direito de interrogar as pessoas interrogadas antes pela outra parte ou pelo juiz. A audição das partes terá lugar, em regra, antes do juiz proferir decisão sobre qualquer questão.

A esse estatuto está associado um conjunto de deveres, particularmente os que se relacionam com o dever de colaboração e de lealdade no processo. Dever este de muito relevo na gestão da instância pelo juiz, na medida em que pode impor às partes um conjunto de determinações para agilizar a tramitação e alcançar uma justa eficiente resolução do litígio. O dever de colaboração das partes e dos seus advogados (artigo 6º do Código de Processo Civil) prevê que as partes "todos os sujeitos do processo devem cooperar entre si para que se obtenha, em tempo razoável, decisão de mérito justa e efetiva". O dever daquele que de qualquer forma participa do processo "comportar-se de acordo com a boa-fé" (artigo 5º do Código de Processo Civil). O tribunal pode aplicar sanções a quem não colabore apropriadamente e retirar consequências dessa omissão na orientação a seguir no julgamento.

O Código de Processo Civil estabelece no artigo 77 os deveres das partes, de seus procuradores e de todos aqueles que de qualquer forma participem do processo, com a observância das seguintes diretrizes: a) expor os fatos em juízo conforme a verdade; b) não formular pretensão ou de apresentar defesa quando cientes de que são destituídas de fundamento; c) não produzir provas e não praticar atos inúteis ou desnecessários à declaração ou à defesa do direito; d) cumprir com exatidão as decisões jurisdicionais, de natureza provisória ou final, e não criar embaraços à sua efetivação; e) declinar, no primeiro momento que lhes couber falar nos autos, o endereço residencial ou profissional onde receberão intimações, atualizando essa informação sempre que ocorrer qualquer modificação temporária ou definitiva; e) não praticar inovação ilegal no estado de fato de bem ou direito litigioso. Nas hipóteses dos incisos 'd' e 'f', o juiz advertirá de que a conduta poderá ser punida como ato atentatório à dignidade da justiça e a sua violação constitui ato atentatório à dignidade da justiça com a aplicação ao responsável multa de até vinte por cento do valor da causa, de acordo com a gravidade da conduta, sem prejuízo das sanções criminais, civis e processuais cabíveis. O texto legal, excepciona a aplicação dos dispositivos acima aos advogados públicos ou privados e aos membros da Defensoria Pública e do Ministério Público e a eventual responsabilidade disciplinar será apurada pelo respectivo órgão de classe ou corregedoria, ao qual o juiz oficiará. Por fim, o representante judicial da parte não pode ser compelido a cumprir decisão em seu lugar.

Numa outra vertente estruturante, os princípios enunciados debruçam-se sobre a tramitação do processo civil e das suas fases matriciais antes da fase do recurso, sendo estas identificadas como a fase inicial ou introdutória, a fase intermédia e a fase final.

No desenrolar de cada uma das fases, as partes e o juiz devem ter uma intervenção apropriada à gestão racional e orientada do processo.

Assim, na fase inicial o processo terá início com a apresentação da causa pelo autor, devendo este formular a sua pretensão (pedido), não podendo o tribunal substituir-se nessa atividade oficiosamente, no respeito do princípio do pedido e do dispositivo. Esse momento é determinante para efeitos de prescrição (ou de decadência), litispendência e contagem de outros prazos. Nesta fase inicial, as partes devem fazer constar dos articulados os respectivos pedidos, argumentos que os suportam ou os de defesa e indicar os principais meios de prova, sendo desse conjunto de dados apresentados que é determinado o objeto do litígio. Esta fase é pois fundamental na gestão do processo, devendo o juiz inteirar-se desde cedo da sua formação para poder dirigir ativamente o processo. Na verdade, de acordo com o quadro orientador, pode ser permitido ainda às partes, por sua iniciativa ou supervisão a alteração das pretensões ou da defesa, modificando-se a delimitação do objeto do litígio do juiz,. Essa modificação pode incluir a modificação dos meios de prova apresentados.

A esta fase e antes da fase final, segue-se a chamada fase intermédia denominada de saneadora. É nesta fase que o juiz deve exercer mais ativamente a sua direção do processo. Depois de tomar contacto com a delimitação do objeto do litígio formado na fase anterior, o juiz tem a oportunidade de convocar audiência (preparatória) para organização do processo e explorar com as partes a possibilidade de composição amigável do litígio, bem como discutir com elas as reais questões essenciais a decidir e o desenvolvimento posterior da lide e dos seus atos. É nela que o juiz pode estabelecer o calendário, apreciar as questões que possam logo ser conhecidas, tais como a competência, as medidas provisórias, a prescrição ou outras questões incidentais e decidir da admissibilidade e produção de meios de prova, com particular importância para aqueles que suscitem mais delongas, como a prova pericial ou a requisição de informações ou documentos.

Organizado o processo nessa fase, segue-se a fase final, na qual se destaca a audiência de julgamento para produção da prova, em regra pessoal, que deve obedecer a regras de concentração e de imediação. Nesta audiência final, o juiz tem de novo a oportunidade de obter a conciliação entre as partes. Nessa fase, as partes devem poder apresentar as suas conclusões finais (alegações em matéria de fato e de direito). Depois, haverá lugar à apreciação da prova, feita em regra de acordo com o princípio da livre apreciação quando não haja limitações legais. Finalmente, segue-se a sentença, a proferir no mais breve tempo, sob a forma escrita ou oral, neste caso desde que depois transcrita e registrada, exceto nos juizados especiais federais que as decisões podem ser orais. A sentença deverá conter a fundamentação de fato e de direito, bem como conter a motivação dos fatos estabelecidos, com base nas provas produzidas.

6.7. Tópicos de ação na gestão processual – ferramentas operativas do juiz

Na articulação dos princípios estruturantes do processo com a ação prática do exercício do dever de gestão processual, para alcançar a mais rápida e justa composição do litígio, existem tópicos de reflexão que merecem ser atendidos sobre as principais ferramentas ao dispor do juiz nessa mesma ação.

Esquematicamente, são possíveis identificar quatro ferramentas importantes: a imediação inicial; a conciliação; a calendarização; e a expeditividade e relacionada com esta a atenção à gestão dos fluxos processuais.[72]

A operação dessas ferramentas pode ser diferente de juiz para juiz e até de tribunal para tribunal, dependente da experiência e criatividade do juiz, bem como de regras processuais diferenciadas ou até de regras de gestão do tribunal. Pode até suceder que técnicas e métodos que para uns são as indicadas, ficarem condicionados a circunstâncias de maior ou menor volume de serviço, seja pela quantidade de processos a seu cargo, seja pela maior ou menor complexidade dos processos.

Em qualquer caso, é bom ter a consciência que não é por um juiz trabalhar mais horas que desenvolve melhor o seu trabalho. Pode até suceder, e frequentemente sucede, que um juiz que trabalha um número de horas exagerado venha a perder a disponibilidade e a frescura mental tão necessárias a uma boa e exigentemente responsável administração da justiça. O que se traduz num prejuízo efetivo para ele próprio e para a confiança no funcionamento do sistema.

Todos somos diferentes, mas para cada um deve existir um tempo de trabalho razoável, nunca excessivo.

A experiência mostra, com efeito, que os melhores juízes não são, em regra, os que trabalham mais horas nos processos. Aqueles que o fazem são, por um lado, os mais indecisos ou torturados com a tomada de decisões, o que propicia a fadiga mental, ou aqueles que não organizam suficientemente o seu trabalho e são conduzidos ao mesmo resultado de fadiga, sendo que esta alimenta sempre mais fadiga, mais horas de trabalho e inoperância. Para ambos os casos, é assim recomendável que pensem e pratiquem boas técnicas de gestão, começando por observar como é que outros trabalham menos horas e produzem melhores resultados.

---

[72] Na identificação e exposição destes tópicos, seguimos e desenvolvemos o trabalho de José Igreja de Matos, in *Um Modelo de Juiz para o Processo Civil Atual*, 2010, e no artigo intitulado *A Gestão Processual, um Radical Regresso às Raízes*, publicado na revista *Julgar*, n.º 19, bem como o já antes citado *The Elements of Case Management: A Pocket Guide for Judges*, de William W. Schwarzer e Alan Hirsch, disponível no sítio do *Federal Judicial Center* e com tradução na revista *Julgar*, n.º 10, numa tradução de Paulo Ramos Faria.

A atenção às técnicas e métodos de gestão é também essencial em situações de excesso de serviço. Uma maior carga processual não deve prescindir da atenção à gestão processual individualizada em cada processo, ainda que isso leve tempo e se possa pensar que esse é um tempo que não se tem justamente por causa da quantidade de processos. A verdade é que o tempo que se gasta a organizar uma boa gestão processual é inevitavelmente ganho nas horas de trabalho que se poupam nos múltiplos incidentes que acabam por ocorrer porque não foram previamente evitados, tanto quanto se podiam evitar.

6.7.1. Imediação inicial

Para a eficaz gestão do processo é fundamental que o juiz dirija ativamente o processo o mais cedo que for possível.

O conhecimento do processo deve começar pela análise cuidada da petição inicial. O juiz ficará com uma ideia da causa e da sua complexidade maior ou menor. Pode também ficar a perceber se se trata de questão idêntica a outra ou outras que já tenha tratado noutros processos ou uma questão diferente que lhe vá exigir mais estudo – na primeira situação poderá socorrer-se da experiência já adquirida e ter a certeza que a orientará sem grandes dificuldades, podendo mesmo preparar uma organização que reúna num tempo próximo esse processo e outros semelhantes, poupando horas de trabalho; na segunda situação, pode com antecedência ir recolhendo elementos de estudo e refletindo sobre a nova questão colocada.

É útil, nesses casos, que o juiz anote em registro pessoal as indicações que assim obtenha para que as possa ter presentes no desenvolvimento da sua atividade.

Permitindo a lei processual, deverá o juiz intervir logo após o conhecimento da petição, indeferindo-a liminarmente ou determinando o seu aperfeiçoamento, se for caso disso, e se nisso observar reais vantagens para a organização da causa (se o fizer mais tarde, o processo poderá ter maiores atrasos). Ainda, o juiz poderá julgar imediatamente o pedido, nas causas que dispensem a fase instrutória, independentemente da citação do réu, quando liminarmente for improcedente o pedido ao contrariar (artigo 332, do Código do Processo Civil): a) enunciado de súmula do Supremo Tribunal Federal ou do Superior Tribunal de Justiça; b) acórdão proferido pelo Supremo Tribunal Federal ou pelo Superior Tribunal de Justiça em julgamento de recursos repetitivos; c) entendimento firmado em incidente de resolução de demandas repetitivas ou de assunção de competência; d) enunciado de súmula de tribunal de justiça sobre direito local. O juiz também poderá julgar liminarmente improcedente o pedido se verificar, desde logo, a ocorrência de decadência ou de prescrição. As regras de processo ainda consignam que se não for interposta a apelação, o réu será intimado do trânsito em julgado da sentença. Interposta a apelação, o juiz poderá retratar-se em 5 (cinco) dias. Se houver retratação, o juiz determinará o prosseguimento do processo, com a citação do réu, e, se não houver retratação, determinará a citação do réu para apresentar contrarrazões, no prazo de 15 (quinze) dias.

Podendo fazê-lo, designadamente nas situações que antecipem uma litigância mais intensa, o juiz deve, idealmente, agendar logo no início do processo, pelo menos, uma audiência preparatória com a presença das partes. Quanto mais cedo for possível reunir os litigantes perante o juiz, maior será a probabilidade de alcançar uma resolução do caso em tempo razoável, nomeadamente a que for possível obter por via da conciliação.

A CEPEJ, do Conselho da Europa, vem sublinhando no seu Compêndio de Boas Práticas a importância de um controlo rigoroso sobre o tempo que medeia entre a instauração da ação em juízo e a possibilidade de a parte chegar à presença do juiz [no CEPEJ Framework Programme (CEPEJ 2004) é recomendado expressamente que "os tribunais devem organizar as audiências de maneira a reduzir ao máximo a incerteza das partes sobre o momento em que são chamadas ao tribunal"].

No Brasil, o Justiça em Números do CNJ 2016 (ano base 2015), pela primeira vez, apresentou três importantes indicadores: o tempo de tramitação processual, o índice de recorribilidade e o índice de conciliação. A inclusão destas informações permitirá monitorar algumas das políticas judiciárias implementadas e juntamente com os demais indicadores que foram disponibilizados poderá orientar o Conselho no aperfeiçoamento de suas atividades. As informações sobre o tempo médio de tramitação dos processos foi detalhada por segmento da Justiça (estadual, federal, militar, trabalhista e eleitoral), por tribunal, por instância e por fase processual e também contará com informações a respeito do tempo médio da distribuição do processo até a sentença, o tempo médio até a baixa do processo e o tempo de duração dos processos que ainda estão pendentes naquela instância até o final do período apurado. Estas ferramentas são relevantes para estudo e adoção de instrumentos de gestão processual.

Indica-se que as audiências devem ser rentabilizadas ao máximo designadamente através da fixação dos pontos em que há acordo das partes ou a definição da matéria controvertida. Uma audiência com os advogados que representam as partes ainda que apenas para agendamento das diligências posteriores é reconhecida como um dos instrumentos mais efetivos para conseguir transações, evitar adiamentos e concentrar o essencial dos atos processuais com o decorrente ganho em termos de celeridade. A sua realização rápida – ou até mesmo o seu agendamento – facilitam a comunicação, diminuem a incerteza dos advogados sobre o tempo da lide e estimulam a sua cooperação e lealdade para com o tribunal. Muitas vezes, os advogados não conversam entre eles sobre o processo antes de reunirem com o juiz. A reunião facilita esse contacto e a melhor gestão processual.

Com este objetivo, há que refletir na experiência positiva do processo laboral português. Aqui existe logo uma audiência inicial com as partes e os advogados após a entrada da petição inicial. E esta audiência marca logo de início a disciplina dos atos até ao termo do processo. Não se obtendo logo uma resolução amigável, o juiz procede, de imediato, à marcação de uma data para audiência final. A experiência adquirida mostra que as partes, após o contacto imediato dos advogados com o juiz da causa e com a perspectiva da data já marcada para a audiência final, são mais organizadas na apresentação dos articulados posteriores à petição e na apresentação das provas e bem mais contidas na provocação de incidentes processuais – os incidentes de feição puramente dilatória praticamente tendem a desaparecer.

Os valores similares aos da experiência acima descrita foram empregados nas legislações brasileiras que instituíram os juizados especiais previstos nas Leis 9.099/95, 10.259/01 e 12.153/09, respectivamente, estaduais, federais e de Fazenda Pública. Na prática judiciária, não são designadas as audiências preliminares em todos os processos como expresso na leis. As justificativas são variáveis em face de questões operacionais, organizativas e, principalmente para evitar desperdícios de forças de trabalho e recursos financeiros das partes e das instituições. Contudo, ainda que excepcionalmente, a ideia de realizar a audiência no início do processo é relevante como acima apontado e essencial em alguns casos, como forma de sanear e organizar o feito que será processado e julgado. Ainda no processo civil clássico brasileiro regido pelo CPC também foi incentivada a realização de despacho saneador para organizar os pontos controvertidos da demanda, nos termos do artigo 357: "deverá o juiz, em decisão de saneamento e de organização do processo: a) resolver as questões processuais pendentes, se houver; b) delimitar as questões de fato sobre as quais recairá a atividade probatória e especificar os meios de prova admitidos; c) definir a distribuição do ônus da prova; d) delimitar as questões de direito relevantes para a decisão do mérito; e) designar, se necessário, audiência de instrução e julgamento. Realizado o saneamento, as partes têm o direito de pedir esclarecimentos ou solicitar ajustes, no prazo comum de 5 (cinco) dias, findo o qual a decisão se torna estável. As partes podem apresentar ao juiz, para homologação, delimitação consensual das questões de fato e de direito a que se referem os incisos 'b' e 'd' a qual, se homologada, vincula as partes e o juiz. Se a causa apresentar complexidade em matéria de fato ou de direito, deverá o juiz designar audiência para que o saneamento seja feito em cooperação com as partes, oportunidade em que o juiz, se for o caso, convidará as partes a integrar ou esclarecer suas alegações.

Também com base nesta experiência, na jurisdição civil e ainda que o Código de Processo Civil não o preveja, alguns juízes portugueses, logo que é recebida a petição ou a contestação, comunicam às partes as datas da audiência preparatória e da audiência final de julgamento, invocando o dever de gestão processual. Ao mesmo tempo, comunicam o tempo de duração estimado para a conclusão do processo.

Quando as normas legais do processo não favoreçam a imediação entre o juiz e os advogados logo após a petição inicial, a audiência com os advogados deve ter lugar na chamada fase intermédia do processo. Esta destina-se em regra a convocar, se necessário, a realização de audiência para organização do processo, a estabelecer o calendário da sequência dos atos processuais, a apreciar as questões que devem ser conhecidas de imediato, bem como de seleção e admissão de meios de prova. No caso português esta reunião chama-se audiência prévia e no caso brasileiro chama-se audiência de saneamento.

Esta audiência não deve ser vista como um mero ato burocrático. O juiz e os advogados devem estar preparados para discutir as questões essenciais da causa. O juiz deve previamente estudar a sério os articulados e ouvir as posições dos advogados. Tanto quanto possível os advogados quando são convocados, devem ser informados dos temas dessa audiência, o mais concretamente possível de modo a que se possam preparar mais eficientemente. De preferência, o juiz deve começar a exercer a sua atividade de gestão processual logo na convocação e delimitação temática da audiência. Pode fazer as observações e manifestação de intenção de adequação do processado às exigências da causa que lhe parecerem mais convenientes, favorecendo o exercício do contraditório e focando as verdadeiras e úteis questões para a decisão da causa. Com isso, ganhará o maior respeito e a maior confiança dos advogados e preparará a aceitação das suas decisões de direção do processo. Com isso, também, inibirá geralmente incidentes ou questões sem fundamento e obrigará os advogados a pensarem mais consistentemente no caso e até a favorecer uma solução amigável do caso.

Muitos juízes conseguem um bom ambiente informal na conversa com os advogados. Essa informalidade permite evitar tensões inúteis e acordar no essencial que importa realizar. Por vezes, a comunicação informal pode ter lugar com utilidade até por via telefônica, no respeito da transparência da comunicação, agilizando procedimentos e consensos na tramitação processual.

Sucede muitas vezes os articulados dos advogados introduzirem mais confusão sobre os reais temas de decisão do que fazerem essa apresentação de forma clara. Misturam-se questões e histórias pessoais completamente laterais ao real litígio que importa solucionar. A conferência com os advogados permite que juiz e advogados adquiram a visão do que verdadeiramente interessa para a decisão da causa, tornando muitas vezes o que parece um processo complexo num processo simples.

É útil que a fixação dos pontos controvertidos ou temas de prova tenha a colaboração dos advogados. Muitas vezes o juiz não terá tempo para aprofundar logo o estudo do processo e os advogados conhecerão melhor o caso. O juiz pode, na convocação da conferência e ainda que a lei não o imponha, sugerir-lhes que apresentem conjuntamente uma lista desses pontos. A discussão ficará facilitada, mas é uma ilusão pensar que os advogados farão nesse campo um bom trabalho. Os advogados têm um papel a desempenhar junto das partes e não quererão simplificar demasiado contra as expectativa dos clientes que gostam, em geral, de uma discussão das suas posições com algum drama e complexidade. Cabe então ao juiz utilizar esse trabalho para eliminar a complexidade ou as redundâncias apresentadas. Os advogados reconhecerão esse trabalho, ficarão mais confiantes na liderança do juiz e facilitarão mais a instrução do processo.

Pode suceder que nessa conferência os advogados, com o incentivo do juiz, venham a acordar em considerarem provados todos os fatos alegados que interessem para a decisão da causa. Ou mesmo, apenas alguns que interessem para a decisão de uma exceção. Nesse caso, eles devem esperar que o juiz dispense a audiência de julgamento e profira decisão de direito sobre o mérito da causa com base em tais fatos. O juiz deve orientar então o processado, adequando-o e ainda que a lei não o preveja expressamente, para proferir aquela decisão depois de dar a possibilidade de alegações a cada um dos advogados.

Normalmente não é útil que as partes assistam integralmente à conferência entre os advogados e o juiz. Os advogados podem ser tentados a serem menos objetivos e colaborantes e mais teatrais ou formais para satisfazerem as emoções dos clientes. Mas a presença das partes pode ser útil, embora não assistindo à totalidade da conferência. Têm a oportunidade de ouvir o advogado da outra parte e assim estimar os custos prováveis da lide e o possível desfecho da lide. Ficarão assim mais conscientes e até receptivas à possibilidade de um acordo. Neste sentido, o processo civil tende a criar condições para facilitar a autocomposição entre as partes, ou seja, *"os tribunais criarão centros judiciários de solução consensual de conflitos, responsáveis pela realização de sessões e audiências de conciliação e mediação e pelo desenvolvimento de programas destinados a auxiliar, orientar e estimular a autocomposição"* (artigo 165 do Código do Processo Civil).

A identificação das verdadeiras questões da lide, conjuntamente com os advogados, é também muito importante para a identificação das provas necessárias. O juiz deve utilizar a conferência para apurar com exatidão quais as provas úteis à resolução do caso, evitando as desnecessárias ou meramente dilatórias.

Nessa atividade poderá identificar questões que não têm qualquer fundamento. As partes tendem a evitar situações de litigância judicial para criar vantagens indevidas, seja para obter uma melhor transação, seja para condicionar a outra na sua vida, seja para retardar um pagamento ou reconhecimento de um direito, quando o juiz se apercebe cedo da inconsistência das suas posições e pretensões. Identificar logo de início estes casos de litigação patológica impedirá a instrumentalização do tribunal para fins indevidos, poupando tempo, trabalho e outros recursos do tribunal.

No caso de prova pericial, um dos meios de prova cuja produção pode retardar significativamente a marcha do processo e aumentar os seus custos, convém que a sua necessidade real seja discutida e entendida por todos, o mais breve possível, facilitando a cooperação para que seja produzida em tempo adequado.

O mesmo se diga quanto à prova documental. Muitos documentos são juntos sem real utilidade para o processo, causando incidentes e exercício de contraditório que são de todo em todo inúteis. Outras vezes, são apresentados requerimentos para que seja ordenado a terceiros a junção de documentos ou prestação de informações que não têm real interesse ou que se destinam a provar fatos que podem mais rápida e facilmente ser demonstrados por outra forma. O juiz, na audiência prévia, pode até conseguir que o advogado que representa a outra parte venha desde logo a reconhecer a existência de um fato alegado, sabendo este que os terceiros fornecerão com o que lhe for solicitado os elementos indiscutíveis para a prova do fato. Assim se evitará logo a atividade de interpelação daqueles terceiros. Algumas vezes são juntos, muito próximo da audiência final de julgamento documentos pelos advogados. Isto causa desperdício de tempo, obrigando a dar prazo à outra parte para se pronunciar, podendo mesmo esta contrapor outros documentos, o que obriga novo contraditório. O juiz na reunião preparatória com os advogados pode tentar evitar estas delongas, prevenindo aquela eventualidade e sinalizando o modo mais expedito de confrontação com os documentos que provavelmente possam ainda ser oferecidos.

6.7.2. A calendarização

É muito importante que cada processo seja dirigido, desde o início, em função da decisão final. A gestão das expectativas sobre a sua duração é vital para a disciplina dos atos que as partes e os seus advogados venham a produzir. Deste modo, a calendarização assume-se como uma ferramenta essencial na gestão do processo.

Assim, idealmente, o processo logo que tem início deve ter uma programação temporal dos atos a praticar que não decorra apenas dos prazos assinalados nos códigos de processo. É fundamental impedir a existência de momentos "mortos" em que persista a dúvida sobre quando virá a ocorrer a marcação de audiências. E, quando marcadas, é desejável que, ainda que possam ocorrer adiamentos, nenhum seja feito *"sine die"*. O que é o mesmo que dizer que, o mais cedo possível, devem ser estabelecidas datas firmes para a prática dos atos.

A atividade de gestão na calendarização é complementar da atividade da imediação inicial. Esta reforça as preocupações de todos os intervenientes,

A GESTÃO DO PROCESSO (CASE MANAGEMENT)

sobretudo quando existe contato pessoal entre o juiz e os advogados ou as partes, para gestão ativa das intervenções de cada qual, constituindo uma forte motivação para um andamento célere e consistente do processo. Mas deve ser enquadrada por um ambiente de calendarização permanente.

Em Portugal, o novo Código do Processo Civil, que entrou em vigor em 1 de setembro de 2013, dá bem atenção a esta questão, ao impor que a audiência prévia (ou preliminar) tenha também por objeto programar, após audição dos advogados das partes, os atos a realizar na audiência final, estabelecendo-se o número de sessões e a sua provável duração e marcando-se respectivas datas. E impõe ao juiz o dever especial de assegurar que a programação definida seja observada.

O novo Código do Processo Civil brasileiro, que entrou em vigor em 16 de março de 2016, dá atenção a esta questão, ao estabelecer a possibilidade ao juiz e as partes, de comum acordo, fixarem calendário para a prática dos atos processuais (artigo 191), ou seja, os atores do processo judicial podem programar, após oitiva dos advogados das partes, os atos a realizar, o número de sessões e a sua provável duração, inclusive para designação de datas para a realização dos demais atos processuais. E impõe ao juiz o dever especial de assegurar que a programação definida seja observada. As regras processuais brasileiras (artigo 191, §§1º 2º) estabelecem que o calendário vincula as partes e o juiz, e os prazos nele previstos somente serão modificados em casos excepcionais, devidamente justificados. Ainda são dispensadas as intimações das partes para a prática de ato processual ou a realização de audiência cujas datas tiverem sido designadas no calendário

Pode considerar-se que, acima de tudo, a fixação de uma data firme para a audiência final, aquela que marca psicologicamente o fim do procedimento, é a ferramenta mais eficaz para concluir o processo com rapidez. Os advogados orientarão a sua atividade processual, autodisciplinando-se, tendo em conta essa data firme e tenderão a não utilizar expedientes dilatórios para arrastar processo.

Não basta contudo fixar a data firme do início da audiência. É necessário estabelecer, tanto quanto possível, uma data firme para a sua conclusão. Desta forma, quando seja previsível que uma audiência final possa não terminar no dia em que tem início – seja pelo volume de pessoas a ouvir (testemunhas, partes, peritos), seja pela necessidade de realizar no seu decurso inspeções judiciais, seja pelo tempo necessário à alegações finais dos advogados – devem ser fixados os dias exatos em que venha a ter lugar a sua continuação. Isso aumenta a autoridade do juiz na direção expedita da audiência final e promove a eficiência e também economia. As testemunhas não necessitam de comparecer todas no mesmo dia, mas apenas no dia programado para a sua audição, poupando-lhes tempo e sacrifícios injustificados. A ocupação das salas de audiência ganha mais racionalidade, na maior previsibilidade da agenda dos juízes. A expectativa das partes quanto à data da conclusão do processo ganha mais consistência. E ainda que a urgência de alguns processos se possa sobrepor nas agendas e não seja sempre possível respeitar as marcações feitas nos processos não urgentes, devem ser feitos esforços para que as datas marcadas sejam respeitadas, pois só assim os benefícios dessa marcação podem ser alcançados.

Mas não é só em relação à audiência final que a ferramenta da calendarização deve ser utilizada. Isso é válido para as outras audiências intercalares, mas também para os outros atos do processo. Em regra, os prazos estarão marcados nos códigos e a calendarização está já predefinida. Mas existem muitas outras situações em que o juiz tem de intervir na calendarização (incidentes anômalos, requisição de documentos, produção de prova pericial, etc.). Aí na atividade de calendarização o juiz deve marcar prazos expeditos, embora razoáveis para que não seja permitida a sua prorrogação. A calendarização deve assegurar que sejam eliminados os momentos "mortos" no processo e que esteja sempre fixada uma data para a prática de um ato por forma a que o processo seja conduzido em permanência de forma próxima pelo juiz.

6.7.3. Conciliação

É hoje considerado que a atividade conciliatória do juiz deve ser entendida como um princípio diretor do processo. O sistema de justiça só pode operar com fluidez mediante elevada taxa de conciliações judiciais. O juiz deve considerar esta via, assumindo uma atitude pró-ativa. Esta é uma ferramenta essencial na gestão processual.

As boas práticas judiciais favorecem assim uma perspectiva de qualidade que alcance a resolução amigável dos litígios o mais cedo possível, preferencialmente antes da data do julgamento. Uma conciliação obtida num momento inicial do processo poupa tempo, dinheiro e recursos do tribunal e aumenta uma percepção de maior eficiência.

Assim, deve evitar-se a abordagem à conciliação apenas na eminência da audiência final. Em Portugal, o Código do Processo Civil elege dois

A GESTÃO DO PROCESSO (CASE MANAGEMENT)

momentos principais para a intervenção do juiz com esse objetivo: a audiência prévia e o início da audiência de discussão e julgamento (vide art.ºs 591.º e 604.º). No Brasil, o Código do Processo Civil elege dois momentos principais para a intervenção do juiz com esse objetivo: a audiência prévia e o início da audiência de instrução e julgamento (vide artigos 334 e 359). Mas o juiz pode, sempre que o julgar oportuno, convocar em qualquer momento as partes para uma tentativa de conciliação, mediação ou qualquer outra forma de autocomposição embora só o possa fazer uma vez exclusivamente para esse fim (art.º 594.º). Nos juizados especiais estaduais (Lei 9.099/95), federais (Lei 10.259/01) da Fazenda Pública (Lei 12.153/09), todas as formas de autocomposição são incentivadas e o procedimento é voltado para criar condições que possibilite a conciliação ou a mediação.

Uma percentagem elevada de processos termina por transação. Não há motivos úteis para que tal só venha a suceder na audiência final.

Tal só se pode explicar por um lado pela inércia dos advogados. Esta inércia pode muitas vezes ser explicada por cálculos: por um lado, em pequeno número de casos, os advogados olham para os seus honorários, sobretudo se são calculados em função do tempo de trabalho; mas na maioria esmagadora das situações o problema está em que os advogados tentam ao longo do processo explorar todas as armas argumentativas e de apresentação dos meios de prova para se apresentarem numa posição mais forte para a negociação – preocupam-se certamente com os custos para o seu cliente (um processo com um custo excessivo não é bom para o seu prestígio profissional), mas não querem tomar uma iniciativa que possa ser confundida com fraqueza e levar a outra parte a fazer exigências exageradas.

Mas, por outro lado, a explicação também pode ser encontrada na passividade ou falta de preparação dos juízes para intermediarem uma negociação para a transação. Na preparação do juiz, é útil a observação das técnicas utilizadas pelos juízes que conseguem mais conciliações – é sabido que alguns juízes conseguem muitas e outros, em contrapartida, apenas alcançam um número muito reduzido de casos a terminar por transação.

Contudo, o juiz que participe ativamente na conciliação deve ter algumas cautelas e limites. Deve ser um facilitador, não deve forçar uma transação a todo o custo. Alguns juízes não se envolvem ativamente nessa tentativa porque acham que isso os levaria a dizerem mais do que deveriam dizer, comentando o mérito das pretensões ou da defesa, ferindo a aparência da sua imparcialidade no momento do julgamento, caso este venha a ter lugar por não ser obtida a conciliação. Mas o juiz pode e deve explicar as vantagens de uma transação a partir do conhecimento que adquira do processo. Em todos os momentos que se reúna com os advogados deve questioná-los sobre a possibilidade de conciliação. Estes estão em geral interessados na transação, mas por vezes não querem ser eles a tomar a iniciativa. Se o juiz os questionar eles vão ter uma justificação para começarem a conversa sobre a transação.

As vantagens de uma transação podem ser fáceis de explicar. Por exemplo, numa ação de despejo, poderá ser mais vantajoso para o autor obter uma transação tão cedo quanto possível em que obtenha a entrega imediata do imóvel do que esperar por receber rendas em atraso ou o pagamento de danos da parte de um réu insolvente. No caso de ações de dívida pode ser útil para ambas as partes uma redução da dívida em troca de um pagamento imediato ou de um pagamento em prestações. Tendo sempre em conta que os custos do processo também se reduzem.

Numa fase inicial do processo, não é fácil conseguir a conciliação, sobretudo quando o réu não apresentou a sua contestação – os seus argumentos e as provas que pretende produzir. Nos tribunais do trabalho portugueses, onde cerca de 70% a 80% dos casos terminam por conciliação, na audiência inicial (realizada logo após a entrada na petição) apenas se conseguem conciliações num máximo de 20% dos casos.

Mas, na fase intermediária do processo, o juiz pode fazer muito mais, discutindo com os advogados as questões que realmente interessam e as possibilidades de sucesso dos seus argumentos e confrontando-os muitas vezes com os documentos probatórios que já apresentaram e que deixam antever as forças e as fraquezas das suas posições. Isto facilita muito a discussão e a abertura à negociação. A definição rigorosa das questões essenciais pode revelar aos advogados questões jurídicas que tenham passado despercebidas ou que algum deles tenha tentado fazer despercebidas, levando-os a encarar as vantagens de uma transação a que antes não estariam dispostos.

Alguns juízes tentam a conciliação falando diretamente com as partes, embora na presença dos advogados, mas sem contar com a sua intermediação. A experiência mostra que isso por vezes não é aconselhável. Os advogados conhecem melhor as questões do processo e as suas implicações jurídicas e as partes, o autor e o réu, não estarão dispostas a darem sinais de fraqueza transigindo face a face. Será mais útil explorar primeiro com os advogados as possibilidades de conciliação e, só depois, caso os advogados não consigam totalmente convencer os seus clientes para uma transação, será útil, com o acordo dos advogados, a intervenção do juiz junto de cada uma das partes, separadamente ou conjuntamente conforme a situação, procurando demonstrar as vantagens da conciliação.

Entre uma audiência com os advogados e as partes para tentativa de conciliação e a audiência final do processo não deve mediar tempo demais. Se os advogados perceberem que o momento para a audiência final pode ocorrer muitos meses depois, serão tentados a não investir tanto no processo de negociação e a adiarem as suas decisões para outro momento.

Em casos de litigação de massa, frequentes nos casos de dívidas de consumo a empresas com muitos cliente, caso dos bancos, seguradoras, empresas de telecomunicações ou de energia, seria útil conseguir dentro do tribunal ou de um agregado de tribunais um espaço dedicado a conciliação de massa, envolvendo vários juízes ou técnicos especialistas em mediação. A proximidade do tribunal, a proximidade das ações maciças de conciliação e o envolvimento do juiz gestor do tribunal facilitaria o sucesso dessas operações.

Esta é uma situação que se relaciona interligadamente com a dimensão do juiz gestor do seu processo e com a dimensão do juiz gestor do tribunal. Só de forma coordenada com o juiz gestor do tribunal se pode conseguir melhores resultados na implementação desse espaço.

Em Portugal nunca se tentou nada de semelhante, mas noutros países – como no Brasil – as experiência revelam sucesso. Em Portugal a experiência organizada de justiça negociada passa mais pela existência de um sistema público desligado organicamente do tribunal, com centros de mediação apenas em algumas áreas, a familiar, a laboral e penal. Mas não é a mesma coisa e a sua eficácia não é elevada.

As experiências brasileiras de conciliação são muitas e com resultados expressivos. Nesta linha, o Código de Processo Civil expressamente determina que os tribunais criem centros de autocomposição dos conflitos e de orientações aos usuários, observadas as diretrizes do Conselho Nacional de Justiça (artigo 165). Posteriormente, a Resolução 125/10, do CNJ, regulamentou o CEJUSC, que é a sigla utilizada em referência à terminologia "Centro Judiciário de Solução de Conflitos e Cidadania". Estes centros são equiparados a uma unidade judiciária e desenvolve trabalhos correlatos à política de autocomposição, com especial ênfase na solução de conflitos por meio da conciliação (na maioria dos casos) e da mediação (em hipóteses menos frequentes). Além disso, atua na orientação e promoção de direitos dos cidadãos (política judiciária de cidadania).

6.7.4. Expeditividade ou celeridade

Esta é outra ferramenta importante na gestão processual e que se relaciona com o permanente controlo do processo pelo juiz, ao longo do seu percurso. Dito de outro modo, relaciona-se com a permanente atividade que deve existir para tornar expedito, célere o processo.

Esta atividade impõe em primeiro lugar a monitorização continuada das situações de injustificada demora e a concepção criativa de mecanismos gerais que impeçam a sua verificação.

Como atividade de controle geral dos processos a seu cargo – não apenas de cada processo – o juiz deve interagir com os funcionários que estejam afetos ao seu apoio, dirigindo funcionalmente a sua atividade, fiscalizando a sua atuação e dando instruções genéricas de conteúdo prático. O juiz não deve esquecer que é o primeiro responsável pela direção dos seus processos e que uma estrutura de apoio processual ineficiente gera potencialmente anomalias no processamento de cada caso. As instruções práticas que vier a formular podem ter implicações na atividade dos advogados e nos demais intervenientes nos processos e, assim, pode ser aconselhável que as articule com o presidente do tribunal, diretor do foro e com outros juízes, eliminando possibilidades de injustificada diferenciação.

Na realidade, o elevado volume de despachos de mero expediente ou outros de conteúdo meramente preparatório preenche excessivamente a atividade diária dos juízes, prejudicando a atenção devida a cada caso, possibilitando um exercício cego ou desligado duma eficiente visão dos recursos do tribunal, causando em crescendo e em cadeia uma maior atividade à secretaria, potenciando a prática de atos contrários à economia processual, maiores custos e, a maior parte das vezes, um andamento apenas aparente dos processos, gerando morosidade. O resultado pode ser o caótico atendimento dos processos pela secretaria, na ausência de clareza na definição de prioridades e simplificação da resposta. E pode ser ainda uma desajustada e imprevisível apresentação dos processos ao juiz, causando-lhe uma insuportável acumulação de serviço

O juiz na atividade de gestão processual ativa não pode render-se a esta situação. Ele deve controlar a atividade da secretaria, estabelecendo procedimentos para que possa avaliar o estado dos processos e de cada processo e agilizar o trabalho de todos, gerando sempre mais eficiência. Se puder utilizar recursos eletrônicos, com um sistema de alertas adequados, tanto melhor. A utilização de sistemas processuais eletrônicos ou virtuais tem revelado altos índices de eficiência nas atividades meio da prestação jurisdicional. Se não dispuser desse instrumento, deve estabelecer regras escritas, ordens de serviço, que lhe permitam assegurar o controle. Deve, por outro lado, exercer uma adequada atividade de liderança, reunindo com os seus funcionários, procurando melhores práticas funcionais e de divisão de trabalho, simplificando, motivando, delegando tarefas que possam ser delegáveis e criando adequados ambientes de responsabilidade geral e individual. Também aqui se for necessário deve estabelecer determinações escritas.

Esta atividade de coordenação deve ser também exercida em cada processo, sobretudo nos que se antevejam como de litigação mais disputada e viva. O andamento do processo não pode fugir ao controle disciplinador do juiz. O poder de adequação dos procedimentos deve ser exercido e as partes devem contar com a possibilidade de anúncio de regras de atuação expeditas. A gestão processual que o juiz deve exercer impõe uma permanente tutela sobre os procedimentos das partes que possam acarretar uma acrescida morosidade do processo, os quais podem ocorrer em qualquer das fases processuais, incluindo o julgamento.

Uma nota específica deve ser dita quanto à gestão da audiência final, ou seja de julgamento. Muitas vezes, é nesta audiência que o processo encontra as suas maiores dificuldades quando se olha para o aspeto da celeridade. Ou seja, é na audiência de julgamento que, muitas vezes, está a verdadeira causa da demora de um processo. Seja por causa da extensa lista de testemunhas a inquirir, seja sobretudo pelos adiamentos que têm lugar, seja pela menor disciplina de tempo que é tomada desde o início e que depois é difícil de tornar mais exigente.

É na audiência final que o poder de gestão do juiz se evidencia especialmente com o exercício da autoridade natural que impõe na direção da causa. O controle expedito assume na audiência de julgamento o seu ponto mais decisivo. Nesse momento, a imediação em relação às partes, aos advogados, às pessoas a inquirir, a habilidade e a experiência fazem a real diferença.

O conhecimento rigoroso do processo facilitará desde logo o domínio dos atos e dos tempos dos advogados e da inquirição das testemunhas, peritos e partes, eliminando o que for desnecessário para o apuramento dos fatos e correta audição dos argumentos dos advogados. A gestão processual obriga o juiz a ser mais controlador, onde antes se deixava mais espaço para a intervenção dos advogados. Mas deve existir o cuidado de não ferir o papel dos advogados, criando tensões inúteis. O controle expedito deve passar mais por estabelecer regras orientadoras claras, definição de questões e limites, deixando aos advogados uma participação importante na produção de prova. Deve passar também por estabelecer um bom ambiente de trabalho em que o contraditório se desenvolva com naturalidade e eficiência.

O princípio da concentração deve orientar os advogados, sob a direção do juiz, de modo a que o julgamento não sofra adiamentos ou interrupções desnecessárias. Se o juiz for rigoroso na observação deste princípio, os advogados evitarão, porque inúteis, quaisquer expedientes dilatórios e orientarão também a sua atividade de forma mais concentrada e eficaz. O juiz deve obter a colaboração dos advogados para a expeditividade, limitando as inquirições e a apresentação dos documentos ao que for essencial e estabelecendo uma ordenação da produção dos meios de prova ordenada e compreensível. Uma testemunha a quem seja permitido divagar sobre questões não essenciais pode ter um efeito desordenador e incompreensível no julgamento, potenciando que surja outra ou mais testemunhas que divirjam do mesmo modo das questões essenciais, aumentando a perturbação. Também um documento não essencial que seja apresentado e aceite pode gerar perturbações relacionadas com o respectivo contraditório, multiplicando atos realmente inúteis e incompreensíveis.

O juiz deve garantir que as pessoas que são chamadas a depor em julgamento são tratadas com respeito e dignidade. Se assim suceder, também elas não ousarão faltar ao respeito ao tribunal ou aos advogados, inibindo-se a ocorrência de incidentes perturbadores. Por outro lado, se uma testemunha for tratada ou inquirida com agressividade ou hostilidade despropositadas por um advogado, o outro advogado tenderá a retaliar do mesmo modo, introduzindo novas perturbações.

Se, durante o julgamento, vierem a ser suscitados incidentes processuais que exijam uma decisão do juiz pode ser mais útil agendar e concentrar a prolação dessa decisão para um momento ulterior em que se evite a quebra na fluidez do julgamento – o julgamento prosseguirá e o juiz proferirá a decisão, até com maior reflexão, num outro momento, no final da audiência ou até após uma interrupção normal. Este tipo de incidentes deve ser minimizado, com a colaboração dos advogados.

O juiz deve empenhar-se durante o julgamento na imediata apreensão da prova de forma a que no final da audiência esteja em condições de proferir uma decisão quanto aos fatos que considera provados ou não provados. Deve tomar as suas notas para que essa decisão possa ser conscienciosa e bem fundamentada. Na preparação dessa decisão é útil ouvir com atenção as alegações finais dos advogados. Estes devem ser orientados para serem breves e concisos nas suas alegações, focando-se nas questões essenciais. Se assim fizerem, as suas alegações podem ser de grande valia na preparação da decisão do juiz.

Deve, também, o juiz, preparar-se, tanto quanto possível, para poder imediatamente proferir a sentença final da causa. Mas deve racionalizar o seu esforço para não perder tempo inútil. Alguns juízes começam a escrever as suas sentenças, preparando-as, ainda antes do julgamento, tendo em vista o que antecipam poderem ser as variáveis que resultem da audiência final. Revela a experiência que o tempo que se perde nessa atividade é desperdiçado quando no início ou durante o julgamento as parte se conciliam e o litígio termina por transação.

Finalmente, uma questão tormentosa é a do juiz que não produz e com isto causa problemas aos jurisdicionados. Não se está a falar de um juiz que não queira trabalhar, mas sim daquele que não tem aptidão para tanto e não apresenta resultados ainda que trabalhe com dedicação. Por exemplo, o Tribunal de Justiça do Estado de São Paulo, em 30 de junho de 2017, colocou em disponibilidade um juiz de direito que tinha baixa produtividade, mesmo depois de ter recebido recomendações da Corregedoria-Geral da Justiça e sofrido pena de advertência.[73] A disponibilidade, no Brasil, não significa demissão, mas sim o afastamento com o recebimento de vencimentos proporcionais ao tempo de serviço.

---

[73] LUCHETE Felipe. 2017, "Elogiado por colegas, juiz é aposentado por só assinar 33 sentenças por mês". In: Revista Jurídica Eletrônica Consultor Jurídico, disponível em www.conjur.com.br/2017-jun-30/elogiado-colegas-juiz-aposentado-baixa-produtividade, acesso em 04 de julho de 2017.

6.7.5. Gestão dos fluxos processuais

A gestão dos fluxos processuais (*caseflow management*) consiste na coordenação dos procedimentos e recursos do tribunal para que os processos judiciais tenham andamento em tempo razoável à sua resolução.

Rigorosamente insere-se na atividade de gestão do tribunal, mas tem particular incidência nas práticas de gestão processual estando assim com elas correlacionada. Estas melhoram significativamente quando um tribunal controla o andamento dos processos a partir do momento da sua entrada, define os seus termos e prazos limite ao longo da sua apreciação e fornece datas de julgamento credíveis.

As boas práticas na gestão dos fluxos processuais devem incluir a definição do tempo de duração média dos processos, o controle contínuo do andamento dos processos, a programação, calendarização e agendamento das diligências, o uso de sistemas de informação para monitorizar duração, o estado e a complexidade dos processos.

Para estabelecer um guia destas boas práticas é essencial uma articulação entre cada juiz e o sistema de gestão de cada unidade judiciária e os seus respectivos gestores. Deve ser fruto de reuniões preparatórias onde também se discutam objetivos comuns para o tribunal e as unidades judiciárias. Objetivos que podem ter como início a identificação dos pontos de estrangulamento e de ineficiência e a definição dos meios e das práticas para os eliminar. Depois, em progressão, podem surgir os objetivos que surjam naturalmente para a obtenção de maior qualidade na prestação jurisdicional.

A gestão dos fluxos processuais através de regras equilibradas de distribuição constitui um instrumento indispensável. Uma distribuição equilibrada passa seguramente pela distribuição a cada juiz ou unidade jurisdicional de um número igual de casos que a cada um dos outros são entregues. Esta distribuição justa tem efeitos moralizadores – cada juiz não deve sentir-se injustificadamente penalizado em relação aos seus colegas.

A distribuição justa (igualizadora) deve atender não só à quantidade de casos, mas também à sua complexidade. Na verdade, uma distribuição cega que atenda puramente às regras legais, na quantidade e em função das espécies pré-tabeladas, pode não atender suficientemente à diferenciação resultante da complexidade dos casos. Existem processos – que em Portugal são designados como mega-processos – que envolvem uma anormal complexidade, seja pelas questões tratadas, seja pelo número elevadíssimo de intervenientes diretos e acidentais (peritos, testemunhas, etc.) e, assim, podem levar muitos meses ou anos no seu tempo próprio de processamento. Exigem uma atenção dedicada, quase em exclusivo, sob pena de se multiplicar o tempo em que são resolvidos. É adequado que nestes casos, o juiz a quem seja distribuído um processo desta natureza seja dispensado durante um certo tempo de receber mais processos e que numa próxima distribuição de um processo de idêntica complexidade ele venha a ser atribuído a outro juiz.

No Brasil, há um exemplo de suspensão da distribuição de processos por um período para um determinado juízo. Ocorreu na mundialmente conhecida Operação Lava Jato. A decisão do Tribunal Regional Federal da 4ª Região foi fundamentada na complexidade e no volume de trabalho de um dos maiores casos de corrupção, que envolveram dezenas de políticos de destaque, agentes públicos e empresários. O megaprocesso criminal foi inicialmente distribuído ao juiz natural que recebeu o primeiro caso, e posteriormente os demais feitos relacionados. Já o resto do acervo de ações penais da unidade judiciária foram atribuídas ao juízo substituto. A medida administrativa, sobretudo de gestão do tribunal, permitiu a divisão de trabalho entre juízes e as ações penais da Operação Lava Jato tiveram andamento célere e adequado.

Em certos casos pode ser efetuada uma redistribuição de processos pelos juízes, em situações de acumulação excessiva do serviço a cargo de um juiz, seja por motivo de incapacidade sua, por razões de saúde ou outras. A acumulação excessiva de pendências não é boa para o tribunal no seu conjunto, nem para o serviço que dele é esperado e o tribunal deve oferecer respostas eficazes para corrigir essa situação. Ponto é que essa redistribuição não colida com o princípio do juiz natural ou da predeterminação legal do juiz, criando suspeitas que um processo é retirado a um juiz para ser entregue a outro que seja mais favorável às posições de uma das partes. A transparência exige que as operações de redistribuição sejam sujeitas a regras predefinidas de modo a que cada parte fique tranquilizada e ciente dos motivos pelos quais ela é determinada.

Uma adequada gestão dos fluxos processuais deve, logo de início, permitir também detectar situações de litigância de massa a exigir estratégias de atuação diferenciada. Nestes casos, a estrutura de gestão do tribunal e os conselhos judiciários devem assumir eles mesmos essas estratégias diferenciadas, tal como existem, por exemplo no Brasil, protagonizadas em primeira linha pelo Conselho Nacional de Justiça. As orientações para tratar estes casos podem mesmo passar pela agregação de processos, a tratar pelo mesmo juiz, nas situações em que os casos tenham similitude e sejam protagonizados pelo mesmo grande litigante (empresas de telecomunicações, seguros, bancos, etc.). A gestão processual pode adquirir aqui especial relevo, com a adaptação das regras do processo às especificidades do tratamento massificado das causas.[74] Pode também induzir ações específicas de conciliação tendo em vista a obtenção de um máximo possível de transações.

A monitorização dos tempos, a verificação regular das sequências processuais com controles sobre os prazos e sobre os excessos de tempo de duração por fase, a comparação de funcionamento nos serviços, o entendimento sobre procedimentos uniformes para tratamento processual de contencioso de massa ou de processos com características análogas, ou a utilização racional e instrumentalmente útil das novas tecnologias são outras das possibilidades que devem ser exploradas, na gestão dos fluxos processuais, para melhorar a qualidade das respostas.

No que respeita à gestão de cada concreto processo, tendo em conta a análise dos fluxos processuais e a avaliação dos meios do tribunal, no espaço de entendimento que seja possível reunir em cada tribunal, é vantajoso que sejam ser acordadas entre os juízes regras de atuação que permitam acrescentar produtividade e eficácia. Da mesma forma que os códigos de processo contêm regras instrumentais que os juízes devem observar, na margem de criação de regras que cada juiz possa assumir autonomamente no exercício do seu dever de gestão processual há muito de racionalidade e de exigência de boa gestão e menos de intervenção jurisdicional, que se relacione antes com a independência do juiz, pelo que a uniformização de certas regras práticas não deve ser tomada como impossível ou inconveniente. Por isso, procedimentos concretos sobre a melhor forma de direção

---

[74] Os processos de massa, no Brasil, tiveram início nos anos 1980. Milhares de ações envolvendo a compra de casa própria por meio do Sistema Financeiro da Habitação – SFH, ocuparam os Foros criando perplexidade a juízes e servidores. O Tribunal Federal de Recursos, extinto com a Constituição de 1988, designou o Juiz Federal da 5ª. Vara Federal do Rio Grande do Sul para processar todas as causas semelhantes que tramitavam naquele estado e suspendeu a distribuição de outras. Preservou-se, assim, a uniformidade no tratamento da matéria e a efetividade.

dos processos ou questões de pura organização do trabalho e de agendamento, de racionalidade na utilização dos espaços, podem perfeitamente ser uniformizadas, modeladas, racionalizadas e objeto de elaboração de regras de "boas práticas" que se imponham no exercício quotidiano.

6.8. A gestão do tempo. Os prazos

Os prazos preestabelecidos legalmente, quer para a tramitação processual quer para a atividade devem ser encarados como imperativos para efeitos do seu cumprimento. Não pode assim ser entendida e defendida uma cultura do "prazo meramente indicativo". Por outro lado, assumir a predefinição dos prazos associados a cada etapa da tramitação do processo como uma objetivo será essencial.

Isto permite visualizar todo o esquema processual, o seu decurso e, em conformidade, planear todo o agendamento do próprio processo. Como consequência é mais fácil concretizar a possibilidade de controlar toda a restante atividade processual que está distribuída ao juiz. O cumprimento rigoroso dos prazos permite concretizar toda a atividade global predefinida.

Daí que se insista hoje, com expressão prática em alguns ordenamentos jurídicos, que importa mais fixar um prazo genérico de duração para um dado processo do que indicar, imperativamente, a duração de procedimentos intermédios. O compromisso do sistema é assumido em relação ao tempo que medeia entre a instauração do procedimento e a sua resolução por decisão judicial, admitindo-se uma flexibilidade operativa, fixada em concreto pelo juiz, com a colaboração das partes, relativamente ao modo como se atingirá o momento da sentença.[75]

A responsabilização pelo não cumprimento das atividades nos prazos estabelecidos não pode deixar de ser também objeto de tratamento.

Atente-se que existem vários tipos de responsabilidade (disciplinar, civil e penal) sendo essencial alertar todos os intervenientes para esse leque

---

[75] Um exemplo de "case management" citado recorrentemente a este propósito tem a ver com as denominadas Civil Procedure Rules de 1998, que representaram uma verdadeira revolução na área do processo civil, usadas na Inglaterra e no País de Gales, onde se prevê a possibilidade de serem usados diferentes procedimentos ("tracks") definidos também em função da respetiva duração temporal – o "small claim track", o "fast track" e o "multitrack".

de responsabilização, nomeadamente quais os seus campos de aplicação, informando-se precisa e rigorosamente sobre quais os seus requisitos.

A gestão dos tempos processuais exige igualmente que se distingam claramente os procedimentos de mediação; estes devem ocorrer em fases distintas e claramente autônomas relativamente ao processo judicial, evitando duplicações ou eventuais dúvidas quanto ao dever de imparcialidade do juiz.

6.9. Informação e publicidade

Como já antes ficou dito, as práticas de comunicação são essenciais na gestão processual.

Sem uma boa comunicação interna e externa, não é possível satisfazer as necessidades de informação e de conhecimento, tanto na própria organização, como na sociedade.

As estratégias de comunicação (ou a falta delas) interagem não só com as atividades de gestão do tribunal, com a orientação e planificação dos seus objetivos, mas também com as mais estreitas linhas de cooperação que se procurem ativar entre os intervenientes num determinado processo (juiz, Ministério Público, advogados, partes, testemunhas, etc.). E podem facilitar a atividade processual, gerando previsibilidade, segurança e confiança, ou podem, ao invés gerar opacidade, turbulência inútil e rigidez.

A planificação da comunicação institucional é, assim, fundamental, em todos os níveis de gestão do judiciário. Ela implica a recolha de dados de informação, o seu tratamento, a sua avaliação e a sua disponibilização permanente. Implica o cuidado com a organização de bases de dados e de redes ou plataformas de informação, bem como a adoção dos incentivos apropriados ao seu uso intensivo.

Quanto melhor for, melhor será estimulada a necessária inteligência competitiva, criadora, para atingir os objetivos definidos. A partir daí, seguramente melhores condições existirão para uma boa gestão processual, para melhores níveis de confiança geral e de consequente autoestima organizacional.

Por outro lado, não faz hoje qualquer sentido falar de comunicação sistêmica, seja qual for o sistema onde isso se discuta, sem ter presente que é de comunicação eletrônica que importa tratar.

Rapidez, celeridade, «limpeza», credibilidade, facilidade serão alguns dos adjetivos que podem ser atribuídos a esta forma de comunicação.

A comunicação eletrônica entre os intervenientes no processo é desde logo determinante para que possam ser transmitidos documentos em suporte eletrônico, enviadas mensagens formatadas automática ou manualmente, marcados ou desmarcados atos processuais.

De igual forma a solicitação de todo o tipo de informação no âmbito do processo, a qualquer entidade, deve ser efetuada eletronicamente.

No que respeita à comunicação com o público é fundamental que haja uma política de comunicação que se proponha ultrapassar as situações de medo ou aquelas que levam os cidadãos a considerar que não têm tempo a perder com os tribunais.[76]

A notificação ou a informação das testemunhas, quando for da responsabilidade da secretaria do juízo, deve ser efetuada com antecedência das datas agendadas para as diligências. É possível encontrar mecanismos «amigáveis» na forma de notificação nomeadamente através do envio a cada testemunha de um guia com indicações sobre o tribunal, nomeadamente qual a entrada a usar, onde reunir, qual a data e a hora da audiência.

Noutra dimensão importa atentar na questão do tratamento pessoal das pessoas que se dirigem ao tribunal. Assume especial relevância a necessária cortesia no tratamento das testemunhas, peritos, partes ou outros colaboradores do tribunal, por parte de todos os profissionais que com elas lidam.

No domínio do processo importa ter em atenção a necessidade de compatibilizar, em determinadas situações, o rigor no cumprimento do princípio da publicidade do processo,

Assim determinados atos processuais não podem ser públicos ou a sua publicidade deve ser restringida (exemplo dos casos envolvendo cidadãos menores ou direitos indisponíveis).

No âmbito do processo penal importa ter em atenção a questão do segredo de justiça, e a sua eventual quebra, se razões poderosas assim o suscitarem.

---

[76] Vide a respeito Vladimir Passos de Freitas, "Magistrados e mídia em tempos de comunicação em tempo real", em http://www.conjur.com.br/2017-jul-02/segunda-leitura-magistrados--midia-tempos-comunicacao-tempo-real, acesso 03 de julho de 2017.

Por outro lado no próprio decurso do julgamento é essencial cumprir rigorosamente as, por vezes necessárias e admitidas, restrições à publicidade da audiência.

O papel do juiz aí será insubstituível, quer no rigoroso cumprimento dos dispositivos legais que emitem essas quebras, quer posteriormente na transmissão a terceiros do que aí se passou. O que tem que ser efetuado sem violação de regras deontológicas e regras processuais.

Nesta matéria será essencial manter informada a vítima de certos crimes (v.g. crimes de maus tratos, alguns crimes sexuais) sobre o andamento processual em curso que teve origem na sua queixa. Não se verifica nenhum impedimento legal a esta situação, nomeadamente no âmbito do segredo de justiça, se a informação for efetuada corretamente.

Permite-se assim ao cidadão percepcionar que o sistema de justiça está operante e a funcionar, obviamente dentro de regras próprias que a vítima tem que compreender.

A informação sobre o estado do processo, por um lado, e sobre os atos realizados ou a realizar no próprio processo, por outro, deve estar sempre disponível. Também o próprio conteúdo dos atos judiciais substanciais elaborados no processo que não estejam sobre segredo de justiça devem estar disponíveis às partes ou a quem a eles possa aceder de uma forma inteligível.

Deve equacionar-se a questão relacionada com a informação a prestar quando não seja possível, por razões devidamente justificadas, cumprir as tarefas nos prazos legalmente estabelecidos para tal.

Trata-se de uma «boa prática» que sempre que possível deve ser efetuada. O direito à justiça, nos termos já concretizado, tem um conteúdo. Nesse conteúdo insere-se, inequivocamente, o direito à informação sobre o estado do processo, o seu decurso nos prazos adequados e por isso, também, os obstáculos ao seu desenvolvimento normal.

Neste sentido merece integral concordância a disponibilização de palavra-chave do processo às partes envolvidas, através do sistema de rede informática restrita na internet, para que possam as mesmas aferir sobre o estado do processo que pretendem consultar.

6.10. Diferenciação e simplificação processual

Os processos não são todos iguais, quer no seu conteúdo, quer na sua forma.

A constatação da necessidade de tratamento diferenciado dos processos é hoje normativamente assumida pelo Conselho da Europa. Os assuntos em que estejam em causa quantias limitadas, que exijam uma intervenção rápida do tribunal ou casos pouco relevantes, bem como ações não contestadas devem ser decididos através de processos simplificados.

Mesmo quando aparentemente, no âmbito da mesma forma processual, aparecem processos similares, importa sublinhar que cada processo é um caso e cada um tem o seu percurso diferenciado.

Se a constatação da diferenciação dos processos, por forma processual, não assume qualquer especificidade, é na constatação da diferenciação por espécie e por assunto que importa atentar. Tratar o que é diferente de uma forma também ela diferenciada.

Assim exige-se ao juiz que na visualização do trabalho distribuído possa desde logo diferenciar o tipo de processos e nestes o tipo de atividades mais ou menos complexas que lhe são exigidas.

A constatação desta evidência e a sua concretização prática implica desde logo a possibilidade de gerir melhor toda a atividade que cada um dos processos exige ao magistrado.

Podem identificar-se alguns critérios de diferenciação, sendo que alguns deles encontram-se já plasmados na lei, no que respeita às formas processuais diferenciada.

Assim são identificáveis a diferenciação pelo valor e pela natureza do processo.

Não é, no entanto, essa diferenciação processual, que já existe, quer no domínio do processo civil, quer no âmbito do processo penal, que é, nesta perspectiva, relevante. Trata-se apreender a diferenciação na organização e gestão do exercício da função.

Nesta perspectiva, para além dos critérios do valor e da natureza do processo, serão relevantes o critério do tempo previsível de resolução do processo ou da tarefa ou o tipo de atividade a desenvolver. Será necessário, para isso, identificar e substancializar critérios para concretizar os objetivos referidos.

Desde logo o critério do "tempo previsível" da função que o juiz assume, em cada fase processual no processo. Sendo um critério claramente subjetivo é, no entanto, essencial à "boa prática" de gestão que cada juiz deve imprimir ao seu próprio trabalho.

Se uma determinada atividade processual (v.g. despacho de expediente) é aparentemente mais rápida então será relevante que essa atividade seja efetuada de imediato e em todos os processos onde deve ser também efetuada.

Se a realização de uma tarefa no processo se apresenta previsivelmente mais complexa, deverá desde logo identificar-se no processo essa situação e simultaneamente identificar desde logo o prazo limite em que, legalmente deve, pode e tem que ser efetuada. A não realização de tal tarefa de imediato permite que entretanto se cumpram, nesse período, outras tarefas.

Na marcação de julgamentos deverá, por exemplo, atentar-se na previsibilidade da sua duração em função de dados objetivos constantes do processo. Em função dessa previsibilidade (que, claro está, pode alterar-se em concreto no desenrolar da diligência) devem ser marcados esses julgamentos em determinadas datas onde seja previsível poderem coincidir com outros julgamentos, mesmo que anteriormente marcados, da mesma "natureza", ou seja previsivelmente mais simples.

Quanto ao tipo de atividade a desenrolar no processo dever-se-á levar em consideração na marcação de diligências que impliquem saídas do tribunal, sempre que possível, que as mesmas não coincidam com outras diligências já marcadas ou que previsivelmente possam vir a ser designadas noutros processos.

No que respeita à simplificação, deve referir-se que a sociedade atual é uma sociedade complexa regida por uma teia cada vez mais fechada e de difícil acesso de regras e normas. A sua compreensão por parte dos destinatários é, paradoxalmente, cada vez mais difícil, tanto por via da sua quantidade, como da tecnicidade e mesmo opacidade.

Por isso, o direito, como forma de regular a sociedade e sobretudo de permitir que os cidadãos possam a ele aceder, tem por isso de evoluir para um processo de simplificação de modo a que se potencie o acesso ao maior número de cidadãos.

O discurso da redução da complexidade é, aliás, paralelo ao discurso da própria legitimação do sistema de justiça.

Fala-se, por isso, no domínio da justiça, de simplificação da legislação, simplificação da linguagem jurídica e simplificação dos procedimentos.

É no âmbito da simplificação de procedimentos que um conjunto de reformas têm vindo a ser feitas em vários países membros do Conselho da

Europa, no âmbito do direito substancial e processual (direito civil, penal e administrativo), traduzindo a preocupação de aumentar a eficácia do funcionamento dos tribunais e reduzir a pendência processual. São exemplos o leque cada vez mais vasto de processos especiais, nas várias jurisdições ou a simplificação de atos, como é o caso das sentenças simplificadas ou orais.

6.10.1. Reorganização do processo

O "processo", ainda que hoje assuma uma dimensão maioritariamente eletrônica, consubstancia uma realidade "física" constituída pelo suporte onde as pretensões, os argumentos, as contrapretensões, as provas e a decisão se encontram disponibilizadas, em regra numa sequência lógica.

Nesse sentido a relevância da sua organização, enquanto instrumento que é manuseado por vários sujeitos, assuma uma dimensão prática importante.

Trata-se, essencialmente, de permitir uma organização "física" dos vários segmentos que constituem o dossier que conforma o processo. Neste sentido importa identificar no dossier o que é essencial e o que é acessório, ou, não o sendo, não é absolutamente fundamental ao seu manuseamento diário.

Cada processo deverá assim ser dividido em dossiers distintos que apenas serão disponibilizados e circularão pelas entidades que os manipulam conforme as suas próprias necessidades.

Pode assim aceitar-se o mecanismo de divisão com uma estrutura que identifique desde logo *dossiers* distintos e distinguíveis, divididos por (i) articulados processuais, (iii) notificações, citações e comprovativos das mesmas e (iii) anexos e duplicados. É, por outro lado, fundamental a existência de um índice claro de localização identificando todos os *dossiers* e folhas.

6.11. Gestão da audiência

A centralidade que assume, no âmbito do processo, o ato da audiência de julgamento é iniludível. Toda a "marcha" processual caminha no sentido da realização do ato solene, público e contraditório onde se vai desenrolar o "drama" judiciário. Não se trata, apenas de uma relevância interna, formal ou meramente técnica do procedimento.

A audiência, para além de constituir o "sítio" onde se desenrola todo o "drama" judiciário, através da produção da prova que sustentará a decisão, assume inequivocamente um papel legitimador da atividade jurisdicional nomeadamente pelo seu caráter público, sendo na audiência que se efetua o controlo democrático da aplicação da justiça.

A audiência é o "sítio" processual onde resulta a aplicação dos princípios do processo, por virtude do enfrentamento e colaboração necessários de todos os sujeitos intervenientes.

Seja em processo penal, civil, de menores ou família, de trabalho, de natureza administrativa, ou qualquer outro tipo de procedimento, a realização da audiência de julgamento é o ato processual que espelha a face da justiça.

Alguns princípios de gestão, comuns a qualquer tipo de audiência de julgamento, independentemente da jurisdição, constituem-se como "núcleo essencial" que deve, em regra, respeitar-se. Trata-se dos princípios da liderança, informalidade, eficácia e concisão.

6.11.1. Liderança

O significado essencial da audiência exige, por isso, de quem tem o seu domínio, a capacidade de organizar este ato fundamental do processo de modo a que as finalidades sejam atingidas de uma forma eficaz.

No âmbito da audiência de julgamento o dever de gestão processual do juiz, nomeadamente do juiz presidente que tem a competência para liderar todo o ato, vai além das regras especificamente atribuídas e estabelecidas nas regras processuais.

É ao juiz que, de forma rigorosa determinada e naturalmente respeitando os princípios legais subjacentes a cada ordenamento, se exige uma capacidade de liderança efetiva, quer na marcação, quer na condução da audiência.

6.11.2. Informalidade

A existência de um ambiente favorável em que decorre a audiência é fundamental à concretização dos objetivos e finalidades da justiça.

As regras processuais a que deve, necessariamente, obedecer o rito, ainda que solene, da audiência devem compatibilizar-se com uma dimensão de informalidade. Assim, solenidade e informalidade não são, nesta perspectiva regras antagônicas, mas complementares.

No estabelecimento deste ambiente favorável é exigido ao juiz, como "líder" da fase processual, a capacidade de criar as condições para que tal ocorra.

Por isso se fala em discussão da causa na audiência com "elevação e serenidade" – cf. neste sentido o artigo 602.º n.º 2 alínea c) do Código de Processo Civil português.

6.11.3. Eficácia

A eficácia da audiência de julgamento pressupõe que a mesma tenha que ser célere, econômica e permita concretizar a justiça que se vai traduzir na decisão final que dela resultar.

Sendo na audiência que se produz toda a prova em que se sustenta a questão judicial, o seu processamento devendo ser produzido de acordo com as regras processuais e substantivas que o tipo de procedimento comporta, deve exigir uma dimensão de eficácia acrescida.

Esta exigência de eficácia impõe que todas as fases da audiência, desde as alegações iniciais, a produção da prova ou as alegações finais decorram com um "andamento" próprio em função do objetivo da audiência, que não deve ser interrompido, a não ser por razões excepcionais. Daí que ao juiz se exija, em qualquer tipo de processo, um papel fundamental na coordenação da audiência. Nomeadamente na produção de prova, onde as exigências processuais são mais complexas. Recorde-se, nesta parte, toda a dimensão processual relativa à validade dos meios de prova e dos meios de obtenção e prova e as implicações substantivas e adjetivas que comportam.

Igualmente deve levar-se em consideração a diferenciação decorrente de uma audiência de um caso simples ou de um caso complexo. É, sobretudo, nestes últimos que são exigidas ao juiz presidente, como líder da audiência, um conjunto de procedimentos adequados ao processamento desenvolto da audiência.

Trata-se de adotar no início do ato um conjunto de metodologias na organização e desenvolvimento do julgamento que devem ser conhecidas de todos os intervenientes de modo a que todo o curso da audiência decorra sem sobressaltos, de modo contínuo e levando em consideração igualmente as particularidades que o caso possa suscitar.

6.11.4. Concisão

Tudo o que pode ser efetuado e dito na audiência deve ser efetuado de modo conciso sem que com essa concisão se perca o rigor exigido. Ser conciso é não ser abundante, não ser prolixo, não divagar, e não ser repetitivo. O princípio da continuidade da audiência, essencial à sua própria natureza, exige exatamente essa dimensão de concisão.

Assumem, neste domínio, especial relevância a utilização de procedimentos que podem passar pela restrição de depoimentos de testemunhas, pela sua limitação, sem pôr em causa a sua essencialidade, pelo agendamento de sessões modelado a uma estratégia de rapidez, pela imposição de tempos de alegação a cada advogado proporcionais à factualidade em causa, etc.

6.12. Limites

Tendo em conta os amplos poderes que são legalmente atribuídos ao juiz no domínio da gestão de audiência, importa ter bem presentes que existem limites que aquele, como "condutor" da audiência, deve salvaguardar, independentemente do tipo de processo ou de jurisdição que esteja em causa.

Podem identificar-se cinco princípios estruturais que, funcionando como condicionadores da audiência, consubstanciam igualmente limites devem ser atendidos: legalidade, continuidade, imediação, contraditório, publicidade.

No que respeita ao princípio da legalidade, deve salientar-se que na audiência desenrola-se o percurso final de um procedimento onde a validade do sistema é a todo o momento sujeita a ser questionada, quando não obedeça aos requisitos fundamentais predefinidos e assumidos como válidos. Por isso todas as disposições legais que estabeleçam normas procedimentais estritas em relação à fase da audiência devem ser rigorosamente cumpridas.

Em segundo lugar há que sublinhar a imposição legal do princípio da concentração ou continuidade que deve vincular toda a fase de audiência de julgamento – cf. o art.º 606.º n.ºs 2 e 3 do Código de Processo Civil português.

Em terceiro lugar o princípio da imediação. Este princípio comporta a ideia essencial de que o juiz tem de fundar a sua decisão só em resultado dos meios de prova diretamente percebidos através da realização de todos os atos processuais na sua presença.

O princípio da imediação implica dois sentidos distintos.

Numa perspectiva formal, quer referir-se que o tribunal que pronuncia a sentença deve "observar por si mesmo", não delegando poderes sobre os atos a realizar na audiência nem podendo, em princípio deixar a recepção das provas a cargo de outrem. Numa perspectiva material, quer referir-se ao fato do tribunal dever "extrair os fatos da fonte, por si mesmo, não podendo utilizar equivalente probatório algum". O princípio da imediação como técnica de «formação» de prova, tem um especial campo de aplicação nas provas que se traduzem em declarações, quer de testemunhas, quer de depoentes, partes ou peritos.

Finalmente importa atentar no princípio da publicidade.

A audiência de julgamento é em regra sempre pública embora possa estar sujeita a limitações ou restrições na forma da publicidade.

A publicidade do julgamento serve para possibilitar o controlo social do processo através do controlo da prova que aí é produzida. A esta finalidade de controlo está diretamente ligado um fator de legitimação do próprio juiz e da sua função bem como um dos meios de preservar a confiança nos tribunais.

A relevância da publicidade da audiência como elemento estrutural do processo tem sido reconhecida pelo TEDH através de uma vasta jurisprudência sustentada na afirmação inequívoca de que a publicidade da audiência constitui um princípio fundamental consagrado no n.º 1 do art.º 6.º da CEDH[77].

No que respeita à restrição da publicidade a sua justificação só é compreensível tendo em conta a necessidade de "não dar a conhecer" determinado tipo de factos ou identidade de pessoas que, tendo em conta os interesses contrapostos que estão em causa, só podem ser protegidos através dessa dimensão da "omissão de conhecimento". Daí as restrições assumidas genericamente nas várias ordens jurídicas no âmbito da publicidade das audiências de julgamento.

A restrição à publicidade das audiências, como princípio constitucional, obedece exatamente por isso aos requisitos constitucionais, despacho

---

[77] Cf., entre outras, as decisões *Pretto e outros contra Itália*, de 8.12.1983, *Axen contra Alemanha*, de 8.12.1983 e *Helmers contra Suécia*, de 29.10.1991.

fundamentado, objetivo conforme à Constituição, como referem Gomes Canotilho e Vital Moreira, *Constituição da República Portuguesa, Anotada*, citada p. 801. Por isso que o tribunal tem que efetuar uma fundamentação precisa dos motivos que sustentam a existência de uma situação de reserva de publicidade.

6.13. Gestão da audiência no processo civil

No âmbito do dever de gestão processual está incluído o dever de gerir audiência de julgamento, como ato processual autônomo.

O juiz deve, por isso de forma ativa, providenciar pelo seu decurso de forma célere, promovendo todas as diligências que julgue adequadas ao seu prosseguimento, recusando o que for impertinente ou meramente dilatório ao decurso da mesma.

Para além deste dever genérico, ao juiz são atribuídos todos os poderes necessários, naturalmente não identificados em concreto, que permitam tornar útil e breve a discussão e para assegurar a justa decisão da causa.

A programação da ou das audiências é desde logo um primeiro tópico que deve salientar-se.

Igualmente a brevidade dos requerimentos e a sua precisão, em função do que se pretende e cingindo-se à matéria relevante em discussão, são hoje requisitos normativos que o Código de Processo Civil português impõe – cf. artigo 602.º – e que o juiz deve seguir.

6.14. Gestão da audiência no processo penal

Independentemente dos princípios comuns a todos os sistemas processuais, a especificidade do sistema penal, tendo em conta os princípios que o sustentam, e que são aplicáveis a outras formas procedimentais em várias ordens jurídicas de natureza sancionatória, comporta alguns princípios específicos com reflexo direto na gestão da audiência que deve salientar-se.

O princípio da investigação que atribui ao juiz a possibilidade de, no exercício das suas funções na audiência de julgamento, efetuar atos de produção de prova independentemente de ter sido requerida por qualquer das partes, tendo em conta o principio da verdade material, condiciona de forma diferente os poderes de gestão processual do juiz na audiência de julgamento.

A "margem de liberdade" de atuação do juiz é maior no âmbito do processo penal do que no processo civil.

Como no processo civil, a disciplina e a direção da audiência de julgamento é da competência do juiz que para isso tem na lei um conjunto de poderes e deveres atribuídos. Mas no processo penal, a busca da verdade material oficiosamente atribuída ao juiz, amplia esses poderes, ainda que vinculados quer ao objeto do processo, quer aos princípios gerais do processo penal. Em Portugal, recorde-se que é permitido ao juiz o máximo de inquisitório, no sentido de que tudo deve poder fazer para investigar *ex officio* todos os fatos relevantes e necessários para a prova. É esse o sentido do artigo 340.º do Código de Processo Penal português. No Brasil, o Código de Processo Penal é expresso ao permitir ao juiz, no artigo 156, incisos I e II, a produção de prova quando considerar necessário.

Uma tal amplitude na possibilidade dada ao juiz de conhecimento das coisas, naquele momento, com as regras predefinidas e sobretudo ouvindo sempre as versões possivelmente contraditórias, sustentando assim aquela que irá ser a sua decisão, tem assim uma dimensão significativamente diferenciada em relação ao processo civil.

Há que salientar, no domínio da gestão da audiência e com especial ênfase no processo penal os dois princípios já referidos da informalidade e eficácia.

O princípio da celeridade processual e as garantias processuais que devem ser asseguradas no decurso da audiência, impõem que todas as medidas a tomar para se atingir aqueles desideratos sejam eficazes.

Por isso, todos os atos de gestão da audiência que devem ser tomados pelo juiz para assegurar a disciplina da mesma devem ser tomados sem formalidades.

Ou seja, há uma imposição do princípio da informalidade, no que respeita à audiência de julgamento, que permite ao juiz conduzir os trabalhos com eficácia.

Como correspectiva negativa importa salientar a clara proibição de atos dilatórios, expressa de forma impositiva pelo legislador português nesta parte – cf. artigo 323.º, alínea g) do Código de Processo Penal.

Leitura fundamental

Cadiet, Loïc. 2011, « La théorie du procès et le nouveau management de la justice: processus et procédure », *in* Benoit Frydman et Emmanuel Jeuland, *Le nouveau management de la justice et l'indépendance des juges*, Paris : Éditions Dalloz, pp. 111-129.

Cadiet, Loïc ; Normand, Jacques ; e Mekki, Soraya Amrani. 2010, Théorie général du procès, Paris: Presses Universitaires de France (sobretudo capítulo de Introdução pp. 1-35)

Centro de Estudos Judiciários. 2013, *Gestão processual: agenda, conclusões, serviço urgente e serviço diário, provimentos e ordens de serviço*, e-book, Coleção Ações de Formação, Lisboa: Centro de Estudos Judiciários, disponível em http://www.cej.mj.pt/cej/recursos/ebooks/GestaoProcessual/Gestao_Processual.pdf.

CEPEJ. 2004, *Un nouvel objectif pour les systèmes judiciaires: le traitement de chaque affai re dans un délai optimal et prévisible*, Programme-Cadre adopté par la CEPEJ lors de sa 3e réunion plénière (9–11 juin 2004), disponível em https://wcd.coe.int/ViewDoc.jsp?Ref=CEPEJ(2004)19&Sector=secDGHL&Language=lanFrench&Ver=rev2&-BackColorInternet=eff2fa&BackColorIntranet=eff2fa&BackColorLogged=c1cbe6.

---//--- 2006, *Analyse des delais judiciaries dans les Etats Membres du Conseil de l'Europe a partir de la jurisprudence de la Cour Europeenne des Droits de l'Homme*, adopté par la CEPEJ lors de sa 8ème réunion plénière 6-8 décembre 2006, disponível em https://wcd.coe.int/com.instranet.InstraServlet?Command=com.instranet.CmdBlobGet&DocId=1047924&-SecMode=1&Admin=0&Usage=4&InstranetImage=138795.

---//--- 2006a, *Compendium de bonnes pratiques pour la gestion du temps dans les procédures judiciaires*, adopté par la CEPEJ lors de sa 8ème réunion plénière 6-8 décembre 2006, disponível em https://wcd.coe.int/ViewDoc.jsp?Ref=CEPEJ(2006)13&Sector=-secDGHL&Language=lanEnglish&Ver=original&BackColorInternet=eff2fa&-BackColorIntranet=eff2fa&BackColorLogged=c1cbe6.

---//--- 2008, « *CEPEJ Guidelines on Judicial Statistics* », adoptada pela 12.ª Reunião Plenária, Comission européenne pour l'efficacité de la Justice (CEPEJ), Estrasburgo: Council of Europe, disponível em https://wcd.coe.int/ViewDoc.jsp?id=1389931&Site=COE.

---//--- 2013, *Saturn Guidelines for Judicial Time Management – Comments and Implementation Examples*, Marco Fabri e Nadia Carboni (coords.), Comission européenne pour l'efficacité de la Justice (CEPEJ), Estrasburgo: Council of Europe, disponível em http://www.coe.int/t/dghl/cooperation/cepej/ReseauTrib/4_2013_Saturn_15_Guidelines_Plus_IRSIG_draft_121112.pdf.

---//--- 2013a, *Lignes directrices relatives à la création de cartes judiciaires visant à faciliter l'accès à la justice dans un systéme judiciaire de qualité*, Groupe de Travail sur la Qualité de la Justice, Comission européenne pour l'efficacité de la Justice (CEPEJ), Estrasburgo: Council of Europe, disponível em https://wcd.coe.int/ViewDoc.jsp?Ref=CEPEJ(2013)7&Language=lanFrench&Ver=original&BackColorInternet=DBDCF2&BackColorIntranet=FDC864&BackColorLogged=FDC864.

Centro de Estudos Judiciários. 2013, *Gestão processual: agenda, conclusões, serviço urgente e diário, provimentos e ordens*, Lisboa: Centro de Estudos Judiciários, disponível em http://www.cej.mj.pt/cej/recursos/ebooks/GestaoProcessual/Gestao_Processual.pdf.

---//--- 2014, *O Juiz Presidente e a Gestão Processual*, Lisboa: Centro de Estudos Judiciários, disponível em http://www.cej.mj.pt/cej/recursos/ebooks/outros/Juiz_Presidente_Gestao_Processual.pdf?id=9&username=guest.
Frydman, Benoît. 2011, « Le management comme alternative à la procédure », *in* Benoit Frydman et Emmanuel Jeuland, *Le nouveau management de la justice et l'indépendance des juges*, Paris : Éditions Dalloz, pp. 101-110.
Latas, António João Latas et all. 2012, *Mudar a Justiça Penal – Linhas de Reforma do Processo Penal Português*, Coimbra: Almedina (sobretudo Capítulo I, pp. 29-47)
Lopes, José Mouraz. 2010, "Gestão Processual: Tópicos para um incremento da qualidade da decisão judicial", *in Julgar*, N.º 10, Janeiro-Abril 2010, pp. 139-149.
Observatório Permanente da Justiça Portuguesa. 2005, *Os Actos e os Tempos dos Juízes: Contributos para a construção de indicadores da distribuição processual nos juízes cíveis*, direcção científica de Boaventura Sousa Santos e coordenação de Conceição Gomes, Coimbra: Centro de Estudos Sociais, Faculdade de Economia da Universidade de Coimbra, disponibilizado em http://opj.ces.uc.pt/pdf/Os_actos_e_os_tempos.pdf
World Bank, *Performance Measures Topic Brief*, disponível em http://web.worldbank.org/WBSITE/EXTERNAL/TOPICS/EXTLAWJUSTINST/0,,contentMDK:20756997~menuPK:2025688~pagePK:210058~piPK:210062~theSitePK:1974062~isCURL:Y,00.html.

Outra bibliografia

Cholet, Didier. 2006, *La célérité de la procédure en droit processuel*, Paris: Librairie LGDJ.
ENCJ – European Network of Councils for the Judiciary. 2014, *Independence and Accountability of the Judiciary*, ENCJ Report 2013-2014, Bruxelas: European Union.
---//--- 2014a, *Minimum Judicial Standards IV – Allocation of Cases*, ENCJ Report 2013-2014, Bruxelas: European Union.
Freitas, Vladimir Passos de, "Magistrados e mídia em tempos de comunicação em tempo real", em http://www.conjur.com.br/2017-jul-02/segunda-leitura-magistrados-midia--tempos-comunicacao-tempo-real, acesso 03 de julho de 2017.
Jauernig, Othmar. 2002, *Direito Processual Civil*, tradução do original alemão de 1998 *Zivilprozessrecht*, Coimbra: Almedina.
Lourenço, Paula Meira. 2009, "Justiça Cível: eficiência e novas formas de gestão processual", *in Novos Rumos da Justiça Cível*, Conferência Internacional – Centro de Estudos Judiciários / 9 de Abril de 2008, Braga: CEJUR – Centro de Estudos Jurídicos do Minho, pp. 81-98.
LUCHETE Felipe, "Elogiado por colegas, juiz é aposentado por só assinar 33 sentenças por mês", revista jurídica do site Consultor Jurídico, http://www.conjur.com.br/2017-jun-30/elogiado-colegas-juiz-aposentado-baixa--produtividade, acesso em 04 de julho de 2017.
Magendie, Jean-Claude. 2004, *Célérité et Qualité de la Justice – La Gestion du Temps dans le Procès*, Rapport au Garde des Sceaux, ministre da la Justice, disponível em http://www.presse.justice.gouv.fr/art_pix/rapport-magendie.pdf.

Matos, José Igreja. 2010, *Um modelo de Juiz para o processo civil atual*, Coimbra: Coimbra Editora.

---//--- 2010 "A Gestão Processual: Um radical regresso às raízes", *in Julgar*, n.º 10, Janeiro--Abril 2010, pp. 123-137.

Mendes, Luís Azevedo. 2010, "Uma linha de vida: Organização judiciária e gestão processual nos tribunais judiciais", *in Julgar*, N.º 10, Janeiro-Abril 2010, pp. 105-122.

Coelho, Nuno. 2007, "A organização do sistema judiciário e a administração judiciária: os tópicos actuais do debate da reforma da justiça", *in Novas Exigências do Processo Civil – Organização, Celeridade e Eficácia*, Associação Jurídica do Porto, Coimbra: Coimbra Editora, pp. 19-73.

---//--- 2007[a], "A economia, a organização do sistema judicial e a administração judiciária. Uma proposta de abordagem sistémica e organizativa", *in Funcionamento do Sistema Judicial e Desenvolvimento Económico*, Conselho Superior de Magistratura, IV Encontro Anual – 2006, Coimbra: Coimbra Editora, pp. 77-148.

---//--- 2012, "O Estado de Direito face ao Caos e ao Sistema. Para uma independência e uma autonomia responsabilizantes dos tribunais portugueses", *in Julgar*, Número Especial (A Mobilização do Direito no Tempo das Crises, Nono Congresso dos Juízes Portugueses), 2012, pp. 205-236.

Observatório Permanente da Justiça Portuguesa. 2006, *A Geografia da Justiça – Para um novo mapa judiciário*, direcção científica de Boaventura Sousa Santos e coordenação de Conceição Gomes, Coimbra: Centro de Estudos Sociais, Faculdade de Economia da Universidade de Coimbra, disponibilizado em http://opj.ces.uc.pt/pdf/A_Geografia_da_Justica_Relatorio.pdf.

---//--- 2006[a], *Como gerir tribunais? Análise comparada de modelos de organização e gestão da justiça*, direcção científica de Boaventura Sousa Santos e coordenação de Conceição Gomes, Coimbra: Centro de Estudos Sociais, Faculdade de Economia da Universidade de Coimbra, disponibilizado em http://opj.ces.uc.pt/pdf/Como_gerir_os_tribunais.pdf.

---//--- 2008, *Para um Novo Judiciário: qualidade e eficiência na gestão dos processos cíveis*, direcção científica de Boaventura Sousa Santos e coordenação de Conceição Gomes, Coimbra: Centro de Estudos Sociais, Faculdade de Economia da Universidade de Coimbra, disponibilizado em http://opj.ces.uc.pt/pdf/para_um_novo_judiciario.pdf.

---//--- 2010, *A Gestão nos Tribunais – Um olhar sobre a experiência das comarcas piloto*, direcção científica de Boaventura Sousa Santos e coordenação de Conceição Gomes, Coimbra: Centro de Estudos Sociais, Faculdade de Economia da Universidade de Coimbra, disponibilizado em http://opj.ces.uc.pt/pdf/RelatorioA_gestao_dos_tribunais_01_04_2010.pdf.

Pinto, Ana Luísa. 2008, *A Celeridade no Processo Penal: o Direito à Decisão em Prazo Razoável*, Coimbra: Coimbra Editora

Teixeira de Sousa, Miguel. 2009, "Um novo processo civil português: *à la recherche du temps perdu?*, *in Novos Rumos da Justiça Cível*, Conferência Internacional – Centro de Estudos Judiciários / 9 de Abril de 2008, Braga: CEJUR – Centro de Estudos Jurídicos do Minho, pp. 7-28.

Capítulo 7

A Decisão

7.1. Gestão da decisão como perspectiva multidisciplinar

Não pode hoje discutir-se e desenvolver-se uma disciplina de gestão judicial sem ter em conta e analisar a matéria relativa à decisão judicial. Como se referiu, o âmbito da tripla dimensão da abordagem gestionária, dum ponto de vista judicial, comporta um plano micro, relativo ao núcleo decisional, isto é, ao núcleo atomístico da tarefa jurisdicional.

A sentença é a mais importante de todas as resoluções judiciais, sendo que todos os procedimentos efetuados anteriormente na marcha processual são dela instrumentais. Ou seja, todo o procedimento judicial tem como finalidade a proferição de uma decisão.

A afirmação de um sociólogo do direito (André-Jean Arnaud e Maria José Fariñas Dulce in *Sistemas Jurídicos: Elementos para un análisis sociológico*) de que "o direito só existe para a decisão" demonstra a essencialidade da decisão no sistema jurídico. Por isso, a decisão consubstancia o ato fundamental do procedimento.

O seu tratamento dogmático, no domínio das várias jurisdições onde são proferidas decisões, que podem assumir diferentes matrizes e ajustamentos em função do estilo ou das especificidades de cada uma das jurisdições, não pode omitir uma dimensão unitária na metodologia de abordagem gestionária da decisão.

A otimização do trabalho judicial no seu núcleo mais essencial que é a decisão, quer do ponto de vista das decisões interlocutórias, quer sobretudo do ponto de vista da sentença, impõe a adoção de estratégias ou mecanismos de racionalização que são comuns a qualquer que seja o sistema ou a jurisdição onde se proferem decisões. Nomeadamente no modo como se decide, na forma como a decisão é elaborada ou nos mecanismos de comunicação que a envolvem.

A dimensão gestionária, nesta parte, vai muito além de um mero "processualismo" que tem de alguma forma contaminado toda a abordagem da teoria jurídica da decisão e que se sustenta essencialmente na estrutura adjetiva da sentença, em função dos modelos processuais que as diferentes jurisdições comportam.

O que está em causa no âmbito de uma visão mais abrangente, é uma metodologia de ajuda à decisão que deve ocorrer em qualquer processo que envolva a tomada de decisões e que é utilizada em vários domínios. Como se referiu inicialmente, a abordagem multidisciplinar que envolve a gestão judicial e concretamente a gestão no âmbito da decisão assume nesta parte uma perspectiva essencial. Cruzam-se nesta matéria perspectivas dogmáticas interdisciplinares relacionadas com matérias de vária natureza, nomeadamente a gestão processual, o direito processual, a filosofia do direito, a teoria da decisão, a linguística, a semântica e a legística onde a questão da decisão e sobretudo da construção da decisão é tratada em função as suas próprias idiossincrasias.

Ao jurista e concretamente ao juiz, que faz da proferição da decisão o seu «core business» é exigido, neste âmbito uma dimensão de conhecimento mais vasto que ultrapasse o mero processualismo e que, essencialmente, o ajude a construir a decisão.

7.2. Para que servem as decisões

O objetivo da decisão judicial é resolver definitivamente um conflito e restaurar a paz jurídica, finalizando um procedimento que se sustenta, em regra, através de escolhas alternativas que terminam num determinado resultado.

Decidir, dum ponto de vista jurisdicional exige no entanto a vinculação a uma dimensão de justiça.

A sentença constitui a razão de ser do processo identificado como um conjunto de atos, obedecendo a requisitos previamente definidos, cujo objetivo é o pronunciamento por uma entidade independente e imparcial de uma decisão sobre uma questão que será pública e contraditoriamente objeto de debate.

Daí que, independentemente dos quadros normativos específicos estabelecidos nos vários códigos de processo, em qualquer jurisdição, que fixam os requisitos estruturais a que deve obedecer a sentença, o ato processual "sentença" tem um núcleo essencial que a identifica em relação a qualquer outro documento.

Assim a identificação do objeto e dos sujeitos processuais, do tribunal e do(s) juiz(es) que a proferem, a fundamentação e o dispositivo constituem em todos os ordenamentos esse núcleo essencial.

Esta estrutura essencial da sentença, que é comum em qualquer modelo processual, deve por isso ser o núcleo a partir do qual se desenvolve todo o procedimento de construção e adaptação dos vários tipos de decisão.

A decisão judicial deve informar de forma compreensível os seus destinatários do conteúdo decidido de modo a que seja perfeitamente percepcionada pelos vários auditórios e, por outro lado, permitir o controlo das autoridades judiciárias de recurso.

A esta dimensão, endoprocessual, deve no entanto acrescentar-se a percepção, hoje dogmaticamente assumida, de que a função extraprocessual da decisão e da sua fundamentação perante os titulares do direito em nome dos quais o cidadão julga é fundamental à sua própria legitimação.

Se é certo que em função de especificidades próprias, a decisão pode conter outras menções, tanto aquelas que são úteis às partes ou aos sujeitos processuais para efeitos de controlo da autoridade judiciária de recurso, como à informação das autoridades judiciárias estrangeiras que podem ter que executar a sentença, é sobre aquele núcleo incindível que deve incidir toda a metodologia de ajuda à construção da decisão.

7.3. O direito à decisão em prazo razoável

O retardamento da proferição das decisões da justiça constitui hoje, em qualquer sistema, o principal problema da justiça.

O acesso e o direito à justiça não se concretiza se a mesma não decorrer num tempo razoável. Ou seja, não há justiça quando a decisão não é proferida num determinado prazo.

Quase todos os diplomas legais internacionais enfatizam e impõem a necessidade da decisão judicial ser proferida num tempo razoável.

Assim o artigo 9.º do Pacto Internacional de Direitos Civis e Políticos estabelece que "todo o individuo preso ou detido sob acusação de uma infração penal será prontamente conduzido perante um juiz ou outra autoridade habilitada pela lei a exercer funções judiciárias e deverá ser julgado num prazo razoável ou libertado".

Por outro lado o artigo 6.º da CEDH estabelece que "qualquer pessoa tem direito a que a sua causa seja examinada, equitativa e publicamente, num prazo razoável, por um tribunal independente e imparcial, estabelecido pela lei, o qual decidirá, quer sobre a determinação dos seus direitos e obrigações de carácter civil, quer sobre o fundamento de qualquer acusação em matéria penal dirigida contra ela".

Também a Convenção Americana dos Direitos Humanos (CADH) estabelece no seu artigo 8.º o "direito de qualquer pessoa a ser ouvida com as devidas garantias e dentro de um prazo razoável, por um juiz ou tribunal competente, independente e imparcial, estabelecido anteriormente por lei (...)".

O prazo razoável não é, no entanto, hoje apenas e só uma "chapa" normativa que se encontra em tais documentos. É uma concretização do direito à justiça e sem ele não podem configurar-se quaisquer outros direitos conexos.

Enfrentar a questão da celeridade passa hoje por duas dimensões. Por um lado, impõe-se configurar mecanismos normativos que permitam a concretização do procedimento de uma forma mais rápida, aqui incluindo a própria prolação das decisões. Por outro lado, estabelece-se a configuração de políticas que impeçam a existência de situações de retardamento da justiça.

Nesse sentido e concretamente numa perspectiva de aceleração processual, a aproximação dos modelos decisórios nas várias formas procedimentais é um caminho que tem vindo a ser percorrido. A sentença é um documento único, seja qual for o tipo de procedimento que deve por isso, ser estruturalmente concebida da mesma forma em qualquer procedimento.

Também a adoção de mecanismos simplificados de decisão, nomeadamente decisões simplificadas ou a sentença "oral", são soluções normativas que têm na sua origem exatamente a dimensão de "acelerar" a finalização do procedimento.

No âmbito do procedimento, o tempo justo da resposta judicial será aquele no qual a sentença pode ser proferida e executada sem dilações indevidas, de acordo com a ideia de justiça no sentido em que esta é entendida pela sociedade onde é aplicada.

A sedimentação do princípio, no âmbito do quadro europeu de tutela de direitos nomeadamente, pela exigência de celeridade processual estabelecida nos artigos 5.º e 6.º da CEDH e sistematicamente confirmada pela jurisprudência do TEDH, assenta assim numa dupla dimensão: o processo deve terminar num prazo razoável e quando esse prazo seja excedido, não sendo afetado o resultado do procedimento, deve ser efetuada uma reparação pelos danos causados.

Na mesma linha, o legislador brasileiro aprovou a Emenda Constitucional 45/04 para elevar a nível constitucional o princípio da duração razoável do processo.

7.4. O processo de elaboração

A decisão, já se referiu, é a razão de ser do processo.

A construção do ato processual decisão/sentença, decorre de um conjunto de exigências específicas que conformam um processo intersubjetivo, contraditório e público.

Desde logo estamos em presença de uma estrutura intersubjetiva, porque envolve sempre a participação de vários sujeitos, nomeadamente com perspectivas diferenciadas sobre a questão em apreciação e que necessariamente têm que ser levadas em conta. Em segundo lugar, é um procedimento intrinsecamente contraditório, porque qualquer decisão judicial que seja tomada exige sempre a audição prévia das partes que, sobre o problema/litígio, podem assumir perspectivas divergentes. Finalmente trata-se de um procedimento público, porque é função da justiça ser pública e as suas resoluções, com algumas exceções devidamente fundamentadas, são, por isso sempre públicas.

É, no entanto, essencial constatar que uma decisão judicial é uma decisão vinculada à questão da verdade. Ao contrário de outros sistemas decisórios, a atividade jurisdicional sustenta-se em afirmações supostamente verdadeiras e não apenas em afirmações meramente indicativas ou presuntivas. Trata-se de entender a verdade, não como algo que se sustente num caráter metafísico, mas antes assente num princípio de objetividade não absoluta que aceita o seu modo de determinação num modelo intersubjetivo de conhecimento, partilhando, de algum modo uma ideologia de consenso.

Por outro lado o modelo de verdade jurisdicional é um modelo que se afirma como aproximativo. As limitações decorrentes de uma atividade de produção de prova assente em modelos similares à "reconstrução histórica", sujeita a procedimentos e regras pré-definidas com limites previamente fixados, exige essa perspectiva.

A formação duma "estrutura" com a complexidade e o rigor duma decisão judicial exige um conjunto de procedimentos intra e extraprocessuais que tanto funciona como elemento legitimador do procedimento, como pode funcionar como instrumento de suporte ao modo de construção da própria decisão.

7.4.1. Diferenciação das decisões

Todas as decisões são diferentes, existindo decisões relativas a casos concretos fáceis e difíceis. A diferença dos casos pode implicar a existência de decisões complexas ou decisões simplificadas.

Decisões simplificadas são decisões que envolvem casos de pouca gravidade, casos simples ou casos onde tenha havido acordos parciais das partes quanto a determinadas questões do litígio, remetendo apenas para o decisor uma parte reduzida do que está em discussão. São casos onde não há dúvidas significativas colocadas ao decisor sobre as questões factuais ou sobre as questões jurídicas. A importância do conceito de "decisão simplificada" evidencia-se na definição que é dada pelo Conselho da Europa quando refere que um processo é simplificado quando a questão levanta poucas dificuldades ou quando o valor da ação for limitado.

Mas também em relação aos casos difíceis onde, ao contrário, as questões suscitadas e em apreciação suscitam grandes dúvidas, na medida em que a diferença entre um "caso difícil" e um "caso fácil" é essencialmente uma questão de grau de dúvida no modo como se deve chegar à decisão. Tendo em conta a grande margem de incerteza que os "casos difíceis" envolvem ao decisor, para a sua resolução devem ser utilizados no processo decisório todos os princípios e ferramentas gestionárias disponíveis.

Nos casos de pouca gravidade ou se as partes estiverem de acordo, o tribunal pode ser dispensado de proferir a sentença integral por escrito, podendo a mesma consistir apenas numa menção nos autos, fixando-se no dispositivo o caso julgado da decisão. No sistema brasileiro, as decisões simplificadas, com dispensa de relatório, são características dos juizados especiais que são responsáveis para processar e julgar causas cíveis de menor complexidade, assim definidas na Constituição e detalhadas pela legislação.

Trata-se de consagrar o princípio da diferenciação processual através de um procedimento simplificado, ou seja, adequar cada litígio ao procedimento processual mais razoável para a solução melhor e menos onerosa.

A necessidade de agilizar o processo surge como tarefa indispensável num momento e num tempo onde o enorme volume de trabalho é uma constante dos tribunais, sendo certo que a simplicidade, a clareza e a precisão na realização de atos processuais poderão em muito contribuir para conseguir um procedimento mais rápido sem pôr em causa o exercício dos direitos fundamentais do cidadão. Neste sentido alterar o mecanismo processual da elaboração e sobretudo no pronunciamento das sentenças será um caminho inevitável. Trata-se de possibilidade a desenvolver quer em todo o tipo de ações cíveis e igualmente nas ações penais.

Nas decisões simplificadas os requisitos da oralidade, do relatório tópico, da fundamentação de fato reduzida são aspectos fundamentais, sendo, no entanto indispensável manter a inequivocidade da decisão através do dispositivo que não poderá deixar de ser escrito.

Esta possibilidade deve desenvolver-se em qualquer tipo de jurisdição, nomeadamente em procedimentos de natureza civil, administrativa ou sancionatória.

Importa também concretizar uma política de diferenciação entre as decisões a proferir nos casos difíceis e noutro tipo de decisões.

O Conselho Consultivo dos Juízes Europeus veio, na sua Opinião n.º 7, "Justiça e Sociedade", assumir a necessidade de os Estados, nesta matéria, utilizarem mecanismos diversificados nomeadamente na motivação das decisões, tendo em conta os vários tipos de decisão. Aí se refere que "as motivação das decisões deve sempre ser precisa e completa. No entanto, uma motivação simplificada pode ser utilizada em certos casos e pode ser dado ao juiz uma latitude suficiente para optar, nos casos em que seja aceitável, por uma motivação oral da decisão".

7.5. A fundamentação das decisões

A importância da fundamentação das decisões, como concretização do dever de dar as razões pelas quais se decidiu de determinada forma, num determinado contexto e com base num procedimento, assume-se como questão essencial na jurisdição, independentemente do tipo de procedimento.

São duas as finalidades subjacentes à fundamentação das sentenças.

Pela função endoprocessual visa-se essencialmente permitir ao juiz a verificação e controlo crítico da lógica da decisão, permitir às partes o recurso da decisão com perfeito conhecimento da situação e, ainda, colocar o tribunal de recurso em posição de exprimir, em termos mais seguros, um juízo concordante ou divergente (garantia de impugnação e heterocontrolo, garantia de defesa, concretizando os limites da decisão, mecanismo de autocontrole dos juízes e dos tribunais).

Pela função extraprocessual o objetivo é tornar possível um controlo externo sobre a fundamentação factual, lógica e jurídica da decisão, garantindo a transparência do processo e da decisão, fazendo emergir o caráter legitimador do órgão que a profere, implicando igualmente a prestação de contas e a responsabilização dos juízes. A evidência desta função extraprocessual emergiu apenas quando a fundamentação assumiu um valor constitucional.

Se uma decisão judicial pode ter uma estrutura formal relativamente diferenciada de ordem jurídica para ordem jurídica ou eventualmente, numa mesma ordem jurídica entre vários procedimentos, qualquer decisão tem que ser sempre fundamentada. É na fundamentação (ou motivação, consoante algumas ordens jurídicas) das razões onde assenta o que é decidido que se situa a centralidade de um qualquer sistema que se pretenda legítimo.

A fundamentação das decisões judiciais, porque também permite o reconhecimento da justeza da decisão, constitui nas palavras de Barbas Homem (in *O justo e o injusto*), uma "garantia jurídica efetiva", que, juntamente com a imparcialidade e independência dos juízes consubstancia a legitimação da decisão.

E porque a decisão, para que legítima se quer justa, a solução dos conflitos não pode estar desvinculada da ideia de uma decisão correta. Como refere Daniel Innerarity, "o direito é funcional porque é justo e não ao contrário; muito menos porque o pareça ou simule. A funcionalidade pacificadora do direito depende não só da presunção de justiça, senão da justiça objetiva" (in *La ilustración sociológica de Niklas Luhman*).

Assim é inequívoco que o dever de fundamentação da decisão, seja ele qual for, para além de obrigação constitucional impositiva não pode deixar de consubstanciar, hoje, a essência da própria decisão.

Uma sentença sem fundamentação é o paradigma de uma sentença arbitrária.

7.5.1. Dimensão estrutural da fundamentação

Do princípio da fundamentação das decisões emergem cinco corolários: generalidade, indisponibilidade, completude, publicidade e duplo grau de jurisdição.

Generalidade: todas as decisões judiciais, que não sejam de mero expediente, quaisquer que sejam, em qualquer tipo de procedimento judicial têm que ter uma fundamentação. A exigência de fundamentação é independente da existência ou não de controlo jurisdicional da decisão através do recurso. Quer as decisões que pela sua natureza não admitam recurso, quer as decisões proferidas pelos tribunais de última instância, das quais não há recurso, exigem uma fundamentação.

Indisponibilidade: a fundamentação de uma decisão é uma parte verdadeiramente essencial da decisão judicial, não se reconhecendo, na perspectiva constitucional, a emanação de uma decisão judicial que não se sustente nessa fundamentação. A afirmação do caráter indisponível da obrigação de fundamentação das decisões impõe aos destinatários a impossibilidade constitucional da abdicação da fundamentação.

A indisponibilidade atinge diretamente quer o legislador quer os titulares dos interesses afetados pela decisão.

Assim desde logo ao legislador está vedada a possibilidade de criar normas que possibilitem a não fundamentação das decisões judiciais. Aos titulares dos interesses afetados pela decisão é vedado prescindir da sua motivação.

Completude: a fundamentação só existe com um conteúdo completo, tendo este que exprimir a justificação do que é decidido, não podendo omitir-se nenhum elemento que a deva constituir. Todas as questões discutidas na decisão têm de ter, sem exceção, uma correspondente justificação na motivação.

A decisão é um documento autossuficiente, que se basta por si mesmo para ser compreendido pelo cidadão. Por isso tem que ser completa na sua estrutura fundamentadora.

As restrições constitucionais à modelação formal da motivação, através da lei, permitem vislumbrar, no entanto, uma amplitude variável no conteúdo da fundamentação, sem que perca o seu caráter de essencialidade.

No caso do modelo constitucional português pode assumir-se a sua compatibilidade com o princípio da suficiência da fundamentação, quer através da existência de uma fundamentação concisa e escorreita, quer através de uma fundamentação por remissão, quer mesmo através de uma fundamentação diferenciada em função dos vários tipos de processos.

Não está em causa a quantidade da fundamentação mas sim se a fundamentação existe e se está efetuada de forma suficiente para que os seus objetivos possam ser alcançados.

Publicidade: a fundamentação da decisão, na medida em que é um meio da sociedade controlar a atividade jurisdicional, impõe que o conhecimento da *ratio decidendi* deve ser assegurado a qualquer cidadão independentemente da sua posição como parte processual.

Só a disponibilidade pública das razões da decisão permitam configurar e suportar essa sua racionalidade.

A aquisição democrática do princípio da publicidade do processo, pese embora as suas variantes e a sua maior ou menor extensibilidade nas várias jurisdições é a confirmação de que a justiça tem que ser efetuada em nome do povo, possibilitando ao povo o controlo da administração da justiça.

A disponibilidade da compreensibilidade da decisão judicial perante um auditório é a sua fonte de legitimidade. Daí que a mesma tenha que ser pública.

Duplo grau de jurisdição: a afirmação da garantia do duplo grau de jurisdição, como corolário do princípio da fundamentação assume-se numa dimensão reconstrutiva do que tem sido entendida aquela garantia, como valor constitucional.

O que está em causa é o apelo ao como reapreciar o mérito da decisão de primeira instância, conferindo uma dimensão efetiva e real ao recurso, no sentido de se ultrapassar o entendimento restrito da apreciação do recurso tão só à questão da mera reapreciação da lei.

A eficácia do recurso depende substancialmente da fundamentação e da possibilidade de comprovação pelo tribunal *ad quem* dos pressupostos da decisão.

O princípio da fundamentação das decisões permite que o direito ao recurso, como mecanismo de garantia consubstancie uma efetiva reapreciação dos fatos e do direito por uma instância superior, sindicando-se real e efetivamente os motivos que sustentam a decisão expressos na fundamentação.

7.5.2. Lógica e racionalidade

No processo de elaboração da fundamentação da decisão o procedimento tem que fundar-se na fundamentação lógica e racional do raciocínio do juiz, em função da prova que foi produzida e do modo como se chegou à decisão tomada.

O modelo racional de fundamentação parte da autonomia conceptual dos contextos de decisão e dos contextos de justificação que, no entanto, funcionam numa dimensão de interligação prática.

No contexto de decisão está em causa a racionalidade comunicativa, intersubjetiva, sujeita ao contraditório e à publicidade, de modo atingir o consenso fundado na verdade e na justiça.

No contexto de fundamentação está em causa refletir o que se passou no contexto de decisão.

Assumida essa dimensão, a racionalidade da fundamentação evidencia-se numa estrutura tríptica: suficiência, coerência, razoabilidade.

Em primeiro lugar a suficiência da fundamentação, é essencialmente a medida mínima da completude que pretende evitar os excessos.

Neste sentido estando em causa garantir a explicitação completa, perceptível e clara dos aspetos essenciais tratados na decisão, os quais têm que ser justificados na totalidade de modo a que as finalidades da fundamentação sejam concretizadas, importa saber qual a medida dessa fundamentação nomeadamente se é de afirmar a necessidade de uma detalhada, minuciosa e analítica argumentação ou se um outro critério menos exaustivo será admissível dentro do âmbito constitucional explicitado.

O que está em causa, na fundamentação suficiente, é a exigência imposta ao juiz para concretizar as opções efetuadas no contexto da decisão, de modo a que essa justificação seja compreendida por quem é destinatário direto ou indireto da sentença. A justificação, se bem que deva adequar-se à dimensão constitucional estabelecida pelo princípio da completude, na medida em que não deixe de tratar todas as questões suscitadas na decisão, pode concretizar-se por um lado de uma forma não exaustiva e, por outro lado, também de forma diferenciada levando em consideração quer os vários tipos de procedimento, quer a dimensão do conflito subjacente à decisão.

Em segundo lugar, exige-se uma fundamentação coerente.

Na coerência o que está em causa é a sentença como um todo: articulação das dimensões fáticas e justificativas. Todo o processo argumentativo utilizado pelo juiz na construção do processo de justificação que consubstancia a fundamentação deve ser coerente entre si, não permitindo qualquer elemento contraditório. A consistência traduz-se na concatenação dos vários argumentos utilizados e na ausência de contradições lógicas entre eles de modo a que cada argumento em concreto não contradiga o outro e o modo como ambos são utilizados. Quanto à coerência, trata-se de conseguir que a utilização concatenada de um complexo de proposições resulte harmônica, constituindo assim um requisito fundamental para tornar racionalmente aceitável a fundamentação das decisões na medida em que é exigível tanto quando se decide sobre os fatos (coerência narrativa), como na argumentação da escolha da norma que se aplica a um caso (coerência normativa).

A exigência de coerência comporta também uma dimensão de compatibilidade entre os vários e diferenciados argumentos que vão sendo expostos. A rede de argumentação e os seus fundamentos tem que ser harmônica e totalmente coerente.

Finalmente exige-se uma fundamentação razoável.

No que respeita à razoabilidade está em causa o equilíbrio entre a complexidade, a clareza e a racionalidade da fundamentação.

A relevância prática desta estrutura na elaboração da fundamentação é evidente. Assim, na fundamentação assume especial importância a demonstração da prova que sustenta os fatos. O exame crítico das provas não é, no entanto, um mero exercício de retórica. Ou seja, o que deve explicitar-se é o processo de formação da convicção do tribunal, através da análise das provas produzidas. Deverá sempre explicitar-se o porquê de determinada valoração, e porque não outra. O que levou o tribunal a decidir-se por esta ou aquela opção de prova através de um exame crítico das provas produzidas.

O que se pretende concretizar é a transparência do processo da decisão a ele subjacente, através da elucidação e demonstração completa do processo que conduz à decisão.

7.5.3. Concisão

A concretização das várias dimensões referidas a que obedece a estrutura da fundamentação, nomeadamente a generalidade, a indisponibilidade, a completude, a publicidade e a concretização do duplo grau de jurisdição não pode omitir a concretização do princípio da concisão.

Trata-se de uma condicionante transversalmente assumida na dogmática no âmbito da fundamentação das decisões, na medida em que na concretização da finalidade extraprocessual das decisões, estas devem ser compreendidas não apenas pelos seus destinatários diretos mas por todos os cidadãos.

Daí que se torne exigível uma exposição tanto quanto possível completa, ainda que concisa, dos motivos de fato e de direito que fundamentam a decisão.

Por outro lado o princípio da "concisão", como ideia chave na economia argumentativa, condiciona toda a racionalidade da decisão. O que está em causa é um modelo de economia argumentativa onde o que deve ser dito para explicitação do juízo decisório deve sê-lo de uma forma não exaustiva, mas antes sintética e breve, não utilizando mais argumentos do que os necessários para dizer o que é essencial. A explicitação de todo o processo argumentativo utilizado na fixação dos fatos provados tem que ser de percepção inequívoca.

Trata-se de consolidar o sentido da necessidade da suficiência e razoabilidade da fundamentação e da sua compatibilização com os requisitos constitucionais que condicionam a fundamentação das sentenças.

A concisão é aliás uma exigência que decorre da própria finalidade extraprocessual da fundamentação a qual exige que a sua concretização se processe de modo a que as sentenças possam ser efetivamente compreensíveis não apenas para os seus destinatários diretos mas também pelos cidadãos.

No que respeita à necessária fundamentação sobre as questões jurídicas deve ser tanto quanto possível completa, mas concisa.

Se é imprescindível que a subsunção jurídica dos fatos ao direito deve ser efetuada, discutindo-se as questões jurídicas que os mesmos fatos implicam, tal discussão não deverá transformar-se numa discussão acadêmica, onde a argumentação jurídica não seja mais do que um exercício de retórica expositiva de posições doutrinárias conhecidas e perfeitamente sedimentadas.

Assim, nos casos onde se não suscite qualquer questão jurídica relevante, não deverão utilizar-se afirmações doutrinárias ou jurisprudenciais absolutamente redundantes, por completamente desnecessárias ao conhecimento do objeto da decisão.

Por outro lado, nos casos em que surjam questões jurídicas controversas é absolutamente imprescindível que as mesmas sejam decididas e fundamentadas com base num processo argumentativo sólido e compreensível.

A opção tomada deverá ser sempre fundamentada com consistência argumentativa, nunca por mera adesão não fundamentada a uma qualquer opinião.

7.5.4. Os fatos e a narrativa da ação

Nas decisões opera-se em primeiro lugar com fatos.

O objeto da prova consubstancia-se nos fatos como "eventos" em torno dos quais é possível articular um discurso de verdade ou falsidade sobre um determinado enunciado empírico.

Na demonstração dos fatos provados essenciais à decisão, importa ser exaustivo sem ser redundante.

Podem fazer-se remissões para os documentos que constam dos autos ou das atas das audiências ou debates orais, bem como da sua gravação.

Ou seja, possibilitar na decisão – sentenças e acórdãos – que se efetue a remissão direta para os fatos constantes da acusação, contestação e pedido cível formulado, nos casos de decisões penais e, nos casos das decisões cíveis, para os articulados.

Trata-se de uma possibilidade que constitui uma enorme vantagem prática, sem pôr em causa quaisquer direitos, evitando a repetição desnecessária de factualidade já identificada inequivocamente nas peças processuais.

Não pode, no entanto, omitir-se nenhum fato essencial, mesmo que instrumental, que se revele inequivocamente importante à compreensibilidade do que está em causa no processo.

O discurso jurídico da sentença sendo essencialmente um discurso argumentativo é, simultaneamente, um discurso narrativo. Trata-se, na decisão, de relatar atos e acontecimentos que seguem uma ordem cronológica. Daí que as regras que envolvem a elaboração de uma narrativa devem enformar todo o discurso que envolve uma decisão.

Desde logo, no que respeita à "formatação" dos fatos provados, importa reter que os fatos devem ser introduzidos, não de forma desordenada e em acumulação, mas seguindo o critério da dinâmica da ação que está em discussão. Há uma ordem na construção narrativa que deve seguir-se.

Assim se tornará mais explícito e compreensível o teor da decisão para os seus destinatários e se evitam por outro lado alguns erros materiais facilmente passíveis de ocorrerem, sobretudo em processos com articulados de grande dimensão e factualidade abundante e ou complexa.

De igual forma uma estruturação narrativa lógica e ordenada torna mais profícua a reapreciação da matéria de fato, quando tem que ser efetuada.

7.6. A qualidade da decisão

O conceito de qualidade como referencial de serviço público tem a sua origem no setor privado, tendo sido progressivamente introduzido no setor dos serviços e mais tarde no setor público. A importação ou transposição do referencial para o setor público trouxe, no entanto, algumas modificações ao próprio conceito, de acordo com as finalidades e especificidade daquele setor.

A qualidade, como característica de um produto ou serviço pode definir-se, segundo Norma ISSO – *International Standard Organization*, como "o conjunto de características de uma entidade que lhe confere aptidão para satisfazer as necessidades exprimidas e implícitas".

No entanto, quando se apela ao conceito de qualidade em alguns setores específicos, como é o caso da justiça, assume especial relevo a dimensão estratégica da qualidade, considerada como um processo de melhoramento que permite demonstrar duas facetas diferentes: um resultado que deve ser avaliado e simultaneamente uma estratégia (um procedimento) que importa dominar.

Esta dupla visão da qualidade – qualidade do bem ou do serviço e qualidade do processo de "produção" – comporta, no âmbito do serviço público, adaptações, de acordo com as especificidades decorrentes do interesse geral que a ele está subjacente. O interesse geral impõe a introdução de novos conceitos, como sejam a satisfação do utente, que devem constituir um elemento essencial desse interesse geral.

No âmbito mais particular da qualidade no setor da justiça, concretamente quando se fala de decisões judiciais, importa essencialmente responder a algumas questões.

O que é uma boa sentença? Como se avalia uma sentença de qualidade? Uma sentença de qualidade é compatível com que quantidade de trabalho?

Os indicadores de qualidade de uma decisão são difíceis de conceber, variando de acordo com os diversos tipos de sistemas judiciais e também de acordo com os vários procedimentos.

Há, no entanto, indicadores objetivos que são utilizados por várias perspectivas de abordagem da qualidade com tratamentos diferenciados.

Desde logo o indicador "procedimento justo" que leva à decisão obedece hoje, no sistema europeu, a um conjunto de normas e princípios sem o cumprimento dos quais não é possível, sequer, falar-se em decisão. Na Europa identificam-se hoje, um conjunto de normas decorrentes do artigo 6.º da CEDH e que resultam na afirmação da existência de um processo sustentado na equidade, na igualdade de armas, no contraditório, na motivação das decisões, na celeridade.

Como é referido em vários documentos do Conselho da Europa, não pode prescindir-se nesta matéria da eficácia, da celeridade e da existência de garantias que estão na origem do processo de decisão e que configuram o conceito de "processo justo".

Os parâmetros de qualidade das decisões sustentados naqueles princípios podem e devem ser aplicados a outras dimensões territoriais da justiça nomeadamente no continente americano ou africano. No continente americano a CADH (Convenção Americana dos Direitos Humanos) consubstancia um documento essencial onde se encontram os princípios que devem sustentar a exigência do processo justo. No Brasil, o Código de Processo Civil adotou os preceitos e princípios aqui expostos. Existem, no entanto, outros critérios que permitem avaliar o impacto da qualidade das decisões judiciais, nomeadamente em função da sua utilidade para as partes ou cidadãos que acedem à justiça.

Assim e desde logo a "utilidade esperada" por quem recorre à justiça. Este critério depende, positivamente, do valor líquido que se espera receber e, negativamente da variação desse ganho, que reflete a incerteza quanto a ganhar ou perder a disputa e o tempo decorrido até que uma decisão seja tomada. Essa utilidade condiciona ainda a sua propensão a litigar.

Assim, a utilidade advinda do sistema de justiça é função do valor do direito em causa, dos custos envolvidos, da rapidez com que uma decisão é tomada, da imparcialidade do juiz, da taxa de juro, da previsibilidade das decisões e do tempo até que são proferidas. Um sistema que funcione bem deve, por isso, ostentar quatro propriedades: ser um sistema de baixo custo, com decisões justas, rápidas e previsíveis, em termos de conteúdo e de prazo.

Outros autores, como Michel Benichou (*"Les demandes des professionnels de la justice"*), no âmbito da qualidade das decisões, apelam aos conceitos de "motivação" e de exequibilidade como elementos mensuráveis da qualidade das decisões, referindo para tanto que o utilizador do serviço público da justiça não só espera que a decisão seja proferida no prazo indicado mas também que seja motivada e executada.

Finalmente há que atentar nos mecanismos de recurso para apreciar a validação da decisão. Ainda que não se possa considerar a taxa de confirmação das decisões como indicador da qualidade das decisões, trata-se de um critério que não pode deixar de ser ponderado. Não poderá é, de todo, ser o único.

Os vários interesses, por vezes contraditórios, subjacentes ao processo e as várias percepções dos intervenientes, implicam que se tenha em consideração num processo de avaliação da qualidade do processo, esses diferentes interesses que, por vezes, como refere Hubert Dalle, (in *La qualité de La Justice*) "podem colidir entre si".

Critérios como a rapidez, justiça, previsibilidade e compreensibilidade da decisão são alguns dos fatores que podem consubstanciar alguns índices quando se avalia e pondera a questão da qualidade na decisão.

7.7. A harmonização das decisões

A necessidade de harmonizar o modelo de decisões proferidas pelos tribunais surge atualmente como um dos fatores que permite melhorar a transparência e também compreensibilidade das decisões judiciais.

Esta harmonização existe em muitos tribunais superiores em vários países, permitindo-se que o cidadão, em nome do qual o tribunal exerce a sua jurisdição, possa identificar imediatamente a origem de uma decisão, o tribunal onde foi proferida, qual a secção ou juízo de onde emana, quem é o seu relator ou se existe algum voto de vencido. É igualmente relevante que os destinatários, em função de determinada estrutura da decisão, possam de forma "amigável", aceder ao que lhe interessa. Ou seja a fundamentação e, sobretudo, o dispositivo.

É também importante que a decisão tenha uma estrutura que no seu conteúdo permita rapidamente identificar alguma parte que seja mais relevante, ou seja aquele bloco da decisão que possa interessar a um qualquer destinatário, no vasto leque do auditório à qual a decisão é dirigida, seja por via de uma citação seja por via da identificação de um qualquer argumento.

A estruturação do conteúdo da decisão pode ser efetuada por intermédio da técnica de utilizar a divisão por parágrafos, que devem ser curtos de modo que seja perceptível o argumento ou o fato que comportam. A identificação dos parágrafos deve ser efetuada com um número sequencial que, eventualmente, podem ser subdivididos. O que se pretende é permitir de uma forma clara dar a conhecer a sistematização dos argumentos que devem constar na decisão.

De um ponto de vista racional e face aos princípios que subjazem à harmonização das decisões, em cada tribunal as decisões devam ter o mesmo tipo de letra, o mesmo tamanho de letra, o mesmo espaçamento entre linhas e a mesma tabulação. A identificação da "fonte da decisão" é, assim, apreensível de imediato por qualquer pessoa que a ela pretenda aceder.

De igual modo deve optar-se por um tipo de decisão que insira no texto toda a matéria doutrinal relevante, não se utilizando, por regra, o sistema de notas de rodapé.

7.8. Comunicação da decisão

São hoje variadíssimos os documentos internacionais que apelam a um entendimento da decisão como elemento essencial no sistema de justiça, quer numa perspectiva concreta de quem acede ao sistema para resolver o "seu" problema, quer numa perspectiva externa aos próprios intervenientes, tendo em conta as expectativas da sociedade, que pretende um sistema de justiça adequado às finalidades que lhe estão subjacentes.

Colocar à disposição do público as decisões judiciais constitui uma dimensão fundamental da acessibilidade do direito. Para isso as decisões têm que ser públicas e compreensíveis de modo a que possam ser percebidas pelos cidadãos.

Importa referir que a própria racionalidade no processo de construção da decisão obriga sempre a que as decisões sejam públicas.

Assente o princípio, as normas relativas à comunicação e mesmo à leitura da decisão, nos casos onde essa leitura é obrigatória, devem ser interpretadas, no entanto, de um modo flexível, permitindo-se ao tribunal de julgamento, nomeadamente nos casos penais, limitar a leitura à decisão sobre a culpa, a pena aplicada e a eventual indenização.

De igual modo, a notificação da sentença escrita deve observar formas simples e rápidas (incluindo a comunicação *on line*) submetendo-se as partes à obrigação de declarar, num momento prévio do processo, qual endereço eletrônico para onde se devem enviar todas as comunicações que lhe forem destinadas até à conclusão do processo.

As decisões devem, por regra, após transitadas em julgado, ser publicitadas e disponibilizadas ao público, em sites próprios dos tribunais onde são proferidas.

Questão que deve ser equacionada e que numa sociedade "midiática" tem cada vez mais importância, é a da "tradução" das decisões, nomeadamente a explicitação pública de algumas decisões proferidas em processos complexos ou cuja dimensão pública assume especial relevância, nomeadamente de natureza criminal, em momento seguido à sua proferição. Trata-se de prestar esclarecimentos sobre o conteúdo das decisões, explicitando a um auditório mais alargado os pormenores ou as questões que estão ditas ou referidas na decisão, mas que podem não ser totalmente compreendidas ou exijam alguns esclarecimentos, em função da própria especificidade das matérias.

Neste sentido soluções como a publicação imediata de um sumário da decisão ou, em casos mais complexos, a elaboração de um resumo para a imprensa, permite que a exatidão da informação jurisdicional se compatibilize com a necessidade de informar o público generalista através da imprensa.

Informar os cidadãos e concretamente a opinião pública de determinadas decisões é hoje um imperativo de transparência dos tribunais. Não podendo, de todo, ser o juiz a comunicar as suas decisões, é importante dotar os tribunais de mecanismos de comunicação eficazes que possam informar e mesmo traduzir as decisões, total ou parcialmente, consoante a sua dimensão de publicidade, para o exterior.

7.9. A linguagem jurídica e a decisão

O estudo e o tratamento dogmático da linguagem jurídica é atualmente um imenso campo de estudo e desenvolvimento científico. Tanto por via de uma perspectiva linguística *stricto sensu* como, sobretudo, por via da necessidade dos juristas terem percebido a importância da adequação do discurso jurídico a outra realidade para além do "interior" do meio jurídico, a linguagem jurídica é hoje objeto de preocupação profissional e igualmente integra muitos currículos no âmbito da formação profissional dos vários intervenientes no setor da justiça.

Podemos identificar um conjunto de áreas onde a questão se desenvolve com muita acuidade, começando desde logo na linguagem que é utilizada pela lei, na teoria jurídica que envolve a interpretação jurídica, na retórica jurídica utilizada na argumentação, no multilinguismo e na tradução jurídica que o mesmo comporta, no discurso judiciário utilizado nos tribunais, na especificidade da linguagem criminal, na linguagem como fator de desenvolvimento dos direitos humanos ou mesmo na própria proteção dos direito legais dos autores.

Interessa-nos centrar a questão apenas no domínio da linguagem e a decisão judicial, ou seja equacionar a importância do discurso escrito oral na elaboração da decisão, como questão fundamental ou essencial no procedimento judicial.

A partir do momento em que a questão da decisão judicial passou a ser vista como uma questão de razão pública, tornou-se claro que a mudança da linguagem tradicionalmente usada no discurso jurídico e jurisdicional tinha que ser enfrentada e modificada.

No passado, as decisões jurídicas e judiciais discutiam-se entre profissionais do foro, acadêmicos e eventualmente alguns outros jurisconsultos. Hoje, a dimensão da razão pública da decisão assume uma perspectiva iniludível sobretudo em função da legitimação das próprias decisões.

Os juízes têm que justificar e fundamentar as suas decisões baseando-se no que é a sua compreensão das normas relevantes que, no caso, estão a ser aplicadas e que as conformam.

Por isso é necessário apelar a um discurso dogmático de aprendizagem que incide sobre questões tão fundamentais como a linguagem, a lógica, a clareza utilizada em todo o processo de elaboração da decisão e mesmo na transmissão da decisão, para além dos seus sujeitos concretos ou seja para a opinião pública.

Se, em termos gerais, o que se pretende é concretizar o direito das pessoas comuns a entender os documentos jurídicos, de um ponto de vista jurisdicional o discurso da linguagem jurídica e judiciária como se referiu, tem reflexo na própria legitimação das decisões e no modo como se exercem as funções jurisdicionais.

Uma deficiente compreensão da decisão, fundada numa linguagem equívoca, deslegitima a própria decisão e o órgão que a profere.

A questão fundamental que se coloca hoje no âmbito das preocupações concretas entre a linguagem e o direito é responder às exigências de compreensibilidade dos seus destinatários.

Conforme se refere na Opinião n.º 7, "Justiça e Sociedade", do Conselho Consultivo dos Juízes Europeus, «a linguagem utilizada pelos tribunais nas suas decisões e julgamentos não é somente uma potente ferramenta ao serviço dos tribunais para desempenharem o papel educativo que têm mas constitui, também, natural e diretamente a "lei na prática", para as partes em litígio».

Neste sentido a questão da linguagem utilizada no sistema jurídico e concretamente nas decisões judiciais, comporta uma abordagem relevante, em termos de percepção, comunicação e transparência do próprio sistema de justiça.

Há hoje um movimento generalizado a favor da modernização e inteligibilidade da linguagem jurídica. Iniciado nos sistemas anglo-saxónicos, o *Plain English Mouvement,* numa abordagem que não deixa de fazer lembrar as teorias sobre a exigência de fundamentação das decisões em função do auditório, defende a utilização dum estilo de comunicação focado nas necessidades do auditório, com especial incidência no ato de escrever.

A aplicação das teorias sustentadas naquele movimento ao sistema de justiça e, concretamente ao exercício da jurisdição, leva a que nenhum juiz pode, quando decide em concreto, deixar de pensar e de interiorizar que está a decidir para pessoas, que está a decidir para auditórios concretos mas simultaneamente está a decidir para a sociedade, para um auditório universal, nas palavras de Perelman (*La Motivation des décisions de justice*). Trata-se de um auditório que, por ser "universal", é igualmente compósito e diversificado. Daí que só uma linguagem acessível, clara e simples seja compatível com um processo de transparência, compreensibilidade e legitimação da decisão. O que se pretende é conseguir que a linguagem jurídica atinja os seus objetivos de compreensibilidade e clareza, sabido que "nos seus melhores momentos, a linguagem jurídica é certeira, curta, sóbria e livre de pretensões de imponência", como refere Haft ("Direito e Linguagem", in *Introdução à Filosofia do Direito e à Teoria do Direito Contemporâneas*).

7.9.1. Instrumentos para uma nova abordagem à linguagem das decisões

A questão da linguagem jurídica como instrumento de simplificação e, por isso, de clarificação do sistema de justiça, aliada à própria retórica do discurso científico, seja ela jurídico, econômico ou filosófico terá que integrar um tópico no âmbito de um novo entendimento do modo de trabalhar a decisão.

Recorde-se que a linguagem é um sistema de sinais limitado para a representação de uma realidade ilimitada. É a constatação dessa limitação perante uma realidade infinitamente surpreendente que importa percepcionar.

Quais os mecanismos que possibilitem ultrapassar essas dificuldades no domínio da linguagem jurídica a utilizar nas decisões?

A linguagem jurídica a utilizar nas decisões deve ser acessível, simples e clara. Deve, por outro lado, ser concisa e direta, evitando termos e expressões que sejam difíceis de compreender pelo grande público. As noções jurídicas, frequentemente aplicadas, devem, se necessário, ser clarificadas para que possam ser efetivamente compreendidas.

Nas sentenças judiciais deve utilizar-se uma linguagem que permita funcionar como um fio condutor que favorece tanto a fundamentação como a decisão, sublinhando-se, nesta parte, a dimensão narrativa implícita na decisão. A articulação factual que deve constar nas decisões deve obedecer a uma lógica que permita a percepção linear da questão factual em causa. No entanto, porque é a objetividade e o rigor que é imposta à atividade do juiz e à utilização que faz das palavras, não pode permitir que o juiz use as palavras "com liberdade literária", como refere Malem Seña. A autocontenção no modo de utilização da linguagem jurídica é, assim, um tópico essencial.

Ao juiz deve exigir-se, igualmente uma especial atenção à capacidade de síntese. Neste sentido há que relevar e escrever o que é efetivamente essencial, eliminando o acessório, nomeadamente a adjetivação e a redundância. De igual modo importa controlar o excesso de linguagem e a prolixidade nos textos produzidos, nomeadamente evitando a utilização de jargão.

À certeza, à concisão e ao rigor importa não omitir, no entanto, a relevância do conjunto da factualidade que seja verdadeiramente importante, o que por vezes só se torna compatível com a descrição exaustiva de todos os fatos relevantes decorrentes quer da acusação, quer da contestação quer mesmo do poder investigatório do juiz, durante a audiência de julgamento.

Por outro lado há que eliminar fórmulas e rituais desnecessários que transmitem à decisão uma imagem "sagrada", que de todo não deve ter mas que continuam a ser utilizadas abundantemente pelos juristas.

Trata-se, nesta dimensão, de eliminar e fazer desaparecer algumas "máximas" utilizadas do quotidiano judiciário que, menos que vazias de conteúdo, se justificam apenas por uma espécie de "legitimação" pela autoridade de quem as utiliza no seu discurso.

Deve, por outro lado, evitar-se algum excesso de linguagem, nomeadamente a utilização de adjetivação ou expressões acessórias ou mesmo ambíguas e que não acrescentam nada à decisão.

Importa por último atentar na relevância da linguagem oral utilizada pelos juristas e concretamente no âmbito da decisão judicial. A oralidade garante de forma inequívoca, a genuinidade das razões que sustentam a decisão proferida, seja ela qual for.

A admissibilidade crescente de atos jurisdicionais expressos apenas de forma oral, como é o caso de algumas sentenças, ainda que registrados por processos tecnologicamente adequados, nomeadamente suporte digital áudio ou vídeo, impõe de alguma forma a (re)utilização do discurso oral como discurso formalmente válido.

É por isso importante levar em consideração, no sistema judicial continental, o que se pode recolher de positivo nos sistemas anglo-saxónicos sobre esta matéria. Recorde-se que o "sistema do precedente" obriga os juízes anglo-saxónicos a uma capacidade de encontrar a *ratio decidendi* da decisão numa anterior sentença, o que exige uma grande elasticidade para que não se cometam incongruências ou injustiças na aplicação do direito. Além disso, nos tribunais de primeira instância muitas sentenças são pronunciadas oralmente o que lhes traz uma enorme experiência prática neste domínio.

Algumas das qualidades dos juízes anglo-saxónicos decorrem efetivamente do fato de quando proferem decisões, assumirem e concretizarem que "falam para todos". O modo de exposição da argumentação judicial utiliza uma exposição rica, colorida e perceptível dos fatos, de forma a ser compreendida pelos "profanos". É isso que torna a linguagem utilizada atraente e, simultaneamente, legitimadora.

A utilização da oralidade no domínio da decisão exige que se utilize um discurso suficientemente explícito, claro, sintético e compreensível de modo a que não se suscite qualquer dúvida sobre o que foi decidido e igualmente sobre as razões que sustentam a decisão.

Leitura fundamental

Alexi, Robert. 2007, *Teoría de la argumentación jurídica*, 2.ª edición, Madrid: Centro de Estudios Políticos y Constitucionales.
Arnaud, André-Jean; e Dulce, María José Fariñas. 2006, *Sistemas Jurídicos: Elementos para un Análisis Sociológico*, Madrid : Universidad Carlos III de Madrid / Boletín Oficial del Estado.
Atienza, Manuel. 2002, *As razões do Direito, Teorias da Argumentação Jurídica*, São Paulo: Landy Editora.
---//--- 2013, *O Direito como argumentação*, Lisboa: Escolar Editora.
Barreau du Québec, Comité du Langage Clair. 2010. *Le langage clair: Un outil indispensable à l'avocat*, Montreal: Maison do Barreau.
Calheiros, Maria Clara. 2008, "Argumentar na decisão judicial", *in Julgar*, n.º 6, Setembro-Dezembro, 2008, disponível em www.sites.google.com/site/julgaronline/.
Carmo, Rui do. 2012, "A exigência e a relevância democráticas da compreensibilidade do discurso judiciário», in Rui do Carmo (coord.), *Linguagem, Argumentação e Decisão Judiciária*, Coimbra: Coimbra Editora.
Centre International de Lisibilité: http://www.lisibilite.net
Cornu, Gérard. 2005, *Linguistique juridique*, Paris: Montchristien.
Damele, Giovanni. 2012, "Verdade e Comunicação – Notas sobre argumentação e decisão judiciária, in Rui do Carmo (coord.), *Linguagem, Argumentação e Decisão Judiciária*, Coimbra: Coimbra Editora.
Hespanha, António Manuel; e Beleza, Teresa. 2011, *Teoria da Argumentação e neo-Constitucionalismo, um conjunto de perspetivas*, Coimbra: Almedina.
Ibañez, Perfecto. 2011, "A formação racional da convicção judicial", *in Julgar* n.º 13, Janeiro-Abril.
Wróblewski, Jerzy. 1985, « Rational law-maker and interpretative choices », *Rivista internazionale di filosofia del diritto*, Gennaio/Marzo, IV Serie-LXII, 1985, pp. 129-147.
---//--- 1988, «Esquisse d'un modèle procédural d'application judiciaire du droit», *Revue Interdisciplinaire d'Etudes Juridiques*, n.º 20 1988, pp. 49-64.
---//--- 1992, *The judicial application of law*, Dordrecht/Boston/London: Kluwer Academic Publishers.
Lopes, José Mouraz. 2012, *A Fundamentação da sentença no Sistema penal português*, Coimbra: Almedina.
Marques, Maria Manuel; e Domingues, Mafalda. 2012, "Simplificar com linguagem clara", *in* Rui do Carmo (coord.), *Linguagem, Argumentação e Decisão Judiciária*, Coimbra: Coimbra Editora.
Mendonça, Luís Correia de; Lopes, José Mouraz. 2004, "Julgar: contributo para uma análise estrutural da sentença civil e penal", *in Revista do CEJ*, n.º 1, 2.º semestre de 2004.
Perelman, Chaïm; e Olbrecht-Titeca, Lucie. 2006, *Tratado de Argumentação*, Lisboa: Instituto Piaget.

Rodrigues, Maria da Conceição Carapinha. 2012, "A compreensibilidade do discurso judiciário- algunas refelexões" *in* Rui do Carmos (coord.), *Linguagem, Argumentação e Decisão Judiciária*, Coimbra: Coimbra Editora.
Ruiz-Fabri, Hélène; e Sorel, Jean-Marc (dir.). 2008, *La motivation des décisions des jurisdictions internationales*, Paris: Editions A. Pedone.
Santos, Manuel Simas. 2012, "A construção de uma decisão", *in* Rui do Carmo (coord.), *Linguagem, Argumentação e Decisão Judiciária*, Coimbra: Coimbra Editora.
Silva, Joana Aguiar e. 2012, "As narrativas do direito e a verdade judicial", *in* Rui do Carmo (coord.) *Linguagem, Argumentação e Decisão Judiciária*, Coimbra: Coimbra Editora.
Silva, Joana Aguiar e. 2001, *A Prática Judiciária entre o Direito e a Literatura*, Coimbra: Almedina.
Taruffo, Michele. 2007, "Narrativas judiciales", *in Revista de Derecho*, Volume XX, n.º 1, julio, 2007 (tradução portuguesa «Narrativas processuais», *in Julgar*, n.º 13, Janeiro-Abril, 2011).

Outra bibliografia

Antunes, Luís Cândido; e Dias, Carlos Henggeler (coord.), *Decisão, Perspetivas interdisciplinares*, Coimbra: Imprensa da Universidade de Coimbra.
Arlen, Mary Arden. 2009, "Una question de estilo? La forma de las sentencias en los sistemas jurídicos anglo-americanos", *Jueces para la Democracia, Información y debate*, n.º 65, julio, 2009.
Bénichou, Michel. 2002, "Les demandes des professionels de la justice", *in* Marie-Luce Cavrois, Hubert Dalle, e Jean-Paul Jean (dirs.), *La qualité de la justice*, Coll. Perspectives sur la justice, Paris: La Documentation Française.
Bravo, Teresa. 2011, "O Discurso Judiciário Europeu", *in Julgar*, n.º 13, Janeiro-Abril, 2011.
Borges, Hermenegildo. 2005, *Vida, Razão e Justiça. Racionalidade argumentativa na motivação judiciária*, Coimbra: Minerva.
Cavrois, Marie-Luce; Dalle, Hubert; e Jean, Jean-Paul (dir.). 2002, *La qualité de la justice*, Coll. Perspectives sur la justice, Paris: La Documentation Française.
CCJE: Avis n.º 7. 2005, Conseil consultatif de juges européens (CCJE) à l'attention du Comité des Ministres du Conseil de l'Europe sur « justice et société (disponível em: www.coe.int/).
---//--- Avis n.º 11. 2008, du Conseil consultatif de juges européens (CCJE) à l'attention du Comité des Ministres du Conseil de l'Europe sur la qualité des décisions de justice (disponível em: www.coe.int/).
Dworkin, Ronald. 2000, *Uma questão de princípio*, São Paulo: Martins Fontes.
Duarte, Rui Pinto. 2003, "Algumas notas acerca do papel da "convicção-crença" nas decisões judiciais", *in Themis*, ano 6, 2003.
Fernbach, Nicole. 2003, *Le mouvement international pour la simplification des comunications officielles*, Montreal: Centre International de Lisibilité,
Figueroa, Alfonso Garcia. 1999, "Palabras, palabras, palabras...De lo que el derecho les dice a los jueces", *Jueces para la Democracia*, información y debate, n.º 36, noviembre 1999.

Fiss, Owen. 2007, *El derecho como razón pública*, Madrid: Marcial Pons.
Ganuzas, Francisco Javier Ezquiaga. 2009, "Aciertos y Fallos Judiciales", *in* Jorge F. Malem Seña, F. Javier Ezquiaga Ganuzas e Perfecto Andrés Ibáñez, *El error judicial. La formación de los jueces*, Madrid: Fundación Coloquio Jurídico Europeo, pp. 43-94.
Grau, Daniel Innerarity. 1987, *La ilustración sociológica de Kiklas Luhmann*, in Persona y derecho: Revista de fundamentación de las Instituciones Jurídicas y de Derechos Humanos, N.º 17, 1987, pp. 11-29.
Habermas, Jürgen. 1996, *Racionalidade e Comunicação*, Lisboa: Edições 70.
---//--- 2003, *L'éthique de la discusión et la question de la verité*, Paris: Grasset.
Hernández, Ignacio Colomer. 2003, *La motivación de las sentencias: sus exigências constitucionales y legales*, Valencia: Tirant lo Blanch, Valencia.
Ho, Hock Lai. 2000, "The judicial duty to give reasons», *in Legal Studies*, n.º 20, 2000.
Hohfeld, Wesley Newcomb. 2008, *Os Conceitos Jurídicos Fundamentais aplicados na Argumentação Judicial*, Lisboa: Fundação Calouste Gulbenkian.
Ibañez, Perfecto Andrès; e Alexi, Robert. 2006, *Jueces y ponderación argumentativa*, Mexico: Universidad Nacional Autónoma de México.
Kaufmann, Arthur. 2004, *Filosofia do Direito*, Lisboa: Fundação Calouste Gulbenkian.
Kaufmann, Arthur; e Hassemer, Winfried. 2002, *Introdução à Filosofia do Direito e à Teoria do Direito Contemporâneas*, Lisboa: Fundação Calouste Gulbenkian.
Lynch, Michael P.. 2005, *La importancia de la verdad. Para una cultura publica decente*, Barcelona: Paidós: Barcelona.
Maccormick, Neil. 1978, *Legal Reasoning and legal theory*, Oxford: Clarendom Press.
---//--- 1993, "La argumentación y la interpretación en el Derecho", *in Revista Vasca de Administración Pública*, n.º 36, 1993.
Martineau, François. 2006, *Tratado de Argumentação Judiciária*, Lisboa: Tribuna.
Mellinkoff, David. 1963, *The Language of the Law*, Boston: Little, Brown & Co..
Ost, François. 2007, *Dire le Droit, Faire justice*, Bruxelles: Bruylant.
Perelman, Chaïm. 1979, *Logique juridique, nouvelle rhétorique*, Paris: Dalloz.
Perelman, Chaïm; e Foriers, P.. 1978, *La Motivation des décisions de justice*, Bruxelles: Bruylant.
Pinto, Ana Luísa. 2008, *A Celeridade no Processo Penal: o direito à decisão no prazo razoável*, Coimbra: Coimbra Editora.
Posner, Richard. 2008, *How Judges Think*, Cambridge, Massachusetts, London: Harvard University Press.
Seña, Jorge Malen. 2006, *El lenguaje de las sentencias"*, *in Reforma Judicial: Revista Mexicana de Justicia*, N.º 7, 2006, pp. 47-63, disponível em http://biblio.juridicas.unam.mx/revista/pdf/ReformaJudicial/7/pjn/pjn4.pdf.
Sudre, Frédéric, "L'Effectivité des Arrêts de la Cour Européene des Droits de L'Homme", *in Revue Trimestrelle des Droits de L'Homme*, 19.º éme Année, n.º 76, Octobre 2008, pp. 917.
Tsoukiàs, Alexis. 2007, "Da teoria da decisão à metodologia de ajuda à decisão", *in* Carlos Henggeler Antunes e Luís Cândido Dias (coords.) *Decisão, Perspetivas Interdisciplinares*, Coimbra: Imprensa da Universidade de Coimbra.
Solan, Lawrence M.. 1993, *The Language of Judges*, Chicago: The University of Chicago Press.
Soro, José Félix Muñoz. 2003, *Decisión Jurídica y Sistemas de Información*, Madrid: Colegio de Registradores de la Propriedad y Mercantiles de España, Madrid, 2003.

ANEXO

Instituições e Centros de Investigação, Estudo e Enquadramento da Administração Judiciária – Atalhos Internet

Europa

Ao nível europeu, com carácter internacional ou supranacional, encontramos várias instituições de pesquisa, análise ou enquadramento da temática da administração judiciária, podendo-se referir, como mais importantes, as seguintes:

- Comissão Europeia para a Eficácia da Justiça (CEPEJ) (Conselho da Europa): http://www.coe.int/T/dghl/cooperation/cepej/default_en.asp
- Conselho Consultivo dos Juízes Europeus (Conselho da Europa): http://www.coe.int/t/DGHL/cooperation/ccje/default_en.asp
- Conselho Consultivo dos Procuradores Europeus (Conselho da Europa): http://www.coe.int/t/DGHL/cooperation/ccpe/default_en.asp
- Rede Europeia dos Conselhos da Justiça: http://www.encj.eu/
- Rede Europeia de Formação Judiciária (REFJ): http://www.ejtn.net/
- Lisbon Network / European Judicial Training Network: http://www.coe.int/t/DG1/LegalCooperation/Judicialprofessions/lisbon/default_en.asp
- Conselho da Europa (Rule of Law): http://www.coe.int/en/web/portal/home.
- Rede dos Presidentes dos Tribunais Judiciais Superiores da União Europeia: http://www.network-presidents.eu/
- União Europeia – Justice: https://e-justice.europa.eu/home.do?action=home &plang=en.
- Directoria-Geral da Justiça da União Europeia: http://ec.europa.eu/justice/index_en.htm#newsroom-tab.
- Placard da justiça na Europa (EU Justice Scoreboard): http://ec.europa.eu/justice/newsroom/effective-justice/news/140317_en.htm.
- Programa para a Justiça na União Europeia (2014-2020): http://ec.europa.eu/justice/grants1/programmes-2014-2020/justice/index_en.htm.
- Centro Europeu para os Juízes e os Advogados (EIPA Luxemburgo) do Instituto Europeu da Administração Pública (EIPA): http://www.eipa.nl/en/antenna/Luxembourg/.

Nos diversos países europeus encontramos um cenário de formação, investigação e análise da realidade da administração judiciária desenvolvida a partir de instituições judiciárias ou entidades de investigação, estudo, formação e enquadramento das temáticas ligadas com o sistema judicial (algumas com cunho académico).

Reino Unido
- Ministry of Justice: http://www.justice.gov.uk/index.htm (Department for Constitucional Affairs (UK):http://www.dca.gov.uk/)
- Courts and Tribunals Judiciary: https://www.judiciary.gov.uk.
- Her Majesty's Courts Services: http://www.hmcourts-service.gov.uk/cms/aboutus.htm
- The Civil Justice Council: https://www.judiciary.gov.uk/related-offices-and-bodies/advisory-bodies/cjc/.
- The Civil Justice Council – ADR:http://www.adr.civiljusticecouncil.gov.uk/Home.go;jsessionid=baadw7tnFJWaYO
- Administrative Justice & Tribunals Council_ http://www.ajtc.gov.uk/
- Law Comission for England and Wales: http://www.lawcom.gov.uk/
- Institute of Judicial Administration (University of Birmingham): http://www.law.bham.ac.uk/research/ija.shtml

França
- Mission de Recherche Droit et Justice : http://www.gip-recherche-justice.fr/
- Institut des Hautes Études sur la Justice : http://www.ihej.org/
- École Nationale de la Magistrature (ENM) : http://www.enm.justice.fr/
- Centre de Recherche sur la Justice et le Procès (département Université Paris 1) : http://irjs.univ-paris1.fr/labo/departement-de-recherche-justice-et-proces/
- Association Française por l'Histoire de la Justice : http://www.afhj.fr/

Itália
- Instituto di ricerca sui sistemi giudiziari: http://www.irsig.cnr.it/
- CE.S.R.O.G. – Centro Studi e Ricerche Sull'Ordinamento Giudiziario: http://www.dsps.unibo.it/it/servizi-e-strutture/centri-di-ricerca/Centro-Studi-e-Ricerche-su--Ordinamento-Giudiziario-%28CeSROG%29.
- Consiglio Superiore della Magistratura:http://www.csm.it/
- CIRSFID – Centro Interdipartimentale di Ricerca dell'Università degli studi di Bologna: http://www.cirfid.unibo.it/

Espanha
- Escuela Judicial (C.G.P.J.): http://www.poderjudicial.es/cgpj/es/Temas/Formacion--Judicial/La-Escuela-Judicial/.
- Centro de Estudios Jurídicos (CEJ): http://www.cej.justicia.es/cej/html/index.htm
- Instituto Alonso Martínez de Justicia y Litigación (Universidad Carlos III Madrid): http://portal.uc3m.es/portal/page/portal/inst_alonso_martinez.
- Instituto de Derecho y Economia (Universidad Carlos III Madrid): http://portal.uc3m.es/portal/page/portal/iudec

- Administración de Justicia en Euskadi: http://www.justizia.net/la-justicia.
- Observatorio Justicia y Empresa: http://colegio.juridico.ie.edu/observatorio/default.asp

Alemanha
- Deutsche Richterakademie (escola judicial): http://www.deutsche-richterakademie.de.
- Bundesministerium der Justiz (Ministério da Justiça Federal): http://www.bmj.bund.de/

Portugal
- Observatório Permanente da Justiça (Centro de Estudos Sociais da Faculdade de Economia da Universidade de Coimbra): http://opj.ces.uc.pt/
- Direcção-Geral da Política da Justiça (Ministério da Justiça):http://www.dgpj.mj.pt/sections/home/
- Centro de Estudos Judiciários: http://www.cej.mj.pt/

Outros países da Europa

Holanda
- Rechtspaak (Conselho para o Judiciário): : https://www.rechtspraak.nl/.
- WODC (Centro de Pesquisa e de Documentação do Ministério da Justiça): https://english.wodc.nl/.
- Montaigne Centre for Judicial Administration and Conflict Resolution (Utrech University): http://montaigne.rebo.uu.nl/en/
- Hill Innovating Justice:http://www.hiil.org
- Stichting Studiecentrum Rechtspleging (Judicial Training Institute): http://www.ssr.nl/

Bélgica
- Conseil Superieur de la Justice : http://www.csj.be/
- Service Public Fédéral Justice : http://www.just.fgov.be/
- Institut d'Études sur la Justice : http://www.justice-en-ligne.be.
- Fondation Roi Baudouin (justice)_ http://www.kbs-frb.be

Dinamarca
- Court Administration: http://www.domstol.dk/Pages/default.aspx

Suécia
- The National Courts Administration: http://www.dom.se/

Suíça
- Fondation pour la formation continue des juges suisses : http://www.iudex.ch/fr/
- Projecto de Gestão dos tribunais suíços – Grundlagen guten Justizmanagements in der Schweiz : http://www.justizforschung.ch

Noruega
- The National Courts Administration of Norway: http://www.domstol.no/en/

EUA

Nos Estados-Unidos encontramos, neste domínio, uma rede heterogénea e alargada de formação e investigação e de oferta de cursos de pós-graduação ou mestrados nesta matéria por parte de instituições ou agências públicas – protocoladas ou não com universidades ou instituições de ensinos superiores.

Dentro das instituições ligadas ao estudo da gestão e da administração dos tribunais federais e estaduais americanos, podem referenciar-se, como mais relevantes, as seguintes:

- Federal Judicial Center : http://www.fjc.gov/
- National Center for State Courts (com a National Association for Court Management e com o ICM – Institute for Court Management): http://www.ncsc.org
- Judicial Conference – USA Courts: http://www.uscourts.gov/about-federal-courts/governance-judicial-conference.
- Administrative Office of the United States Courts: http://www.uscourts.gov/topics/administrative-office-us-courts.
- American Bar Foundation: http://www.abf-sociolegal.org/
- American Bar Association: http://www.abanet.org/
- National Judicial College: http://www.judges.org/
- Center for Court Innovation: http://www.courtinnovation.org/
- Bureau of Justice Assistance (BJA): https://www.bja.gov/Default.aspx.
- Brennan Center for Justice (New York University School of Law): http://www.brennancenter.org/
- Institute of Judicial Administration (New York University School of Law): http://www.law.nyu.edu/centers/judicial/index.htm
- Center for the Administration of Justice (Florida International University): http://caj.fiu.edu/
- Duke Law Center for Judicial Studies: https://law.duke.edu/judicialstudies/
- JERITT – Judicial Education Reference, Information and Technical Transfer: http://jeritt.msu.edu/default.asp
- State Justice Institute: http://www.statejustice.org/
- Center for U.S. – Mexican Studies (Reforma Justiça México): http://justiceinmexico.org/
- AJS (American Judicature Society): http://ajshawaii.org.
- RAND – Institute for Civil Justice: http://www.rand.org/icj/
- Ainda no universo dos EUA, podem ser referenciadas, entre outras, as seguintes instituições académicas que desenvolvem programas de pós-graduação ou mestrado em administração judiciária:
- New York University School of Law (institute of judicial administration): http://www.law.nyu.edu/centers/judicial/index.htm
- University of Pittsburgh at Bradford (academics administration of justice major): http://www.upb.pitt.edu/adminofjustice/.
- George Mason University (administration of justice): http://gmu.catalog.acalog.com/content.php?catoid=5&navoid=315.
- American University (justice programs office): http://www.american.edu/spa/jpo/.
- University of Southern Mississippi (master administration of justice): http://www.usm.edu/cj/index.html

- Saint Luis University (masters in administration of justice – sociology and criminal justice): http://www.slu.edu/colleges/AS/soccj/masters_aoj.html
- University of Denver College of Law (master's in legal administration): http://www.law.du.edu/msla/index.htm
- Mercyhurts College (graduate academic programs administration of justice): http://www.mercyhurst.edu/academics/graduate-programs/administration-justice-online.
- New Mexico State University (combined public administration – criminal justice master's degree): https://deptofgov.nmsu.edu/academic-programs/mpa/.
- Norwich University (master of justice administration): http://www.online-degreereviews.org/college/norwich-university-reviews/masters-of-justice-administration-1285/.
- Texas Southern University (master's degree Administration of Justice): http://bjml-spa.tsu.edu/departments/administration-of-justice/.
- University of Louisville (department of justice administration): http://www.louisville.edu/a-s/ja/OLGrad.html
- University of Alaska (justice master's degree): http://www.uaf.edu/justice/

Brasil

Relativamente à realidade judiciária brasileira, há que destacar as seguintes instituições relativas ao domínio da análise, investigação, enquadramento e estudo da administração judiciária:
- Conselho Nacional da Justiça – http://www.cnj.jus.br.
- Centro de Justiça e Sociedade (Fundação Getúlio Vargas) – http://direitorio.fgv.br/cjus.
- Ibrajus – Instituto Brasileiro de Administração do Sistema Judiciário – http://www.ibrajus.org.br.
- Escola Nacional de Formação e Aperfeiçoamento de Magistrados – http://www.enfam.jus.br.
- Escola Nacional da Magistratura – http://www.enm.org.br/novo/.
- Escola Paulista da Magistratura – http://www.epm.tjsp.jus.br.
- Escola de Administração Judiciária (Tribunal de Justiça do Estado do Rio de Janeiro) – http://www.tjrj.jus.br/web/guest/escola-da-administracao-judiciaria.

Com alusão ao mestrado profissionalizante neste mesmo país, temos:
- Fundação Getúlio Vargas / AMB (mestrado e cursos profissionalizantes em administração judiciária em regime de cooperação entre as duas instituições, inserido nas atividades do mencionado Centro de Justiça e Sociedade): http://direitorio.fgv.br/cjus/mestrado-profissional

Podem ser ainda referidas, no plano internacional e em países fora da Europa, as seguintes instituições de formação, investigação, análise e enquadramento da realidade da administração judiciária desenvolvida a partir de instituições judiciárias ou entidades de investigação, estudo, formação e enquadramento das temáticas ligadas com o sistema judicial:

Canadá
- Canadian Institute for the Administration of Justice: http://www.ciaj-icaj.ca/
- CJE – Commonwealth Judicial Education Institute (School of Law at Dalhousie University in Halifax): http://cjei.org/

Austrália
- Australian Institute of Judicial Administration: http://www.aija.org.au/
- University of Wollongong – Legal Intersections Research Centre dessa mesma universidade australiana: http://lha.uow.edu.au/law/LIRC/UOW053430.html.

Nova Zelândia
- Institute of Judicial Studies – http://www.ijs.govt.nz/home.asp

África
- Africa International Courts and Tribunals: http://www.aict-ctia.org
- Department Justice and Constitutional Development / Republico of South Africa: http://www.justice.gov.za/

De cunho internacional ou mundial
- International Association for Court Administration: http://www.iaca.ws/
- UIM – União Internacional dos Magistrados: http://www.iaj-uim.org/
- World Bank – Law & Justice Institutions: http://web.worldbank.org/WBSITE/EXTERNAL/TOPICS/EXTLAWJUSTINST/0,,menuPK:1974074~pagePK:149018~piPK:149093~theSitePK:1974062,00.html
- CEJA – Centro de Estudios de Justicia de las Américas: http://www.cejamericas.org/
- CJS – Centre for Judicial Studies (Ásia-Pacífico): http://www.educatingjudges.com/
- National Center for State Courts International: http://www.ncscinternational.org.
- USAID – Democracy, Human Rights and Governance: https://www.usaid.gov/democracy.
- Rede Iberoamericana de Documentação Judicial: http://www.iberius.org/
- Cumbre Judicial Iberoamericano – http://www.cumbrejudicial.org/
- Judicial Reform (ABA American Bar Association): http://www.abanet.org/rol/programs/resource_judicial_reform.html
- ABA ROLI (ABA American Bar Association): http://www.abanet.org/rol/programs/legal-education.html
- Open Society Justice Iniciative: http://www.justiceinitiative.org/
- Vera – Institute of Justice: http://www.vera.org/
- Rule of Law – ONU: https://www.un.org/ruleoflaw/.
- International Consortium Excellence: http://www.courtexcellence.com/